VORRANG FÜR DIE ARMEN

ÖFFENTLICHE THEOLOGIE

Herausgegeben von
Heinrich Bedford-Strohm, Torsten Meireis und Wolfgang Huber

Band 4

Heinrich Bedford-Strohm

VORRANG FÜR DIE ARMEN

AUF DEM WEG ZU EINER THEOLOGISCHEN THEORIE DER GERECHTIGKEIT

EVANGELISCHE VERLAGSANSTALT
Leipzig

 Heinrich Bedford-Strohm, Dr. theol., Jg. 1960, ist Autor und Herausgeber zahlreicher Bücher und Aufsätze, vor allem zu Themen öffentlicher Theologie. Er war bis 2011 Inhaber des Lehrstuhls für Systematische Theologie und Theologische Gegenwartsfragen und Leiter der Dietrich-Bonhoeffer-Forschungsstelle für Öffentliche Theologie an der Universität Bamberg, Nach der Übernahme des Amts des Landesbischofs der Evangelisch-Lutherischen Kirche in Bayern 2011 ist Bedford-Strohm weiter als Honorarprofessor an der Universität Bamberg und außerplanmäßiger Professor an der Universität Stellenbosch/Südafrika akademisch tätig. Im November 2014 wurde er zum Vorsitzenden des Rates der Evangelischen Kirche in Deutschland gewählt und im November 2015 für weitere sechs Jahre als Ratsvorsitzender der EKD wiedergewählt.

Bibliographische Information der Deutschen Nationalbibliothek
Die Deutsche Nationalbibliothek verzeichnet diese Publikation in der
Deutschen Nationalbibliographie; detaillierte bibliographische Daten
sind im Internet über http://dnb.dnb.de abrufbar.

2., mit einem neuen Vorwort versehene Auflage
© 2018 by Evangelische Verlagsanstalt GmbH · Leipzig
Printed in Germany
Die 1. Auflage erschien 1993 bei Chr. Kaiser/Gütersloher Verlagshaus.

Das Werk einschließlich aller seiner Teile ist urheberrechtlich geschützt.
Jede Verwertung außerhalb der Grenzen des Urheberrechtsgesetzes ist ohne
Zustimmung des Verlags unzulässig und strafbar. Das gilt insbesondere für
Vervielfältigungen, Übersetzungen, Mikroverfilmungen und die Einspeicherung
und Verarbeitung in elektronischen Systemen.

Cover: Kai-Michael Gustmann, Leipzig
Satz: Schwarz auf Weiß GmbH, Magdeburg
Druck und Binden: Hubert & Co., Göttingen

ISBN 978-3-374-05504-3
www.eva-leipzig.de

Vorwort zur 2. Auflage

Fast 25 Jahre ist es her, dass meine Dissertation zum Thema „Gerechtigkeit" erschienen ist. Dass das Thema „Gerechtigkeit" zeitlos aktuell ist, liegt auf der Hand. Die Themen, die in diesem Buch zusammengeflossen sind, haben mich seitdem in vieler Hinsicht begleitet, als Pfarrer in der Kirchengemeinde, als Professor an der Universität und in meinen jetzigen Ämtern als Landesbischof und EKD-Ratsvorsitzender.

Der breite Beteiligungsprozess in dem hier diskutierten Wirtschaftshirtenbrief der U.S.-Bischöfe ist seit seiner Veröffentlichung im Jahr 1986 zum Vorbild für Prozesse in vielen anderen Kirchen der Welt geworden. Ich selbst sehe darin so etwas wie das Urbild des späteren „Sozialworts" der Kirchen in Deutschland von 1997, das wie der amerikanische Hirtenbrief in mehreren Fassungen öffentlich diskutiert wurde und sich inhaltlich in einer im Raum der deutschen Kirchen bisher nicht gekannten Klarheit an der vorrangigen Option für die Armen ausrichtete. Das deutsche Sozialwort ging über sein amerikanisches Urbild darin hinaus, dass es ökumenisch gemeinsam erarbeitet wurde. Das ist aus meiner Sicht eines der Geheimnisse seiner bis heute großen Wirkung.

Unter dem Titel „Gemeinsame Verantwortung für eine gerechte Gesellschaft" haben wir als Kirchen dann 2015 eine „Ökumenische Sozialinitiative" gestartet, die eine breite Diskussion anzustoßen versuchte. Die zentralen Etappen des Diskussionsprozesses, vom Kongress »Gemeinsame Verantwortung für eine gerechte Gesellschaft« bis zu den Stellungnahmen, Gastbeiträgen und Kommentaren sind im Dokumentationsband »Im Dienst an einer gerechten Gesellschaft« zusammengefasst, der auf folgender Webseite als PDF herunterzuladen ist, die in digitalen Zeiten auch ein zentraler Ort der Diskussion war: http://www.sozialinitiative-kirchen.de/.

Aber auch in wichtigen Texten in der Denkschriftenarbeit der EKD, an denen ich beteiligt war, habe ich von der Beschäftigung mit dem Thema meiner Dissertation zehren können. Das gilt insbesondere für die Erarbeitung der Armutsdenkschrift der EKD, deren Redaktionsgruppe ich geleitet habe und die unter dem Titel „Gerechte Teilhabe. Befähigung zu Eigenverantwortung und Solidarität" 2006 veröffentlicht wurde. Die Grundgedanken sind heute so aktuell wie damals. Die Denkschrift wendet sich gegen die Instrumentalisierung des Stichworts „Eigenverantwortung" für die Legitimierung von Sozialabbau, indem sie deutlich macht, dass Befähigungsgerechtigkeit und Verteilungsgerechtigkeit nie gegeneinander ausgespielt werden dürfen. Weil Befähigungsgerechtigkeit – etwa durch Erhöhung der

Bildungschancen sozial benachteiligter Kinder und Jugendlicher – viel Geld kostet, braucht es Verteilungsgerechtigkeit. Der Staat muss durch ausreichende Steuereinnahmen die Möglichkeit haben, seinen Beitrag zur Förderung Benachteiligter auch wirklich zu leisten. Gleichzeitig ist klar, dass man Armut nicht einfach dadurch bekämpfen kann, dass die Transferleistungen erhöht werden, so notwendig auch das sein kann. Es braucht mehr. Es braucht Förderung von Teilhabe. Denn Armut ist im Kern fehlende Teilhabe. Diese Einsicht meiner Dissertation ist auch in das theologische Kapitel der Denkschrift über die biblische Option für die Armen eingeflossen.

Auch in der Unternehmerdenkschrift der EKD von 2008 stehen solche Gedanken im Hintergrund. Sie ist nur im wechselseitigen Bezug auf die Armutsdenkschrift zu verstehen. Sie versucht, Menschen, die unternehmerisch tätig sind, als ethische Subjekte ernst zu nehmen und damit auch für die in der Armutsdenkschrift beschriebenen Ziele in die Pflicht zu nehmen.

In einem anderen Punkt hat meine jetzt wieder neu zugänglich gemachte Dissertation für mein Denken eine prägende Wirkung entfaltet. In meinen späteren Versuchen, zu dem beizutragen, was unter dem Stichwort „öffentliche Theologie" in den letzten beiden Jahrzehnten eine zunehmende Bedeutung gewonnen hat, ist dem Stichwort „Zweisprachigkeit" eine besondere Bedeutung zugekommen. In meinen auf Englisch gehaltenen Vorlesungen zur öffentlichen Theologie in Südafrika 2006 habe ich diesen Gedanken erstmals unter dem Stichwort „bilinguality" entwickelt.

Wir brauchen als Kirche ein klares theologisches Profil. Wenn wir den gesellschaftlichen Pluralismus einfach nur abbilden, braucht niemand die Stimme der Kirchen im öffentlichen Diskurs. Die biblische Option für die Armen ist ein Beispiel dafür, woraus ihr theologisches Profil gespeist ist.

Im öffentlichen Diskurs müssen wir unsere Positionen indessen auch für Menschen plausibel machen können, für die der Glaube mit seinen biblischen Orientierungen keinerlei Verbindlichkeit hat. Deswegen müssen wir eine zweite Sprache sprechen, die uns hilft, unsere Sache im öffentlichen Diskurs argumentativ zu vertreten. Philosophische Argumente spielen dabei eine gewichtige Rolle.

In meiner hier nun im Neudruck vorliegenden Dissertation habe ich das Konzept der Zweisprachigkeit bereits ausführlich und gründlich angewandt, ohne es noch so zu nennen. Seine Grundstruktur habe ich im Wirtschaftshirtenbrief identifizieren können. Dort wird ausdrücklich davon gesprochen, dass biblische Begründungen und Vernunftbegründungen sich nicht widersprechen, sondern sich ergänzen („complimentary, not contradictory"). Da mir diese Formel noch zu unbestimmt erschien, habe ich sie zunächst in einem eigenen Kapitel theoretisch gründlicher reflektiert und dann in den beiden folgenden Kapiteln auf das Gerechtigkeitsthema angewandt. Ich habe dazu zunächst Geschichte, theologische Begründung und inhaltliche Bedeutung des aus der lateinamerikanischen Befreiungstheologie stammenden Konzeptes der „vorrangigen Option für die Armen" näher untersucht und damit die Grundlagen für die „erste Sprache" zu legen versucht. In einem weiteren Kapitel habe ich mich dann anhand der epochalen philosophischen Theorie der Gerechtigkeit von John Rawls und der Auseinandersetzung mit seinen kommunitaristischen und libertären Kritikern in der „zweiten Sprache" zu schulen versucht. Mein Anliegen war es, anhand des Gerechtigkeitsthemas sowohl ein klares theologisches Profil zu entwickeln als auch deutlich zu machen, dass die daraus entwickelten inhaltlichen Orientierungen für alle Menschen guten Willens auch unabhängig von religiösen Affinitäten plausibel gemacht werden können.

Dass meine Arbeit damals eine der ersten war, die in der von Wolfang Huber gegründeten und inzwischen von uns gemeinsam herausgegebenen Reihe „Öffentliche Theologie" erschienen ist, ist Ausdruck einer inneren Verbindung meiner Gedanken in der Dissertation und dem später intensiver entwickelten Programm der Öffentlichen Theologie, die mir damals noch gar nicht wirklich bewusst war.

Erst im Rückblick nehme ich einen Aspekt meiner Dissertation wahr, der für mein Wirken als Bischof und EKD-Ratsvorsitzender heute eine zentrale Bedeutung hat. Ich habe die Quellen, die ich damals verwendet habe, nie nach ihrer konfessionellen Herkunft gezählt. Aber ich vermute, dass die römisch-katholischen Quellen den überwiegenden Teil der konfessionell verortbaren Quellen ausmachen. Sowohl der Wirtschaftshirtenbrief der U.S.-Bischöfe als auch die lateinamerikanische Befreiungstheologie sind als zentrale Gegenstände meiner Arbeit der Grund dafür.

Dieser Befund ist ein früher Ausdruck meiner inzwischen noch vertieften Überzeugung, dass wir wesentliche ethische Grundorientierungen unseres christlichen Glaubens heute nur noch ausstrahlungsstark öffentlich zum Ausdruck bringen können, wenn wir es ökumenisch gemeinsam tun.

Ich danke der Evangelischen Verlagsanstalt, dass sie meine seit langem vergriffene Dissertation nun wieder zugänglich macht. Die Frage nach der sozialen Gerechtigkeit hat ganz bestimmt seit ihrem ersten Erscheinen nichts von ihrer Aktualität verloren. Wenn dieses Buch auch heute noch hilfreiche Einsichten für den Umgang mit dieser Frage bringen könnte, würde es mich freuen.

Heinrich Bedford-Strohm   München, im Dezember 2017

Inhalt

Vorwort 11

A. Einleitung 13

    I. Das Problem 13

    II. Das Vorgehen 16

    III. Auswahl der Quellen und Forschungslage 21

        1. Der Wirtschaftshirtenbrief der katholischen Bischöfe
der USA 21

           1.1 Die Diskussion in den USA 21
           1.2 Die Rezeption in der Bundesrepublik Deutschland 25
           1.3 Der Klärungsbedarf 26

        2. Biblische Begründung und Vernunftbegründung 27
        3. Die Option für die Armen 29
        4. Gerechtigkeit in der philosophischen Ethik 31
        5. Zur Rawls-Rezeption in der theologischen Ethik 35

    IV. Das Ziel der Untersuchung und ihr Beitrag zur Forschung 39

**B. Der Wirtschaftshirtenbrief der katholischen
Bischöfe der USA** 41

    I. Entstehung des Hirtenbriefs 41

    II. Der inhaltliche Kontext: die katholische Soziallehre 46

        1. Die Sozialenzykliken der Päpste 46
        2. Die Soziallehre der U.S-Bischöfe 54

    III. Die Methode der Urteilsfindung 57

        1. Theologische Ethik und Politik 57

      1.1 Die Ausgangssituation 57
      1.2 Die Antwort des Hirtenbriefs 58
      1.3 Ethische Prinzipien und politische Konkretionen 59
  2. Die Bedeutung des Kontextes 61
  3. Biblische und philosophische Ethik 64
  4. Ergebnis 68

IV. Biblische Perspektiven 68
  1. Grundkriterium 68
  2. Schöpfung, Bund, Gemeinschaft 69
  3. Gerechtigkeit 70
  4. Nachfolge und Reich Gottes 72
  5. Option für die Armen 73
  6. Das Verhältnis von Altem und Neuem Testament 74
  7. Die Kritik an den biblischen Perspektiven 76
      7.1 Die Auswahl der Themen 76
      7.2 Die biblische Option für die Armen und
          ihre Interpretation 78
  8. Ergebnis 87

V. Ethische Normen für das Wirtschaftsleben 88
  1. Der Gemeinschaftscharakter des Menschen 88
  2. Grundformen der Gerechtigkeit 89
  3. Teilhabe 91
  4. Wirtschaftliche und soziale Menschenrechte 92
  5. Priorität für die Armen 93
  6. Die Kritik an den ethischen Normen für
     das Wirtschaftsleben 96
      6.1 Die Bedeutung wirtschaftlicher und sozialer
          Menschenrechte 96
      6.2 Gerechtigkeit 101
  7. Ergebnis 105

VI. Die Grundkontroverse um den Hirtenbrief 106
  1. Die wirtschaftspolitischen Vorschläge – ein Defizit 106
  2. Systemkritik – überbetont? 108

3. Systemkritik – unterbetont? 110
  4. Der pragmatische Ansatz 114

VII. Kritische Würdigung 119

C. **Schlüsselprobleme eines theologisch-ethischen Gerechtigkeitsverständnisses** 123

I. Biblische Begründung und Vernunftbegründung 123
  1. Einleitung 123
  2. Die klassische katholische Naturrechtslehre 123
    2.1 Thomas von Aquin 123
    2.2 Ideologisierung des Naturrechts 127
    2.3 Die Verteidigung des Naturrechts: Josef Fuchs 128
  3. Autonome Moral oder Glaubensethik? 131
  4. Einheit von Glaube und kritischer Vernunft –
     die methodologische Neubesinnung in der
     katholischen Moraltheologie 135
  5. Ergebnis 141
  6. Biblische Begründung und Vernunftbegründung
     in der Ethik 141
    6.1 Auf dem Wege zu einer theologisch-ethischen
        Methodologie in ökumenischer Perspektive 141
    6.2 Die Vernunft 142
    6.3 Die biblische Tradition 144
    6.4 Die kritische Integration von biblischer Begründung
        und Vernunftbegründung 147

II. Die Option für die Armen 150
  1. Einleitung 150
  2. Die Entstehung des Konzepts der Option für die Armen 151
    2.1 Die Wurzeln der Option für die Armen in Medellin 151
      2.1.1 Vorgeschichte 151
      2.1.2 Schlußdokument 153
    2.2 Die explizite Ausführung des Konzepts der Option
        für die Armen in Puebla 157

    2.2.1. Vorgeschichte 157
    2.2.2. Schlußdokument 158
 3. Zur Interpretation der Option für die Armen 166
    3.1 Wer sind die Armen? 166
    3.2 Elemente biblischer Begründung der Option
        für die Armen 170
        3.2.1 Altes Testament 170
        3.2.2 Neues Testament 176
    3.3 Die theologische Bedeutung der Armut 184
        3.3.1 Materielle und spirituelle Armut 184
        3.3.2 Das „evangelisatorische Potential" der Armen 187
    3.4 Die Option für die Armen – exklusiv oder inklusiv? 190
        3.4.1 Klassenkampf 190
        3.4.2 Partielle und universelle Solidarität 192
        3.4.3 Ekklesiologische Konsequenzen 194
    3.5 Die Gefahr des Paternalismus 195
 4. Ergebnis 199
    4.1 Das inhaltliche Profil der Option für die Armen 199
    4.2 Die Option für die Armen als kritischer Maßstab 201

III. Gerechtigkeit in der philosophischen Ethik 204
 1. Einführung 204
 2. John Rawls: Eine Theorie der Gerechtigkeit 206
    2.1 Erste Orientierung 206
    2.2 Voraussetzungen 206
        2.2.1 Philosophiegeschichtlicher Standort 206
        2.2.2 Methodisches Vorgehen 207
    2.3 Rolle und Gegenstand der Gerechtigkeitstheorie 209
    2.4 Die beiden Grundsätze der Gerechtigkeit 211
    2.5 Der Vorrang des Rechten vor dem Guten 214
    2.6 Der Urzustand 216
    2.7 Die Herleitung der beiden Gerechtigkeitsgrundsätze 220
 3. Die neo-liberale Kritik: Robert Nozicks Gegenentwurf 223
    3.1 Der Minimalstaat 223
    3.2 Die Gerechtigkeitsgrundsätze der Anspruchstheorie 224

3.3	Historische, ergebnisorientierte und strukturierte Prinzipien	225
3.4	Freie Wahl	226
3.5	Umverteilung als Zwangsarbeit	227
3.6	Nozicks Kritik an Rawls' Theorie	229

4. Die Diskussion um die Theorie der Gerechtigkeit als Fairness 232

    4.1 Das Überlegungsgleichgewicht 232
    4.2 Der Vorrang des Rechten vor dem Guten 241
    4.3 Der Urzustand 250
    4.4 Das Unterschiedsprinzip 261
    4.5 Der Vorrang der Freiheit 273
    4.6 Die Grundsätze der Gerechtigkeit – Ideal ohne Konsequenzen? 281

5. Gerechtigkeit als Fairness – die philosophische Tragfähigkeit von John Rawls' Gerechtigkeitstheorie 285

    5.1 Nozicks Einwände gegen Rawls – Versuch einer Antwort 285
    5.2 Rawls als Eckstein eines philosophisch-ethischen Gerechtigkeitsverständnisses 290

D. Auf dem Wege zu einer theologischen Theorie der Gerechtigkeit 293

I. Vorbemerkung 294

II. Die Grundlagen 294

    1. Theologische Begründung des Gerechtigkeitsbegriffs 294

        1.1 Die Option für die Armen als Kern des Gerechtigkeitsbegriffs 294
        1.2 Die schöpfungstheologische Begründung 295
        1.3 Die bundestheologische Begründung 296
        1.4 Die kreuzestheologische Begründung 297
        1.5 Der eschatologische Horizont 297

    2. Philosophische Begründung des Gerechtigkeitsbegriffs 299

III. Die Verträglichkeit der Begründungen 300
    1. Die anthropologischen Voraussetzungen 300
    2. Die erkenntistheoretischen Voraussetzungen 303
    3. Philosophische und theologische Begründung
       des Gerechtigkeitsbegriffs 305

IV. Zehn Dimensionen der Gerechtigkeit 306

V. Konsequenzen für die Politik in der Bundesrepublik
    Deutschland 314

Literaturverzeichnis 319

Register 343

Vorwort

Der Versuch, dem inhaltlichen Gehalt des Begriffs der sozialen Gerechtigkeit auf die Spur zu kommen, ist ein Wagnis. Große Hoffnungen verbinden sich mit diesem Begriff. Kaum ein anderer Begriff ruft so danach, in den jeweiligen Lebenskontexten praktische Gestalt zu gewinnen wie der Begriff der Gerechtigkeit.

In einer Situation, in der die weltweiten Gegensätze zwischen arm und reich noch immer zunehmen, in der zahlreiche Menschen, besonders in Ostdeutschland und in Osteuropa ihre Arbeit verloren haben und in die Armut abgerutscht sind, ist die Forderung nach sozialer Gerechtigkeit aktueller denn je. Damit diese Forderung Nachdruck bekommt, muß präzisiert werden, was mit dem Begriff der Gerechtigkeit eigentlich gemeint ist. Wenn meine Arbeit zu dieser Präzisierung auch nur einen kleinen Beitrag leisten könnte, hätte sie ihren Sinn schon erfüllt.

Die Arbeit wurde im Februar 1992 von der Heidelberger Theologischen Fakultät als Dissertation angenommen. Biographisch bündeln sich darin Erfahrungen in der politischen Arbeit und verschiedene Formen der persönlichen Begegnung mit dem Problem der Armut, zuletzt im Rahmen einer ehrenamtlichen Tätigkeit in der Kontakt- und Begegnungsstätte für Wohnungslose in Heidelberg, sowie der Versuch, solche Erfahrungen im Lichte des christlichen Glaubens zu verstehen und theologisch zu reflektieren.

Die Arbeit wäre ohne vielfältige institutionelle und persönliche Unterstützung nicht zustandegekommen. Das Evangelische Studienwerk Villigst hat mich durch mein ganzes Studium hindurch begleitet und mir einen Studienaufenthalt an der Pacific School of Religion in Berkeley/Kalifornien ermöglicht, der den Grundstein für das spätere Dissertationsthema gelegt hat. Für diese Förderung sowie für das von mir anfangs in Anspruch genommene Promotionsstipendium sage ich herzlichen Dank. Mein Dank gilt auch der bayrischen Landeskirche, die mir einen großzügigen Druckkostenzuschuß gewährt hat, sowie der VG Wort, die ebenfalls einen Teil der Druckkosten übernommen hat. Herrn Manfred Weber vom Chr. Kaiser Verlag danke ich für Hilfsbereitschaft und Verläßlichkeit bei der Drucklegung.

Nur wenige wichtige Gesprächspartner können hier ausdrücklich genannt werden. Prof. Karen Lebacqz in Berkeley hat mir geholfen, meinen Blick für die jeweiligen Profile philosophischer Gerechtigkeitstheorien zu schärfen. An mehreren Punkten hat mich der Austausch mit meinem

Bruder Christoph Strohm bei der Arbeit vorangebracht. Vielfältige Anregungen habe ich von den Villigster Jahrestagungen der Arbeitsgemeinschaft ökumenische Forschung und aus den Diskussionen im Heidelberger Sozialethischen Kolloquium mitgenommen. Die Diskussion einer ersten Fassung des Kapitels über die Option für die Armen im Doktorandenkolloquium hat wertvolle Hinweise für die Überarbeitung ergeben. Prof. Adolf Martin Ritter und Prof. Christian Link haben das Dissertations-Exposé begutachtet. Prof. Michael Welker hat im Promotionsverfahren das Zweitgutachten verfaßt. Ihnen allen danke ich herzlich für wichtige und weiterführende Anregungen.

Ganz besonders wichtig für das Gelingen der Arbeit war die kontinuierliche Unterstützung und Begleitung durch Prof. Wolfgang Huber. Von Anfang an hat er das Arbeitsvorhaben gefördert und ermutigt. Zu Zwischenergebnissen hat er immer rasch kritisch-ermutigende Rückmeldung gegeben. Zu Beginn und am Ende der Erarbeitung hat er ausführliche Gutachten verfaßt. Für klärende Gespräche hat die Zeit nie gefehlt. Weit über die damit verbundenen inhaltlichen Impulse hinaus hat die Tätigkeit als sein Assistent durch den alltäglichen theologischen und persönlichen Austausch soviel Spaß gemacht, daß das auch den Fortgang der Arbeit an der Dissertation beflügelt hat. Für all dies sage ich von Herzen Dank. Dieser Dank gilt auch den Mitarbeiterinnen und Mitarbeitern in der Heidelberger Ethik, in deren Kreis ich mich sehr wohl gefühlt habe.

Das Buch ist meinen Eltern gewidmet. Darin drückt sich mehr aus als ein Dank für alle Förderung und Zuwendung. Die charakteristische Verbindung von Verläßlichkeit und Fairneß, die ich von ihnen erfahren habe, hat in der vorliegenden Arbeit unübersehbare inhaltliche Spuren hinterlassen.

Der große Anteil, den meine Frau, Deborah Bedford-Strohm, am Gelingen dieser Arbeit hat, ist nur schwer in Worte zu fassen. Sie hat mich immer bei der Arbeit ermutigt. Sie hat mir an kritischen Punkten zugehört und die richtigen Fragen gestellt. Das gemeinsame Lebensglück hat Kraft gegeben. Wenige Wochen nach Abschluß des Promotionsverfahrens wurde unser Sohn Jonas geboren. Er zeigt mir jeden Tag, daß Bücher, geschriebene oder gelesene, das Leben bereichern, aber nie das Leben sein können.

Heidelberg, im Oktober 1992

A. Einleitung

I. Das Problem

„...was ist eigentlich soziale Gerechtigkeit?"[1] – mit dieser einfachen Frage hat Martin Honecker auf ein Problem hingewiesen, das für die theologische Ethik von zentraler Bedeutung ist. Ob wir in dem Begriff der „Gerechtigkeit" mit Honecker „die Programmformel unserer Zeit"[2] entdecken oder ob wir ihm lediglich „heute Hochkonjunktur"[3] bescheinigen wollen, ist von untergeordneter Bedeutung. In jedem Falle läßt sich eine Häufigkeit und Dringlichkeit bei der Verwendung dieses Ausdrucks beobachten, die in auffälligem Mißverhältnis zur Klarheit des damit Bezeichneten steht. Je häufiger er gebraucht wird – so scheint es –, desto unklarer wird seine Bedeutung.[4] Dies gilt für den Begriff der „Gerechtigkeit" selbst ebenso wie für seine Verbindung mit dem Adjektiv „sozial", die im 19. Jahrhundert aufkommt und schon bei den italienischen Philosophen und Theologen Luigi Taparelli (1840)[5] und Antonio Graf von Rosmini-Serbati (1848)[6] zu beobachten ist.[7] Mit guten Gründen hat Martin Honecker die

---

1 Honecker, Rechtfertigung und Gerechtigkeit in der Perspektive evangelischer Theologie, 41.
2 Ebd.
3 Baumann, „Gottes Gerechtigkeit" – Verheißung und Herausforderung für diese Welt, 9.
4 Rolf Baumanns Analyse des Wortes „Gerechtigkeit" im heutigen Sprachgebrauch anhand zahlreicher Zeitungen und Zeitschriften belegt dies eindrucksvoll (Baumann, a.a.O. 23-33). Vgl. dazu auch die Auflistung zahlreicher möglicher und in der Literatur auch vertretener Gerechtigkeitsprinzipien bei Norden, Einkommensgerechtigkeit, 11-16. Nordens Studie gibt interessante Einblicke in die in öffentlichen Debatten wie im Alltagsleben vertretenen Vorstellungen von Einkommensgerechtigkeit.
5 In seinem Werk „Saggio teoretico di diritto naturale appoggiato sul fato", das 1845 als „Versuch eines auf Erfahrung begründeten Naturrechts" in deutscher Fassung erschien (Vonlanthen, Idee und Entwicklung der sozialen Gerechtigkeit, 15).
6 In seinem Werk „Progetto di constitutione secondo la giustizia sociale", einer christlichen Muster-Staatsverfassung, in der die „soziale Gerechtigkeit" das richtungsweisende Prinzip sein sollte (Höffner, Die soziale Gerechtigkeit und die überlieferte abendländische Gerechtigkeitslehre, 35).
7 Vgl. Honecker, Rechtfertigung und Gerechtigkeit, 55. Zur Herkunft des Begriffs der „sozialen Gerechtigkeit" vgl. auch Schmitz, „Gerechtigkeit". Moraltheologische Erwägungen zu einem strapazierten Begriff, 568f, sowie Putz, Christentum und Menschenrechte, 168-171.

These vertreten, es gebe innerhalb der evangelischen Theologie keine einheitliche Gerechtigkeitslehre, die man für verbindlich halten könne.[8]

Die Notwendigkeit, hier zu tragfähigeren Einsichten zu kommen, liegt auf der Hand. In der ökumenischen Bewegung hat der Begriff der „Gerechtigkeit" im letzten Jahrzehnt eine besondere Bedeutung gewonnen. Neben „Frieden" und „Bewahrung der Schöpfung" wurde er zu einem Leitbegriff für die Zukunftsherausforderungen der Christenheit und der Menschheit überhaupt. Die immer größer werdende Schere zwischen Arm und Reich weltweit fordert täglich ihre Opfer. Aber auch zwischen den einzelnen gesellschaftlichen Gruppen im Innern zahlreicher Länder ist ein unverändert hohes oder sogar noch wachsendes Maß an Ungleichheit zu beobachten, das gerade in den Kirchen auf wachsenden Widerspruch stößt. In der Forderung nach Gerechtigkeit verschafft sich dieser Widerspruch seinen deutlichen Ausdruck.

In den Dokumenten der ökumenischen Versammlungen im Rahmen des konziliaren Prozesses erhält der Begriff der Gerechtigkeit deswegen eine ganz bestimmte Stoßrichtung. Nach der Erklärung von Stuttgart liegt in der Verantwortung für soziale Gerechtigkeit die Verpflichtung „zur Liebe und zur Solidarität vor allem gegenüber allen benachteiligten und unterdrückten Menschen und Völkern", die „Anerkennung gleicher Rechte für alle Menschen, die unbedingte Achtung ihrer personalen Würde und die Befriedigung ihrer existentiellen Grundbedürfnisse."[9] Das Schlußdokument von Basel sieht als herausragendes Kennzeichen der alttestamentlichen Forderung nach Gerechtigkeit die „Sorge und Fürsorge für die Armen und die Fremdlinge". Dies – so das Dokument – ist die Tradition, in der „Jesus selbst seine messianische Berufung als Verpflichtung zur Befreiung aller, der Armen, Leidenden und Unterdrückten, verstanden und gelebt hat."[10] In ganz ähnlichem Sinne bekräftigt auch die ökumenische Weltversammlung von Seoul, „daß Gott auf der Seite der Armen steht".[11]

Diese wenigen Auszüge aus Dokumenten des konziliaren Prozesses zeigen: In der ökumenischen Bewegung zeichnet sich ein Konsens in der Grundrichtung des Gerechtigkeitsverständnisses ab. Gerechtigkeit wird von der Gleichheit aller Menschen her verstanden und beinhaltet eine *besondere Option für die schwächsten Glieder der Gesellschaft.*

---

8 Honecker, Rechtfertigung und Gerechtigkeit, 57. Vgl. auch Hauerwas, Should Christians Talk So Much About Justice?, 14: „... there simply is no generally accepted Christian theory of justice today."
9 Stuttgarter Erklärung, Abschnitt 2.1.
10 Schlußdokument von Basel, Ziffer 31.
11 So die Grundüberzeugung II von Seoul.

Aus zwei Gründen bleibt ein dringender Klärungsbedarf. *Zum einen* konnten die Dokumente des konziliaren Prozesses schon aus praktischen Gründen nicht die *Begründungsleistung* erbringen, die von einer theologisch-ethischen Theorie der Gerechtigkeit gefordert ist: Verschiedene Gruppen aus ganz unterschiedlichen Kontexten mußten sich innerhalb kürzester Zeit auf diese Dokumente einigen. *Zum anderen* bleiben *inhaltliche Fragen* offen, die sich aus einer Konfrontation des beschriebenen Gerechtigkeitsverständnisses mit unseren Alltagsurteilen und mit den Problemen einer modernen Wirtschaft ergeben.

Ist Gerechtigkeit ausschließlich vom *Bedarf* her auszulegen oder ist dem Gesichtspunkt der *Leistung* nicht doch ein, wenn auch beschränktes, Recht einzuräumen? Ist der Protest der Arbeiter nicht verständlich, die den ganzen Tag im Weinberg hart gearbeitet haben und doch nicht mehr dafür bekommen als die, die nur eine Stunde gearbeitet haben (Mt 20, 1-16)? Ist ein Handeln analog zu dem des Weinbergbesitzers überhaupt eine Frage der Gerechtigkeit oder ist es eine Frage der Barmherzigkeit?[12] Ist dann die Sorge für die Armen überhaupt primär Aufgabe des Staates oder ruft sie nicht vielmehr zunächst zur christlichen Liebestätigkeit auf? Und steckt – unabhängig von der Antwort auf diese Frage – nicht immer ein Moment des Paternalismus in der Option *für* die Armen?

Drängende Fragen ergeben sich in besonderer Weise, wenn die Option für die Armen – wie in den Dokumenten des konziliaren Prozesses – den Kern der Forderung nach Gerechtigkeit in der *Wirtschaft* bildet. Verlangt diese Forderung strikte Gleichheit für alle? Kann eine moderne Wirtschaft überhaupt nach dem Prinzip strikter Gleichheit funktionieren oder muß sie nicht bestimmte Ungleichheiten, z.B. in der materiellen Verteilung, zulassen? Wie groß dürfen diese Ungleichheiten aber dann sein, wenn sie vor dem Maßstab der Gerechtigkeit bestehen sollen?

Implizit steht dabei immer die Frage im Hintergrund, welches Verhältnis von Freiheit und Gleichheit die Gerechtigkeit verlangt. Der Zusammenbruch der Länder des „realen Sozialismus" in Osteuropa hat der Betonung der Freiheit als Gegenbegriff zur Gleichheit kräftigen Auftrieb gegeben. Umso dringlicher ist die Frage, ob Freiheit und Gleichheit

---

12 Der Hinweis auf das Gleichnis von den Arbeitern im Weinberg soll an dieser Stelle nur zentrale Fragen des Gerechtigkeitsverständnisses illustrieren. Zur exegetischen Analyse des Gleichnisses verweise ich auf die jüngst erschienene Arbeit von Catherine Hezser: Lohnmetaphorik und Arbeitswelt in Mt 20, 1-16. Das Gleichnis von den Arbeitern im Weinberg im Rahmen rabbinischer Lohngleichnisse, Freiburg (Schweiz)/Göttingen 1990.

eigentlich notwendigerweise in Konkurrenz zueinander stehen[13] oder ob gute Gründe für ein an der Option für die Armen orientiertes Gerechtigkeitsverständnis angeführt werden können, das Freiheit und Gleichheit konstruktiv zueinander in Beziehung setzt.

Die damit in wenigen Federstrichen angedeutete Problemskizze zeigt: die Dokumente des konziliaren Prozesses für Gerechtigkeit, Frieden und die Bewahrung der Schöpfung geben einen wichtigen Impuls zur theologisch-ethischen Kritik der bedrängenden Ungerechtigkeit in der modernen Welt. Gleichzeitig ergeben sich aus dem darin vertretenen, an der Option für die Armen orientierten Gerechtigkeitsverständnis gewichtige Fragen, die zur theologischen Weiterarbeit drängen. Zu dieser theologischen Weiterarbeit will die vorliegende Untersuchung einen Beitrag leisten.

II. Das Vorgehen

Ausgangspunkt meiner Überlegungen soll die Aufnahme von Konzepten aus der *internationalen* und der *interkonfessionellen Ökumene* sein. Der *eine Grund* für dieses Vorgehen ist die Aufgabe jeder theologischen Ethik, in ihrem Nachdenken die Grenzen des eigenen nationalen und konfessionellen Kontextes zu überschreiten. Die Tatsache, daß Theo-logie nichts anderes ist als kritische Prüfung der Rede von dem *einen* Gott, stellt sie von ihrer ureigenen Sache her in einen ökumenischen Horizont. *Der andere Grund* liegt in den zu erwartenden inhaltlichen Impulsen für das Thema. Neue charakteristische Aussagen zu einem theologisch-ethischen Verständnis sozialer Gerechtigkeit sind nicht nur aus den eingangs erwähnten Dokumenten des konziliaren Prozesses gekommen. Auch in den Diskussionen innerhalb der römisch-katholischen Weltkirche sind neue Ansätze zum Verständnis sozialer Gerechtigkeit zu beobachten, die traditionelle katholische Konzepte[14] weiterentwickeln und die in der evangeli-

---

13 In diesem Sinne äußerte sich Bundeskanzler Helmut Kohl in einer Rede zum 50-jährigen Jubiläum der Barmer Theologischen Erklärung: „Wir stehen an einer Wegscheide. Wir müssen erkennen, daß jedes Stück mehr an Gleichheit ein Stück Verlust an Freiheit ist. Das ist die Grundentscheidung, vor der wir heute stehen: Ob wir noch mehr Gleichheit unter Verlust von mehr Freiheit akzeptieren oder nicht. Und da ist ein Zweites angesprochen: Ob wir wieder fähig sind, ja zu sagen zu notwendigen Leistungseliten in unserer Gesellschaft" (Kohl, Rede bei der öffentlichen Schlußkundgebung, 71).
14 Einen umfassenden Überblick über die ältere katholisch-theologische Diskussion

schen Ethik noch viel zu wenig Beachtung gefunden haben. Diese neuen Ansätze versprechen bei der notwendigen Begründung und Präzisierung eines an der Option für die Armen orientierten Gerechtigkeitsbegriffes wichtige Anstöße zu geben. Sie machen die nun hundertjährige Tradition der katholischen Soziallehre fruchtbar, indem sie die dort gewonnenen Einsichten zur sozialen Gerechtigkeit auf die besonderen wirtschaftlichen und sozialen Herausforderungen ihres jeweiligen Landes anwenden und damit das kritische Profil der katholischen Soziallehre im konkreten gesellschaftlichen Kontext zur Geltung bringen. Das deutlichste Beispiel für diese Weiterentwicklung der katholischen Soziallehre ist der Wirtschaftshirtenbrief der katholischen Bischöfe der USA, der wegen seines inhaltlichen Profils und des partizipatorischen Vorgehens bei seiner Entstehung weit über die Grenzen der USA Beachtung gefunden hat.[15] Zum ersten Mal wurde in diesem Hirtenbrief das in der lateinamerikanischen Befreiungstheologie entwickelte Konzept der Option für die Armen von einer reichen Kirche der westlichen Welt aufgenommen und in expliziter Form zum Zentrum ihres Verständnisses sozialer Gerechtigkeit gemacht.

---

geben Vonlanthen, Idee und Entwicklung der sozialen Gerechtigkeit, 13-172, und Höffner, Die soziale Gerechtigkeit und die überlieferte abendländische Gerechtigkeitslehre, 39-42, sowie ders., Soziale Gerechtigkeit und soziale Liebe. Versuch einer Bestimmung ihres Wesens.
15 Die amerikanische Originalfassung mit dem Titel „Economic Justice for all: Catholic Social Teaching and the U.S. Economy" ist abgedruckt in: Origins NC Documentary Service, vol. 16, Nr.24, November 27, 1986. Außerdem wurde der Text mit einem geringfügig abweichenden Untertitel als Taschenbuch veröffentlicht: National Conference of Catholic Bishops, Economic Justice for all: Pastoral Letter on Catholic Social Teaching and the U.S. Economy, Washington 1986. Der Hirtenbrief liegt auch in verschiedenen Übersetzungen auf Deutsch vor. Pionierfunktion bei der deutschen Rezeption des Hirtenbriefes hatten die als Publik-Forum-Dokumentationen erschienenen Ausgaben des ersten Entwurfs (Die Armen müssen Maßstab sein, 2. verb. Auflage, Juni 1985) und der endgültigen Fassung (Wirtschaftliche Gerechtigkeit für alle, Januar 1987). Die Endfassung erschien 1987 auch mit einem ausführlichen Kommentar von Friedhelm Hengsbach: Gegen Unmenschlichkeit in der Wirtschaft. Der Hirtenbrief der katholischen Bischöfe der USA „Wirtschaftliche Gerechtigkeit für alle". Aus deutscher Sicht kommentiert von Friedhelm Hengsbach SJ, Freiburg/Basel/Wien 1987. Zwei weitere Übersetzungen sind zu nennen: Institut für Gesellschaftswissenschaften Walberberg (Hg.), Wirtschaftliche Gerechtigkeit für alle. Hirtenbrief über die katholische Soziallehre und die amerikanische Wirtschaft, in: Die Neue Ordnung, Sonderband, Februar 1987; Nationale Konferenz der katholischen Bischöfe der Vereinigten Staaten von Amerika, Wirtschaftliche Gerechtigkeit für alle. Die katholische Soziallehre und die amerikanische Wirtschaft. 13. November 1986 (Stimmen der Weltkirche 26, hg. vom Sekretariat der Deutschen Bischofskonferenz), Bonn 1987.

Auch der am 15. Mai 1990 veröffentlichte Sozialhirtenbrief der katholischen Bischöfe Österreichs[16] ist ein Beispiel für diesen Neuansatz. Die Anknüpfung an den U.S.-Hirtenbrief in Verfahrensweise und Inhalt ist unverkennbar.[17]

Der Wirtschaftshirtenbrief der U.S.-Bischöfe hat aber nicht nur in der katholischen Weltkirche wichtige Anstöße gegeben. Im Kontext der USA wurde er zum Anfangspunkt für einen Prozeß kirchlicher Urteilsbildung zum Problem sozialer Gerechtigkeit, der in gewichtigen Stellungnahmen im Bereich der protestantischen Kirchen seine Fortsetzung gefunden hat. Die im Juli 1989 von der Generalsynode der United Church of Christ verabschiedete Stellungnahme zur Wirtschaft „Christian Faith: Economic Life and Justice"[18] weist inhaltlich eine große Nähe zu dem wenige Jahre zuvor erschienenen Dokument der katholischen Bischöfe auf und zeigt, welch großes ökumenisches Potential der Prozeß kirchlicher Urteilsbil-

---

16 Sekretariat der Österreichischen Bischofskonferenz, Sozialhirtenbrief der Katholischen Bischöfe Österreichs, Wien 1990.
17 Schon in ihrem „Grundtext zur Diskussion" beziehen sich die österreichischen Bischöfe, gerade bei der inhaltlichen Präzisierung des Begriffs „Soziale Gerechtigkeit", ausdrücklich auf den U.S.-Hirtenbrief (Sinnvoll arbeiten. Solidarisch leben. Grundtext zur Diskussion [hg.v. Aktionsteam zur Vorbereitung des Sozialhirtenbriefes der österreichischen Bischöfe], 24). Gerechtigkeit wird von der Option für die Armen her verstanden. Die Option für die Armen – so die Bischöfe in der Endfassung – ist eindeutig und entschieden und von der ganzen Tradition der Kirche bezeugt. „Die Option für die Armen" – so der Sozialhirtenbrief dann weiter – „gilt auch für die Kirche in Österreich. Darum muß sie dort ihre Stimme erheben, wo offen oder verborgen Armut besteht, wo Menschen Unrecht erleiden, wo gesellschaftliche Strukturen Menschen benachteiligen und anderen Privilegien erlauben" (68f). Allein die Tatsache, daß der Endfassung auch des österreichischen Hirtenbriefs ein umfassender und große öffentliche Aufmerksamkeit findender Diskussionsprozeß vorausging und fast 15000 Personen auf nahezu 7000 Seiten schriftlich zu der ersten Fassung Stellung nahmen (vgl. dazu Sinnvoll arbeiten. Solidarisch leben. Zusammenfassung der Stellungnahmen, 13) zeigt, wie sehr der U.S.-amerikanische Wirtschaftshirtenbrief auch beim Entstehungsprozeß Pate gestanden hat. Zum österreichischen Sozialhirtenbrief vgl. Kristöfl/Riedlsperger, Soziale Gewissensbildung in einer pluralen Gesellschaft – Zur Methode des österreichischen Sozialhirtenbriefes, sowie Riedlsperger, Beteiligung schafft Verbindlichkeit. Zum Modell des österreichischen Sozialhirtenbriefs. Eine Kurzzusammenfassung sowohl des amerikanischen als auch des österreichischen Hirtenbriefes findet sich bei Kerber/Ertl/Hainz, Katholische Gesellschaftslehre im Überblick. 100 Jahre Sozialverkündigung der Kirche.
18 Die deutsche Übersetzung „Christlicher Glaube: Wirtschaftsleben und Gerechtigkeit" ist 1989 als Studienheft der Evangelischen Akademie Iserlohn erschienen.

dung zur sozialen Gerechtigkeit in sich birgt, der von den U.S.-Bischöfen angestoßen worden ist.[19]

Wenn ich in dieser Arbeit zunächst den Wirtschaftshirtenbrief der U.S.-Bischöfe und die wichtigsten Akzente der umfangreichen Diskussion um dieses Dokument darstelle, analysiere und interpretiere, dann geschieht das in Anknüpfung an die Dokumente des konziliaren Prozesses: Ich will untersuchen, welchen Beitrag der Hirtenbrief zur Präzisierung eines theologisch-ethischen Gerechtigkeitsverständnisses leisten kann, das sich an der Option für die Armen orientiert. Die Tatsache, daß seiner Formulierung ein hohes Maß an gründlicher theologischer Arbeit vorausgegangen ist, kirchliche Urteilsbildung und ethische Theorie sich also in hohem Maße trafen, läßt wichtige Einsichten in dieser Hinsicht erwarten.[20]

Drei Probleme werden dann in einem weiteren Schritt zu klären sein: Das *erste Problem* bezieht sich auf die ethisch-methodologischen Voraussetzungen: Wie läßt sich ein theologisch-ethisches Verständnis sozialer Gerechtigkeit überhaupt begründen? Steht die biblisch-theologische Begründung im Zentrum oder ist eine Begründung aus der Vernunft konstitutiv? Können beide Elemente der Begründung in ein konstruktives Verhältnis zueinander gebracht werden? Das *zweite Problem* bezieht sich auf die *theologische Begründung*. Hält das Konzept der „Option für die Armen", das wir als Kern des Gerechtigkeitsbegriffs in den Dokumenten des konziliaren Prozesses identifiziert haben und das auch im Zentrum des Hirtenbriefs steht, überhaupt der theologischen Nachfrage stand? Wie sieht das ursprüngliche Profil dieses in Theologie und Kirche Lateinamerikas entstandenen Konzeptes aus und welche Einsichten lassen sich für ein theologisch-ethisches Gerechtigkeitsverständnis daraus gewinnen? Das *dritte Problem* bezieht sich auf die *Begründung* eines an der Option für die Armen orientierten Gerechtigkeitsbegriffes *mit den Mitteln der praktischen Vernunft*. Ist der Vorrang für die Armen nur in der Perspektive des christlichen Glaubens zu begründen oder führt eine eingehende Analyse

---

19 Daß dieser Prozeß im Bereich der USA weit über die Grenzen der katholischen Kirche und der UCC hinausgeht, zeigen die zahlreichen Dokumente ähnlicher Stoßrichtung, die in den 80er Jahren von verschiedenen U.S.-Kirchen und jüdischen religiösen Vereinigungen veröffentlicht wurden. Einen hervorragenden Überblick über diese Stellungnahmen gibt das von Robert McAfee Brown und Sydney Thomson Brown herausgegebene Buch „A Cry for Justice. The Churches and Synagogues speak" (New York/Mahwah 1989). Dieses Buch enthält auch Analysen und Kritiken der wichtigsten Dokumente.
20 Der theoretische Tiefgang des Hirtenbriefes hat sogar zu Kritik geführt. Das Dokument – so Jacob Arnold Wolf – sei zu akademisch geraten (Wolf, The Bishops and the Poor. A Jewish Critique, 93).

und Diskussion philosophischer Gerechtigkeitstheorien zu einem ganz ähnlichen Ergebnis? Welchen Beitrag können philosophische Theorien zur Präzisierung eines theologisch-ethischen Gerechtigkeitsverständnisses leisten?

Die beschriebenen Fragen bilden *Schlüsselprobleme* bei der Suche nach einem tragfähigen theologisch-ethischen Gerechtigkeitsverständnis. Auch im Hirtenbrief werden sie nicht intensiv genug behandelt und bedürfen deshalb in dieser Arbeit einer eigenen Klärung. In einem letzten Schritt wird dann die Ausgangsfrage zu beantworten sein, ob sich ein Verständnis sozialer Gerechtigkeit, das sich an der Option für die Armen orientiert, als theologisch-ethisch tragfähig erweist und wie ein solches Verständnis inhaltlich näher beschrieben werden kann.

Nachdem die Grundzüge meines Vorgehens nun beschrieben sind, will ich im folgenden die Auswahl der Quellen begründen und einen Überblick über die Forschungslage geben. Ich gehe dabei in mehreren Schritten an den thematischen Stationen meiner Arbeit entlang. Ein Überblick über die Literatur zum Thema „Gerechtigkeit" allgemein würde über die eingegrenzte Fragestellung hinausgehen. Ich verweise dazu auf die einschlägigen Lexikonartikel.[21]

---

21 Vgl. v.a. Scharbert/Finkel/Lührmann/Merkel/Hödl/Hägglund/Taureck, Art. Gerechtigkeit, TRE 12, 404-448; Dietrich/Luz/Strohm, Art. Gerechtigkeit, EKL 2, 3. Auflage, 87-101; Dihle, Art. Gerechtigkeit, RAC 10, 233-360; Sauter, Art. Gerechtigkeit, Evangelisches Staatslexikon I, 3. Auflage, 1074-1083; Barth, Art. Gerechtigkeit, TRT 163-166. Siehe auch das von Wildermuth/Jäger herausgegebene Bändchen „Gerechtigkeit. Themen der Sozialethik", das einen ersten Überblick verschafft. Zum biblischen Gerechtigkeitsbegriff vgl. neben den entsprechenden Abschnitten in den Lexikonartikeln v.a. Baumann, Gottes Gerechtigkeit, 63-225.

III. Auswahl der Quellen und Forschungslage

1. Der Wirtschaftshirtenbrief der katholischen Bischöfe der USA

1.1. Die Diskussion in den USA

Der Hirtenbrief löste nach der Veröffentlichung seiner Endfassung, aber auch schon während seiner Erarbeitung, eine breite Diskussion in Kirche und Öffentlichkeit der USA aus. Diese Diskussion fand in zahlreichen Veröffentlichungen in Zeitungen, Kirchenblättern und Fachzeitschriften, aber auch in einigen Sammelbänden und Monographien ihren Niederschlag. Nicht nur Autoren aus dem Bereich der Theologie beteiligten sich daran, sondern ebenso Fachleute aus dem Bereich der Wirtschafts- und Sozialwissenschaften.[22] In dem folgenden Überblick soll nicht eine umfassende Bestandsaufnahme der Literatur zum Hirtenbrief vorgenommen werden. Ich verweise dazu auf das Literaturverzeichnis. Vielmehr will ich die wichtigste Literatur zur Analyse und Interpretation dieses Dokuments vorstellen und einordnen, um so die Quellenlage zu sichten und den Rahmen meiner anschließenden Untersuchung abzustecken.

Hervorzuheben ist zunächst die kleine Monographie von Eugene Kennedy, Psychologieprofessor an der Loyola University in Chicago, die die prägenden Einflüsse auf den amerikanischen Katholizismus und insbesondere die katholischen Bischöfe der USA seit dem Zweiten Vatikanischen Konzil untersucht und so den Hirtenbrief in seinen *soziologischen und sozialpsychologischen Kontext* einbetten hilft.[23] Den *inhaltlichen Kontext* beschreiben die Aufsätze von Jean-Yves Calvez und David O'Brien. Calvez analysiert die Behandlung von Problemen der Wirtschaftspolitik in den Dokumenten der päpstlichen Soziallehre und ihre internationale Bedeutung und kommt zu dem Ergebnis, daß der Hirtenbrief eine konsequente Weiterentwicklung der Tradition der katholischen Soziallehre bedeutet.[24]

---

22 Zu den ersten Reaktionen auf den Hirtenbrief vgl. Murnion, Early Reactions to *Economic Justice For all: Catholic Social Teaching and the U.S. Economy.*
23 Kennedy, Re-Imagining American Catholicism. Diese Monographie enthält auch Auszüge aus der ersten Fassung des Hirtenbriefs.
24 Calvez, Economic Policy Issues in Roman Catholic Social Teaching. Zur Analyse der Entwicklung der katholischen Soziallehre vgl. auch Lebacqz, Six Theories of Justice, 67-71; Dorr, Option for the Poor. A Hundred Years of Vatican Social Teaching; Hollenbach, Modern Catholic Teachings Concerning Justice; Furger, Kontinuität mit verlagerten Schwerpunkten. Entwicklungen in der katholischen Sozialleh-

Ich werde bei der Analyse des Hirtenbriefes zu klären haben, ob dieses Urteil gerechtfertigt ist, und deshalb zu Beginn dieser Analyse die wichtigsten Akzente der päpstlichen Sozialenzykliken verdeutlichen, die den Kontext für das Dokument der U.S.-Bischöfe bilden. Anhand des Aufsatzes von David O'Brien wird der Hirtenbrief dann in die Tradition nordamerikanischer Soziallehre einzubetten sein. O'Brien befaßt sich mit den wirtschaftsethischen Stellungnahmen der katholischen Bischöfe der USA seit der Entstehung der katholischen Soziallehre am Ende des 19. Jahrhunderts.[25] Seine Untersuchung macht deutlich, daß die nordamerikanischen Bischöfe schon seit den frühen 20er Jahren trotz klerikalisierender Tendenzen eine beachtliche Sensibilität für die strukturellen Dimensionen wirtschaftsethischer Fragestellungen zeigten, der Hirtenbrief also in einer langen Tradition nordamerikanischer katholischer Soziallehre steht.

Die beiden erwähnten Aufsätze sind in einem von Thomas Gannon herausgegebenen Sammelband[26] enthalten, der zahlreiche Analysen des Hirtenbriefs aus theologischer, soziologischer und wirtschaftswissenschaftlicher Sicht bietet. Der Band deckt allerdings nur einen Teil des Spektrums der Stellungnahmen ab. Soweit Kritik an dem Dokument geübt wird, richtet sie sich zumeist auf seine sozialstaatliche Tendenz. Neben Milton Friedman, einem der wichtigsten Vertreter der neo-liberalen Schule in den Wirtschaftswissenschaften, Thomas S. Johnson, einem der mächtigsten Wirtschaftslenker der USA, und Manuel G. Velasquez, dem „Papst"

---

re und ihrer Wirtschaftsethik im Spiegel der päpstlichen Sozialenzykliken; Rauscher, Kirche in der Welt. Beiträge zur christlichen Gesellschaftsverantwortung, Bd.I, 111-152, sowie jüngst Chenu, Kirchliche Soziallehre im Wandel. Das Ringen der Kirche um das Verständnis der gesellschaftlichen Wirklichkeit, und Briefs, Theologische Konzeptionen und ökonomische Realität. Neuere Überlegungen zur katholischen Soziallehre. Aus Anlaß des hundertjährigen Jubiläums von Rerum Novarum erschienen die Sammelbände Palaver, Centesimo anno. 100 Jahre Katholische Soziallehre, und Coleman, One Hundred Years of Catholic Social Thought, sowie die schon erwähnte Dokumentation von Kerber/Ertl/Hainz, Katholische Gesellschaftslehre im Überblick. 100 Jahre Sozialverkündigung der Kirche. Ein Stück personifizierte Geschichte der katholischen Soziallehre bietet Nell-Breuning, Den Kapitalismus umbiegen. Schriften zu Kirche, Wirtschaft und Gesellschaft. Ein Lesebuch. Zum Einfluß des Zweiten Vatikanischen Konzils vgl. Bernadin, The Impact of Vatican II. Church in the Modern World. Zu Ansätzen der Neukonzeption heute: Büchele, Christlicher Glaube und politische Vernunft. Für eine Neukonzeption der katholischen Soziallehre.
25 O'Brien, The Economic Thought of the American Hierarchy. Vgl. zum gleichen Thema auch Kennedy, a.a.O. 20-40.
26 Gannon, The Catholic Challenge to the American Economy. Reflections on the U.S. Bishops' Pastoral Letter on Catholic Social Teaching and the U.S. Economy. Dieser Band enthält auch den vollen Wortlaut der Endfassung des Hirtenbriefs.

der amerikanischen Business Ethics Bewegung, kommt als europäische Stimme auch der Rechts- und Wirtschaftswissenschaftler und jetzige sächsische Ministerpräsident Kurt Biedenkopf zu Wort.[27] Die protestantische Perspektive vertritt Robert Benne.[28] Mit seiner scharfen Kritik am „Moralismus" der Bischöfe und dem Vorwurf, sie mißachteten die Sachgesetzlichkeit der Wirtschaft, vertritt Benne aber nur eine ganz bestimmte und zweifellos nicht repräsentative Richtung innerhalb der evangelischen Sozialethik der USA.

Aus ganz anderer Perspektive hat Karen Lebacqz den Hirtenbrief kritisiert. Das Kapitel über den Hirtenbrief in ihrer Monographie zu sechs Theorien der Gerechtigkeit gehört zu den sorgfältigsten Analysen dieses Dokuments und verarbeitet eine Fülle von Sekundärliteratur.[29] In ihrer Kritik hält Lebacqz den Bischöfen vor, sie verträten rein systemimmanente Vorschläge zur Reform des Kapitalismus, anstatt das Problem an der Wurzel zu fassen und das kapitalistische Wirtschaftssystem selbst in Frage zu stellen. Eine ganz ähnliche Kritik haben auch Beverly Harrison und die Brüder Leonardo und Clodovis Boff vorgebracht.[30] Wir werden zu klären haben, ob sich diese Kritik als haltbar erweist.

Die Verteidigung des Kapitalismus gegenüber der Kritik der Bischöfe ist die Intention einer anderen Gruppe von Stellungnahmen zum Hirtenbrief. Diese Stimmen sind in erster Linie aus dem Umkreis einer Kommission von katholischen Laien, v.a. aus dem Bereich der Wirtschaft, gekommen, zu der neben Michael Novak, einem der Vordenker des amerikanischen Neo-Konservativismus, auch der ehemalige amerikanische Finanzminister William Simon und der frühere NATO-Oberbefehlshaber in Europa und spätere Außenminister Alexander Haig gehörten. Diese Kommission veröffentlichte kurz vor der Vorstellung des ersten Entwurfs der Bischöfe einen „Laienbrief", der die Erfolge der amerikanischen Wirtschaft betont und sich als theologisch-ethische Begründung der freien Marktwirtschaft versteht.[31] Vor allem der Vorsitzende der Laienkommission Michael Novak hat in zahlreichen Aufsätzen dieses Anliegen

---

27 Friedman, Good Ends, Bad Means; Johnson, An Agenda for Economic Growth and Social Justice; Velasquez, Ethics, Religion and the Modern Business Corporation; Biedenkopf, A European Point of View.
28 Benne, The Bishops' Letter – A Protestant Reading.
29 Lebacqz, Six Theories of Justice, 66-82.
30 Harrison, Social justice and economic orthodoxy; Clodovis und Leonardo Boff, Good news of bishops' economics pastoral, and bad news unmentioned.
31 Friedhelm Hengsbach hat den „Laienbrief" als „die Magna Charta dessen, was man bei uns Neo-Konservativismus nennt", bezeichnet (Hengsbach, Sozialethische Impulse aus der katholischen Kirche, 32).

vertreten und den Hirtenbrief von daher kritisiert. In einem von Robert Royal im Auftrag des Ethics and Public Policy Center herausgegebenen kleinen Sammelband sind Novaks Überlegungen und weitere Stimmen in gleicher Absicht zu finden.[32] Ohne Zweifel wird die von ihnen vertretene Position bei meiner Analyse der Diskussion um den Hirtenbrief eine wichtige Rolle zu spielen haben.

Neben den Veröffentlichungen der Kritiker verschiedener Richtung sind auch zahlreiche Aufsätze zu einzelnen Themen aus dem Umkreis der Bischöfe und vonseiten der katholischen Fakultäten erschienen, die den Hirtenbrief verteidigen. Bei den jeweiligen thematischen Unterpunkten meiner Analyse der Kritik an dem Dokument werde ich diese hier nicht im einzelnen zu nennenden Veröffentlichungen auszuwerten haben.[33]

---

32 Royal, Challenge and Response. Dort sind auch Auszüge aus dem Dokument der Laienkommission mit dem Titel „Towards the Future" abgedruckt (a.a.O. 15-29). Eine deutsche Übersetzung des vollständigen Textes des Laienbriefs findet sich unter dem Titel „Der Zukunft entgegen. Katholisch-soziales Denken und die amerikanische Wirtschaft. Ein Laienbrief" in: Die Neue Ordnung, Sonderband, April 1985, 206-347. Im Sinne des Laienbriefs argumentiert auch eine Veröffentlichung des kanadischen Fraser Institute, das sich sich die „redirection of public attention to the role of competitive markets" zum Ziel gesetzt hat: Block, The U.S. Bishops and Their Critics. An Economic and Ethical Perspective. Die in diesem Büchlein enthaltene Bibliographie zum Hirtenbrief erfaßt hauptsächlich Artikel aus Zeitungen und Zeitschriften für ein breites Publikum.

33 Drei Titel, die sich gründlich mit dem Hirtenbrief auseinandersetzen, seien noch ausdrücklich genannt: Eine sehr instruktive interkonfessionelle Analyse des Hirtenbriefs bietet der von Charles Strain herausgegebene Sammelband „Prophetic Visions and Economic Realities. Protestants, Jews, and Catholics Confront the Bishops' Letter on the Economy. Die Beiträge dieses Bandes aus evangelikaler, jüdischer, „main line" protestantischer und katholischer Perspektive sind Ergebnis eines längeren gemeinsamen Studienprozesses. Der von John Houck und Oliver Williams herausgegebene Band „Catholic Social Teaching and the United States Economy. Working Papers for a Bishops' Pastoral" enthält die Beiträge zu einem Symposion, das im Vorfeld der Erarbeitung des Hirtenbriefes an der University of Notre Dame abgehalten wurde. Trotz einiger Beiträge zur ethischen Grundlegung liegt der Schwerpunkt auf sozialwissenschaftlichen Themen. Die Namen von Autoren wie Hollenbach, Novak, Alperovitz und McCann zeigen, wie breit das Spektrum der aufgenommenen Positionen ist. Hinzuweisen ist auch auf einen Band, der eine Kontroverse zwischen Douglas Rasmussen und James Sterba über den Hirtenbrief wiedergibt. Sterba verteidigt den Hirtenbrief und seine Politik-Vorschläge, Rasmussen kritisiert v.a. letztere. Der Schwerpunkt liegt auch hier auf der Diskussion um die Umsetzung der Ziele des Dokuments (Rasmussen/Sterba, The Catholic Bishops and the Economy. A Debate).

1.2. Die Rezeption in der Bundesrepublik Deutschland

In der Bundesrepublik ist der Hirtenbrief bisher fast ausschließlich von katholischer Seite rezipiert worden.[34] Zwei Grundrichtungen der Rezeption lassen sich erkennen. Die *eine* Richtung ist geprägt vom Sozialkatholizismus und dem Gespräch mit den Gewerkschaften. Sie begrüßt die Parteinahme der U.S.-Bischöfe für die Armen und sieht darin einen kritischen Impuls auch für die Wirtschaft der Bundesrepublik. Stimmen in dieser Richtung finden sich in dem von Friedhelm Hengsbach und Heiner Ludwig 1985 herausgegebenen Publik-Forum-Buch „Wirtschaft für wen?", das noch den zweiten Entwurf des Hirtenbriefs zur Grundlage hat. In einem ausführlichen Kommentar hat Hengsbach auch die Endfassung analysiert und interpretiert.[35]

Die *andere* Richtung ist eng mit dem katholischen Unternehmerverband verbunden und äußert sich in den Veröffentlichungen des Instituts für Gesellschaftswissenschaften in Walberberg. Sie nimmt die Parteinahme der Bischöfe für die Armen und die von ihnen vertretenen konkreten Forderungen mit offener Ablehnung, Skepsis oder zumindest mit Reserve zur Kenntnis und bemüht sich um eine gleichgewichtige Rezeption des Laienbriefs der katholischen Geschäftsleute. Wichtigste Vertreter der zweiten Richtung sind der Kölner Ordinarius für Wirtschaftspolitik Christian Watrin, der ehemalige Präsident der christlichen Unternehmervereinigung Peter Werhahn und der Dominikanerpater Heinrich Basilius Streithofen. Ihre Stellungnahmen bei einem vom Bund Katholischer Unternehmer und vom Walberberger Institut am 29. April 1985 in Bonn veranstalteten Symposion zum Hirtenbrief sind, zusammen mit einigen auf deutsch übersetzten Beiträgen von Vertretern der Laienkommission, in einem Sonderheft der Zeitschrift *Die Neue Ordnung* veröffentlicht.[36]

Neben diesen beiden wichtigsten Tendenzen der Rezeption des Hir-

---

34 Ausnahmen bilden Huber, Wirtschaftliche Gerechtigkeit für alle. Zum Wirtschaftshirtenbrief der katholischen Bischöfe in den USA; Bedford-Strohm, Eine Parteinahme für die Armen. Der Wirtschaftshirtenbrief der U.S.-Bischöfe; sowie die kurze Analyse in Duchrow, Weltwirtschaft heute. Ein Feld für Bekennende Kirche?, 196-199. Während die beiden zuerst genannten Aufsätze den Hirtenbrief mit Zustimmung aufnehmen, äußert Duchrow Vorbehalte gegen den appellativen Charakter des Dokuments.
35 Siehe Anm.15.
36 Im Gespräch: der amerikanische Wirtschaftshirtenbrief, Die Neue Ordnung, Sonderheft Dezember 1985.

tenbriefs in der Bundesrepublik sei noch auf einen kurzen Kommentar von Lothar Roos verwiesen.[37]

Roos nimmt das Dokument der U.S.-Bischöfe mit Zustimmung auf. Kritische Impulse für den Kontext der Bundesrepublik sind seiner Interpretation aber nicht anzumerken. Das Anliegen der U.S.-Bischöfe sieht er nämlich im Modell der sozialen Marktwirtschaft in der Bundesrepublik schon verwirklicht.

Schließlich muß auf einen Sammelband hingewiesen werden, in dem die Beiträge eines Kolloquiums der Akademie der Diözese Rottenburg-Stuttgart im Sommer 1987 in Weingarten, ergänzt durch zusätzlich angefragte Aufsätze, abgedruckt sind.[38] Dieser Sammelband gibt den wohl umfassendsten Überblick über die Rezeption des Hirtenbriefs in der Bundesrepublik und enthält auch die schon vorgestellten Positionen. Er wird eingeleitet durch eine kommentierte Literaturübersicht zur deutschsprachigen Rezeption des Dokuments.[39]

1.3. Der Klärungsbedarf

Angesichts der damit dargestellten Forschungslage ergeben sich für meine Untersuchung des Hirtenbriefs *drei Intentionen*.

Wie wir gesehen haben, ist der Hirtenbrief sowohl in den USA als auch unter einigen Vertretern der katholischen Soziallehre in der Bundesrepublik mit ungewöhnlicher Intensität diskutiert worden. Dennoch liegt m.W. weder im englischen noch im deutschen Sprachraum eine Darstellung und Interpretation dieses Dokuments vor, das auch nur die wichtigsten Beiträge aus der Sekundärliteratur verarbeitet und diskutiert. Diese Forschungslücke zu schließen, ist die *erste Intention* meiner Untersuchung zum Hirtenbrief.

Angesichts der Beachtung, die das Dokument der U.S.-Bischöfe in der katholischen Weltkirche, aber auch in der evangelischen Sozialethik in den USA gefunden hat, ist die Tatsache erstaunlich, daß dieses Dokument in der deutschsprachigen evangelischen Sozialethik nahezu unbeachtet geblieben ist. Die *zweite Intention* meiner Untersuchung zum Hirtenbrief ist

---

37 Roos, Gerechtigkeit für alle. Zum Wirtschaftshirtenbrief der amerikanischen Bischöfe.
38 Dingwerth/Öhlschläger/Schmid, Wirtschaftliche Gerechtigkeit aus der Sicht des Glaubens. Die deutsche Diskussion über ein amerikanisches Hirtenwort.
39 Garhofer/Schmid, Kommentierte Literaturübersicht zur deutschsprachigen Rezeption des Hirtenbriefes.

es deswegen, durch eine Analyse dieses wichtigen Dokumentes der katholischen Soziallehre einen Beitrag zur ökumenischen Öffnung der evangelischen Sozialethik in der Bundesrepublik zu leisten.

Schließlich habe ich darauf hingewiesen, daß die Intensität der theologischen Arbeit und die umfassende Beteiligung von Fachleuten bei der Erarbeitung dieses Dokuments neue Einsichten für die Begründung und Präzisierung eines an der Option für die Armen orientierten Gerechtigkeitsverständnisses zu eröffnen verspricht. Die *dritte und für die Fragestellung dieser Arbeit entscheidende Intention* meiner Untersuchung zum Hirtenbrief ist also die Suche nach einem tragfähigen theologisch-ethischen Verständnis des Begriffs der sozialen Gerechtigkeit.

Damit ist die Absicht meiner Untersuchung zum Hirtenbrief und der zu erwartende Beitrag zur Forschung deutlich gemacht. Im Folgenden will ich durch eine Sichtung des jeweiligen Diskussionsstandes erläutern, welche Quellen ich zur Klärung der genannten Schlüsselprobleme eines an der Option für die Armen orientierten theologisch-ethischen Gerechtigkeitsverständnisses heranziehe, die der Hirtenbrief offen läßt. Ich beginne mit einigen knappen Vorbemerkungen zu der vorgesehenen methodologischen Überlegung.

2. Biblische Begründung und Vernunftbegründung

Aufgabe der ethisch-methodologischen Vorüberlegung kann nicht sein, die gesamte Forschungsdiskussion zu verarbeiten. Vielmehr soll sie Rechenschaft darüber abgeben, wie in dieser Arbeit biblisch-theologische Begründung und Vernunftbegründung eines an der Option für die Armen orientierten Gerechtigkeitsverständnisses zueinander ins Verhältnis gesetzt werden. Meine Erläuterungen zur Forschungslage können sich deswegen auf ein Minimum beschränken.

Zwischen katholischer und evangelischer Ethik ist hier ein unverkennbares Gefälle in der Intensität der Diskussion zu beobachten. Während sich auf evangelischer Seite, jedenfalls im deutschsprachigen Raum, die explizite Reflexion über das Verhältnis von biblisch-theologischer Begründung und Vernunftbegründung in der Ethik sehr in Grenzen hält[40],

---

[40] Eine Ausnahme bilden z.B. das Handbuch der christlichen Ethik, Bd.1, das auch von evangelischer Seite mehrere Beiträge zu diesem Thema enthält, und die Beiträge zu einer ökumenischen Tagung in Tutzing im April 1985 (Bayer et al., Zwei Kirchen – eine Moral?) sowie die ausführlichen methodologischen Teile in Trutz Rendtorffs

ist die Forschungstätigkeit zu dieser methodologischen Grundfrage in der katholischen Ethik außerordentlich intensiv.[41] Die traditionelle katholische Naturrechtslehre wird weiterentwickelt und gegenüber einer stärkeren Betonung biblisch-theologischer Inhalte geöffnet. Wie wir sehen werden, läßt sich dieser Vorgang auch an den methodologischen Entscheidungen des Hirtenbriefs beobachten, ohne daß darüber ausreichend Rechenschaft abgelegt wird.

In meiner methodologischen Vorüberlegung will ich deswegen, ausgehend von der klassischen katholischen Naturrechtslehre, die Debatte um Autonome Moral und Glaubensethik in den 70er Jahren und die konstruktive Überwindung der damit angedeuteten Gegensätze in den 80er Jahren erläutern. *Zum einen* will ich damit zur Rezeption dieser wichtigen Debatte in der evangelischen Ethik beitragen.[42] *Zum anderen* soll mir die dadurch vorgenommene Problembeschreibung eine eigene methodologische Standortbestimmung ermöglichen.

Ethik (Ethik Bd.1, 9-61 und 99-181). Eine wichtige Grundlage für eine mögliche Neubelebung der Grundlagendiskussion in der evangelischen Ethik bietet die von Hans G. Ulrich herausgegebene Aufsatzsammlung „Evangelische Ethik. Diskussionsbeiträge zu ihrer Grundlegung und zu ihren Aufgaben", die die wichtigsten Positionen zu dieser Frage enthält. Ein besonderes Verdienst dieses Bandes ist die Berücksichtigung deutscher Übersetzungen von zwei wichtigen amerikanischen Positionen (Gustafson, Der Ort der Schrift in der christlichen Ethik. Eine methodologische Studie, und Hauerwas, Die Kirche in einer zerrissenen Welt und die Deutungskraft der christlichen „Story"). Zur expliziten Thematisierung in der englischsprachigen Ethik vgl. Birch/Rasmussen, Bible and Ethics in the Christian Life; Hauerwas, A Community of Character; Barr, The Scope and Authority of the Bible; Gustafson, The Place of Scripture in Christian Ethics. A Methodological Study (Originalfassung von Gustafson, a.a.O.); Gustafson, Protestant and Roman Catholic Ethics, sowie die weiteren evangelischen Beiträge in Curran/McCormick, The Use of Scripture in Moral Theology. Es sei ausdrücklich darauf hingewiesen, daß die gleiche Frage implizit eine zentrale Rolle bei der umfangreichen Diskussion um das Verhältnis von Zwei-Reiche-Lehre und der Lehre von der Königsherrschaft Christi spielt.

41 Die umfangreiche Literatur zu diesem Thema in der katholischen Ethik braucht hier nicht aufgeführt werden. Ich verweise dazu auf den ausführlichen zweiteiligen Literaturbericht von Josef Georg Ziegler, Die deutschsprachige Moraltheologie vor dem Gesetz der Polarität von Vernunft und Glaube. Eine Übersicht. Es sei besonders hingewiesen auf den dort noch nicht behandelten, von Wilhelm Ernst herausgegebenen Sammelband „Grundlagen und Probleme der heutigen Moraltheologie", in dem unterschiedliche Positionen zu Wort kommen.

42 Einen wichtigen Beitrag zu dieser Aufgabe hat Wolfgang Nethöfel mit seiner Habilitationsschrift über „Moraltheologie nach dem Konzil. Personen, Programme,

3. Die Option für die Armen

Seit dem Erscheinen von Gustavo Gutierrez' „Theologie der Befreiung"[43], dem ersten „Klassiker" der lateinamerikanischen Befreiungstheologie, zieht sich das Thema der Option für die Armen durch die gesamte Literatur dieser noch jungen theologischen Strömung. Das Thema wird aber eher implizit behandelt. Als ausformuliertes Konzept taucht es zum erstenmal im Schlußdokument der lateinamerikanischen Bischofskonferenz von Puebla auf. Ziel meiner Untersuchung über die Option für die Armen soll nicht eine anhand dieses Themas vorgenommene Gesamtanalyse der Befreiungstheologie sein.[44] Vielmehr soll der theologische Gehalt des mit dem Stichwort der „Option für die Armen" bezeichneten Konzeptes analysiert und geprüft werden, um dadurch seine Begründungskraft für ein entsprechendes theologisch-ethisches Gerechtigkeitsverständnis zu untersuchen.

Das Konzept der Option für die Armen ist ohne seine Wurzeln in den grundlegenden Entscheidungen der lateinamerikanischen Bischofskonferenzen von Medellin (1968) und Puebla (1979) nicht zu verstehen. Eine Analyse des historischen Kontexts und der Schlußdokumente dieser beiden Konferenzen im Hinblick auf dieses Konzept muß deshalb am Anfang meines entsprechenden Abschnitts stehen. Ich ziehe dazu v.a. die Primär-

---

Positionen" geleistet, die sich bei ihrer Diskussion der Ansätze von Bernhard Häring, Alfons Auer, Franz Böckle und Diethmar Mieth den methodologischen Grundfragen dieser Ansätze zuwendet. Der v.a. mit dem Namen Klaus Demmer verbundene Neuansatz der 80er Jahre ist dort noch nicht diskutiert. Vgl. auch Martin Honeckers Berücksichtigung katholischer Konzepte in: Honecker, Zur ethischen Diskussion der 80er Jahre. Einen Kurzüberblick über die Debatte um die Autonome Moral gibt Rendtorff, Ethik Bd. 1, 45f. Einen der wichtigsten Beiträge in der katholischen Debatte, Klaus Demmers Moraltheologische Methodenlehre, behandelt Wiebering, Evangelische Ethik zwischen Tradition und Spontaneität. Der Versuch einer Neubelebung des katholisch-evangelischen Gesprächs über die Grundlagenfragen der Ethik wurde bei einer Fachkonsultation am 26./27. Juni 1992 in der Forschungsstätte der Evangelischen Studiengemeinschaft in Heidelberg gemacht. Die dort gehaltenen Referate von Klaus Demmer, Christofer Frey, Dietmar Mieth, Hans G. Ulrich, Volker Eid und Wolfgang Huber sollen in der Zeitschrift für Evangelische Ethik, Heft 1/1993 erscheinen.

43 Gutierrez, Theologie der Befreiung, München/Mainz 1973.
44 Siehe für die neuere Literatur zur Befreiungstheologie insgesamt den Literaturbericht von Johannes Althausen, ‚Theologie der Befreiung' – eine Zwischenbilanz.

quellen heran⁴⁵, nehme aber, wo zur Erläuterung nötig, auch die einschlägigen Darstellungen zu Text und historischem Hintergrund auf.⁴⁶

Im Anschluß werde ich zu klären haben, wie das Konzept der Option für die Armen näher zu interpretieren ist. Obwohl diesem Konzept von den lateinamerikanischen Befreiungstheologen große Bedeutung zugemessen wird⁴⁷, ist die Literatur dazu sehr begrenzt.⁴⁸ Die einzige Veröffentlichung, die sich wirklich gründlich mit der Option für die Armen beschäftigt, ist

---

45 Dabei benutze ich die vom Sekretariat der Deutschen Bischofskonferenz herausgegebene offizielle Übersetzung: Die Kirche Lateinamerikas. Dokumente der II. und III. Generalversammlung des Lateinamerikanischen Episkopates in Medellin und Puebla (Stimmen der Weltkirche 8). Die von Hans-Jürgen Prien entdeckten Manipulationen bei der Übersetzung des ursprünglich angenommenen Textes aus dem Spanischen betreffen nicht die für meine Untersuchung relevanten Passagen (vgl. Prien, Puebla, 61-68).

46 Vgl. dazu Noggler, Das erste Entwicklungsjahrzehnt. Vom II. Vatikanischen Konzil bis Medellin; Dussel, Die lateinamerikanische Kirche von Medellin bis Puebla (1968-1979); Comblin, Kurze Geschichte der Theologie der Befreiung; Gutierrez, Die historische Macht der Armen, 80-124; Prien, Puebla; Schlegelberger/Sayer/Weber, Von Medellin nach Puebla. Gespräche mit lateinamerikanischen Theologen; Greinacher, Die Kirche der Armen. Zur Theologie der Befreiung, 79-109; Adriance, Whence the Option for the Poor?; Leers/Moser, Moraltheologie. Engpässe und Auswege, 70-93; Collet, „Den Bedürftigsten solidarisch verpflichtet". Implikationen einer authentischen Rede von der Option für die Armen, 69-82; vgl. auch den von Schöpfer/ Stehle herausgegebenen Sammelband „Kontinent der Hoffnung. Die Evangelisierung Lateinamerikas heute und morgen. Beiträge und Berichte zur 3. Generalversammlung des lateinamerikanischen Episkopats in Puebla 1979; darin v.a. Rauscher, Die katholische Sozialehre in Medellin und Puebla, und Zwiefelhofer, Die Antwort der lateinamerikanischen Kirche auf die Herausforderungen der Gegenwart.

47 Vgl. etwa Leonardo Boff, Für die Armen – gegen die Armut, 140: „Nach meiner Einschätzung brachte die vorrangige Option für die Armen in der Kirche die große notwendige kopernikanische Revolution. Ihre Bedeutung geht weit über den kirchlichen Kontext Lateinamerikas hinaus und betrifft die ganze Weltkirche. Es ist meine ehrliche Meinung, daß uns diese Entscheidung die wichtigste theologische und pastorale Veränderung seit der protestantischen Reformation im 16. Jahrhundert gebracht hat."

48 In den neueren Veröffentlichungen aus dem Umkreis der lateinamerikanischen Befreiungstheologie wird häufig explizit darauf Bezug genommen. Die Interpretationen sind aber außerordentlich knapp gehalten. Vgl. u.a. Comblin, Das Bild vom Menschen, 43-45; Leonardo Boff, Aus dem Land der Tränen ins Gelobte Land, 114-123; Magalhaes, Christologie und Nachfolge. Eine systematisch-ökumenische Untersuchung zur Befreiungschristologie bei Leonardo Boff und Jon Sobrino, 33f; Gutierrez, The Church of the Poor. Zu nordamerikanischen bzw. europäischen Interpretationen vgl. McAfee Brown, The ‚Preferential Option for the Poor' and the Renewal of Faith; Forestell, The Preferential Option for the Poor; Hebblethwaite, Liberation Theology:

die von Clodovis Boff und Jorge Pixley gemeinsam verfaßte Monographie, die sich ausschließlich diesem Thema zuwendet.[49] Die deutsche Übersetzung dieses Buches ist in der Reihe *Bibliothek Theologie der Befreiung* erschienen und kann als die „klassische" Interpretation der Option für die Armen aus der Sicht der lateinamerikanischen Befreiungstheologie angesehen werden.[50]

Ich will deswegen in meiner Untersuchung von dieser Interpretation ausgehen und – wo im Rahmen dieser Arbeit möglich, auch anhand der exegetischen Fachliteratur – ihre Tragfähigkeit prüfen und so ein eigenes Verständnis der Option für die Armen als Grundlage für die theologisch-ethische Füllung des Begriffs der sozialen Gerechtigkeit gewinnen.

Dem Teil über die theologische Begründung der Option für die Armen – so habe ich ausgeführt – folgt in dieser Arbeit ein weiterer Teil über die philosophische Beründung eines an der Option für die Armen orientierten Gerechtigkeitsverständnisses. Im Folgenden will ich Quellenauswahl und Forschungslage zu diesem Teil erläutern.

4. Gerechtigkeit in der philosophischen Ethik

In den letzten zwei Jahrzehnten hat sich in der philosophischen Ethik eine Diskussion um die inhaltliche Füllung des Begriffs der Gerechtigkeit entwickelt, die mit ungewöhnlicher Intensität geführt wird. Schauplatz dieser Diskussion ist primär die englischsprachige Literatur, mit zunehmender Ausstrahlung auf den deutschen und französischen Sprachbereich. Ausgangspunkt und Zentrum des neu erwachten Gerechtigkeitsdiskurses ist die Theorie der Gerechtigkeit, die der amerikanische Philosoph John

---

The Option for the Poor; Eicher, Die Anerkennung der Anderen und die Option für die Armen; Rottländer, Option für die Armen. Erneuerung der Weltkirche und Umbruch der Theologie. Eine gute Kurzeinführung bzw. -interpretation bietet Collet, „Den Bedürftigsten solidarisch verpflichtet". Implikationen einer authentischen Rede von der Option für die Armen. Zu Vorläufern der lateinamerikanischen Option für die Armen in der Kirchengeschichte vgl. auch Theodore Jennings Interpretation von John Wesleys Wirtschaftsethik, als deren Kern er eine „vorrangige Option für die Armen" identifiziert (Jennings, Good News to the poor, bes. 47-69).

49 Boff/Pixley, Die Option für die Armen.
50 Nicht ohne Grund ist sie seit ihrem Erscheinen Bezugspunkt der einschlägigen Veröffentlichungen zu diesem Thema. Siehe z.B. Magalhaes, a.a.O.; Eicher, a.a.O. 18f.; Rottländer, a.a.O. 80 und 82.

Rawls 1971 unter dem Titel „A Theory of Justice" vorlegte, und die 1975, geringfügig überarbeitet, auch in deutscher Übersetzung erschien. In wenigen Jahren wurde Rawls' Theorie zu einem Klassiker der philosophischen Ethik, dessen Erörterung keine Untersuchung zum Thema „Gerechtigkeit" auslassen kann.

Wenn ich bei meiner Behandlung des Problems der sozialen Gerechtigkeit in der philosophischen Ethik als Ausgangspunkt die Gerechtigkeitstheorie von John Rawls wähle, dann spricht dafür also zunächst ihre überragende Bedeutung in der philosophischen Diskussion. Doch auch ein anderer Aspekt spricht für ein solches Vorgehen. Zentrale Elemente der Rawlsschen Theorie weisen auf den ersten Blick eine auffallende inhaltliche Nähe zu einem an den Schwachen orientierten, theologisch-ethischen Gerechtigkeitsverständnis auf. Sollte sich dieser erste Eindruck bestätigen und gelänge es, zu zeigen, daß die Theorie ihren Kritikern in ihren wesentlichen Überlegungen standhält, dann wären wir auf unserer Suche nach einem tragfähigen theologisch-ethischen Gerechtigkeitsbegriff einen entscheidenden Schritt weitergekommen: Nicht nur könnte diese philosophische Theorie zur inhaltlichen Präzision eines theologisch-ethischen Gerechtigkeitsverständnisses beitragen, sie könnte vielmehr auch zeigen, daß biblisch verwurzelte ethische Aussagen, wie sie uns im Konzept der „Option für die Armen" begegnen, nicht gegen die Vernunft stehen, sondern mit den Mitteln der Vernunft nachvollzogen werden können.

Nicht zufällig haben zahlreiche Autoren im Zusammenhang mit der Diskussion um den Wirtschaftshirtenbrief der U.S.-Bischöfe auf die inhaltliche Nähe dieses Dokuments zu John Rawls' Gerechtigkeitstheorie hingewiesen. So stellt etwa Philipp Schmitz fest, daß der in dem Hirtenbrief verwendete und an der Option für die Armen orientierte Begriff der sozialen Gerechtigkeit „eindeutig der Schule von John Rawls zuzuordnen" sei.[51] In durchaus kritischer Perspektive kommt Christian Watrin bei seiner Erläuterung des Konzepts der Option für die Armen im Hirtenbrief zu einem ganz ähnlichen Ergebnis: „Hier ist unschwer eine aus der Aufklärungsphilosophie stammende Gesellschaftstheorie wiederzuerkennen, nämlich die von *John Rawls* in seiner Theorie der Gerechtigkeit entwickelte Idee..., nach der Wohlstandsunterschiede in der menschlichen Gesellschaft nur solange gerechtfertigt sind, wie sie sich überwiegend zum Nutzen der Armen auswirken."[52] Die Nähe eines an der Option für die Armen orientierten Gerechtigkeitsverständnisses, wie es der Hirtenbrief

---

51 Schmitz, Gerechtigkeit, 570.
52 Watrin, Ordnungspolitik im Fahrwasser utopischer Sozialexperimente?, 50.

vertritt, zu Rawls' Theorie ist also immer wieder beobachtet worden.[53] Umso überraschender ist die Tatsache, daß Arbeiten, die diese beiden Zugangsweisen zum Thema der Gerechtigkeit konstruktiv aufeinander beziehen, völlig fehlen. Dies gilt im übrigen für die Verknüpfung der Rawlsschen Theorie mit dem Konzept der Option für die Armen überhaupt. „Ich wundere mich" – so hat Karl Homann im Hinblick auf Rawls' Theorie festgestellt – „wie wenig sie in der katholischen Soziallehre rezipiert worden ist."[54] Mit einer Frage markiert Homann dann die entsprechende Forschungslücke: „Könnte man nicht die ‚Option für die Armen' in den neueren kirchlichen Stellungnahmen mit Hilfe dieser Konzeption explizieren und konkretisieren?"[55] Ich hoffe, mit meiner Untersuchung der Theorie von John Rawls als philosophische Begründung und Präzisierung eines an der Option für die Armen orientierten Gerechtigkeitsverständnisses zur Ausfüllung dieser Forschungslücke beitragen zu können.

Die Literatur zur Rawlsschen Theorie ist so umfangreich, daß hier nur auf die wichtigsten Beiträge eingegangen werden kann.[56] Zunächst ist darauf hinzuweisen, daß Rawls selbst seine Theorie in zahlreichen späteren Aufsätzen gegen die Kritik verteidigt, sie aber auch präzisiert und

---

53 Einige weitere Beispiele seien noch erwähnt. Die Berührungspunkte – so Friedhelm Hengsbach – „zwischen dem wirtschaftsethischen Kernabschnitt des Hirtenbriefs und John Rawls...(sind) nicht von der Hand zu weisen" (Hengsbach, Gegen Unmenschlichkeit, 267). James Hug weist auf die Bedeutung der Rawlsschen Theorie für eine Präzisierung der im Hirtenbrief vertretenen Option für die Armen hin: „Comment cette option se traduira-t-elle en pratique dans le document? Cela reste obscur. On peut fort bien supposer que le premier critère pour apprécier une politique consistera a en examiner les *effets sur les pauvres*. Cette adaption du ‚principe de différence' de John Rawls pourrait rendre service" (Hug, Avant la lettre pastorale des évèques americains sur l' économie, 549). Jürgen Werbick sieht die Option für die Armen als konstitutiv für Rawls' Theorie und weist im gleichen Zusammenhang ausdrücklich auf den Hirtenbrief hin (Werbick, Die nach Gerechtigkeit hungern und dürsten. Gerechtigkeit als Grundbegriff einer Befreiungstheologie aus der Perspektive der „ersten Welt", 63, Anm.10). Vgl. auch Franklin, In Pursuit of a Just Society: Martin Luther King, Jr., and John Rawls, 59; Schmid, „die tragische Trennung zwischen Glauben und Alltag vermeiden": Der Hirtenbrief als Konkretisierung des Ansatzes der „Autonomen Moral", 149, und Lebacqz, Six Theories of Justice, 75.
54 Homann, Demokratie und Entwicklung, 120.
55 A.a.O. 121.
56 Zu einer umfassenden Zusammenstellung der Literatur zu Rawls vgl. die Bibliographie von Wellbank/Snook/Mason (eds.), John Rawls and his Critics: An Annotated Bibliography. Zur neuesten Literatur siehe die Literaturverzeichnisse von Pogge, Realizing Rawls, und – besonders für die deutsche Literatur – von Koller, Neue Theorien des Sozialkontrakts.

modifiziert hat.[57] Diese Weiterentwicklung seiner Gedanken wird bei meiner Untersuchung zu berücksichtigen sein.

Charakteristisch für die Sekundärliteratur ist die Tatsache, daß neben einer unübersehbaren Zahl von Aufsätzen auch zahlreiche Monographien[58] und mehrere Sammelbände[59] erschienen sind, die sich ausschließlich mit der Rawlsschen Gerechtigkeitstheorie beschäftigen oder wesentliche Teile dieser Theorie widmen.[60] Charakteristisch ist auch, daß die Beiträge zur Rawls-Diskussion aus allen Kontinenten der Welt kommen.[61] Die Prüfung

---

57 Reply to Lyons and Teitelman (1972); Some Reasons for the Maximin Criterion (1974); Reply to Alexander and Musgrave (1974); Fairness to Goodness (1975); The Basic Structure as Subject (1978); Kantian Constructivism in Moral Theory (1980); Social Unity and Primary Goods (1982); The Basic Liberties and Their Priority (1982); Justice as Fairness: Political not Metaphysical (1985); The Idea of an Overlapping Consensus (1987); The Priority of Right and Ideas of the Good (1988); The Domain of the Political and Overlapping Consensus, (1989). Die meisten dieser Aufsätze liegen inzwischen in deutscher Übersetzung vor. Sie sind in einem von Wilfried Hinsch herausgegebenen Aufsatzband enthalten: John Rawls, Die Idee des politischen Liberalismus. Aufsätze 1978-1989, Frankfurt 1992.
58 Barry, The Liberal Theory of Justice. A Critical Examination of the Principal Doctrines of Justice by John Rawls; Wolff, Understanding Rawls. A Reconstruction and Critique of *A Theory of Justice*; Schaefer, Justice or Tyranny? A Critique of John Rawls' *A Theory of Justice*; Wettstein, Über die Ausbaufähigkeit von John Rawls' Theorie der Gerechtigkeit; Brehmer, Rawls' „Original Position" oder Kants „Ursprünglicher Kontrakt"; Rao, Three Lectures on John Rawls; Sandel, Liberalism and the Limits of Justice; Kühn, Soziale Gerechtigkeit als moralphilosophische Forderung. Zur Theorie der Gerechtigkeit von John Rawls; Martin, Rawls and Rights; Pogge, Realizing Rawls; Kukathas/Pettit, Rawls. *A Theory of Justice* and its Critics.
59 Daniels, Reading Rawls. Critical Studies of *A Theory of Justice*; Höffe, Über John Rawls' Theorie der Gerechtigkeit; Blocker/Smith, John Rawls' Theory of Social Justice; Ladrière/Van Parijs, Fondements d'une Théorie de la Justice. Essais critiques sur la philosophie politique de John Rawls; Symposion on Rawlsian Theory of Justice: Recent Developments, in: Ethics 99 (1989).
60 So u.a. Boss, La Mort du Léviathan. Hobbes, Rawls et notre situation politique; Barry, Theories of Justice; Kipnis/Meyers, Economic Justice. Private Rights and Public Responsibilities; Kley, Vertragstheorien der Gerechtigkeit; Koller, Neue Theorien des Sozialkontrakts. Kollers hervorragende Arbeit bietet nicht nur eine übersichtliche Darstellung der Rawlsschen Theorie, sondern auch eine kritische Auseinandersetzung damit bei ausgesprochen gründlicher Verarbeitung der Sekundärliteratur (vgl. Koller, a.a.O. 31-134).
61 Neben der amerikanischen Perspektive ist auch die afrikanische (Oruka, Rawls' Ideological Affinity and Justice as Egalitarian Fairneß), asiatische (Rao, a.a.O.), australische (Kukathas/Pettit, a.a.O.) und europäische (u.a. Ladrière/Van Parijs, a.a.O., und Höffe, a.a.O.) Perspektive vertreten.

der darin vorgebrachten Kritik wird zeigen, ob Rawls auch über den Kontext der USA hinaus weiterführende Anstöße geben kann.

In der Diskussion um Rawls' Entwurf lassen sich *drei inhaltliche Hauptströmungen* der Kritik identifizieren. Die *neo-liberale Kritik* sieht in der Rawlsschen Theorie die persönlichen Freiheitsrechte in Frage gestellt. Sie lehnt jeglichen Anspruch des einzelnen auf die Solidarität der Gemeinschaft ab und vertritt deswegen eine Minimalstaatskonzeption.[62] Die *kommunitäre Kritik* sieht in Rawls' Theorie die persönliche Freiheit des Individuums überbetont und bemängelt darin eine Mißachtung der tragenden Rolle des Werts der Gemeinschaft.[63] In den Augen der *Kritik aus marxistischer Sicht* schließlich vertritt Rawls einen reformistischen Ansatz, der den Vorrang der Freiheit gegenüber der Gleichheit und damit die Grundlagen des kapitalistischen Systems aufrechterhält und der zudem die Kraft von Idealen gegenüber der Durchsetzungskraft ökonomischer Interessen überschätzt.

Aufgrund ihrer Bedeutung in der öffentlichen Meinung nicht nur in den USA will ich mich mit der neo-liberalen Position, anhand der Theorie von Robert Nozick, besonders eingehend beschäftigen. Die anderen beiden Strömungen der Kritik werden bei der Diskussion der einzelnen Problemfelder gebührend zu berücksichtigen sein.

Ziel meiner Arbeit soll die theologisch-ethische Begründung und Präzisierung eines an der Option für die Armen orientierten Gerechtigkeitsverständnisses sein. Die Rezeption der Theorie von John Rawls wird dabei eine zentrale Rolle spielen. In einem letzten Teil dieses Forschungsüberblicks will ich deswegen in aller Kürze auf die bisher sichtbar gewordenen Ansätze zur theologischen Rawls-Rezeption eingehen.

5. Zur Rawls-Rezeption in der theologischen Ethik

Trotz der überragenden Bedeutung, die der Rawlsschen Theorie für die philosophische Gerechtigkeitsdiskussion zuzuschreiben ist, sind die Ansätze der theologischen Rezeption nur bruchstückhaft.

Arthur Rich widmet Rawls im ersten Band seiner Wirtschaftsethik einen

---

62 Vgl. dazu v.a. Nozick, Anarchie, Staat, Utopia.
63 Wichtigster Vertreter dieser Richtung der Rawls-Kritik ist Michael Sandel, Liberalism and the Limits of Justice.

eigenen kurzen Abschnitt.[64] Für Rich liegt die besondere Bedeutung der Rawlsschen Theorie darin, daß sie die Konsequenzen, die sich aus einer Humanität in der Perspektive von Glauben, Liebe und Hoffnung für die Optimierung gesellschaftlicher Gerechtigkeit ergeben, aus der Vernunft begründet und so Konsensprozesse ermöglicht. Insbesondere sein Kriterium der Partizipation sieht Rich in dieser Theorie umgesetzt.[65] *Christopher Frey* sieht in Rawls' Gerechtigkeitstheorie eine Anleitung, die im allgemeinen personal ausgelegte Goldene Regel in soziale Konstellationen umzusetzen.[66] Auch für *Helmut Kaiser* besteht eine Nähe zwischen der Goldenen Regel und der Rawlsschen Theorie. Nach Kaiser stellt insbesondere Rawls' Unterschiedsprinzip und seine Demokratietheorie eine adäquate Interpretation des theologischen Gedankens der Brüderlichkeit dar, an die eine theologische Gerechtigkeitstheorie anknüpfen kann.[67] Für *Jürgen Werbick* steht Rawls' Grundsatz, daß Ungleichheiten sich immer zum Vorteil der Schwächsten auswirken müssen, in der Gefahr, ideologisch mißbraucht zu werden. Die Privilegierung der Reichen – so Werbick – wird in der Regel immer mit positiven Nebeneffekten für die Armen legitimiert. Rawls werde zwar mit dieser Argumentationsstrategie das Wort im Munde herumgedreht, sein Konzept sei aber nur dann gegen Mißbrauch geschützt, wenn die in ihm ausgesprochene Option für die Armen partizipativen Charakter habe.[68]

Skeptischer sind *Hans-Richard Reuter, Martin Honecker* und *Rolf Kramer*. Reuter meint, den Markt- und Eigentumsfreiheiten sei bei Rawls ein grundsätzlicher Vorrang eingeräumt, und stellt deswegen in durchaus kritischer Absicht die Frage, ob durch diese Überbetonung der Freiheit ein reines Marktsystem gegenüber einem System moderierter Wirtschaftsplanung nicht immer als das gerechtere ausgewiesen sei.[69] Honecker sieht in der mit Rawls' methodischem Vorgehen vorausgesetzten Unparteilichkeit eine Abstraktion von den realen Verhältnissen und damit eine Fiktion. Die philosophischen Gerechtigkeitstheorien – so Honecker – scheitern. Für ihn führt der Weg deswegen von der sozialen zurück zur personalen

---

64 Rich, Wirtschaftsethik Bd.1: Grundlagen in theologischer Perspektive, 207-217.
65 A.a.O. 218.
66 Frey, Gerechtigkeit. Theologisch-ethische Überlegungen zu einer fundamentalen Norm, 467f. Vgl.auch Frey, Theologische Kriterien für die Gestaltung und Entwicklung der Wirtschaft, 152f.
67 Kaiser, Von der Brüderlichkeit zur Gerechtigkeitstheorie von John Rawls, bes. 257-260.
68 Werbick, Die nach Gerechtigkeit hungern, 62f.
69 Reuter, Gerechtigkeit. Bemerkungen zur theologischen Dimension eines sozialethischen Grundbegriffs, 180.

Gerechtigkeit.[70] Rolf Kramer hält die Auswirkungen der Rawlsschen Theorie auf die praktische Gestalt der Politik, Philosophie und Ethik für recht gering. Allein die moderne Vertragstheorie – so Kramer – hat Rawls' Analyse der Gerechtigkeit zur Kenntnis genommen und sich im Blick auf die soziale Komponente mit ihr auseinandergesetzt[71], ein Urteil, das angesichts der Fülle an Literatur zu Rawls in allen von Kramer genannten Disziplinen sicher nicht haltbar ist.

Die genannten Versuche der kritischen Würdigung der Rawlsschen Theorie in der deutschsprachigen theologischen Ethik haben alle mehr oder weniger fragmentarischen Charakter. Weder werden die zentralen Probleme der Theorie auf dem Hintergrund der innerphilosophischen Kritik diskutiert noch wird das Maß ihrer Anschlußfähigkeit für die theologische Ethik näher begründet.[72]

Die amerikanische Literatur ist demgegenüber ergiebiger – wenn auch nur in begrenztem Ausmaß. Drei Versuche der theologischen Rawls-Rezeption sind hier zu nennen. Insgesamt kritisch äußert sich *Karen Lebacqz*. Aus einer von der Befreiungstheologie geprägten Perspektive kritisiert sie Rawls' methodisches Vorgehen. Anstatt von den faktisch vorhandenen Ungerechtigkeiten auszugehen, versuche Rawls ebenso wie sein Gegenspieler Nozick, von bestimmten Grundannahmen her, einen universal anwendbaren Maßstab der Gerechtigkeit logisch zu deduzieren. Er übergehe jegliche historische Besonderheiten und verschleiere damit nur eine westlich-liberale Prägung, die durch sein individualistisches Menschenbild, das Fehlen jeglicher Klassenanalyse und die Mißachtung konfliktiver Elemente deutlich werde. Die Logik seiner Theorie tendiere zur Unterstützung des Status Quo.[73] Auch wenn Lebacqz durchaus Motive ihres eigenen Denkens in Rawls wiederfindet, grenzt sie sich von seiner Theorie ab: Gerechtigkeit im biblischen Sinne fordere Befreiung, nicht einfach eine Verbesserung innerhalb der unterdrückerischen Strukturen. Sein methodisches Vorgehen sei einer Welt nicht angemessen, in der die Rationalität durch die Sünde entstellt sei.[74]

---

70 Honecker, Rechtfertigung und Gerechtigkeit, 56f.
71 Kramer, Soziale Gerechtigkeit – Inhalt und Grenzen, 84.
72 Letzteres leistet am ehesten Kaiser, der in einem kurzen Abschnitt Brüderlichkeit im Neuen Testament und die Brüderlichkeit in Rawls' Gerechtigkeitstheorie vergleicht (Kaiser, a.a.O. 259f).
73 Lebacqz, Justice in an Unjust World. Foundations for a Christian Approach to Justice, 54.
74 A.a.O. 156f. Vgl. zu Lebacqz's Analyse der Rawlsschen Theorie auch Lebacqz, Six Theories of Justice. Perspectives from Philosophical and Theological Ethics, 33-50.

Eine größere Nähe der Theorie Rawls' zur theologischen Ethik sieht *William Werpehowski*. Werpehowski geht von Karl Barths theologischem Kriterium der Mitmenschlichkeit aus. In Rawls' Theorie sieht er eine politische Ordnung beschrieben, die dieses Kriterium und damit auch das Liebesgebot bestmöglich verwirklicht und damit zum „Gleichnis des Reiches Gottes" wird. Darüber hinaus kann diese Theorie nach Werpehowski auch der christlichen Gemeinschaft in ihrem Inneren weiterhelfen, indem sie zum Maßstab der Verwirklichung des Mitmenschlichkeitskriteriums im Raum der Kirche wird.[75] Werpehowskis kritische Modifikationen an einigen Einzelpunkten lassen diese positive Gesamtwürdigung unangetastet.[76]

Die These, die *Harlan Beckley* zur theologischen Rawls-Rezeption vertritt, wird schon am Titel seines dazu veröffentlichten Aufsatzes deutlich: „A Christian Affirmation of Rawls's Idea of Justice as Fairness". Beckley sieht ein Dilemma für die Christen, das sich in folgender Frage ausdrückt: Wie kann sich eine Bewertung der Verteilung von Rechten und Pflichten, von Vorteilen und Nachteilen in einer Gesellschaft am christlichen Glauben orientieren, ohne anderen die christlichen Werte aufzuzwingen?[77] In Rawls' Gerechtigkeitstheorie sieht Beckley nun dieses Problem gelöst, schafft sie doch eine Möglichkeit des Konsenses zwischen christlichen und nicht-christlichen Überzeugungen, die mit einer darüber hinausgehenden spezifisch christlichen Ethik durchaus verträglich ist.[78] Die Basis für diesen Konsens besteht nach Beckley in Rawls' Sicht des Menschen als rationales, freies und gleiches Wesen. Diese Sicht des Menschen – so Beckley – ist in hohem Maße kompatibel mit einem

---

75 Werpehowski, Social Justice Selves: John Rawls's „Theory of Justice" and Christian Ethics, 286-290.
76 Das Hauptziel seiner Kritik ist eine Auffassung, die Rawls in einer Fußnote äußert (Eine Theorie der Gerechtigkeit, 569 Anm.4), und die Werpehowski in radikalem Gegensatz zum Kriterium der Mitmenschlichkeit sieht. Am Beispiel eines Orchesters erläutert Rawls, daß jedes Individuum auf die Gemeinschaft angewiesen sei und der einzelne deswegen nur in der sozialen Gemeinschaft voll entwickelt sei. Werpehowski liest aus dieser Aussage die Auffassung, daß die Gemeinschaftsaktivität nur ein Mittel zum Zweck sei, die Beziehung also nicht in sich selbst Wert habe (Werpehowski, a.a.O. 242-250). Er übersieht damit aber die Funktion des Rawlsschen Arguments: er will die Bedeutung gesellschaftlicher Zusammenarbeit aus möglichst schwachen Prämissen aufzeigen. Daß die Beziehungen einen Wert in sich bedeuten, wird damit keineswegs ausgeschlossen.
77 Beckley, A Christian Affirmation of Rawls's Idea of Justice as Fairneß – Part I, 210f.
78 A.a.O. 214.

Verständnis christlicher Liebe als gleicher Achtung (equal regard) vor allen Menschen.[79]

Als Ergebnis meines Kurzüberblicks über Ansätze der theologischen Rezeption der Rawlsschen Gerechtigkeitstheorie[80] halte ich fest: Die Bewertung dieser Theorie aus der Sicht theologischer Ethik reicht von einer mehr oder weniger kritischen Sicht bis hin zu einer ausgesprochen positiven Würdigung als wichtiges Mittel der Übersetzung christlicher Inhalte in eine politische Ethik, die auch für Nicht-Christen konsensfähig ist. Die drei genannten amerikanischen Ansätze gehen zwar über das Fragmentarische der deutschen Diskussion hinaus, auch sie verfolgen aber nur eine begrenzte Fragestellung. Weder prüfen sie auf dem Hintergrund der Diskussion von Rawls' Theorie und der neueren von ihm veröffentlichten Aufsätze, ob diese Theorie überhaupt der innerphilosophischen Kritik standhält[81], noch untersuchen sie die mögliche Nähe zwischen dem theologischen Konzept der Option für die Armen und Rawls' philosophischer Theorie.[82]

IV. Das Ziel der Untersuchung und ihr Beitrag zur Forschung

Daß in der mangelnden Rezeption von Gerechtigkeitstheorien in der Theologie ein Defizit liegt, ist in jüngster Zeit mehrfach betont worden. So fordert Francis Schüssler Fiorenza, gerade im Hinblick auf Rawls, daß liberale Auffassungen von Gerechtigkeit mehr als bisher in christlichen Gemeinden Heimat finden sollten und fügt hinzu: „Den Diskussionen über Gerechtigkeit, die auf verschiedenen Vorstellungen der Beziehung zwischen Gleichheit und Freiheit, Verteilung und Rechtsanspruch beruhen,

---

79 Beckley, A Christian Affirmation of Rawls's Idea of Justice as Fairneß – Part II, 233-239.
80 Zwei Aufsätze, die eher darstellenden und vergleichenden Charakter haben und deswegen nicht als eigene theologische Zugänge zu Rawls verhandelt werden können, seien noch erwähnt: Langan, Rawls, Nozick and the Search for Justice, und Franklin, In Pursuit of a Just Society: Martin Luther King, Jr., and John Rawls.
81 Am weitesten dringt Lebacqz in diese Richtung vor. Wichtige Positionen in der philosophischen Diskussion und insbesondere Rawls' eigene Weiterentwicklung bleiben dabei aber noch unberücksichtigt.
82 Auch Jürgen Werbicks Ausführungen geben in dieser Hinsicht nur eine Richtung an (vgl. Werbick, Die nach Gerechtigkeit hungern, 63).

fernzubleiben, heißt eine politische Theologie zu treiben, die es versäumt, in den Wettlauf der Geschichte in der heutigen modernen westlichen Gesellschaft einzutreten."[83] Auf die Bedeutung gerade der Gerechtigkeitstheorien für das Nachdenken über eine Option für die Armen in den reichen Ländern der Erde weist Jürgen Werbick hin: „Der Gerechtigkeitsbegriff könnte sich vor allem auch deshalb als Grundbegriff einer Befreiungstheologie der ‚ersten Welt' bewähren, weil es von ihm her möglich wird, die *Option für die Armen als Konsequenz des kritischen ‚abendländischen' Gerechtigkeitsdenkens einzufordern*".[84] Aus unserer Sichtung der Literatur zur Rezeption der Rawlsschen Theorie als der einflußreichsten Gerechtigkeitstheorie der westlichen Welt ist deutlich geworden, daß die durch Schüssler Fiorenza und Werbick abgesteckte Aufgabe im wesentlichen noch vor uns liegt.

Ich fasse auf diesem Hintergrund die Intention meiner Arbeit und die Beschreibung ihres möglichen Beitrags zur Forschung zusammen: Das im Hirtenbrief vertretene, an der Option für die Armen orientierte Gerechtigkeitsverständnis soll in zweifacher Hinsicht vertieft werden. Zum einen soll das theologische Konzept der Option für die Armen von seinem entstehungsgeschichtlichen Kontext her inhaltlich erläutert und kritisch geprüft werden. Zum anderen soll anhand einer gründlichen Analyse und Diskussion der philosophischen Gerechtigkeitstheorie von John Rawls untersucht werden, ob ein an der Option für die Armen orientiertes theologisches Gerechtigkeitsverständnis auch mit den Mitteln der praktischen Vernunft begründet werden kann und wie theologische und philosophische Begründung miteinander in Beziehung gebracht werden können. Gelänge das damit angedeutete Vorhaben, wären wichtige Schritte auf dem Wege zu einer theologischen Theorie der Gerechtigkeit getan.

---

83 Schüssler Fiorenza, Politische Theologie und liberale Gerechtigkeits-Konzeptionen, 116.
84 Werbick, Die nach Gerechtigkeit hungern, 58.

B. Der Wirtschaftshirtenbrief der katholischen Bischöfe der USA

I. Entstehung des Hirtenbriefs

Am 13. November 1986 verabschiedete die Vollversammlung der katholischen Bischöfe der USA mit 225 zu 9 Stimmen ihren Hirtenbrief „Economic Justice for All: Catholic Social Teaching and the U.S.-Economy". Das überraschend deutliche Votum für dieses Dokument bedeutete den Höhepunkt eines Entstehungsprozesses, der in der kirchlichen Urteilsbildung nicht nur im katholischen Bereich, sondern im Bereich der Ökumene überhaupt, seinesgleichen sucht.

Dieser Entstehungsprozess reicht bis ins Jahr 1980 zurück. In diesem Jahr hatten die Bischöfe bei ihrer Vollversammlung einen Hirtenbrief zum Marxismus angenommen. Weihbischof Peter Rosazza aus Hartford, Connecticut, hatte daraufhin angeregt, als Gegenstück dazu auch einen Hirtenbrief zum Kapitalismus zu erarbeiten. Die Bischofskonferenz nahm diese Anregung auf und beauftragte ein Komitee von fünf Bischöfen unter dem Vorsitz von Erzbischof Rembert Weakland von Milwaukee mit der Vorbereitung dieses Briefs. Das Komittee entschloß sich später, sein Mandat zu ändern und sich anstatt mit dem Kapitalismus im allgemeinen mit dem Verhältnis der katholischen Soziallehre zur Wirtschaft der USA zu befassen. Mit dieser Entscheidung wollten die Bischöfe der Gefahr aus dem Weg gehen, durch Berücksichtigung der vielfältigen Spielarten des Kapitalismus eine konkrete Antwort auf den speziellen Kontext der U.S.-amerikanischen Wirtschaft zu versäumen.[1]

Das außergewöhnliche Verfahren der Vorbereitung des Hirtenbriefs ist sicher nicht zufällig auf dem Boden eines Landes mit langer demokratischer Tradition entstanden. Wie schon im Falle des Friedenshirtenbriefs von 1983[2] setzten sich die Bischöfe auch hier einer lebhaften und jahrelangen öffentlichen Debatte aus. Von November 1981 bis April 1986 wurden über 150 Sachverständige aus Kirche und Gesellschaft angehört, darunter

---

1 So Erzbischof Weakland, zitiert in: Christiansen, Capitalist Ideology and the Need for Vision, 10. Vgl. dazu auch Berryman, Our Unfinished Business, 75f.
2 The Challenge of Peace – Gods Promise and our Response. Zum Inhalt dieses bemerkenswerten Hirtenbriefs sowie zur für den Wirtschaftshirtenbrief modellhaften Methode der Erarbeitung vgl. Huber/Reuter, Friedensethik, 190-196.

so unterschiedliche Denker wie Michael Novak, der schon erwähnte Vordenker des amerikanischen Neo-Konservativismus und Bertram Gross, der Autor des Buches „Friendly Faschism. The New Face of Power in America".[3] Im November 1984, wenige Tage nach den amerikanischen Präsidentschaftswahlen, stellten die Bischöfe den ersten Entwurf des Hirtenbriefs der Öffentlichkeit vor. Gleichzeitig erging die Einladung an alle Interessierten, Stellung dazu zu nehmen, Verbesserungsvorschläge zu machen und mit den Verfassern in einen Dialog zu treten.

Erzbischof Weakland beschrieb bei einem Vortrag in Venedig das Echo auf diesen Aufruf so: „Die Aufmerksamkeit, die dieses Dokument gefunden hat, ist enorm. Ich könnte jeden Tag der Woche unterwegs sein. Die Einladungen zu Vorträgen über diesen Entwurf kommen aus der ganzen Welt. Fast jede Universität in den Vereinigten Staaten möchte ein Symposion veranstalten. Meistens sind es nicht-konfessionelle Universitäten …".[4] Das Echo schwankte zwischen scharfer Kritik[5] und außerordentlich positiver Resonanz. Wegen der umfangreichen Rückmeldungen wurde der zweite Entwurf erst im Oktober 1985, mehrere Monate später als geplant, veröffentlicht – der dritte Entwurf folgte schließlich im Juni 1986.

Das Vorgehen der Bischöfe fand in den USA allgemeine Zustimmung. Selbst Michael Novak, als einer der Hauptkritiker des Hirtenbriefs, bedankte sich bei den Bischöfen dafür, daß sie die Demut bewiesen hätten, „ihre Arbeit in so offener Weise zu führen, sich den Risiken der Diskussion auszusetzen, indem sie es akzeptierten, in der Öffentlichkeit zu reflektieren und das einmal Geschriebene zu überarbeiten …".[6] Anerkennend vermerkte der Jesuitenpater Jean-Yves Calvez, daß vermutlich niemals zuvor ein offizielles Kirchendokument so umfassend und demokratisch vorbereitet worden sei.[7]

Fünf Aspekte sehe ich als kennzeichnend für die exemplarische Bedeutung der Entstehung des Hirtenbriefs:

Erstens: Der vielleicht wichtigste Aspekt des Entstehungsprozesses ist seine ekklesiologische Grundlage.[8] In bewußtem Anklang an die Pastoralkonstitution des Zweiten Vatikanischen Konzils verteidigt Erzbischof Weakland die Vorgehensweise gegen die europäischen Kritiker: „Jene

---

3 Boston 1982.
4 Zitiert in: Im Gespräch: der amerikanische Wirtschaftshirtenbrief, Vorwort, 2.
5 Ein besonders deutliches Beispiel dafür: Greeley, Radikale Abweichung.
6 Zitiert in HK 8/1985, 358.
7 „An official church document probably never has been so widely and democratically prepared" (Calvez, Economic Policy, 15).
8 So Curran, Relating Religious-Ethical Inquiry to Economic Policy, 48.

B. Der Wirtschaftshirtenbrief der katholischen Bischöfe der USA

europäischen Kritiker wollen ein in hohem Maße hierarchisches Modell der Kirche, in dem die Gläubigen durch die Bischöfe unterrichtet werden, die die Gabe des Geistes zur Weitergabe der autoritativen Lehre besitzen. Die U.S.-Bischöfe glauben an ein Modell der Kirche, in dem der Heilige Geist in allen ihren Gliedern wohnt und sie glauben, daß die Hierarchie auf das hören muß, was der Heilige Geist der ganzen Kirche sagt."[9] Die Bischöfe praktizieren mit ihrem Verfahren ein Kirchenverständnis im Sinne des Zweiten Vatikanischen Konzils und begegnen damit schon in der Vorgehensweise dem Vorwurf des Klerikalismus. Es scheint deswegen durchaus nicht überzogen, wenn William Tabb die Bedeutung dieses demokratischen Verfahrens für die Kirche für ebenso groß hält wie die Bedeutung der wirtschaftsethischen Aussagen des Hirtenbriefs für die Politik.[10] Es wird noch zu prüfen sein, ob die demokratische Vorgehensweise auf Kosten des theologischen Profils ging oder ob dieses Profil beibehalten werden konnte.

Zweitens: So sehr der Entstehungsprozeß des Hirtenbriefs ekklesiologisch begründet ist, so sehr ist er gleichwohl auch verwurzelt im Kontext der gesellschaftlichen Kultur der USA. In dem Vorgehen der Bischöfe manifestiert sich die Wirklichkeit des amerikanischen katholischen Pluralismus. Das Bemühen der amerikanischen katholischen Kirche wird deutlich, in ihrer eigenen Meinungsbildung hinter den Verfahrensregeln der modernen demokratischen Kultur der USA nicht zurückzubleiben, sondern sie vielmehr in vorbildlicher Weise selbst zu praktizieren.[11] Politisch-kulturelle Errungenschaften der amerikanischen Gesellschaft werden mit genuin theologischen Motiven verknüpft.[12]

Drittens: Das Ergebnis des umfangreichen Diskussionsprozesses, der der endgültigen Verabschiedung des Hirtenbriefes voranging, kann als

---

9 „Those European critics want a strongly hierarchical model of the Church, in which the faithful are taught by the bishops, who have the gifts of the Spirit to give that authoritative teaching. The U.S.bishops believe in a model of the Church in which the Holy Spirit resides in all of its members and that the hierarchy must listen to what the Spirit is saying to the whole Church" (zitiert bei Kennedy, Re-Imagining, 109-110). Deutsch wiedergegebene englische Zitate beruhen hier wie im folgenden auf meiner eigenen Übersetzung.
10 Tabb, The Shoulds and the Excluded Whys: The U.S. Catholic Bishops Look at the Economy, 289.
11 Ähnlich Gannon, Die katholischen Bischöfe in der amerikanischen Politik der 80er Jahre, 175.
12 Diese Erkenntnis steht wohl auch hinter folgender Beobachtung Roland Campiches: „La lettre ... est a la fois extraordinairement américaine et remarquablement catholique" (Campiche, La Justice Economique Pour Tous, 33).

Versuch eines „stellvertretenden Konsenses" aller gewertet werden, denen die Entwicklung der Gesellschaft am Herzen liegt. Die heftigen Diskussionen innerhalb der katholischen Kirche spiegeln einen Großteil des Meinungsspektrums der U.S.-Gesellschaft wieder. Die Klärungsprozesse, die bei der jahrelangen Diskussion der verschiedenen Entwürfe zwischen den verschiedenen Richtungen innerhalb der Kirche möglich waren, stellen trotz bleibender Differenzen einen konstruktiven Beitrag der Kirche zum politischen Meinungsbildungsprozeß der Gesamtgesellschaft dar.[13]

Viertens: Die Beteiligung der kirchlichen und gesellschaftlichen Öffentlichkeit an der Erarbeitung des Dokuments muß auch unter dem Gesichtspunkt der Verbreitung seiner Anliegen als außerordentlich sinnvoll beurteilt werden. M.E. ist darin eine Form zeitgemäßer Mission zu sehen, insofern die Thematisierung der vom Hirtenbrief aufgeworfenen Fragen in Kirche und Gesellschaft zu neuem Nachdenken über den christlichen Glauben berührende Grundsatzfragen des sozialen Lebens geführt hat. „ Ich bin überzeugt," – so Kardinal Bernadin von Chicago – „daß dieser Prozeß ebenso wichtig ist wie das Produkt, das daraus erwächst. Er hat einen enormen Bildungswert für die gesamte Gemeinschaft."[14]

Fünftens: Bei der Entstehung des Hirtenbriefs verband sich das pastorale Motiv der Orientierungshilfe für die Adressaten mit dem Versuch einer gründlichen wissenschaftlichen Klärung des Gerechtigkeitsproblems und seiner Implikationen für die gegenwärtige Situation der U.S.-Gesellschaft. Es verwundert deswegen nicht, daß über den Charakter des Dokuments Uneinigkeit besteht. John Langan meint, daß an den Hirtenbrief nur bedingt akademische Maßstäbe angelegt werden können, erstens, weil er nicht aus der Feder eines einzigen Autors stammt, sondern von einem Redaktionskomitee geschrieben wurde, zweitens, weil er mit der Absicht geschrieben werden mußte, ein möglichst hohes Maß an Konsens sowohl unter den Bischöfen als auch in der kirchlichen Öffentlichkeit zu ermöglichen, drittens, weil er, anders als viele Dissertationen, zum angekündigten

---

13 Vgl. dazu James Hug über die Spannungen innerhalb der Kirche: „Si l'Eglise peut resoudre en elle-meme ces tensions de facon constructive, elle apportera au débat politique national une contribution riche de sens et de promesses" (Hug, Avant la lettre pastorale des évêques américains sur l' économie, 549).

14 „I am convinced that this process is as important as the product that comes from it. It has enormous educative value for the whole community" (zitiert bei Kennedy, Re-Imagining, 133). „The very process itself" – so auch Charles Curran – „has been a great teaching tool in terms of awakening consciousness both within the church and in the society to the moral issues involved in the United States Economy" (Curran, Relating, 48).

Zeitpunkt erscheinen mußte und schließlich viertens, weil er auf eine allgemein verständliche Sprache angewiesen war.[15] Robert Benne beklagt demgegenüber, daß der Hirtenbrief aufgrund des prägenden Einflusses der wissenschaftlichen Mitarbeiter der Bischöfe zu akademisch abgefaßt sei. Die Folge sei ein Glaubwürdigkeitsverlust der Bischöfe in ihrem Hirtenamt.[16]

M.E. hält der Hirtenbrief den geschilderten Einwänden von beiden Seiten stand. Keiner der von Langan erwähnten Aspekte der Abfassung des Dokuments steht einer soliden wissenschaftlichen Basis im Wege. Daß wissenschaftliche Arbeit Konsensprozesse im Auge behält und sich so verständlich wie möglich zu machen versucht, kann ihr durchaus förderlich sein. Auch Bennes in die entgegengesetzte Richtung gehende Kritik wird der Abfassungsweise des Hirtenbriefs nicht gerecht. Jedes pastorale Wort zu gesellschaftlichen Fragen hat politisch-ethische Implikationen, die der kritischen Nachfrage durch die Wissenschaft standzuhalten haben. Daß der Hirtenbrief sich über diese Implikationen gründlich Rechenschaft ablegt und insofern wissenschaftliche Standards in die kirchliche Urteilsbildung integriert, ist eine der Stärken dieses Dokuments. Im übrigen haben die Bischöfe dem weit über 100 Seiten umfassenden ausführlichen Text eine pastorale Botschaft vorangestellt, die die wesentlichen Inhalte für alle verständlich zusammenfaßt.

Das beachtliche wissenschaftliche Niveau des Hirtenbriefs ist der Grund dafür, daß sein Inhalt nicht nur für eine Untersuchung des Umgangs mit dem Gerechtigkeitsproblem innerhalb der kirchlichen Urteilsbildung interessant ist, sondern auch wertvolle Einsichten für die *systematische Klärung* des Problems überhaupt verspricht.

Am Beginn der Klärung der mit dem Hirtenbrief verbundenen inhaltlichen Fragen soll zunächst ein Überblick über seinen inhaltlichen Kontext stehen. Ich werde dazu im folgenden die wichtigsten Stationen der Entwicklung der katholischen Soziallehre sowie ihrer speziellen Prägung im Kontext der USA kurz in Erinnerung rufen.

---

15 Langan, Afterword: A Direction for the Future, 258-259.
16 „... the flavour of its argument is decidedly academic rather than ecclesiastic ... The bishops lose some credibility as pastoral leaders when they shift the responsibility in drafting statements to their staffs" (Benne, The Bishops' Letter, 85).

II. Der inhaltliche Kontext: Die katholische Soziallehre[17]

1. Die Sozialenzykliken der Päpste

Die Entstehung der katholischen Soziallehre ist nur als Reaktion auf die großen sozialen Umwälzungen im Europa des 19. Jahrhunderts zu verstehen. Die Proletarisierung breiter Massen als Folge der industriellen Revolution hatte zu einem raschen Anwachsen der sozialistischen Arbeiterbewegung geführt. Papst Leo XIII. sah sich genötigt, mit seiner Enzyklika *Rerum Novarum* (1891) „klar die Verwerflichkeit der sozialistischen Grundlehre" zu betonen, „wonach der Staat den Privatbesitz einzuziehen und zu öffentlichem Gute zu machen hätte" (12).[18] Gleichzeitig erkannte Leo, daß baldige ernste Hilfe nottue, weil Unzählige ein „wahrhaft gedrücktes und unwürdiges Dasein" fristeten. Produktion und Handel – so fuhr Leo in seiner Situationsbeschreibung fort – konzentrieren sich in den Händen weniger, „und so konnten wenige übermäßig Reiche einer Masse von Besitzlosen ein nahezu sklavisches Joch auflegen" (2). Die Lösung der Probleme im Geiste des Christentums sieht Leos Enzyklika in einer Zähmung des Kapitals. Kapital und Arbeit sind aufeinander angewiesen und im Staat ihrem Wesen nach dazu bestimmt, einträchtig miteinander auszukommen, sich einander anzupassen und gegenseitig im Gleichgewicht zu halten (15). Das Privateigentum wird als unantastbar gesehen (12), sein legitimer Gebrauch wird aber streng an die Achtung der Menschenwürde gebunden. Den Arbeitgebern wird ins Gewissen geschrieben, daß es unwürdig sei, „Menschen bloß zu eigenem Gewinne auszubeuten und sie nur so hoch anzuschlagen, als ihre Arbeitskräfte reichen" (16), ihre allerwichtigste Pflicht ist die gerechte Entlohnung jedes einzelnen Arbeiters (17). Dem Staat wird einerseits die Aufgabe zugewiesen, über die Humanität der Arbeitsbedingungen zu wachen (33), andererseits aber auch, das Ausbrechen von Streiks zu verhindern (31). Leos Aufforderung zur Bildung christlicher Gewerkschaften (40) muß zwar als Teil seiner Strategie zur Bekämpfung der sozialistischen Arbeiterbewegung gesehen werden, gleichzeitig war sie aber ein wichtiger Impuls zur Unterstützung

---

17 Zu Hinweisen auf die Sekundärliteratur zur katholischen Soziallehre vgl. den Forschungsüberblick in A.III.1.1.
18 Die Zahl in Klammern bezeichnet hier wie im folgenden jeweils die entsprechende Ziffer der Enzyklika, von der die Rede ist. Die Zitate werden aus der Sammelausgabe „Texte zu katholischen Soziallehre" entnommen.

der Gewerkschaftsbewegung innerhalb der katholischen Bevölkerung.[19] So enthält „Rerum Novarum" sicher keine systemkritischen Elemente, sondern versucht vielmehr, den sozialrevolutionären Schwung der Arbeiterbewegung abzudämpfen, auf der anderen Seite bedeutete die entschiedene Geißelung der bestehenden sozialen Zustände durch den Papst eine Unterstützung der Arbeiter, die den bestehenden Verhältnissen die Legitimation entzog und so den gesellschaftlichen und sozialen Fortschritt beschleunigte.

Den 40. Jahrestag der Veröffentlichung von „Rerum Novarum" im Jahre 1931 nahm Pius XI. zum Anlaß, um die von Leo XIII. auf den Weg gebrachte katholische Soziallehre mit seiner Enzyklika *Quadragesimo Anno* fortzuschreiben. Pius verfolgte die Absicht, die Lehre Leos gegenüber „gewissen Erörterungen ... zweifelsfrei" klarzustellen und in bestimmten Punkten weiter zu entfalten, „mit der Wirtschaft von heute ins Gericht" zu gehen und „über den Sozialismus das Urteil" zu sprechen und so den Weg zu einer „sittlichen Erneuerung aus christlichem Geiste" zu weisen (15). Die Kontinuität überwog gegenüber der Weiterentwicklung. Dreh- und Angelpunkt ist auch hier die Eigentumsfrage.[20] Wie Leo siedelt Pius das christliche Eigentumsverständnis zwischen zwei Polen an: die Abschwächung der Sozialfunktion des Eigentumsrechtes auf der einen Seite führt zum Individualismus, die Aushöhlung seiner Individualfunktion auf der anderen Seite führt zum Kollektivismus (46). Wenn dies nicht berücksichtigt wird, so der Papst, „geht es auf abschüssiger Bahn reißend" auf den schon früher verurteilten „moralischen, juristischen und sozialen Modernismus zu" (46). Aus dieser konservativen Sozialkritik ergibt sich für Pius eine Verurteilung sowohl der „liberal-manchesterlichen Theorie" (54) als auch des Kommunismus (112). Auch der gemäßigte Sozialismus ist für Pius inakzeptabel: „Religiöser Sozialismus, christlicher Sozialismus sind Widersprüche in sich; es ist unmöglich, gleichzeitig guter Katholik und wirklicher Sozialist sein" (120). Die in „Quadragesimo Anno" vertretenen Vorstellungen zur Versittlichung der Wirtschaft führen kaum über „Rerum Novarum" hinaus. Für beide Dokumente ist eine deutliche Distanz zur modernen Gesellschaft charakteristisch.

Einen deutlichen Einschnitt in der Entwicklung der katholischen Soziallehre markiert die von Johannes XXIII. 1961 veröffentlichte Enzyklika *Mater et Magistra*. Während Leo XIII. und Pius XI. sich auf die Fragen nationaler Wirtschaftspolitik konzentriert hatten, versuchte „Mater et Ma-

---

19 Vgl. dazu Calvez, Economic Policy, 17: „Leos suggestions paved the way for strong support of trade unionism throughout the Catholic population.
20 So Furger, Kontinuität, 82.

gistra" auf die mit den großen technischen und sozialen Umwälzungen des 20.Jahrhunderts verbundenen Herausforderungen nicht nur für die nationale, sondern auch für die internationale Politik zu antworten. Angesichts wachsender weltweiter Demokratisierung und des Untergangs der Kolonialherrschaft sowie der zunehmenden Verflochtenheit der Völker untereinander (49) geht es Johannes XXIII. um „gegenwartsgerechte Lösungen der sozialen Frage" aus der Inspiration der katholischen Soziallehre (50). Der moderne Vergesellschaftungsprozeß wird nicht abgelehnt, sondern soll dahingehend beeinflußt werden, daß bei größtmöglicher Nutzung seiner Vorteile doch die mit ihm verbundenen Nachteile vermieden oder gemildert werden (64). Die Enzyklika prangert die Zustände in einigen Ländern an, in denen zu einem „Zustand äußersten Elends der Mehrzahl der Überfluß und hemmungslose Luxus weniger Reicher in schreiendem und beleidigendem Gegensatz" steht, sie kritisiert die Verschwendung „ungeheurer Summen für die Rüstung" (69). Ein fundamentales Gebot der sozialen Gerechtigkeit sieht sie darin, daß dem wirtschaftlichen Fortschritt der soziale Fortschritt entsprechen und folgen muß (73). In einer Formulierung, die schon Ansätze zu dem fast zwei Jahrzehnte später geprägten Begriff der „vorrangigen Option für die Armen" enthält, schärft Johannes XIII. den Katholiken „von Rechts wegen" die Pflicht ein, „für Arme und Schwache zu sorgen" (159). Ein wesentlich neues Element in der katholischen Soziallehre – das Konzept der sozialen Menschenrechte – deutet sich an, wenn der Papst in Elend und Hunger die Verweigerung „der wesentlichen Menschenrechte" sieht (157).

Johannes sieht zwar wie seine Vorgänger in dem Recht auf Privateigentum ein Recht, das in der Natur der Dinge selbst grundgelegt ist, auch hier werden gleichwohl neue Akzente sichtbar. So wird nicht nur, wie in den früheren Enzykliken, dem Eigentümer eine moralische Verpflichtung zugunsten seiner Arbeiter auferlegt, vielmehr wird erstmals auch den Arbeitern die Fähigkeit und das Recht zur Mitbestimmung zugebilligt (82). Echte menschliche Gemeinschaft in einem Unternehmen fordert das Recht der Arbeiter auf aktive Beteiligung an der Gestaltung der Angelegenheiten dieses Unternehmens (91). Hier finden sich die Wurzeln für das Konzept der „Beteiligungsgerechtigkeit", das – wie wir noch sehen werden – im Hirtenbrief der U.S.-Bischöfe eine zentrale Rolle spielt. An diesen ausgewählten Punkten wird deutlich, daß die von Johannes XIII. ausgehenden Impulse für die katholische Soziallehre eine Art „Wasserscheide" bilden.[21] Liegt der Schwerpunkt vorher eher in moralischen

---

21 So Hollenbach, Claims in Conflict, 62.

Appellen und der Erinnerung an die Fürsorgepflicht, so ist jetzt von sozialen und demokratischen Rechten sowie der aktiven Beteiligung aller an den für die Gemeinschaft relevanten Entscheidungen die Rede.

Diese Neuorientierung wird prägend für die Pastoralkonstitution *Gaudium et Spes* des Zweiten Vatikanischen Konzils, die 1965 von Papst Paul VI. veröffentlicht wurde. Die Aufnahme demokratischer Impulse wird schon an der von der Pastoralkonstitution vorgeschlagenen Erkenntnismethode deutlich. Zur Erfüllung ihres Zeugnisauftrages „obliegt der Kirche allzeit die Pflicht, nach den Zeichen der Zeit zu forschen und sie im Licht des Evangeliums zu deuten" (4). Der Welt werden nicht „von oben" sozialethische Normen auferlegt, vielmehr wird die Soziallehre im „Dialog mit der Welt" (vgl. dazu auch 43) entwickelt. Die Parallelen zur Vorgehensweise der U.S.-Bischöfe sind deutlich. „Ich glaube nicht, daß wir die Methode der Hirtenbriefe entwickelt hätten und ich glaube auch nicht, daß wir den kirchlichen Konsens erreicht hätten, der ihre Basis in der Bischofskonferenz darstellt, wenn es das Konzil nicht gegeben hätte und die Pastoralkonstitution nicht geschrieben worden wäre."[22] In der *Vorgehensweise* bei der Entstehung des Wirtschaftshirtenbriefs ist eine konsequente Anwendung des Programms der Pastoralkonstitution auf die kirchlichen Meinungsbildungsstrukturen zu sehen. Aber auch die *Inhalte* des Dokuments der U.S.-Bischöfe – so viel sei schon jetzt gesagt – erinnern an zentralen Punkten an Aussagen der Pastoralkonstitution. Deren erster Hauptteil beginnt mit zwei Kapiteln, die die von der Gottesebenbildlichkeit abgeleitete Würde der menschlichen Person (12-22) sowie den Gemeinschaftscharakter des Menschen (23-32) als Grundkriterien der katholischen Soziallehre beschreiben. Bei der Darstellung des Verhältnisses von menschlicher Würde und den Pflichten der Gemeinschaft redet die Pastoralkonstitution von allgemein gültigen sowie unverletzlichen Rechten und Pflichten, die den Bereich der Wirtschaft ebenso umfassen wie den der politischen Freiheiten. Dem Recht auf Nahrung, Kleidung, Wohnung sowie dem Recht auf Arbeit kommt die gleiche Dignität zu wie den klassischen Freiheiten wie der Religions- und Gewissensfreiheit (26).

Anhand verschiedener Lebensbereiche werden die praktischen Konsequenzen dieser ethischen Grundperspektiven durchbustabiert. In den Aussagen zur Wirtschaft wird immer wieder auf die Grundsätze der Gerechtigkeit und Billigkeit hingewiesen (z.B. 63 und zweimal in 66),

---

22 „I do not think we would have developed the method of the pastorals nor do I believe we would have shaped the ecclesial consensus which is their foundation in the bishops' conference, if the council had not occurred and the pastoral constitution not been written" (Bernadin, The Impact, 308).

ohne daß diese gleichwohl näher bestimmt werden.²³ Ihre Bedeutung läßt sich immerhin aus den zahlreichen Konkretionen erahnen, die sich daraus ergeben. Die „übergroßen und noch weiter zunehmenden Ungleichheiten der wirtschaftlichen Lage und die damit Hand in Hand gehende persönliche und soziale Diskriminierung" sind möglichst rasch abzubauen (66). Einige noch wenig ausgeführte, aber, wie wir sehen werden, wegweisende Aussagen finden sich zum Thema „Arbeit": „Die in der Gütererzeugung, der Güterverteilung und in den Dienstleistungsgewerben geleistete menschliche Arbeit hat den Vorrang vor allen anderen Faktoren des wirtschaftlichen Lebens, denn diese sind nur werkzeuglicher Art" (67). In der Konsequenz dieser Aussagen liegt es, wenn das Konzilsdokument sich in besonderer Weise für die Rechte der Arbeiter einsetzt. Es bekräftigt Johannes' XXIII. Forderung nach Beteiligung der Arbeiter an allen wichtigen Entscheidungen ihres Unternehmens, „sei es unmittelbar, sei es durch frei gewählte Abgesandte" (68). Nicht nur die konstruktive Aufgabe von Gewerkschaften wird betont, sondern auch die Unentbehrlichkeit des Streiks als des letzten Mittels in Arbeitskämpfen (68). Wenn wir uns daran erinnern, daß Leo XIII. das Streikrecht noch entschieden abgelehnt hatte, dann verdeutlicht dieser letzte Punkt in besonderer Weise die Veränderung und Weiterentwicklung der katholische Soziallehre infolge der Aufnahme emanzipatorischer Impulse durch Johannes XXIII. und das Zweite Vatikanische Konzil.

Die Enzyklika *Populorum Progressio*, die Papst Paul VI. 1967, zwei Jahre nach dem Ende des Konzils, veröffentlichte, knüpfte an diese Entwicklung an und wandte sich in besonderer Weise den immer drängender werdenden Fragen der weltwirtschaftlichen Entwicklung zu. Im Text der Enzyklika selbst verweist der Papst auf seine Betroffenheit angesichts der Armut, mit der er seit 1960, also schon vor Beginn seines Pontifikats, anläßlich seiner Reisen nach Lateinamerika, Afrika, sowie Indien hautnah in Berührung gekommen war (4). Anlaß für die Enzyklika ist „der Skandal schreiender Ungerechtigkeit nicht nur im Besitz der Güter, sondern mehr noch in deren Gebrauch" (9). Auch die zunehmende Zerstörung traditioneller Kulturen und Lebensweisen durch die Ausbreitung der industriellen Zivilisation und die damit verbundenen Entwurzelungserscheinungen erfüllten Paul VI. mit großer Sorge (10). Der Papst plädiert für umfassende Anstrengungen zur Entwicklung der Menschheit, ist sich aber der Gefahr

---

23 Darauf hat mit Recht Karen Lebacqz schon im Hinblick auf „Mater et Magistra" hingewiesen: „Phrases such as ‚justice and equity require' are common, but the terms are rarely defined" (Lebacqz, Six Theories, 71).

eines einseitigen Entwicklungsbegriffes durchaus bewußt: „Entwicklung ist nicht einfach gleichbedeutend mit wirtschaftlichem Wachstum. Wahre Entwicklung muß umfassend sein, sie muß jeden Menschen und den ganzen Menschen im Auge haben ..." (14). Eine solidarische Entwicklung der Menschheit – so „Populorum Progressio" – verlangt von der Völkerfamilie die Erfüllung von drei grundlegenden Pflichten der Brüderlichkeit: der „Pflicht zur Solidarität", also der Hilfe, die die reichen Länder den Entwicklungsländern leisten müssen, der „Pflicht zur sozialen Gerechtigkeit", also der Aufgabe, strukturelle Ungerechtigkeiten in den Wirtschaftsbeziehungen zwischen den mächtigen und den schwachen Völkern abzustellen, und schließlich der „Pflicht zur Liebe zu allen", zur Schaffung einer menschlicheren Welt, in der alle gleichberechtigt geben und empfangen können (44). In Konsequenz dieser Aussagen setzt sich Paul VI. noch kritischer als seine Vorgänger mit der liberalen Wirtschaftslehre auseinander (v.a. 26 und 58). Auch die Enteignung von Grundbesitz hält er als Konsequenz des schon in den Enzykliken seiner Vorgänger ausgeführten gemeinwohlorientierten Eigentumsbegriffes für manchmal erforderlich (24). Trotz seiner Betonung des Weges der Reformen schließt der Papst erstmals die Legitimität einer gewaltsamen Revolution nicht mehr aus, nämlich „im Fall der eindeutigen und lange dauernden Gewaltherrschaft, die die Grundrechte der Person schwer verletzt und dem Gemeinwohl des Landes ernsten Schaden zufügt ..."(31). Ein Jahr nach Veröffentlichung von „Populorum Progressio", im Jahre 1968, trat die Lateinamerikanische Bischofskonferenz in Medellin zusammen und gab der gerade entstehenden Befreiungstheologie entscheidende Impulse. „Populorum Progressio" hat in seinem Grundtenor dafür eher ermutigend als bremsend gewirkt.[24] Paul VI. nahm in seinem Apostolischen Schreiben *Octogesima Adveniens* 1971 seinerseits maßgebliche Impulse aus den Kirchen der südlichen Hemisphäre auf, indem er die Notwendigkeit der Kontextualität von Theologie und Ethik anerkannte,[25] die „besondere Rücksicht auf die

---

24 Vgl. in diesem Sinne auch Furger: „Das Rundschreiben aber war mehr ein ‚Schrei, der Gewissen wecken wollte' als eine theoretische Abhandlung, und diese Funktion hat es denn auch hinsichtlich zahlreicher Initiativen erfüllt" (Furger, Kontinuität, 92). Eine Anmerkung weist dann auf Medellin hin: „Man denke nur, als eine der bedeutendsten, an diese II.Vollversammlung der lateinamerikanischen Bischofskonferenzen 1968 in Medellin und dem daraus resultierenden Einsatz für die Armen und Entrechteten seitens einzelner, wie von Basisgemeinden und auch seitens des Episkopats ..." (a.a.O. 92 Anm.34).
25 „Angesichts solch unterschiedlicher Voraussetzungen erweist es sich für Uns als untunlich, ein für alle gültiges Wort zu sagen oder allerorts passende Lösungen

Armen und ihre besondere Lage innerhalb der Gesellschaft" als Konsequenz der vom Evangelium gelehrten Liebe betonte (23, vgl. auch 42) und sich auffallend differenziert mit dem Sozialismus auseinandersetzte.[26] Diese Impulse prägten im übrigen auch die bald nach Abfassung von „Octogesima Adveniens" 1971 stattfindende römische Bischofssynode.

Nachdem Paul VI. sich in besonderer Weise den Fragen der internationalen Gerechtigkeit gewidmet hatte und die katholische Soziallehre den Impulsen der Befreiungstheologie vorsichtig zu öffnen versucht hatte, bemühte sich Johannes Paul II. in seinem bisherigen Pontifikat, diese Impulse eher zu dämpfen als weiterzuentwickeln.[27] Eine, wenn auch vorsichtige Weiterentwicklung der katholischen Soziallehre ist gleichwohl in der Enzyklika *Laborem Exercens* zum Thema „Arbeit" zu vermerken, die Johannes Paul II. zum 90. Jahrestag von „Rerum Novarum" veröffentlichte. Im Zentrum dieser Enzyklika steht das schon in „Gaudium et Spes" genannte Prinzip vom Vorrang der Arbeit gegenüber dem Kapital. All das, was heute als „Kapital" bezeichnet wird, ist nichts anderes als „das geschichtlich gewachsene Erbe menschlicher Arbeit". Alle Produktionsmittel, von den primitivsten bis zu den ultramodernen, – darauf weist der Papst hin – sind nach und nach vom Menschen erarbeitet

---

vorzuschlagen, doch ist das auch weder Unser Bestreben noch Unsere Aufgabe. Das ist vielmehr Sache der einzelnen christlichen Gemeinschaften; sie müssen die Verhältnisse ihres jeweiligen Landes objektiv abklären, müssen mit dem Licht der unwandelbaren Lehre des Evangeliums hineinleuchten und der Soziallehre der Kirche Grundsätze für die Denkweise, Normen für die Urteilsbildung und Direktiven für die Praxis entnehmen ..."(4).

26 „Zwischen den verschiedenen bekannten Formen, in denen sich der Sozialismus ausdrückt – hochherziges Streben und Suchen nach einer gerechteren Gestalt der Gesellschaft, geschichtliche Bewegungen mit politischer Organisation und Ausrichtung, systematisch ausgebaute Ideologie, die vorgibt, ein vollständiges und autonomes Menschenbild zu bieten – sind Unterschiede zu machen, um die richtige Auswahl zu treffen" (31).

27 Jean-Yves Calvez überzeichnet die Unterschiede zwischen den beiden Päpsten in dieser Frage gleichwohl, wenn er über Johannes Paul II. sagt: „... he seems less persuaded than Paul VI by the analysis underlying the theory of violent revolution, which sees violence as the only effective instrument to correct the plight of the poor in Latin America and other Third World nations" (Calvez, Economic Policy, 22). Auch Paul VI. hatte die Anwendung von Gewalt – wie wir gesehen haben – nur als letzten Ausweg für legitim gehalten. Die Instruktionen der vatikanischen Kongregation für die Glaubenslehre über die Theologie der Befreiung von 1984 und 1986 zeigen aber, daß das Pontifikat Johannes Pauls II. im Gegensatz zu dem Pauls VI. bisher eher im Dienste der Bewahrung der traditionellen Soziallehre steht, als sie den Impulsen aus den Kirchen der südlichen Hemisphäre zu öffnen.

B. Der Wirtschaftshirtenbrief der katholischen Bischöfe der USA

worden, von seiner Erfahrung und seiner Intelligenz (12.4). Die Entstehung des bis heute andauernden großen Konfliktes zwischen Kapital und Arbeit sieht Johannes Paul II. darin begründet, „daß die Arbeiter ihre Kräfte der Gruppe der Unternehmer zur Verfügung stellten und diese nach dem Prinzip der Gewinnmaximierung bestrebt waren, für die Leistung der Arbeiter eine möglichst niedrige Entlohnung festzulegen. Dazu kamen noch andere Elemente der Ausbeutung, wie Gefährdung am Arbeitsplatz oder Mangel an Sicherungsmaßnahmen für Gesundheit und Leben der Arbeiter und ihrer Familien" (11.3). Eine Überwindung des Gegensatzes von Kapital und Arbeit muß dafür sorgen, daß der Vorrang der menschlichen Arbeit in der Wirtschaftsordnung Verwurzelung findet. Die Wirtschaft muß dem Menschen dienen, indem sie das „Prinzip des Primates der Person über die Sachen" ernstnimmt (13.3). Die aus diesen Grundkriterien entwickelten konkreten Vorschläge bringen gegenüber den früheren Enzykliken nichts wirklich Neues, sie reichen von der Möglichkeit der Sozialisierung gewisser Produktionsmittel über das Miteigentum an den Produktionsmitteln und die Mitbestimmung bis hin zur Gewinnbeteiligung (14).

Gregory Baum hat die Meinung vertreten, daß „Laborem Exercens" sich den seit Medellin sich immer mehr durchsetzenden konflikttheoretischen Grundansatz zueigen gemacht habe.[28] Dem ist insofern zuzustimmen, als der Konflikt zwischen Kapital und Arbeit zum Ausgangspunkt der Überlegungen gemacht wird. Zur Lösung dieses Konfliktes vertraut der Papst gleichwohl auf eine Gemeinschaft, in der sich „letzten Endes alle irgendwie zusammenfinden, sowohl jene, die arbeiten, wie auch jene, die über die Produktionsmittel verfügen". Quelle dieser Gemeinschaft ist wiederum die Arbeit: Es ist das Kennzeichen der Arbeit, „daß sie die Menschen eint; darin besteht ihre gesellschaftliche Kraft: sie bildet Gemeinschaft" (20.3). In diesem stark auf Verständigung vertrauenden Ansatz drückt sich m.E. die Erfahrung der sozialen Demokratien Europas aus. Die Berücksichtigung der Erfahrung harter Gegensätze, wie sie in den Worten Pauls VI. über seine Reisen in der Einleitung zu „Populorum Progressio" zum Ausdruck kommt, hätte vermutlich das Element der Verständigung zugunsten einer deutlicheren Parteinahme für die Machtlosen zurücktreten lassen.

Was die päpstlichen Enzykliken angeht, ist die Situation der frühen 80er Jahre, in der die U.S.-Bischöfe ihren Wirtschaftshirtenbrief erarbeiteten,

---

28 „The bishops (in Medellin) opted for a conflictual view of society ... In his encyclical *Laborem Exercens* (1981) John Paul II fully endorsed this approach" (Baum, The Catholic Church's Contradictory Stances, 129).

also geprägt von dem Versuch, die katholische Soziallehre vor einer Radikalisierung durch die Impulse der Befreiungstheologie der südlichen Hemisphäre zu bewahren und die als Konsequenz des Zweiten Vatikanischen Konzils erfolgten Ansätze zur Parteinahme für die Schwachen eher abzudämpfen als zu verstärken.

Bevor ich zu der Analyse des Hirtenbriefs übergehe, will ich die Darstellung seines Kontextes vervollständigen, indem ich anhand einiger weniger Stationen einen Einblick gebe in die besondere Prägung der katholischen Soziallehre durch den U.S.-amerikanischen Episkopat im 20. Jahrhundert.

2. Die Soziallehre der U.S.-Bischöfe

Bis zu Beginn des 20. Jahrhunderts trug die katholische Kirche der USA die typischen Merkmale einer Einwanderungskirche. Diese wurden durch die Situation als Minderheit in einer protestantischen Umgebung noch verstärkt. Die dominanten Eigenschaften – so David O'Brien – waren die der Subkultur einer Minderheit, die zuallererst um das Wohl ihrer eigenen Glieder bemüht war.[29] Aus politischen Angelegenheiten hielten sich die Bischöfe und Priester heraus.

Erzbischof Gibbons von Baltimore war der Exponent einer sich schon Ende des 19. Jahrhunderts anbahnenden Neuorientierung. Der Erzbischof nutzte seine Ernennung zum Kardinal 1887 in Rom dazu, sich nachdrücklich für eine gerade gegründete amerikanische Gewerkschaft einzusetzen und nahm damit auch Einfluß auf die wenige Jahre später veröffentlichte Enzyklika „Rerum Novarum".[30]

Die Impulse dieser Enzyklika Leos XIII. trugen, obwohl zunächst in den USA nicht allzu sehr beachtet, dazu bei, daß sich die Situation dort änderte. John Ryan, ein junger Priester aus Minnesota, ließ sich von „Rerum Novarum" inspirieren, widmete sich in mehreren Büchern intensiv der Frage, wie die Lehre Leos in den amerikanischen Kontext zu übersetzen sei und wurde so zu einer Art Nestor der amerikanischen katholischen Soziallehre. Betroffen von der ungleichen Verteilung von Reichtum und Vermögen in den USA, forderte er schon im Jahre 1906 ein Gesetz zur Festlegung eines Mindestlohns.[31] Im Jahre 1919 veröffentlichte die gerade von den amerikanischen Bischöfen ins Leben gerufene *National Catholic Welfare Conference* (NCWC) das von Ryan verfaßte *Bishops'*

---

29 O'Brien, The Economic Thought, 29.
30 Kennedy, Re-Imagining, 28.
31 O'Brien, a.a.O. 31.

Programm of Social Reconstruction, das zu einer Art „Magna Charta der sozialen Ideale der amerikanischen Kirche"[32] wurde. Der Historiker Francis L. Broderick bezeichnete es als das „vielleicht weitsichtigste soziale Dokument, das jemals von einer offiziellen katholischen Einrichtung in den Vereinigten Staaten ausgegangen ist."[33] Diese Erklärung zur Wirtschaft in den USA beklagte das unzureichende Einkommen der großen Mehrheit von Lohnabhängigen und das unnötig hohe Einkommen einer kleinen Minderheit privilegierter Kapitalisten. Es forderte u.a. eine gesetzliche Versicherung gegen Krankheit, Unfall, Arbeitslosigkeit sowie eine Altersversicherung, außerdem die Unterstützung von Produzenten- und Verbraucherkooperativen ebenso wie Aktien- und Gewinnbeteiligungsprogramme.[34] Mit diesen Forderungen waren die amerikanischen Bischöfe selbst der 12 Jahre später erscheinenden Enzyklika „Quadragesimo Anno" weit voraus, im weitesten Sinne beginnt die Vorgeschichte des Wirtschaftshirtenbriefs von 1986 schon hier.

Im Jahre 1934, ermutigt durch Pius' Enzyklika, betroffen von der großen Depression und mit dem Rückenwind von Roosevelts „New Deal"-Politik, veröffentlichte die NCWC eine Stellungnahme, die die gewerkschaftlichen Rechte der Arbeiter auf die gleiche Stufe stellte wie die von der Verfassung garantierten staatsbürgerlichen Rechte. „Das Recht des Arbeiters, Gewerkschaften zu bilden und kollektiv zu verhandeln" – so die Bischöfe –, „ist ebenso sein Recht, wie es sein Recht ist, durch gewählte Repräsentanten an der Entstehung von Gesetzen teilzunehmen, die sein Verhalten als Bürger regeln."[35] In der Erklärung „The Church and the Social Order" im Jahre 1940 erneuerten die Bischöfe ihre Kritik an der ungerechten Verteilung des Wohlstandes und der Konzentration des Kapitals sowie der mangelnden sozialen Sicherheit der Arbeiter. Sie beklagten die Trennung von Religion und gesellschaftlichem Leben, allerdings nicht ohne klerikalisierende Nebentöne: „Wir müssen Gott zurück in die Regierung und ... in die Erziehung bringen, ... ja, das ganze Leben, ob privat oder öffentlich ..."[36]

---

32 „... it came to stand as a kind of Magna Charta of the social ideals of the American Church" (Kennedy, a.a.O. 27).
33 „... perhaps the most forward-looking social document ever to have come from an official Catholic agency in the United States" (zitiert bei Kennedy, a.a.O. 27).
34 O'Brien, a.a.O. 32.
35 „The workers right to form labor unions and to bargain collectively ... is as much his right as his right to participate through delegated representatives in the making of laws that regulate his civic conduct" (zitiert bei O'Brien, a.a.O. 34).
36 „We must bring God back into government ... education ... indeed, into all life, private and public ..." (zitiert bei O'Brien, a.a.O. 35).

Erst die Generation von Bischöfen, die durch das Zweite Vatikanische Konzil geprägt wurde, überwand solche klerikalisierenden Tendenzen und entwickelte ein Verständnis der Kirche als Teilnehmerin am öffentlichen Dialog einer pluralistischen Gesellschaft, wie es in dem Vorgehen bei der Erarbeitung des Wirtschaftshirtenbriefes von 1986 zum Ausdruck kam. Das vor diesem Hirtenbrief wichtigste Dokument der Bischöfe zur Wirtschaft nach dem Konzil war die Erklärung „The Economy: Human Dimensions." von 1976. Dieses Dokument steht bezüglich der wirtschaftsethischen Aussagen im wesentlichen in Kontinuität zu den früheren Stellungnahmen. Nur zwei Aspekte seien erwähnt. Zum einen messen die Bischöfe angesichts des gesellschaftlichen Reichtums der Verteilungsfrage eine klare Priorität vor den Fragen der Produktion zu, zum anderen bezeichnen sie die Höhe der Arbeitslosigkeit als „unannehmbar" und erklären, daß der Vorrang, der der Inflationsbekämpfung vor der Schaffung von Vollbeschäftigung gegeben werde, Ausdruck einer Politik sei, die nicht in Gerechtigkeit gegründet sei.[37]

Eine Sonderstellung nimmt der 1980 von den U.S.-Bischöfen verabschiedete Hirtenbrief über den Marxismus ein. Dieser Hirtenbrief behandelt nicht die unmittelbaren Probleme der amerikanischen Wirtschaft, sondern versteht sich bewußt als theoretische Auseinandersetzung mit der marxistischen Lehre.[38] Einerseits werden grundsätzliche Differenzen zwischen Marxismus und christlichem Glauben konstatiert: Während die christliche Hoffnung etwa die Begrenztheit der menschlichen Möglichkeiten anerkennt, setzt der Marxismus sein ganzes Vertrauen in diese Möglichkeiten. Während der christliche Glaube die Mittel seines Kampfes an strenge ethische Maßstäbe bindet, ordnet der Marxismus seine Mittel wie etwa den gewaltsamen Klassenkampf, dem zu erreichenden Ziel der Revolution unter, eine Tatsache, die für Christen nicht akzeptabel ist.[39] Andererseits sehen die Bischöfe aber auch die Notwendigkeit zu Dialog und Zusammenarbeit: Die Marxisten erinnern die Christen permanent daran, daß der Glaube nicht in der Transzendenz verharren darf, sondern sich von ganzem Herzen den Problemen in der Welt zuzuwenden hat. Christen haben zudem die Pflicht, zur Bewahrung des Friedens und zur Beseitigung der weltweiten Armut mit Marxisten zusammenzuarbeiten.[40]

---

37 O'Brien, a.a.O. 38-39.
38 Der Text des Marxismus-Hirtenbriefs findet sich in Origins 10 (1980), 433-445. Zu seiner Entstehung und seinem Selbstverständnis vgl. die Kommentierung dort am Rande.
39 A.a.O. 440.
40 A.a.O. 440 und 443.

B. Der Wirtschaftshirtenbrief der katholischen Bischöfe der USA

Mit der Erwähnung des Marxismus-Hirtenbriefs befinden wir uns in der unmittelbaren Vorgeschichte des Wirtschaftshirtenbriefs. Letzterer war von den Bischöfen zunächst – wie erwähnt – als unmittelbares Pendant zu ersterem gedacht gewesen, dann aber nicht als theoretische Bewertung des Kapitalismus, sondern als Stellungnahme zu den konkreten Problemen der U.S.-Wirtschaft konzipiert worden.

Bevor ich zur inhaltlichen Analyse des Wirtschaftshirtenbriefes übergehe, *fasse ich* das Ergebnis meiner Untersuchung seines inhaltlichen Kontextes *zusammen*: Die katholischen Bischöfe der USA verbanden schon früh die Kritik an sozialen Ungerechtigkeiten mit der Forderung nach strukturellen Veränderungen. Insofern müssen sie gegenüber der eher paternalistisch geprägten Soziallehre der Päpste vor dem Konzil als eine Art Avantgarde gesehen werden. Kennzeichnend für die nordamerikanische Tradition der katholischen Soziallehre ist ihre Offenheit gegenüber den Herausforderungen der modernen Gesellschaft.

Ich beginne die nun folgende inhaltliche Analyse des Wirtschaftshirtenbriefs mit der Darstellung der methodischen Implikationen seiner Urteilsfindung.

III. Methode der Urteilsfindung

1. Theologische Ethik und Politik

1.1. Die Ausgangssituation

„Warum beschränkt sich ein so netter Mensch wie Erzbischof Weakland nicht aufs Beten und überläßt uns die Geschäfte?" Diese verunsicherte Frage eines Juweliers[41] ist Ausdruck einer weitverbreiteten Auffassung nicht nur unter den amerikanischen Katholiken, sondern innerhalb der amerikanischen Kirchen überhaupt. Das, wofür Robert Bellah in den 60er Jahren den Begriff „Civil Religion" geprägt hat, war in den 80er Jahren immer stärker gekennzeichnet von der Verbindung einer individualistischen Philosophie des Liberalismus und Auffassungen von Amerika als erwähltem Land, dessen Machtausübung in der Welt identisch ist mit dem

---

41 Zitiert nach Kessler, Reaktionen und Erwartungen im Vorfeld der Veröffentlichung der ersten Fassung des Hirtenbriefs, 11.

Willen Gottes. Bellah nennt diese Kooptierung von Symbolen der „Civil Religion" durch Ultra-Konservative eine „archaische Regression".[42] Diese „archaische Regression" geht Hand in Hand mit einer Zurückdrängung der prophetisch-kritischen Inhalte des christlichen Glaubens.

Als in einer jüngeren Studie ein landesweit repräsentativer Querschnitt von Katholiken gefragt wurde, welche Richtung die Kirche in den kommenden Jahren nehmen solle, waren die beiden am meisten gefragten Anliegen „persönliche und zugängliche Priester" und „wärmere und persönlichere Gemeinden".[43]

1.2. Die Antwort des Hirtenbriefs

Mit ihrem Hirtenbrief zur Wirtschaft unternehmen die Bischöfe den Versuch, dieser Betonung des Persönlichen im Glaubensleben gegenüber die prophetisch-kritische Dimension des christlichen Glaubens zur Geltung zu bringen. Dazu Erzbischof Weakland: „Mit diesem Brief fordern wir heraus, was die Soziologen ‚American civil religion' nennen. Obwohl wir darum besorgt sind, nicht trennend in der Kirche zu wirken, spüren wir die Notwendigkeit, dies heute auszusprechen, sowohl uns selbst, als auch die katholische Bevölkerung herauszufordern. Wir wissen, daß damit Kosten verbunden sind, aber lieber wollen wir Kosten bezahlen, als unsere prophetische Rolle vernachlässigen".[44]

Der Hirtenbrief bekräftigt deswegen die Einheit von Spiritualität und politischer Praxis:" ... die Angelegenheiten dieser Welt, einschließlich der wirtschaftlichen, können nicht losgelöst werden von dem Hunger nach geistiger Nahrung in den Herzen der Menschen" (327).[45] Wie alle anderen Bereiche des Lebens wird auch die Wirtschaft genährt und regiert vom Wort Gottes,[46] die meisten der politischen Fragen, die allgemein als ökonomische Fragen bezeichnet werden, sind, in ihrer Wurzel, moralische Fragen (292). Zum Leben des christlichen Glaubens in der Welt gehört es

---

42 Bellah, Varieties of Civil Religion, xiii.
43 Bellah, Habits of the Heart, 232.
44 HK 1/1986, 12.
45 Die Zahl in Klammern gibt hier wie im folgenden die jeweilige Ziffer der im Hengsbach-Kommentar enthaltenen Übersetzung des Hirtenbriefs an.
46 Der zweite Entwurf des Hirtenbriefs enthält einen Anklang an Barmen II in diesem Sinne: The word of God nourishes and rules every aspect of the life of the Christian community (63). Dieser Satz taucht in der Endfassung nicht mehr auf, m.E. aber nicht aus inhaltlichen, sondern aus editorischen Gründen.

daher, sich in Fragen politischer und ökonomischer Natur sachkundig zu machen. Die Bischöfe rufen besonders ihre Priester dazu auf, diese Probleme zu studieren, „so daß sie die Botschaft des Evangeliums in einer Sprache verkünden, welche die Gläubigen zugleich anspornt und sie in ihrer Berufung in der Welt und für die Welt stützt und ermutigt" (361).

Demgegenüber spricht William Simon, Mitverfasser des Laienbriefs, den Bischöfen die Kompetenz ab, sich zu Fragen der Wirtschaft zu äußern und wünscht sich, „sie hätten ihre Aussagen auf die Gebiete beschränkt, auf denen ihr Wissen und ihre Autorität unbestritten sind".[47] Deutsche Kritiker des Hirtenbriefs berufen sich auf die Feststellung Kardinal Höffners, des früheren Vorsitzenden der deutschen katholischen Bischofskonferenz, daß die Wirtschaft ein eigener Kulturbereich sei und eine ihr immanente Sinnhaftigkeit besitze, auch sie bestreiten den U.S.-Bischöfen das Recht zur Stellungnahme zu konkreten Wirtschaftsfragen.[48]

Solche Auffassungen übersehen, daß der Bereich der Wirtschaft einer der zentralen menschlichen Lebensbereiche ist und dem Anspruch des Evangeliums genauso unterliegt wie alle anderen Momente menschlichen Lebens. Die amerikanischen Bischöfe stehen mit ihrer Betonung der Relevanz des Glaubens für politisch-ökonomische Fragen in einer Tradition, die schon die zweite Barmer These zum Ausdruck bringt: „Wir verwerfen die falsche Lehre, als gebe es Bereiche unseres Lebens, in denen wir nicht Jesus Christus, sondern anderen Herren zu eigen wären, Bereiche, in denen wir nicht der Rechtfertigung und Heiligung durch ihn bedürften".[49]

1.3. Ethische Prinzipien und politische Konkretionen

Der Weg des Hirtenbriefs zur politisch-ethischen Konkretion vollzieht sich in mehreren Stufen. Das erste Kapitel unternimmt den Versuch, die gegenwärtige Situation der U.S.-Wirtschaft zu diagnostizieren und zu deuten. Im zweiten Kapitel werden aus biblischen und philosophischen Quellen ethische Normen für das Wirtschaftsleben entwickelt. Im dritten Kapitel zeigen die Bischöfe dann an vier konkreten Problemen – Beschäftigung, Armut, Ernährung und Landwirtschaft sowie dem Verhältnis von amerikanischer Wirtschaft zu den Entwicklungsländern – konkrete Konsequenzen aus den ethischen Normen für die U.S.-Wirtschaft auf. Ausdrück-

---

47 Simon, Die Torheit der Bischöfe, 44.
48 Beispiele dafür bei Schütze, Katholische Soziallehre fortgeschrieben?, 23.
49 Zitiert nach Burgsmüller/Weth, Die Barmer Theologische Erklärung, 35.

lich betonen sie, daß es sich dabei um „keine technische Blaupause zur Reform der Wirtschaft" handelt (133). Die Bischöfe sind sich darüber im klaren, daß der Schritt vom Grundsatz zur politischen Anwendung komplex und schwierig ist, da die Richtigkeit der Beurteilung nicht nur von der moralischen Kraft der Grundsätze, sondern auch von der Genauigkeit der Informationen und von der Gültigkeit der zugrundegelegten Annahmen abhängt (134). Aus diesen Überlegungen ergibt sich eine klare Abstufung in der Verbindlichkeit der Aussagen: „Unsere Beurteilungen und Empfehlungen zu bestimmten Wirtschaftsthemen haben nicht dieselbe moralische Autorität wie unsere Aussage zu allgemeinen ethischen Grundsätzen und zur formalen Lehre der Kirche. Erstere stehen in Zusammenhang mit Umständen, die sich ändern können oder die von Menschen guten Willens unterschiedlich interpretiert werden können" (135). Die Legitimität der Unterschiede in den komplexen Wirtschaftsfragen bindet der Hirtenbrief aber klar an die Berücksichtigung der vorgelegten ethischen Grundsätze. Auf der Grundlage dieser Grundsätze sollen die unterschiedlichen Meinungen „im Geiste gegenseitiger Achtung und in offenem Dialog vorgetragen werden ..." (135).

Thomas Gannon hat diese ausdrückliche Berücksichtigung der unterschiedlichen Ebenen des moralischen Diskurses als den „vielleicht bedeutsamsten methodologischen Aspekt" des Hirtenbriefs bezeichnet.[50] Das Vorgehen der Bischöfe an diesem Punkt hat aber auch deutliche Kritik aus ganz unterschiedlichen Richtungen gefunden. Übergroße politische Konkretisierung beklagen Anton Rauscher und Peter Werhahn: „Indem die amerikanischen Bischöfe ... über die bisher auf der Basis der katholischen Soziallehre geübte Praxis hinaus konkrete, in vielen Fällen kontroverse Ordnungsvorschläge machen, gerät die Konsistenz der katholischen Soziallehre in Gefahr."[51] Wolfgang Kessler kritisiert demgegenüber die mangelnde Verbindlichkeit der Konkretionen: „Mit dieser ‚Flucht ins Abstrakte' einerseits und in ein Stück politischer Beliebigkeit andererseits erhöhten die amerikanischen Bischöfe die Akzeptanz des Hirtenwortes bei ihren Kritikern, bezahlten diesen Gewinn jedoch mit einer geringeren ‚Durchschlagskraft' des Dokuments."[52]

M.E. ist diese Kritik von beiden Seiten nicht stichhaltig. Weder kann eine kirchliche Stellungnahme zu Fragen der politischen Ethik auf politi-

---

50 Gannon, Die katholischen Bischöfe, 174.
51 Rauscher/Werhahn, Stellungnahme zum dritten Entwurf des amerikanischen Wirtschaftshirtenbriefs, 43.
52 Kessler, Am Ende eitel Sonnenschein. Oder wie tragfähig ist der Konsens über die Endfassung des Hirtenbriefs, 186.

sche Konkretionen verzichten, ohne allgemein vereinnahmbar und damit belanglos zu werden, noch können solche Konkretionen sachlicher Kritik gegenüber moralisch immun gemacht werden. Beide Fehler vermeidet der Hirtenbrief mit Recht. Natürlich hängt die Kohärenz des Dokuments von der Existenz einer Verbindung zwischen den ethischen Prinzipien und den politischen Konkretionen ab.[53] Auch die Konkretionen beruhen also nicht nur auf wirtschaftswissenschaftlichen Erkenntnissen, sondern auch auf den angegebenen ethischen Prioritäten und Zielperspektiven, in deren Horizont die empirischen Daten und wissenschaftlichen Theorien gelesen werden. Die Zweistufung der Verbindlichkeit des Hirtenbriefs nimmt aber die Notwendigkeit des sachlichen Dialogs über die Mittel zur Erreichung bestimmter Ziele ernst und vermeidet so eine Klerikalisierung der politischen Debatte. Diese Debatte wird nicht nur zugelassen, sondern ausdrücklich ermutigt. Die Qualität der Diskussionsbeiträge ist nach der abgestuften Methodik des Hirtenbriefs allerdings nicht nur an ihrer Sachlichkeit zu messen, sondern ebenso an ihrer Übereinstimmung mit den entwickelten ethischen Grundsätzen für das Wirtschaftsleben.

Wie aber werden die ethischen Grundsätze mit den konkreten Problemen der amerikanischen Wirtschaft verknüpft?

2. Die Bedeutung des Kontextes

Kurt Biedenkopf hat den Hirtenbrief ein „historisches Dokument" genannt, weil er erstmals die katholische Soziallehre auf die spezifischen Bedingungen des wirtschaftlichen Lebens der USA angewandt habe.[54] Ich füge hinzu, daß eine solche Anwendung der katholischen Soziallehre auf den Kontext auch für andere Länder nahezu ohne Beispiel ist.[55]

Zur Begründung ihrer starken Berücksichtigung des U.S.-Kontextes

---

53 Darauf hat Avery Dulles mit Recht hingewiesen (Dulles, The Gospel, The Church, and Politics, 642).
54 „The pastoral letter of the American Catholic bishops deserves to be called a historic document. Although the Catholic church in the United States has previously addressed questions of economic and social policy, until this letter, no comparable effort had been made to translate Catholic social teaching and thought since *Rerum Novarum* and *Quadragesimo Anno* to the specific conditions of economic life in the United States" (Biedenkopf, A European Point of View, 207).
55 Eine Ausnahme bildet der 1983 veröffentlichte Hirtenbrief der kanadischen Bischöfe „Ethical Reflection on the Economic Crisis" (Text in Baum/Cameron, Ethics and Economics).

nicht nur bei den politischen Einzelfragen, sondern auch bei der Formulierung der ethischen Prioritäten, berufen sich die Bischöfe auf die schon zitierte Aussage Pauls VI., die die Verschiedenheit der jeweiligen Kontexte ausdrücklich würdigt und die Anwendung der Soziallehre von einer vorausgehenden Situationsanalyse abhängig macht.[56]

In der zweiteiligen Struktur des ersten Entwurfs des Hirtenbriefs war diese methodologische Erkenntnis allerdings noch wenig umgesetzt worden. Aus den moralischen Normen in einem ersten Teil wurden die politischen Vorschläge in einem zweiten Teil abgeleitet. Eine Situationsanalyse am Anfang fehlte. Diese Vorgehensweise stieß auf deutliche Kritik. So warf Beverly Harrison den Bischöfen eine „neo-orthodoxe Methodologie" vor, die die Aufnahme der methodologischen Herausforderungen der Befreiungstheologie versäumt habe.[57] Die Kritik blieb nicht ohne Wirkung. Im zweiten Entwurf, auf dem die Endfassung an diesem Punkte beruht, gingen die Bischöfe zu einer vierteiligen Struktur über. Die Situationsanalyse im ersten Teil fungiert als eine Art „induktive Matrix"[58] für die Auswahl der ethischen Prinzipien im zweiten Teil. Der dritte Teil führt dann anhand der vier schon erwähnten Politikfelder politische Konsequenzen dieser Prinzipien aus und ruft zu einem „neuen amerikanischen Experiment der Partnerschaft für das Gemeinwohl" auf und der vierte Teil fragt schließlich nach den innerkirchlichen Konsequenzen der aufgestellten ethischen Grundsätze. In diesem inhaltlichen Vorgehen zeigt sich ein Dreischritt „Sehen – Urteilen – Handeln". Die Situationsanalyse entspricht dem „Sehen", die Entwicklung ethischer Normen für das Wirtschaftsleben ermöglicht das „Urteilen" und die Herausarbeitung der daraus erwachsenden politischen und innerkirchlichen Konsequenzen beschreibt das „Handeln".[59]

Daß der Ausgangspunkt für die Überlegungen des Hirtenbriefs bei den

---

56 Vgl. oben Anm.25. Im Hirtenbrief zitiert in Ziffer 26.
57 Harrison, Social justice, 513. Erzbischof Weakland sieht die Kritik an dem deduktiven Vorgehen des ersten Entwurfs des Hirtenbriefs in der amerikanischen Kultur verwurzelt. Während der Phase der Überarbeitung dieses ersten Entwurfs sagte er mit durchaus selbstkritischer Nachdenklichkeit: „One of the problems ... is that the standard method of thought in the United States is induction. You begin with the concrete. We, on the other hand, are deductive; we begin with principles, perhaps because that was our training in philosophy and theology. Americans are empirical, they want to address the problem as it exists rather than think out the implications of, for example, basic principles about the dignity of the human person" (Kennedy, Re-Imagining, 95).
58 Murnion, Early Reactions, 148.
59 Dazu genauer Hengsbach, Gegen Unmenschlichkeit, 213-216.

konkreten Menschen liegt, zeigt schon der erste Abschnitt: Die Bischöfe nennen drei Fragen als grundlegend für jede humane, moralische und christliche Wirtschaftsethik: Was leistet die Wirtschaft für die Menschen? Wie wirkt sich die Wirtschaft auf die Menschen aus? Und wie nehmen die Menschen an ihr teil? (1). Die Situationsanalyse zu Beginn trägt der Vorordnung dieser Fragen Rechnung. Das ganze erste Kapitel ist eine Bestandsaufnahme gegenwärtiger Probleme der Wirtschaft im Kontext der USA sowie deren geschichtlicher Errungenschaften und Defizite. Erst aus dieser Analyse des geographischen und historischen Kontextes wird „die Notwendigkeit einer sittlichen Sicht der Dinge" (22-27) gefolgert. Insofern ist dem Hirtenbrief mit Recht ein „induktiver Weg ethischer Reflexion" bescheinigt worden.[60] Einflüsse aus der Theologie der Befreiung sind unverkennbar.[61]

Die Verwurzelung des Hirtenbriefs im Kontext der USA wird auch an vielen einzelnen Punkten deutlich. Beispielhaft soll hier nur die starke Bezugnahme auf die amerikanische Geschichte erwähnt werden: auf den „Amerikanischen Traum", der für viele noch unerfüllt sei (14) oder das amerikanische Experiment der Freiheit und Gerechtigkeit für alle, bei dem unerledigte Aufgaben geblieben seien (9). Auf diese Punkte wird noch zurückzukommen sein.

Die Kontextualität des Hirtenbriefs – soviel halte ich schon jetzt fest – stärkt sein Anliegen, weil sie die Grundsätze der katholischen Soziallehre im Kontext der USA zum Sprechen bringt und damit erst wirksam werden läßt. Die Aufnahme einer Situationsanalyse in die Einleitung des Hirtenbriefs muß als wesentliche Verbesserung gegenüber dem ersten Entwurf gesehen werden, weil sie die Probleme, die die Bischöfe zur Stellungnahme veranlassen, explizit beim Namen nennt und ihre Dringlichkeit unterstreicht.[62]

Die Bischöfe tragen der Tatsache Rechnung, daß auch ein induktiver

---

60 Schmid, die tragische Trennung, 143.
61 Nach Juan Carlos Scannone versteht sich die Befreiungstheologie als „kritische Reflexion über die Praxis im Lichte des Wortes Gottes" (Scannone, Das Theorie-Praxis-Verhältnis in der Theologie der Befreiung, 96). Die inhaltliche Struktur des Hirtenbriefs kommt dieser Beschreibung durchaus sehr nahe. Auch der erwähnte Dreischritt „Sehen – Urteilen – Handeln" ist als methodologisches Charakteristikum der Befreiungstheologie bekannt.
62 Bemerkenswerterweise ist gerade dieser Aspekt der Methodologie des Hirtenbriefes auch von evangelikaler Seite ausdrücklich begrüßt worden. „There is, ... ," – so Robert Johnston – „a two-way traffic between culture and Christianity that is both necessary and desirable. Here again evangelicals have much to learn from the bishops" (Johnston, A Lesson in Constructive Theology, 40f).

Weg ethischer Reflexion, der die kontextuelle Verwurzelung theologisch-ethischer Aussagen ernst nimmt, auf Grundperspektiven angewiesen bleibt, die sich nicht lediglich dem Kontext verdanken, sondern in einem solchen Kontext kritisch zur Geltung gebracht werden können. Aus welchen Quellen entwickeln die Bischöfe die ethischen Grundsätze, die sie im Hirtenbrief kritisch auf den Kontext der USA anwenden?

3. Biblische und philosophische Ethik

Die Bischöfe sehen ihre Ausführungen gegründet in einer langen Tradition katholischer Soziallehre, die in der Bibel wurzelt und im letzten Jahrhundert von den Päpsten und dem Zweiten Vatikanischen Konzil als Antwort auf die modernen ökonomischen Bedingungen entwickelt wurde (25). Biblische Basis, philosophische und theologische Reflexion durch die Jahrhunderte, sowie Analyse menschlicher Erfahrung aus der Vernunft durch Menschen von heute bilden gemeinsam das Fundament des Dokuments. Menschliches Verstehen aus der Kraft der Vernunft und religiöser Glaube auf biblischer Basis – so die Bischöfe – „ergänzen einander, sie widersprechen sich nicht."[63]

In der Theologiegeschichte wurde die Frage des Verhältnisses zwischen biblisch-theologischer und philosophischer Grundlegung der Ethik von der evangelischen Seite in Treue zum ‚Sola Scriptura' der Reformation in der Regel zugunsten einer Vorordnung der biblischen Quellen entschieden. Die katholische Sittenlehre hingegen maß aufgrund der katholischen Bestreitung der Verdunkelung der Vernunft durch den Sündenfall der philosophischen Tradition eine primäre Stellung zu. In dieser Hinsicht ist die ausführliche Darlegung der biblischen Aussagen und ihre zentrale Bedeutung im Gesamtduktus des Hirtenbriefs Ausdruck eines Wandels im Weltkatholizismus im allgemeinen und der amerikanischen katholischen Theologie im besonderen.[64] Phillip Schmitz weist darauf hin, daß in

---

63 „Human understanding and religious belief are complementary, not contradictory" (61).
64 Vgl. dazu Curran, Relating, 43. John Donahue, der Hauptverfasser des biblischen Teils des Hirtenbriefs, sagt über die philosophische Reflexion: „While such reflection has a precedent in the social encyclicals of Leo XIII and his immediate successors, contemporary thought is characterized by rooting the reflection in the biblical heritage rather than in a natural law philosophy. This emphasis in Catholic theology" – so fährt Donahue unter Verweis auf Gerhard von Rad fort – „resonates well with statements of scholars of other denominations" (Donahue, Bibilical Perspectives on Justice, 68).

keinem anderen Land der Weltkirche die Tradition der lateinisch-scholastischen Sprache und Argumentationsweise nach dem Zweiten Vatikanischen Konzil so nachhaltig unterbrochen worden ist wie in den USA.[65] Im Zusammenhang mit dieser Wandlung ist sicher auch die biblisch motivierte Parteinahme für die Schwachen zu sehen, die sich durch den ganzen Hirtenbrief zieht und von der noch die Rede sein wird. Einflüsse aus der lateinamerikanischen Theologie der Befreiung, sowie die in den USA einflußreiche protestantische Tradition der Ethik des „Social Gospel" haben vermutlich zu dieser Gewichtung beigetragen.

Trotz der geschilderten Gewichtsverschiebung hat die vernünftige Reflexion aus zwei Gründen eine unverzichtbare Bedeutung für die Bischöfe. Sie wollen sich – so der eine Grund – mit ihrem Brief zwar zuerst an Glieder der Kirche richten, ebenso aber ihre Stimme einbringen in die öffentliche Debatte um die Richtung der U.S.-Wirtschaft, sie suchen also auch den Konsens mit Menschen, die den christlichen Glauben nicht teilen (27 und 61). Die andere notwendige Funktion vernünftiger Reflexion sehen sie in der gedanklichen Vermittlung zwischen den biblischen Texten und heutigen ökonomischen Bedingungen, wie sie in biblischen Zeiten nicht vorstellbar waren (61). Diese Funktionen vernünftiger Reflexion sind in der Diskussion um den Hirtenbrief weithin unstrittig geblieben. Allzu deutlich ist die Erkenntnis daß die Mißachtung der ersten Funktion die Ausstrahlungskraft des Hirtenbriefs unnötig beschränken würde und daß die Mißachtung der zweiten Funktion unweigerlich in Biblizismus münden würde.

Die Diskussion hat sich vielmehr primär an der Frage entzündet, wie die Aufnahme biblischer Inhalte in die Begründung der ethischen Normen zu bewerten ist und in welches Verhältnis der Hirtenbrief biblische Perspektiven und philosophische Reflexion setzt. Die starke Berücksichtigung biblischer Inhalte ist einer der Hauptkritikpunkte, die Vertreter des eher vorkonziliar geprägten Teils der deutschen katholischen Soziallehre den U.S.-Bischöfen gegenüber vorbrachten.[66] So empfahl der Dominikanerpater Heinrich B. Streithofen bei dem schon erwähnten Symposion über den ersten Entwurf des Hirtenbriefs in Bonn eine radikale Kürzung des biblischen Teils. „Der Grund: Die Wirtschaftsethik der katholischen Soziallehre wird primär nicht von der Offenbarungstheologie her begründet,

---

65 Schmitz, Befreiung von wirtschaftlichem Sachzwang, 40.
66 Zum Hintergrund der deutschen Diskussion um das Verhältnis von theologischer und sozialphilosophischer Begründung der katholischen Soziallehre siehe Ludwig, Eine Soziallehre nur für die USA?, 104.

sondern von der Philosophie und der wirtschaftlichen Sachgesetzlichkeit".⁶⁷

Eine Unterbetonung der biblischen Inhalte kritisiert demgegenüber Thomas Gannon. Gannon sieht darin das Risiko, daß der entscheidende Unterschied der Offenbarungswahrheit zur Welt verloren gehen könnte. „Indem die Bischöfe darauf verzichteten, sich stärker auf die biblische Theologie zu stützen, und indem sie ihren Appell in erster Linie in der Sprache der allgemeinen Menschenrechte vorbrachten, könnten sie ironischerweise ein kraftvolleres Plädoyer zugunsten der christlichen Solidarität mit den armen und an den Rand gedrängten Menschen verhindert haben."⁶⁸

Die Bewertung dieser beiden kritischen Anfragen setzt die Klärung des Verhältnisses von biblischen Inhalten und der Begründung der ethischen Normen aus der Vernunft im Hirtenbrief voraus. Die Bischöfe sprechen von der Komplementarität beider Begründungswege (61). Aber was ist mit dieser Komplementarität gemeint? Kommen biblische Ethik und philosophische Reflexion unabhängig voneinander je zu den gleichen Ergebnissen? In diese Richtung interpretiert William Byron den Hirtenbrief, wenn er meint, daß entweder Vernunft oder Offenbarung, oder beide, nachdenkliche Menschen dazu bringen würden, sich mit den Bischöfen auf der Ebene der Prinzipien zu treffen.⁶⁹ Oder sind beide Elemente für sich allein unzureichend, bleiben also notwendig aufeinander angewiesen? So scheint Bruno Schmid das Dokument zu verstehen, wenn er das „in jeder sittlichen Urteilsbildung unverzichtbare deduktive Moment ... primär durch das biblische Erbe ... eingebracht" sieht.⁷⁰ Diese Frage⁷¹ wird im Hirtenbrief nicht geklärt.

---

67 Streithofen, Wirtschafts- und Sittengesetz – ein Gegensatz?, 20. Ähnlich Rauscher/Werhahn, Stellungnahme, 43.

68 Gannon, Eine katholische Herausforderung an die amerikanische Wirtschaft, 127.

69 „Either reason or revelation, or both, will prompt thoughtful persons to meet the bishops at the level of principle ..." (Byron, Pittsburgh and the Pastoral: Conscience, Creativity and Competence, 830).

70 Schmid, die tragische Trennung, 145.

71 Sie wird im übrigen auch von Thomas Gannon gestellt: „Wollen die Bischöfe sagen, daß die hinter ihren Vorschlägen stehende Vision von Gerechtigkeit und die zugrundeliegende Option wirklich ohne Rückgriff auf Schriftoffenbarung und theologische Reflexion entwickelt werden können? Oder wollen sie nur sagen, daß ihre sittlichen Grundsätze und Handlungsempfehlungen, obwohl sie auf theologischen Einsichten beruhen, durch den Appell an allgemeinmenschlich zugängliche Erkenntnisse gestützt, wenn schon nicht völlig legitimiert werden können?" (Gannon, Eine katholische Herausforderung, 127).

B. Der Wirtschaftshirtenbrief der katholischen Bischöfe der USA 67

Entsprechend wenig konsequent ist das Kapitel über die philosopische Begründung auf Vernunftargumente beschränkt. An mehreren Stellen wird ausgesprochen theologisch argumentiert (z.B. 64, 67, oder auch 79). Besonders deutlich wird das, wenn die vorher biblisch begründete „Option für die Armen" nun nicht, wie zu erwarten, philosophisch, sondern wiederum biblisch hergeleitet wird (87). Trauen die Bischöfe der philosophischen Ethik *programmatisch* mehr Begründungsleistung zu als sie dann *faktisch* wirklich deutlich machen können?

Karen Lebacqz hat außerdem darauf hingewiesen, daß die Bischöfe in ihrer philosophischen Beschreibung der distributiven Gerechtigkeit (70) davon ausgehen, daß diese distributive Gerechtigkeit die Befriedigung der menschlichen Grundbedürfnisse als zentrales Kriterium beinhaltet. In der philosophischen Diskussion – so Lebacqz mit Recht – gibt es aber keineswegs einen Konsens über diese Prioritätensetzung.[72] Davon wird noch ausführlicher die Rede sein müssen. An dieser Stelle soll lediglich auf den ungeklärten Status der philosophisch-ethischen Argumentation hingewiesen werden.

An einem anderen Punkt wird das beschriebene Problem noch deutlicher. Der Hirtenbrief lehnt bestimmte kulturelle Ausdrucksformen ab, „weil sie Werte und Ziele begünstigen, die egoistisch und verschwenderisch sind und im Gegensatz zur Heiligen Schrift stehen" (334). Wie aber ist dann die schon genannte generelle Voraussetzung der Bischöfe zu beurteilen, daß menschliches Verständnis und religiöse Überzeugung sich nicht widersprechen, sondern einander ergänzen (61, ähnlich 28)? Ist hier nur von einem „menschlichen Verständnis" die Rede, das den dominierenden kulturellen Werten kritisch gegenübersteht? Benutzen die Bischöfe dann aber nicht doch den Ausdruck „menschliches Verständnis" in theologisch qualifiziertem Sinne?

Es bleiben also zentrale Fragen der ethischen Methodologie, über die sich der Hirtenbrief nicht in genügender Weise Rechenschaft ablegt.[73] Diese Fragen der ethischen Methodologie bedürfen einer eigenen Klärung. Ich will diese Klärung zunächst zurückstellen und sie zu Beginn des zweiten Hauptteils dieser Arbeit wieder aufnehmen.

---

72 Lebacqz, Six Theories, 80.
73 Vgl. dazu auch Lebacqz: „... the congruence between reason and revelation needs much more substantiation than it has been given" (a.a.O. 81).

4. Ergebnis

Der Hirtenbrief bekräftigt die Relevanz theologisch-ethischer Grundsätze für die Probleme einer modernen Wirtschaft. Diese theologisch-ethischen Grundsätze bilden die verbindliche Grundlage für die Diskussion um die besten Lösungen auf dem Weg zu einer menschengerechten Wirtschaft. Sachlichkeit und theologisch-ethische Zielperspektive greifen also ineinander.

Der Hirtenbrief geht bei der Anwendung ethischer Prinzipien auf die Probleme der U.S.-Wirtschaft induktiv vor: eine Situationsanalyse macht zunächst die drängendsten Probleme deutlich, dann werden die Grundsätze dargelegt, die für eine theologisch-ethische Antwort auf diese Probleme relevant sind, bevor schließlich Lösungsansätze erläutert werden, die diese Grundsätze auf den spezifischen Kontext der USA anwenden. Wir haben darin den Dreischritt „Sehen – Urteilen – Handeln" wiedergefunden.

Auf gewichtige methodologische Probleme sind wir bei der Frage gestoßen, in welchem Verhältnis die biblische und die philosophische Begründung der ethischen Perspektiven des Hirtenbriefs zueinander stehen. Die dahinter stehende grundsätzliche Frage nach der ethischen Methodologie wird im zweiten Hauptteil dieser Arbeit auf einer systematischen Ebene noch einmal aufzunehmen und einer Klärung näherzubringen sein.

Zunächst möchte ich nun die inhaltlichen Schwerpunkte des Hirtenbriefs darstellen und diskutieren. Ich beginne mit seinen biblischen Grundlagen.

IV. Biblische Perspektiven

1. Grundkriterium

Die Bischöfe stellen ihren Darlegungen der biblischen und philosophisch-ethischen Perspektiven des Wirtschaftslebens ein grundlegendes Kriterium aus Johannes' XXIII. „Mater et Magistra" voran: „Die in Gemeinschaft mit anderen verwirklichte Würde der menschlichen Person ist der Maßstab, an dem alle Aspekte des Wirtschaftslebens gemessen werden müssen" (28).[74] Alle Menschen sind Zwecke an sich, denen gedient werden

---

74 Vgl. Mater et Magistra, 219-220.

muß, nicht Mittel, die für enger definierte Zwecke ausgebeutet werden können. Dieses Kriterium – so die Bischöfe – findet seine Begründung in der Bibel und wird bestätigt durch die philosophische Reflexion.[75]

Bei der Erläuterung der biblischen Begründung beziehen sich die Bischöfe v.a. auf zentrale Inhalte des Alten Testaments.[76]

2. Schöpfung, Bund, Gemeinschaft

Als Brennpunkte des Glaubens Israels identifiziert der Hirtenbrief Schöpfung, Bund und Gemeinschaft, die eine Grundlage bilden für die Reflexion über Probleme wirtschaftlicher und sozialer Gerechtigkeit (30).

Der Glaube an die *Schöpfung* widerspricht nach Ansicht der Bischöfe zunächst jeglicher Lehre von den Eigengesetzlichkeiten der Welt. Nach der Rückkehr aus dem Exil – so der Hirtenbrief unter Rückgriff auf die Erkenntnisse der historischen Bibelwissenschaft – stellte Israel seiner Geschichte als Volk Gottes die Geschichte der Erschaffung aller Völker und der ganzen Welt durch denselben Gott voran, der es als Volk erschaffen hatte. Eine Konsequenz dieser universalen Schöpfungsvorstellung im Alten Testament ist für die Bischöfe die Überzeugung, daß es keine Dimension menschlichen Lebens gibt, die jenseits von Gottes Sorge und Fürsorge liegt (31). Die Schöpfung des Menschen zum Bilde Gottes – diese Bekräftigung steht im Zentrum des ganzen Abschnittes – verleiht ihm eine unveräußerliche Würde jenseits aller Einteilung nach Rasse, Nationalität, menschlicher Arbeit und menschlicher Leistung (32). Die außermenschliche Schöpfung ist ein Geschenk Gottes, die Menschen sind nicht ihre Eigentümer, sondern ihre Statthalter. Die Aneignung der Schöpfung durch eine Minderheit der Weltbevölkerung verrät diesen Geschenkcharakter, da – so schon Cyprian – alles, was Gott gehört, allen gehört (34).

Von Anfang an wandten sich die Menschen von Gott ab und erwiesen der Schöpfung den Gehorsam, der Gott allein zukommt. Die Ursünde im Sinne der biblischen Tradition – so der Hirtenbrief – ist der Götzendienst. Darunter fallen nicht nur die Verehrung von Götzenbildern, sondern auch das Streben nach unbegrenzter Macht und der Wunsch nach großem

---

75 Vgl. dazu Graff, Women and Dignity. Vision and Practice, 216-220.
76 Die von den Bischöfen angeführten genauen Belegstellen in der Bibel sollen im folgenden nicht eigens erwähnt werden. Sie können im Hirtenbrief selbst unter den jeweils angegebenen Ziffern nachgelesen werden.

Reichtum. Sünde entfremdet die Menschen von Gott und erschüttert gleichzeitig die Solidarität der menschlichen Gemeinschaft (33). Trotz ihrer Sünden wendet sich Gott den Menschen neu zu. Der *Bund* Gottes mit seinem Volk steht in der Mitte der Befreiung dieses Volkes aus Sklaverei und Unterdrückung. So wie Gott sich ihrer angenommen hatte, so sollten sich die Israeliten der Fremdlinge und Sklaven in ihrer Mitte annehmen (35). Die Bundesgesetze, die Gott seinem Volk gab, waren nicht willkürliche Einschränkungen des Lebens der Menschen, sondern sie machten Leben erst möglich, ein Leben, das geprägt war von *Gemeinschaft*. In diesen Gesetzen manifestiert sich eine besondere Sorge um die verletzlichen Glieder der Gemeinschaft wie Witwen, Waisen, Arme und Fremde – eine Sorge, die sich äußert in Institutionen wie dem Sabbatjahr, dem Schulderlaßjahr und dem Halljahr (36). Die Gemeinschaft des Bundes orientiert sich also in besonderer Weise am Wohl der Schwachen. Das Gesetz Israels faßt der Hirtenbrief in drei Begriffen zusammen: gegenseitige Verantwortung, Barmherzigkeit und Wahrhaftigkeit. „Es gewährleistet" – so das Dokument weiter – „ein Leben in Freiheit von Unterdrückung, die Verehrung des einen Gottes, das Verbot des Götzendienstes, den gegenseitigen Respekt unter den Menschen, Fürsorge und Schutz für jedes Mitglied der Gemeinschaft. Frei zu sein in einer mitverantwortlichen Gemeinde, das hat Gott für uns vorgesehen" (36). Doch die Israeliten fallen vom Bund mit Gott ab. Propheten tauchen auf, die diesen Abfall öffentlich anprangern. Recht und Gerechtigkeit – so die Bischöfe – werden ihr zentrales Thema (37).

Das biblische Verständnis von Gerechtigkeit gibt den Bischöfen eine „grundlegende Anschauung" für ihre Überlegungen über soziale und ökonomische Gerechtigkeit (37). Es soll deswegen etwas genauer untersucht werden.

3. Gerechtigkeit

Das, was für die Propheten zum zentralen Thema wird, beschreibt den Kernpunkt der Bundestreue in der Bibel überhaupt. *Sedaqah* (Gerechtigkeit oder auch Rechtschaffenheit) und *mishpat* (das richtige Urteil oder die in einer konkreten Handlung verkörperte Gerechtigkeit) verbinden den Gehorsam vor Gott mit der Achtung vor dem Nächsten und der Sorge für den Nächsten (37).

Ein zentrales Kennzeichen der biblischen Darstellung von Gerechtigkeit – so die Bischöfe – ist es, daß die Gerechtigkeit einer Gemeinschaft „daran gemessen wird, wie sie die Machtlosen in der Gesellschaft, die meistens als die Witwen und Waisen, die Armen und die Fremden (Nicht-

Israeliten) beschrieben werden, behandelt. Das Gesetz, die Propheten und die Weisheitsliteratur des Alten Testamentes zeigen alle tiefe Besorgtheit um die richtige Behandlung solcher Menschen. Diesen Menschen gemeinsam sind Schwäche und Machtlosigkeit" (38). Angesichts dieser Beschreibung ist es einleuchtend, wenn der Hirtenbrief die Gerechtigkeit in biblischem Verständnis der Liebe nicht gegenübergestellt sieht, sondern darin sowohl eine Erscheinungsform der Liebe als auch eine Grundbedingung für ihr Wachsen erkennt (39).

Die Bischöfe geben mehrere Beispiele für Nuancen der Gerechtigkeit nach biblischem Verständnis: Gesetze sind dann gerecht, wenn sie Harmonie innerhalb der Gemeinde schaffen. Gott ist „gerecht", weil er den Menschen zu Hilfe kommt und sie zurückbringt auf den rechten Weg, wenn sie sich verirrt haben. Die Menschen sollen „gerecht" sein, indem sie Gottes Gesetz beachten und so in der richtigen Beziehung zu ihrem Gott leben (39).

Solche Definitionen lassen gewichtige Fragen offen. Worin unterscheidet sich falsche von echter Harmonie? Anhand welcher Kriterien kann die Beachtung der Gesetze Gottes in der komplexen Welt heutiger Wirtschaft abgelesen werden? Wie können verschiedene gerechtfertigte Ansprüche gegeneinander abgewogen werden? Die Beantwortung solcher Fragen überfordert die biblischen Aussagen zur Gerechtigkeit. Die Verfasser des Hirtenbriefs weisen darauf hin, daß biblische Gerechtigkeit umfassender ist als philosophische Definitionen. Das Anliegen biblischer Gerechtigkeit ist nicht die strikte Definition von Rechten und Pflichten, sondern „die Richtigkeit des menschlichen Lebens überhaupt vor Gott und innerhalb der Gemeinschaft" (39).[77] Der biblische Gerechtigkeitsbegriff liefert also grundsätzliche Perspektiven, ohne philosophische Theorien der Gerechtigkeit dabei zu ersetzen.

Auch wenn der Begriff der „Gerechtigkeit" in der beschriebenen Prägung primär im Alten Testament zu finden ist, identifizieren die Bischöfe auch im Neuen Testament Linien, die ihm inhaltlich entsprechen.

---

77 „... the rightness of the human condition before God and within society." Die Übersetzung im Hengsbach-Kommentar („... die richtige Einstellung vor Gott ...") scheint mir nicht treffend.

4. Nachfolge und Reich Gottes

Das Eintreten Jesu, des Sohnes Gottes, in die menschliche Geschichte – so die Bischöfe – ist nicht lediglich das Versprechen eines zukünftigen Sieges Gottes über die Sünde und das Böse, sondern die Zusage, daß dieser Sieg schon begonnen hat – in Leben und Lehre Jesu. Jesu Reich-Gottes-Verkündigung mahnt uns, Gott als den Schöpfer und Bundespartner anzuerkennen und nach Wegen zu suchen, wie Gottes Offenbarung von der Würde und von der Bestimmung der ganzen Schöpfung in der Menschheitsgeschichte Gestalt annehmen kann (41). Jesu Werke der Vollmacht weisen darauf hin, daß das Reich Gottes mehr Macht hat als Krankheit, die Härte des menschlichen Herzens und das Böse. Jesus bietet den Sündern Gottes liebende Barmherzigkeit an und nimmt auf sich die Anliegen derer, die unter religiöser und sozialer Diskriminierung zu leiden haben (42). Hier zeigen sich schon erste Parallelen zu dem Eintreten für die Schwachen und Ausgestoßenen, das die Bischöfe als Kennzeichen des alttestamentlichen Gerechtigkeitsbegriffes herausgearbeitet haben.

Sendung derer, die Jesus nachfolgen, ist die Verkündigung und der Aufbau des Reiches Gottes im Laufe der Jahrhunderte (45). Nachfolge heißt, Jesu Leben nachzuahmen, ihm auf dem Weg des Kreuzes zu folgen und auch Verfolgung zu erleiden um der Gerechtigkeit willen. Jesu Auferstehung und die Gabe des Geistes geben denen, die Christus heute nachfolgen, die Kraft, die Vision des Evangeliums auch unter Kämpfen in unsere komplexe ökonomische und soziale Welt einzubringen (42).

Sie befinden sich dabei immer in der Spannung zwischen Verheißung und Erfüllung (53). Doch lebt ihr Handeln für Gerechtigkeit in der Welt aus der Überzeugung, daß das Leben sich trotz der Macht von Ungerechtigkeit und Gewalt fundamental verändert hat durch den Eintritt des fleischgewordenen Wortes in die menschliche Geschichte (54).

Die Bischöfe betonen die Einheit von Glaube und Handeln: sie bezeichnen das Doppelgebot der Liebe als „die Grundlage aller christlichen Moral" und folgern aus dem Gleichnis vom barmherzigen Samariter: „... die Liebe wird verwirklicht durch tatkräftiges Handeln" (43). Wie bei der Beschreibung der alttestamentlichen Aussagen – das füge ich interpretierend hinzu – ist die Gerechtigkeit vor Gott unlösbar verbunden mit dem Eintreten für Mitmenschen, die Ungerechtigkeiten ausgesetzt sind. Diese enge Verbindung von Gottes- und Menschenbeziehung haben die Bischöfe im Sinn, wenn sie aus Jesu Beschreibung des Jüngsten Gerichts (Mt 25,31-46) folgern: „Jesus ... ist gegenwärtig in den Ärmsten der Armen; sie zurückzuweisen heißt, Gottes Wort in der Geschichte zurückzuweisen" (44).

5. Option für die Armen

Anhand von zahlreichen Texten versucht der Hirtenbrief, die schon in den Aussagen zum Alten Testament betonte besondere Nähe Gottes zu den Armen nun auch anhand der Aussagen des Neuen Testaments plausibel zu machen.

Besondere Aufmerksamkeit widmen die Bischöfe dabei mit Recht dem Lukas-Evangelium, spricht es doch in eine Gemeindesituation, die, ähnlich wie die Gesellschaft der USA, zumindest zu einem beträchtlichen Teil von wohlhabenden Menschen geprägt ist. Reichtum und Armut sind deswegen ein zentrales Thema in diesem Evangelium.[78]

In ihrem Magnifikat jubelt Maria über einen Gott, der die Hochmütigen zerstreut, die Mächtigen erniedrigt und die Armen und Elenden erhöht.[79] Jesu Antrittspredigt in Nazareth bestimmt als Adressaten des Evangeliums die Armen. Der Segnung der Armen fügt Jesus Weherufe an die Reichen hinzu. Die Gleichnisse vom reichen Kornbauern sowie vom reichen Mann und armen Lazarus warnen vor übermäßigem Reichtum und der Blindheit gegenüber der danebenstehenden Armut (48). Solche Warnungen vor Reichtum – das betonen die Bischöfe – bedeuten aber keineswegs die Rechtfertigung von Armut: „Durch die ganze Bibel hindurch ist die materielle Armut ein Unglück und ein Anlaß zur Traurigkeit" (49). Wenn Jesus die Armen als „selig" bezeichnet, dann „lobt er nicht das Los ihrer Armut, sondern ihre Offenheit für Gott" (50).

Wenn man deswegen die Armen in der frühen Christenheit als von Gott besonders geliebt ansah, dann wurde materielle Armut damit weder glorifiziert noch wurde Mangel als eine unvermeidbare Tatsache des Lebens akzeptiert. Die frühe Gemeinde in Jerusalem – so der Hirtenbrief – verteilte ihre Besitztümer vielmehr so, daß es keine Armen unter ihnen gab und alles allen gehörte.

Als Konsequenz dieser neutestamentlichen Inhalte, die Jesu Eintreten für die Bedürftigsten zeigen, und in Parallelität zur alttestamentlichen Betonung von Gottes Nähe zu den Schwachen,[80] greifen die Bischöfe den

---

78 Darauf wird noch näher einzugehen sein. Vgl. Hengsbach, Gegen Unmenschlichkeit, 246.
79 Die Bezugnahme auf das Magnifikat ist im ersten und zweiten Entwurf des Hirtenbriefs noch nicht enthalten. Seine Aufnahme in die Endfassung bedeutet eine Verschärfung der biblischen Aussagen des Hirtenbriefs zugunsten der Armen.
80 Auf die alttestamentlichen Perspektiven wird an dieser Stelle im Hirtenbrief nicht noch einmal Bezug genommen, der Gesamtduktus seiner biblischen Aussagen legt diesen Hinweis gleichwohl nahe.

aus der Befreiungstheologie stammenden Begriff der „*vorrangigen Option für die Armen*"[81] als Herausforderung an die Kirche auf.[82]

Diese vorrangige Option für die Armen bedeutet für die Bischöfe „ein prophetisches Mandat, für jene zu sprechen, für die sonst niemand spricht, ein Verteidiger der Verteidigungslosen zu sein, die mit den Worten der Bibel die Armen sind" (52). Von der Kirche fordern sie, alle Dinge aus der Sicht der Armen und Machtlosen zu sehen und Lebensstil, Politik und soziale Institutionen unter dem Gesichtspunkt ihrer Auswirkungen auf die Armen zu prüfen. Die Kirche ist aber auch dazu aufgerufen, sich durch ihre einzelnen Glieder und als Gesamtkörper „selbst zu entäußern",[83] um die Macht Gottes inmitten von Armut und Machtlosigkeit zu erfahren (52).

Die vorrangige Option für die Armen ist das Grundkriterium, das die Bischöfe der biblischen Überlieferung zur Orientierung in den vom Hirtenbrief debattierten wirtschaftsethischen Fragen entnehmen. Diese Schwerpunktsetzung hat nicht nur Zustimmung gefunden. Bevor ich mich jedoch mit der Diskussion um die biblisch-ethischen Perspektiven des Hirtenbriefs befasse, möchte ich einige wenige Bemerkungen zum Verhältnis von alt- und neutestamentlicher Herleitung dieser Perspektiven machen.

6. Das Verhältnis von Altem und Neuem Testament

Den Bischöfen liegt bei der Begründung ihrer biblisch-ethischen Kriterien ausdrücklich auch die Gemeinsamkeit zwischen Christen und Juden am Herzen: „Wir beanspruchen die Schriften des Alten Testamentes als gemeinsames Erbe mit unseren jüdischen Brüdern und Schwestern, und wir wollen deshalb gemeinsam mit ihnen ein Wirtschaftsleben anstreben, das der gemeinsamen göttlichen Offenbarung würdig ist" (29). Die wichtigsten Punkte des israelitischen Glaubens – Schöpfung, Bund und Gemeinschaft – bieten, so der Hirtenbrief, eine Grundlage für Überlegungen zum Thema wirtschaftliche und soziale Gerechtigkeit (30).[84] Indem die

---

81 Daß die Übersetzung im Hengsbach-Kommentar den im Originaltext des Hirtenbriefs gebrauchten englischen Ausdruck „preferential option for the poor" mit dem verkürzten Ausdruck „Option für die Armen" übersetzt, ist bedauerlich.
82 Zu den biblischen Belegstellen vgl. u.a. Kap.II Anm.8. Die Zahl dieser im Hirtenbrief genannten Belegstellen ließe sich noch beträchtlich erweitern.
83 „... it calls for an emptying of self ..." Die Übersetzung im Hengsbach-Kommentar („... das eigene Selbst zurückzustellen ...") entschärft den englischen Ausdruck.
84 Ähnlich 40: „Diese Perspektiven bilden die Grundlage einer biblischen Sicht der wirtschaftlichen Gerechtigkeit."

Bischöfe die Grundlage ihrer wirtschaftsethischen Erwägungen schon in der Hebräischen Bibel gelegt sehen und deren Quintessenz nicht erst in den Schriften des Neuen Testaments verorten, öffnen sie die Tür weit für das christlich-jüdische Gespräch an diesem Punkte.

In der Tat decken sich die *materialen* wirtschaftsethischen Gesichtspunkte der neutestamentlichen Tradition im wesentlichen mit denen des Alten Testaments, wie sie der Hirtenbrief darstellt. Die Unverfügbarkeit der den Menschen zur Statthalterschaft anvertrauten Schöpfung, eine Gemeinschaft, in der Liebe und Achtung den Mitmenschen gegenüber den Umgang untereinander prägen, eine vorrangige Option für die Armen und die Untrennbarkeit der Beziehung des Menschen zu Gott von der Beziehung zu seinen Mitmenschen sind wirtschaftsethische Grundkriterien des Alten Testaments, die sich im Neuen Testament wiederfinden. Durch die Menschwerdung Gottes werden sie im Neuen Testament in ihrer unmittelbaren Bedeutung für die Welt sogar noch verschärft: indem Gott in Christus Mensch wird, leidet er mit den Menschen mit, denen Unrecht angetan wird. Dieses Unrecht wird Gott selbst angetan. Gott hat sich unwiderruflich an den Menschen und den Schutz der menschlichen Würde gebunden.

Die *Perspektive*, in der die Christen diese Kriterien zum Schutz des Lebens sehen, ist der Glaube an Christus. Die in ihm schon aufleuchtende Gegenwart des Reiches Gottes gibt die Kraft zur Nachfolge. Die *materialethischen Konsequenzen* dieser Nachfolge entsprechen trotz der unterschiedlichen Perspektive dem Kern der Regeln zum Schutz des Lebens, die schon der Bund Gottes mit Israel impliziert. So kann Ronald Green als Fazit seiner Lektüre des Hirtenbriefs aus jüdischer Sicht sagen: „Was wir gesehen haben, ist, daß jüdisches Denken zutiefst übereinstimmt mit den Prioritäten, die der Brief der Bischöfe artikuliert."[85]

Nicht zuletzt die vielen Emigranten, die auf der Flucht vor dem deutschen Nationalsozialismus in den USA eine Heimat fanden, ließen die Menschen jüdischen Glaubens zu einer der wichtigsten Gruppen der

---

85 „What we have seen is that Jewish thinking profoundly agrees with the priorities articulated in the bishops' letter" (Green, The Bishops' Letter – A Jewish Reading 96). Ähnlich auch Furman, The Prophetic Tradition and Social Transformation, 103, und Fein, Bishops, Rabbis and Prophets, 115. Zurückhaltender äußert sich Byron Sherwin: „This statement" – so Sherwin über die Feststellung der Gemeinsamkeit von christlichem und jüdischem Erbe im Hirtenbrief – „is ... a noble gesture of friendship and goodwill toward the Jewish people. Nevertheless the claim of a shared revelation and of a ‚common heritage' is problematic and requires clarification from a Jewish theological perspective" (Sherwin, The U.S. Catholic Bishops' Pastoral Letter on the Economy and Jewish Tradition, 84).

amerikanischen Gesellschaft werden. Daß der Hirtenbrief seine biblisch-ethischen Grundlagen maßgeblich aus dem Alten Testament begründet und so ausdrücklich auch bei den in den USA so zahlreichen Menschen jüdischen Glaubens um Einverständnis wirbt, ist als ein weiteres Zeichen seiner Verwurzelung im Kontext der USA zu werten.[86]

Ich komme nun zur Auswertung der Diskussion um die biblischen Inhalte des Hirtenbriefs. Ich will mich dabei auf zwei Gesichtspunkte beschränken: zum einen die Auswahl der zentralen biblischen Themen im Hirtenbrief und zum anderen seine nachdrückliche Betonung einer biblischen Option für die Armen.

7. Die Kritik an den biblischen Perspektiven

7.1. Die Auswahl der Themen

Die biblischen Perspektiven des Hirtenbriefs sind – abgesehen von dem darin vertretenen Verständnis der Option für die Armen – auf nur wenig Kritik gestoßen. An vielen Einzelpunkten sind Ergänzungen vorgeschlagen worden, ohne die zentralen Schwerpunkte in Frage zu stellen. Dieses positive Gesamturteil ist m.E. berechtigt, drei Punkte seien gleichwohl erwähnt, an denen zentrale biblische Traditionsströme zu kurz kommen.

Die alttestamentliche *Prophetie* hätte einen eigenen Abschnitt im biblischen Teil des Hirtenbriefs verdient, anstatt in nur wenigen Sätzen erwähnt zu werden. „Die prophetische Verheißung einer neuen Schöpfung," – so hat Friedhelm Hengsbach kritisiert – „in der Gott Recht und Gerechtigkeit stiften wird, ist in dem alttestamentlichen Textabschnitt gar nicht angesprochen. Der Hirtenbrief liest das Alte Testament vom Bundesbuch, nicht von den Zukunftserwartungen der Propheten her."[87] Hengsbach kann zwar entgegengehalten werden, daß sich durchaus ein Hinweis auf die prophetischen Bilder einer neuen Schöpfung findet (53), seine Kritik ist aber insofern berechtigt, als davon doch eher am Rande die Rede ist. Gerade der Versuch der Bischöfe, die Kontinuität der ethischen Inhalte

---

86 Vgl. dazu auch Jüngling, "Zerdrücke den Armen nicht im Tor", 69: „Es ist ein Verdienst dieses Hirtenschreibens, die jüdische Glaubensgemeinschaft der Vereinigten Staaten gerade unter der Rücksicht des Juden und Christen gemeinsamen Teils der Bibel nicht übergangen zu haben …"
87 Hengsbach, Gegen Unmenschlichkeit, 244, orthographisch korrigiert.

des Alten und des Neuen Testamentes zu betonen, hätte es nahegelegt, das für die prophetischen Literatur so charakteristische Spannungsfeld von scharfer Kritik an bestehenden sozialen Zuständen und kraftspendender Ansage von Gottes heilschaffendem Handeln zu einem zentralen Thema zu machen.

Das Thema „Schöpfung" spielt im Hirtenbrief eine bestimmende Rolle. Das Dokument reiht sich damit in die allgemeine katholische Tradition ein, für die eben diese Schwerpunktsetzung kennzeichnend ist.[88] Die Fragwürdigkeit einer solchen Akzentuierung wird deutlich durch den Hinweis auf den geschichtlichen Ort der Schöpfungsvorstellung im Glauben Israels. Die Rede von der Schöpfung ist ein Theologumenon, das im 6. Jahrhundert zentrale Bedeutung für Israel gewinnt, um die heilsschaffende Macht Jahwes in der Geschichte zu unterstreichen. Die viel ältere Tradition, die dadurch unterstrichen werden soll, ist die *Exodus-Tradition*. Angesichts ihrer zentralen Bedeutung im Alten Testament kommt die Exodus-Tradition im Hirtenbrief viel zu kurz. Dies ist umso unverständlicher als die Motivierung Israels zu einem Handeln entsprechend dem Willen Gottes maßgeblich auf die Erfahrung Israels in Ägypten und seine Befreiung aus Ägypten zurückgreift.[89]

Die neutestamentlichen Ausführungen beziehen sich fast ausschließlich auf die synoptischen Evangelien. Die Briefe des *Paulus* bleiben weitgehend unberücksichtigt. Angesichts von Alter, Umfang und Bedeutung der paulinischen Briefe ist das zu bedauern. Zentrale Theologumena des Paulus sind auch für wirtschaftsethische Fragen relevant. Das gilt nicht nur für seine unermüdliche Betonung der Einheit von Glauben an Christus und Liebe zu den Mitmenschen, sondern v.a. für seine Kreuzestheologie. Was schwach ist vor der Welt, – so Paulus im 1. Korintherbrief – das hat Gott erwählt, damit er zuschanden mache, was stark ist, und das Geringe vor der Welt und das Verachtete hat Gott erwählt, das, was nichts ist, damit er zunichte mache, was etwas ist (1.Kor 1,27f.). Gottes Kraft ist in den Schwachen mächtig (2.Kor 12,9). Hinter solchen Worten des Paulus verbirgt sich eine Verbindung von Erfahrung gesellschaftlicher Marginalisierung und Gewißheit der Nähe Gottes gerade in der Situation der Machtlosigkeit, die auch für die Bewertung moderner Wirtschaftsstrukturen höchst relevant ist und die in den biblischen Perspektiven des Hirtenbriefs genauer hätte untersucht werden müssen.

---

88 Vgl. Jüngling, „Zerdrücke den Armen nicht im Tor", 71.
89 Ebd.

7.2. Die biblische Option für die Armen und ihre Interpretation

Das Herausarbeiten einer „vorrangigen Option für die Armen" als zentrales Charakteristikum der biblischen Überlieferung im Hirtenbrief ist auf viel Zustimmung gestoßen.[90] Es hat aber auch vielfältige und ganz unterschiedliche Probleme berührende *kritische* Reaktionen hervorgerufen. Anhand von zwei Leitfragen will ich diese Reaktionen auswerten: *Erstens*: Messen die Bischöfe der vorrangigen Option für die Armen mit Recht eine solch zentrale Bedeutung zu? *Zweitens*: Wie ist der Vorrang für die Armen zu interpretieren?

Ist es überhaupt angemessen, – so will ich also zunächst fragen – von der Option für die Armen als einem Grundkriterium biblischer Ethik zu sprechen? Zum Verständnis der teilweise eher vorsichtig formulierten Kritik sei noch einmal darauf hingewiesen, daß die Bischöfe im Hinblick auf ihre Betonung der Option für die Armen *Verbindlichkeit für alle Gläubigen* beanspruchen. Die Vorsicht mancher Kritiker ist m.E. durchaus auch aus ihrer Scheu davor zu verstehen, sich außerhalb des solchermaßen verbindlich gemachten Konsenses christlichen Glaubens zu stellen.

Deutliche Skepsis gegenüber dem Begriff der Option für die Armen kommt gleichwohl zum Ausdruck, wenn Charles Krauthammer darin ein „enges Kriterium zur Beurteilung aller wirtschaftlichen Institutionen"[91] sieht oder Peter Berger von einem „ungeschickten Ausdruck"[92] spricht. Deutlicher wird Christian Watrin, der Leiter des Instituts für Wirtschafts-

---

[90] „The section of the Scriptures" – so z.B. Gregory Baum – „provides beautiful and compelling evidence for God's bias in favour of the poor ..." (Baum, The Theology of the American Pastoral, 18). Ronald Green sagt aus jüdischer Sicht: „Moral concern for the poor and disadvantaged has its deepest roots in the Hebrew bible but also is reiterated in the normative sources of Jewish thinking – the Talmud, and the writings of its great medieval codifiers" (Green, The Bishops' Letter, 87). John Langan weist darauf hin, daß die Sorge um die Armen in zahlreichen religiösen und ethischen Traditionen verwurzelt sei. Die Bischöfe seien in ihrem Hirtenbrief – so fährt Langan durchaus zustimmend fort – insofern deutlich weiter gegangen, als sie darauf beharrt hätten, daß die in der Option für die Armen implizierten Werte eine notwendige, wenn auch nicht hinreichende Anleitung zur Gestaltung der öffentlichen Politik bedeuteten (Langan, Afterword, 262). William Byron sieht in dem Vorrang für die Armen „a biblically based, specifically Christian norm that measures the conformity of the values and choices of the Christians to the values and choices of Christ" (Byron, Pittsburgh, 247).

[91] „... narrow criterium for judging all economic institutions ..." (Krauthammer, Perils of the Prophet Motive, 48/49).

[92] „... awkward phrase ..." (Berger, Can the Bishops help the poor?, 56).

politik der Universität Köln: „Das Problem unserer Tage – auch in den USA – sind weniger die Armutsprobleme als vielmehr die zahllosen Einkommensumverteilungen im sozialen Bereich, deren Wirkungen auf den einzelnen schwer zu erfassen sind ... Zu fragen ist deswegen, wo die Pflicht zur Nächstenliebe aufhört, d.h. wo im Rahmen der sozialen Sicherungssysteme mein Nachbar nicht mehr das Recht hat, mich mit den Mitteln der staatlichen Zwangsanwendung zur Finanzierung seiner Wünsche und seines Verhaltens heranzuziehen."[93] In deutlichem Unterschied zum Hirtenbrief wird hier der persönlichen Freiheit der Vorrang gegenüber der sozialen Verantwortung gegeben. An anderer Stelle betont Watrin die Vorteile eines höheren Lebensstandards und gibt dann seiner Überraschung Ausdruck, „daß die Bischöfe gerade das Armutsproblem in den USA, die in der Weltwohlstandsskala mit an oberster Stelle rangieren, in den Mittelpunkt ihrer ordnungspolitischen Überlegungen stellen."[94] Watrin macht das *durchschnittliche* Wohlstandsniveau zum Beurteilungsmaßstab und ignoriert damit die Betonung der Bischöfe, daß gerade der Reichtum der U.S.-Gesellschaft *im ganzen* die Situation der Armen umso unerträglicher macht.

Der *allgemeine* Lebensstandard ist auch der Maßstab, der hinter der scharfen Kritik von Robert Benne steht.[95] Benne wirft dem Hirtenbrief Naivität vor, weil er fast völlig die „technischen und nicht-moralischen Werte" ignoriere, die mit dem Funktionieren einer Wirtschaft verbunden seien. Diese Naivität offenbare sich in besonderer Weise in der Option für die Armen, die Benne als „eine der lächerlichsten Aussagen in dem Brief"[96] bezeichnet. Was Benne mit den „technischen und nicht-moralischen Normen" meint, wird deutlich, wenn er Schumpeters Begriff der „kreativen Vernichtung"[97] aufgreift. Die ständige Auslese im Wettbewerb gewährleiste sowohl die besten Produkte als auch die effektivsten Produktionsmethoden und führe so zu einem höheren Lebensstandard der Mehrheit. Bennes Argumentation ist ein selten deutliches Lehrstück für die unsachgemäße Argumentation mit den Sachgesetzlichkeiten. Die Frage nach der ethischen Relevanz der Ziele des Wirtschaftens hält er für naiv, gleichzeitig setzen seine Ausführungen eine klare Wertentscheidung voraus: Ziel des Wirtschaftens ist die Erhöhung des Lebensstandards der *Mehrheit*, auch wenn das – so füge ich hinzu – auf Kosten einer schwachen

---

93 Watrin, Wohlfahrtsstaatlicher Interventionismus, 8.
94 Watrin, Ordnungspolitik, 49-50.
95 Benne, The Bishops' Letter, 78.
96 „... one of the most foolish statements in the letter ..." (ebd.).
97 „creative destruction" (ebd.).

Minderheit geht.[98] Die Relevanz der biblischen Option für die Armen auch für unsere moderne Wirtschaft wird an einer solchen Argumentation nur umso deutlicher.

Ernster zu nehmen ist eine andere Kritik, die von verschiedenen Seiten geäußert worden ist. Sie bezieht sich auf das Verhältnis der amerikanischen Mittelklasse zur Option für die Armen. Kritik in dieser Hinsicht wurde schon bei einer Konferenz der Universität von Santa Clara im Januar 1985 über den ersten Entwurf des Hirtenbriefs laut. Der Sozialethiker Richard de George schlug als Alternative den Begriff „Gerechtigkeit für alle" vor, denn die Option für die Armen schließe 85% der U.S.-Bevölkerung aus. Die Mittelklasse habe aber auch Anspruch auf Gerechtigkeit. James Schall, Professor für Politische Wissenschaften an der Washingtoner Georgetown University, beklagte, daß die Option für die Armen den philosophischen Begriff des „Gemeinwohls" ersetzt habe.[99] Francis Moore Lappé bezweifelte auf der gleichen Konferenz die Anwendbarkeit der Option für die Armen auf den Kontext der USA: „In der Dritten Welt *sind die Armen die Mehrheit,* so daß die Rede von einer vorrangigen Option für sie Mehrheitsinteressen geltend macht. In den USA aber sind die Armen eine Minderheit. Dieselbe Sprache zu gebrauchen, richtet möglicherweise eine unangemessene und, wie ich glaube, unnötige Teilung auf. Die Betonung, daß wir die Wirtschaft aus der Sicht der Armen sehen müssen, bringt die Amerikaner möglicherweise dazu, zu glauben, daß diese Perspektive immer anders ist als der Blick auf die Wirtschaft aus einer anderen Sicht."[100] Fast die Hälfte aller Amerikaner – so Moore Lappé weiter – lebe zwar mit einem bescheidenen Lebensstandard, würde sich aber nicht „arm" nennen und würde deswegen annehmen, daß die „vorrangige Option" der Bischöfe sie nicht einschließe. Der Hirtenbrief habe versäumt, klarzumachen, daß größere Fairness in unse-

---

98 Die gleiche Wertentscheidung verbirgt sich hinter Peter Werhahns Hinweis, daß man beim Lesen des Hirtenbriefs berücksichtigen müsse, daß nur relativ wenige, kleine Gruppen tatsächlich längere Zeit in Armut bleiben würden (Werhahn, Unklare Begriffe, 17).

99 Ich muß mich hier auf meine eigenen Notizen beziehen, da die Referate von De George und Schall nach meiner Kenntnis bisher nicht veröffentlicht wurden.

100 „In the third world the *poor are the majority,* so that talking about a preferential option for them addresses majority interests. In the United States, however, the poor are a minority. Using the same language may set up an unnecessary and, I believe, inaccurate division. Stressing that we must look at the economy from the point of view of the poor may lead Americans to assume that this perspective is always different from looking at the economy from another point of view" (Lappé, Reflections on the Draft of the Bishops' Pastoral Letter on Catholic Social Teaching and the American Economy, 3).

rem Wirtschaftsleben der Weg zu größerem Wohlstand für die große Mehrheit ist.[101] Dieses Versäumnis hat auch Norman Birnbaum beklagt und in der Betonung der Option für die Armen als entscheidendem politischen Kriterium die Gefahr einer „moralischen oder moralisierenden Politik" gesehen.[102]

Bei der Zusammenkunft der amerikanischen Bischöfe im Juni 1985 in Collegeville, bei der die öffentlichen Reaktionen auf den ersten Entwurf des Hirtenbriefs diskutiert wurden, brachte Erzbischof Weakland seine Überraschung darüber zum Ausdruck, daß manche Kommentatoren die Option für die Armen als einen Versuch interpretiert hätten, „die Mittelklasse auf eine Art Schuld-Trip zu schicken oder ihr solche Armut zum Vorwurf zu machen." „Worte wie Schuld und Vorwurf" – so Weakland – „sind in unserem Dokument nicht zu finden. Im Gegenteil, wir bringen ernste Sorge um die Mittelklasse zum Ausdruck."[103] Die Redaktionskommission der Bischöfe nahm die Kritik aber insofern auf, als sie in den zweiten Entwurf einen erklärenden Abschnitt einfügte, der die Verwurzelung der Option für die Armen in dem von James Schall angemahnten Konzept des Gemeinwohls verdeutlichen soll: „Die ‚Option für die Armen' ist ... kein verbaler Angriff einer Gruppe oder Klasse gegen die andere. Diese Formulierung besagt vielmehr, daß die Armut und die Ohnmacht der Armen der ganzen Gemeinschaft schadet" (Endfassung, 88; vgl. 2. Entwurf, 90).

Diese Erläuterung trägt zwar zur Klärung bei. Sie verbleibt aber im

---

101 A.a.O., 3-4. Eine ähnliche Kritik äußerte Frank Hurley, der Erzbischof von Anchorage, Alaska: „The phrase 'preferential option for the poor' ... comes out of Latin America where there are only two classes, rich and poor. To use it in reference to American middle-class people is to risk polarizing them. The middle class is the mainstay of the Catholic Church in this country" (zitiert in Kennedy, Re-Imagining, 175-176).

102 „If the preferential option for the poor is made the major standard of policy, an appeal to the immediate interests of the rest of society is either neglected or reduced to secondary status. A moral or moralizing politics becomes dominant" (Birnbaum, The Bishops in the Iron Cage: The Dilemmas of Advanced Industrial Society, 176). In eine ähnliche Richtung geht Robert Lekachmans Vorschlag, dem Appell an das Gewissen im ersten Entwurf des Hirtenbriefs einen Appell an das „katholische Selbstinteresse" hinzuzufügen. Der Erfolg des „New Deal" und der „Great Society" sei auf Koalitionen zwischen Gruppen der unteren und mittleren Einkommensklasse gegründet gewesen (Lekachman, Personal Perspective, 508-509).

103 „Some commentators – to my surprise – interpreted this as an attempt to put the middle class on a kind of a guilt trip or blame them for such poverty. Words such as guilt and blame are not found in our document. On the contrary, we show a grave concern for the middle class" (Weakland, Toward a Second Draft, 94).

Bereich der Behauptung. Daß die postulierte Interessenidentität tatsächlich besteht, müßte ja erst gezeigt werden. Karen Lebacqz hat festgestellt, daß die Bischöfe der katholischen Tradition folgten, indem sie sich weigerten, zwischen dem Gemeinwohl und der Bekräftigung der Rechte von Teilen der Gemeinschaft irgendeinen Konflikt zu sehen. „Aber ist das Konsensmodell," – so hat Lebacqz dann gefragt – „das soviel in der katholischen Soziallehre untermauert hat, ein adäquates Modell?"[104] Hier bleiben also Fragen, auf die noch zurückzukommen sein wird.

Anhand der dargestellten Kritik ist aber auch schon deutlich geworden, wie unterschiedlich der Ausdruck „vorrangige Option für die Armen" interpretiert werden kann. Besonders deutlich wird diese Diagnose angesichts der Tatsache, daß nicht nur Kritiker, sondern auch zahlreiche vehemente Verteidiger des amerikanischen Kapitalismus die Option für die Armen auf ihre Fahnen schreiben.

So findet es z.B. eine Stellungnahme der schon erwähnten sogenannten „Laienkommission" katholischer Geschäftsleute, die von William Simon und Michael Novak unterzeichnet ist, „bewunderungswürdig, daß unsere Bischöfe das Herausheben der Armen aus der Armut betont haben." „Dies ist genau," – so fährt die Stellungnahme fort – „was die Freiheitsstatue ... symbolisiert. Und das Hochheben der Armen ist genau, was die Vereinigten Staaten, Generation nach Generation, getan haben und immer noch tun."[105] Charles Krauthammer sieht im Kapitalismus den wahrscheinlichsten Weg zu schneller Entwicklung und resumiert dann: „Kapitalismus ... ist letztlich *die* vorrangige Option für die Armen."[106]

Solch beredte Vereinnahmung der Option für die Armen zur Unterstützung des amerikanischen Wirtschaftssystems ist in der Diskussion mit Recht auf Mißtrauen gestoßen. Holly Sklar wirft der Laienkommission vor, sie umarme zwar die vorrangige Option für die Armen, aber nur im Rahmen eines den eigenen Interessen entsprechenden Glaubensbekenntnisses zum Profitmotiv „als einer Art der Vorsehung."[107] Ein ernst-

---

104 „But is the model of consensus that has undergirded so much of Catholic social teaching an adequate model?" (Lebacqz, Six Theories, 80).
105 „We think it admirable that our bishops placed stress on lifting the poor out of poverty. That is precisely what the Statue of Liberty ... symbolizes. And lifting up the poor is precisely what, generation after generation, the United States has done – and is still doing" (Novak/Simon, Liberty and Justice for All, 4).
106 „... capitalism is the most likely route to rapid development, and thus ultimately, if inconveniently, is *the* preferential option for the poor" (Krauthammer, Perils, 53).
107 „... but only within a self-serving creed of profit seeking as a ‚form of providence' ..." (Sklar, Co-missionaries for top-down capitalism, 523).

haftes praktisches Interesse zuallererst an denen zu zeigen, denen es offensichtlich schlecht geht, sieht James Gaffney als mindeste Konsequenz aus der Option für die Armen. „Die Bischöfe" – so Gaffney dann weiter – „haben das getan, während es ganz offensichtlich sehr viele ihrer Kritiker nicht getan haben."[108]

In solchen kritischen Worten äußert sich ein berechtigtes Unbehagen. Der Kern der biblischen Bedeutung der „vorrangigen Option für die Armen" wird verfehlt, wenn sie nicht zur Infragestellung, sondern zur Legitimierung der bestehenden Zustände herangezogen wird. Was für den theologisch-ethischen Umgang mit biblischen Texten überhaupt gilt, das gilt für die Option für die Armen in besonderer Weise: sie muß als *kritischer Maßstab* der Wirklichkeit gegenüber zur Geltung gebracht werden.[109]

Mit der Feststellung dieses Grundkriteriums befinde ich mich bereits im Bereich meiner zweiten Leitfrage nach der Interpretation der Option für die Armen.

Mehrere Autoren haben Anlaß zur Klärung der Frage gesehen, ob es bei der Option für die Armen um christliches Mitleid mit den Armen geht oder ob damit bestimmte Rechte und Ansprüche der Armen zur Geltung gebracht werden sollen. Besonders deutlich hat Ronald Green, anhand der Texte der Hebräischen Bibel, ausgeführt, daß die Option für die Armen nicht in Akten der Wohltätigkeit besteht, sondern „daß die Armen ein religiös gegründetes ‚Recht' auf Unterhalt und Unterstützung haben."[110] Wo immer ernstes wirtschaftliches Elend begegnet, – so Green – wird darin nicht ein Fehler der Armen selbst gesehen, sondern das Ergebnis eines Versagens der ethischen Verpflichtung derer, denen es besser geht. Im Pentateuch und den prophetischen Schriften wird Armut fast immer zurückgeführt auf soziale und wirtschaftliche Ausbeutung der Schwachen durch die Starken.[111] Daß diese Interpretation der Option für die Armen

---

108 „The bishops have done so whereas a great many of their critics quite plainly have not" (Gaffney, Our Bishops and our Economy, 47).
109 Insofern versteht John Langan die Option für die Armen völlig richtig, wenn er sagt: „... I would argue that the bishops have articulated a moral concern about the plight of the poor and the unemployed that, while currently unfashionable, remains a permanent and disquieting matter" (Langan, Afterword, 261).
110 „... that the poor have a religiously grounded 'right' to sustenance and support" (Green, The Bishops' Letter, 89).
111 A.a.O. 89-90. Darüber hinaus ist auch für christliche Theologie der Hinweis Greens von Bedeutung, daß die jüdischen Rabbis immer Unbehagen bei bestimmten Formen von direkter Liebestätigkeit von Person zu Person verspürt hätten, weil sie darin die Gefahr der Demütigung der Armen gesehen hätten. Stattdessen hätten die

ganz im Sinne der Bischöfe liegt, wird deutlich, wenn Erzbischof Weakland in dieser Option den Auftrag sieht, eine Offenheit nicht nur *den Armen gegenüber,* sondern auch *mit den Armen* zu zeigen, die Armen also nicht einfach als Objekte der Liebestätigkeit zu sehen.[112] In eine ähnliche Richtung geht auch Weaklands Beharren darauf, daß es bei der Armut keineswegs nur um *wirtschaftliche* Armut gehe, die deswegen auch mit wirtschaftlichen Mitteln gelöst werden könne.[113] Daß die Option für die Armen eine „Beteiligungsoption"[114] meint, geht aus zentralen Passagen des Hirtenbriefs deutlich hervor. Doch davon wird noch ausführlicher die Rede sein müssen. Ich halte zunächst fest, daß die im Hirtenbrief betonte biblische Option für die Armen *nicht* im Sinne von *Wohltätigkeit* gegenüber den Armen zu interpretieren ist, sondern deren *Rechte* ins Zentrum stellen will.

Eine von den Kritikern vieldiskutierte Frage ist die Stellung der Option für die Armen im Spannungsfeld von reformorientierter und revolutionärer Veränderung. Die Brüder Clodovis und Leonardo Boff haben den Bischöfen bewunderungswürdige Sensibilität den Armen gegenüber bescheinigt, gleichzeitig aber kritisiert, daß ihr Verständnis der Option für die Armen hinter der konfliktorientierten biblischen Sicht zurückbleibe. Drei Gründe für diese Schwäche identifizieren die beiden brasilianischen Befreiungstheologen im Hirtenbrief.[115]

Aufgrund einer zu unkritischen Analyse des Armutsproblems sehe der Hirtenbrief *erstens* die Armen nicht als die Arm*gemachten,* als die Ausgebeuteten, als die von allem Ausgeschlossenen, sondern als die „Bedürftigen" und „Verletzlichen". Er sehe sie als dem Wirtschaftssystem gegenüber „Marginalisierte", also als dessen potentielle Nutznießer, obwohl sie doch in Wirklichkeit dessen Opfer seien. Die Armen sind" – so die Brüder Boff – „das Ergebnis desselben Systems, von dem der Brief Befreiung erwartet.

Zweitens meine die Option für die Armen, wie sie der Hirtenbrief vertrete, nur die Ausgestoßenen. Sie meine nicht die Arbeiter im Sinne des „Proletariats". Anstatt für die Ausgebeuteten unter Einschluß der Arbeiter zu optieren, beschränke sich der Hirtenbrief auf die „Logik der Minorität",

---

Rabbis auf dem Vorrang einer Art „unpersönlichen Altruismus'" bestanden, wie er sich in den Gemeinschaftsfonds zeigte (A.a.O. 93).
112 „We are asked ... to have an openness *with* not just *to* the poor. That means the poor cannot be considered just objects of charity ..." (zitiert in Kennedy, Re-Imagining, 178).
113 Weakland, The Issues: Between Drafts of the Pastoral, 11.
114 Hengsbach, Gegen Unmenschlichkeit, 269.
115 C. und L. Boff, Good news, 16.

also derer, die noch nicht ins System integriert seien. Den Fortschritt der abhängig Beschäftigten insgesamt sähen die Bischöfe hingegen eher in verbesserter Anpassung an das System, z.B. durch bessere Ausbildung, als in Bewußtseinsbildung und dem Kampf der Arbeiter.

Drittens schließlich sehe der Hirtenbrief zwar die notwendige Rolle der Selbsthilfe der Armen. Aber werden die Armen – so fragen die Gebrüder Boff – als historische Subjekte einer neuen Gesellschaft gesehen? Was ist mit ihrer sozialen Befreiung? Kritisch stellen die beiden Theologen fest, daß der Hirtenbrief eindeutig eine klassenübergreifende Sicht vertrete.

Einige Passagen des Hirtenbriefs zeigen deutlich, daß das Dokument auch für strukturelle Veränderungen plädiert,[116] die Analyse der Boffs sieht aber sicher richtig, daß die Bischöfe einen reformerischen Ansatz zur Veränderung der U.S.-Wirtschaftsstrukturen im Sinne der vorrangigen Option für die Armen vertreten.

Die drei genannten Kritikpunkte setzen demgegenüber voraus, daß der richtig gebrauchte Begriff der Option für die Armen eine Gesellschaftsanalyse impliziert, die nicht auf soziale Reformen baut, sondern eine radikale Veränderung des Wirtschaftssystems für erforderlich hält. Damit stellt sich die Frage, ob eine solche Interpretation generell Geltung beanspruchen kann oder ob in ihr lediglich die spezifischen Verhältnisse einiger Länder Lateinamerikas zum Ausdruck kommen.

Auch im Kontext der USA – das ließe sich für die erste der beiden Möglichkeiten anführen – ist Kritik im Sinne der Gebrüder Boff lautgeworden. „Wenn man eine ‚Option für die Armen'" – so Karen Lebacqz über den von der Endfassung nicht entscheidend differierenden zweiten Entwurf – „so versteht, daß sie (1) sich auf strukturelle Ungerechtigkeiten und Unterdrückungsmechanismen richtet und (2) Befreiung als zentrale Kategorie mit ihren prinzipiellen und politischen Implikationen versteht, dann versäumt es der zweite Entwurf der Bischöfe ... , eine genuine Option für die Armen darzustellen. Nirgendwo tritt er ein für die ‚Hermeneutik des Verdachts', die z.B. von Befreiungstheologen betont wird. Und er enthält wenig explizite Betonung auf institutionalisierter Ungerechtigkeit. Kurz gesagt, Kritiker haben eingewandt, daß die Bischöfe ein Lippenbekenntnis zu einer ‚Option für die Armen' ablegten, die weder vom Verfahren noch von der Substanz her in ihrem eigenen Werk evident sei."[117] Ob der Hirtenbrief institutionalisierte Ungerechtigkeiten vernach-

---

116 Davon wird noch die Rede sein.
117 „If an ‚option for the poor' is understood to imply (1) focussing on structural injustices and oppressions, and (2) accepting liberation as a central category with its implications for principle and policy, then the bishops' second draft also fails to

lässigt, wird noch zu klären sein. An dieser Stelle soll Lebacqz' kommentierende Aussage die Schwierigkeiten verdeutlichen, die mit einer strittigen Interpretation der Option für die Armen verbunden sind. *Daß* diese Interpretation strittig ist, macht auch Lebacqz deutlich, wenn sie die von ihr genannten Kriterien in der Form eines Konditionalsatzes vorträgt. Selbst wenn diese Kriterien akzeptiert werden, ist allerdings ihr Inhalt wiederum strittig. Darüber, worin strukturelle Ungerechtigkeit genau besteht und was Befreiung heißt, besteht keine Einigkeit. Auch ein reformorientierter Ansatz beruft sich auf solche Kategorien.

Die Unklarheit der tatsächlichen Implikationen des Begriffs der Option für die Armen ist in der Diskussion um den Hirtenbrief durchaus vermerkt worden. Beinhaltet die gemeinsame Terminologie – so hat William Murnion gefragt – die Bedeutung, die die Option in der Befreiungstheologie hat? Nämlich daß Armut ein hermeneutisches Privileg bei der Auslegung der Bibel mit sich bringt? Daß ein Konfliktmodell die Basis für das Verständnis sozialer Interaktion ist? Daß die Dependenztheorie die lateinamerikanische Unterentwicklung zu erklären vermag? Daß soziale Gerechtigkeit eine egalitäre Gesellschaft erfordert? Daß die Armen die von Gott beauftragten Subjekte bei dem Aufbau einer gerechten Gesellschaft sind?[118]

Diese Fragen kann ich im Rahmen der Diskussion des Hirtenbriefs nicht klären. Die vorrangige Option für die Armen ist m.E. aber von zentraler Bedeutung für die Frage nach den ethischen Grundlagen der Wirtschaft. Außerdem haben mit den Versuchen, dieses Konzept von seinem lateinamerikanischen Ursprung zu lösen und in den Kontext der westlichen Industrieländer zu übersetzen, die Interpretationsschwierigkeiten zugenommen. Ich will deswegen den entstehungsgeschichtlichen Hintergrund der vorrangigen Option für die Armen und die Probleme ihrer inhaltlichen Interpretation in einem eigenen Abschnitt im zweiten Hauptteil meiner Arbeit behandeln und so ihre Tragfähigkeit als Kern eines theologisch-ethischen Gerechtigkeitsverständnisses untersuchen.

Ich fasse das Ergebnis meiner Ausführungen zum biblischen Teil des Hirtenbriefs zusammen.

---

represent a genuine option for the poor. Nowhere does it advocate the ‚hermeneutic of suspicion' that is being pressed, for example, by liberation theologians. And it contains little explicit emphasis on institutionalized injustice. In short, critics charged that the bishops gave lip service to an 'option for the poor' that was not evident in their own work, either procedurally or substantively" (Lebacqz, Six Theories, 79-80).
118   Murnion, Early Reactions, 149 (in Anlehnung an Tambasco).

8. Ergebnis

Die Bischöfe begründen ihre wirtschaftsethischen Grundkriterien vorwiegend alttestamentlich. Die Gottesebenbildlichkeit in der *Schöpfung* gibt den Menschen eine unverletzliche Würde, die Gesetze des *Bundes* Gottes mit Israel machen ein Leben in *Gemeinschaft* möglich. Diese Gemeinschaft erschließt sich für Christen in der *Nachfolge Jesu*. Nachfolge ist Ausdruck der Macht des *Reiches Gottes*, das mit der Menschwerdung Gottes in Jesus schon begonnen hat, dessen Erfüllung aber noch aussteht. Im Zentrum der Nachfolge steht eine vorrangige *Option für die Armen*, die sich aus zahlreichen Texten des Alten und Neuen Testaments, besonders des Lukas-Evangeliums, ergibt. Diese Option für die Armen prägt auch die Darstellung des biblischen Begriffs der *Gerechtigkeit* im Hirtenbrief.

Die von den Bischöfen dargestellten zentralen wirtschaftsethischen Inhalte des Alten Testaments finden sich im Neuen Testament wieder. Die konstitutive Rolle der alttestamentlichen Begründung ist ein Zeichen für die Verwurzelung des Hirtenbriefs im Kontext der USA, da damit auch ausdrücklich die Menschen jüdischen Glaubens angesprochen werden sollen.

Drei zentrale biblische Traditionsstränge kommen in den biblisch-ethischen Ausführungen der Bischöfe zu kurz – die prophetische Überlieferung, die Exodus-Tradition und die paulinischen Briefe. Im ganzen ist der Auswahl der biblischen Themen aber durchaus zuzustimmen. Auch die hermeneutische Methode der Bischöfe ist zu begrüßen. Die biblischen Texte werden nicht aus dem Kontext gerissen, sondern den zentralen biblischen Themen zugeordnet. Auch enthalten sich die Bischöfe jeder „ökonomistischen" Auslegung von Texten.[119]

---

119 Ein Paradebeispiel für diese verfehlte hermeneutische Methode ist Peter Werhahns Auslegung zweier biblischer Texte. Das Gleichnis von den anvertrauten Talenten (Mt 25, 14-30) bedeutet in seiner Interpretation, „daß alle wirtschaftlichen Kräfte, also auch das Kapital, nicht nur erhalten, sondern auch zum 'Wachsen' gebracht werden müssen" (Werhahn, Unklare Begriffe, 16). Eine Exegese des Textes ergibt dagegen, daß bei diesem Gleichnis vom Weitertragen der anvertrauten Vollmacht des Evangeliums die Rede ist. Noch absurder ist Werhahns Auslegung der wunderbaren Brotvermehrung (Mt 14,13-21). Das Herausfordernde an der Geschichte ist für ihn das Wunder der Brotvermehrung, „das Gott auch deshalb bewirkt, weil die Menschen ihr Kapital – die 5 Brote – und ihre Arbeitskraft – wenn auch nur in Form des Austeilens – eingesetzt und insofern ‚mitgezogen' haben." Die Geschichte deute deswegen auf „Leistungsbereitschaft" hin und auf „– auch wirtschaftliches – Wachstum im göttlichen Heilsplan" (a.a.O. 16-17).

Zur Diskussion um die vorrangige Option für die Armen halte ich drei Ergebnisse fest: *Erstens*: Dem Wesen der Option für die Armen widerspricht es, lediglich zur Legitimation der bestehenden Zustände benutzt zu werden. Sie hat vielmehr den Charakter eines *kritischen Maßstabs* zur Beurteilung dieser Zustände. *Zweitens*: Die Argumentation mit dem *allgemeinen Wohlstandsniveau* hat lediglich den Wohlstand der Mehrheit im Blick und widerspricht deshalb der besonderen Option für die schwächsten Glieder. *Drittens*: Bei der Option für die Armen geht es nicht um Wohltätigkeit den Armen gegenüber, sondern um deren *Rechte*. Verschiedene zentrale Fragen der Interpretation der Option für die Armen, insbesondere ihre Verortung im Spannungsfeld von Konflikt- und Konsensmodell der Gesellschaft und von reformorientiertem oder revolutionärem Ansatz, sind offen geblieben. Diese Fragen sollen im zweiten Hauptteil näher behandelt werden.

Nach der Untersuchung der biblischen Perspektiven des Hirtenbriefs komme ich nun zur Analyse der Aussagen, die versuchen, die biblisch-ethischen Grundsätze mit Vernunftargumenten für alle Menschen guten Willens plausibel zu machen und zu konkretisieren.

V. Ethische Normen für das Wirtschaftsleben

1. Der Gemeinschaftscharakter des Menschen

Nach dem Abschnitt über die biblischen Perspektiven wirtschaftlicher Gerechtigkeit versucht der Hirtenbrief, mit Hilfe der philosophischen Tradition ethische Normen für das Wirtschaftsleben aufzustellen. Während erstere primär an Christen und Juden gerichtet ist, wenden sich letztere an *alle* Menschen.

Die Bischöfe sehen als Kennzeichen der Würde des Menschen seine Fähigkeit, vernünftig zu denken, seine Freiheit, sein eigenes Leben und das Leben seiner Gemeinschaften zu gestalten und seine Fähigkeit zu Liebe und Freundschaft (61). Gemeinschaft wird freilich zunächst theologisch begründet: Das Doppelgebot der Liebe, das „Herz und die Seele aller christlichen Moralität",[120] läßt Gemeinschaft in ihrer Fülle entstehen. Der Geist Christi – so der Hirtenbrief – knüpft die Bande der Solidarität in der Geschichte. Aus der Gemeinschaft von Vater, Sohn und Heiligem Geist in

---

120 „... the heart and soul of Christian morality" (64).

Gott folgern die Bischöfe dann: „... Menschsein bedeutet, in gegenseitiger Liebe mit anderen Menschen vereint zu sein" (64).

Was die Bibel lehrt, sehen die Verfasser des Hirtenbriefs im weltlichen Bereich der Weisheit bestätigt. Schon Jahrhunderte vor Christus hätten Griechen und Römer vom Menschen als Gesellschaftswesen gesprochen, das für Freundschaft, Gemeinschaft und öffentliches Leben gemacht sei. Das daraus erwachsende „Engagement für die Bürgerschaft",[121] das auch Solidarität genannt werden könne, sei auch für die am Wirtschaftsleben beteiligten Institutionen unverzichtbar.

Hier werden m.E. – das sei schon jetzt kritisch angemerkt – die christliche Vorstellung von Gemeinschaft und griechisch-römisches Denken zu schnell gleichgesetzt. Weder die Bezugsgröße der Gemeinschaft (*alle* Menschen oder lediglich Gleichgesinnte?) noch ihr Inhalt (Gemeinschaft Gleichberechtigter oder Sklavengesellschaft?) werden thematisiert. Gemeinschaft ist kein Wert an sich, vielmehr kann sogar die Aufkündigung der Gemeinschaft geboten sein, wenn ihre Struktur und ihr Ziel aller Ethik widerspricht. Der Widerstand im Dritten Reich ist dafür ein deutliches Beispiel. Ein allgemein philosophischer Gemeinschaftsbegriff kann also nicht einfach mit dem Gemeinschaftsbegriff theologischer Ethik identifiziert werden.

2. Grundformen der Gerechtigkeit

Die Bischöfe richten ihre Darlegungen zum philosophischen Begriff der Gerechtigkeit lediglich auf die Aufstellung von Normen für ein minimales Niveau von gegenseitiger Zuwendung und gegenseitigem Respekt („basic justice"). Die biblische Vision von Gerechtigkeit reicht weiter als dieses Niveau (68). Implizit vorausgesetzt wird bei der „basic justice" nicht eine altruistische Haltung, sondern lediglich vernünftige Einsicht in die Spielregeln eines funktionierenden Gemeinwesens. Der Hirtenbrief unterscheidet in Anlehnung an die philosophische Diskussion drei Grundformen von „basic justice": kommutative, distributive und soziale oder kontributive Gerechtigkeit.

Kommutative Gerechtigkeit verlangt „grundsätzliche Fairness in allen Abmachungen und Tauschhandlungen zwischen einzelnen oder privaten sozialen Gruppen".[122] Damit ist der Respekt für die Menschenwürde des

---

121 „civic commitment" (68).
122 „fundamental fairness in all agreements and exchanges between individuals or private social groups" (69).

anderen gemeint, den sich Partner in wirtschaftlichen Abmachungen schulden. Die Bischöfe nennen ein Beispiel: Arbeiter müssen für ihren Lohn sorgfältige Arbeit leisten, Arbeitgeber müssen menschliche Arbeitsbedingungen schaffen und fairen Lohn zahlen (69).

Distributive Gerechtigkeit verlangt, „daß die Zuordnung von Einkommen, Vermögen und Macht in der Gesellschaft nach ihren Auswirkungen auf Personen, deren materielle Grundbedürfnisse nicht befriedigt werden, zu bewerten sind" (70). Schon das Zweite Vatikanische Konzil hatte allen Menschen das Recht auf einen ausreichenden Anteil an den Gütern der Erde zugebilligt.[123] Die Bischöfe weisen deshalb der Gemeinschaft die Pflicht zu, bei der Befriedigung der Grundbedürfnisse aller Hilfe zu leisten.

Soziale Gerechtigkeit schließlich bedeutet, „daß die Menschen die Pflicht zu aktiver und produktiver Teilnahme am Gesellschaftsleben haben und daß die Gesellschaft die Verpflichtung hat, dem einzelnen diese Teilnahme zu ermöglichen" (71). Die soziale Gerechtigkeit kann auch „kontributive Gerechtigkeit" genannt werden, geht es bei ihr doch um den *Beitrag* der einzelnen zur Gesellschaft. Dieser Beitrag ist also sowohl Pflicht als auch Recht der Glieder einer Gesellschaft. Die Gesellschaft braucht Produktivität zum Wohle aller, sie muß aber auch dafür sorgen, daß den dazu Beitragenden die Freiheit und Würde ihrer Arbeit gesichert wird (72).

Aus diesen drei Grundformen der Gerechtigkeit ziehen die Bischöfe konkrete Schlüsse: Arbeitslosigkeit, Unterbeschäftigung oder menschenunwürdige Arbeitsbedingungen sowie rassen- oder geschlechtsspezifische Diskriminierung bei Anstellung oder Bezahlung widersprechen den vorgelegten Grundsätzen. Die Auswirkungen vergangener Diskriminierung sollen durch „affirmative action"-Programme[124] ausgeglichen werden (73). Das Existenzminimum aller muß gesichert werden, extreme Einkommensunterschiede sind eine Bedrohung der Solidarität der menschlichen Gemeinschaft, solange gleichzeitig so viele Menschen verarmt sind (74). Deshalb müssen die einzelnen ihr Konsumverhalten im Lichte der Bedürfnisse der Armen überprüfen (75). Akte der Nächstenliebe durch einzelne – so die Bischöfe – reichen aber nicht aus, vielmehr müssen strukturelle

---

123 Gaudium et Spes, 69.
124 Die Übersetzung im Hengsbach-Kommentar („Programme zur Gleichbehandlung und Gleichbezahlung") trifft nicht genau den Sinn des Ausdrucks. Mit „affirmative action programs" sind Programme gemeint, die traditionell diskriminierten Gruppen kalkulierte Vorrechte geben, z.B. Quotierungsbestimmungen für Frauen oder Schwarze.

Faktoren mitbedacht werden: „Die Anhäufung von Privilegien, die es heute gibt, entsteht viel häufiger durch institutionelle Beziehungen, die Macht und Reichtum ungleich verteilen, als durch Begabungsunterschiede oder Arbeitsunwilligkeit. Diese institutionellen Faktoren müssen untersucht und verändert werden, wenn wir den Anforderungen der Grundgerechtigkeit entsprechen wollen" (76). Als erste notwendige Konsequenz nennen die Bischöfe, ohne diesen Ausdruck direkt zu gebrauchen, die Einführung eines progressiven Steuersystems (76), eine Forderung, die implizit schon von „Mater et Magistra" erhoben wurde.[125] Alle diese einzelnen Punkte sind umschlossen von einer der für den Hirtenbrief grundlegendsten Forderungen der Gerechtigkeit: der Forderung nach Teilhabe.

3. Teilhabe

Diese Forderung nach Teilhabe aller am Wirtschaftsleben zieht sich wie ein roter Faden durch die Darlegung der philosophisch-ethischen Normen. Die Zurücknahme des Ausdrucks „Wirtschaftsdemokratie"[126] schon im zweiten Entwurf des Hirtenbriefs ist nicht begleitet von einer inhaltlichen Abschwächung. Das damit inhaltlich verbundene Element der Teilhabe ist vielmehr gegenüber dem ersten Entwurf deutlich stärker betont. Schon im Eingangsparagraphen wurde in dem an diesem Punkte der Endfassung entsprechenden zweiten Entwurf die Frage: „Wie nehmen die Menschen an ihr teil?" den anderen beiden Fragen zugefügt (II,1). Im dritten Entwurf und damit in der Endfassung taucht die Forderung nach Teilhabe an allen zentralen Stellen der Darlegung der ethischen Normen auf (71,77,78,88,91). Erst im Laufe der Entstehungsgeschichte des Hirtenbriefs hat sich also diese Forderung als seine Grundlinie herausgeschält.

Die Grundgerechtigkeit – so der Hirtenbrief – „fordert ein Mindestmaß an Teilhabe für alle Menschen am Leben der menschlichen Gemeinschaft."[127] Die „äußerste Ungerechtigkeit für eine Person oder für eine Gruppe" sehen die Bischöfe darin, „entweder so behandelt oder gar

---

125 „Was die Besteuerung angeht, so kommt es unter der Rücksicht von Gerechtigkeit und Billigkeit vor allem darauf an, die Lasten entsprechend der unterschiedlichen Steuerkraft der Bürger zu verteilen" (Mater et Magistra, 132).
126 „economic democracy" (1. Entwurf, Ziffer 89). Im folgenden wird der jeweilige Entwurf des Hirtenbriefs mit römischer Ziffer bezeichnet.
127 In diesem Zitat aus der Übersetzung im Hengsbach-Kommentar habe ich für den dort gebrauchten Ausdruck „Teilnahme" das Wort „Teilhabe" verwendet, weil es mir das englische Wort „participation" besser wiederzugeben scheint.

aufgegeben zu werden, als wären sie keine Mitglieder der menschlichen Rasse." Menschen so zu behandeln bedeutet nach Ansicht des Hirtenbriefs, „tatsächlich zu sagen, daß sie als menschliche Wesen einfach nicht zählen" (77). Im Wirtschaftsleben zeigt sich das – so das Dokument – z.B. in einer Armutsspirale, die von Wirtschaftskräften hervorgerufen wird, auf die die Betroffenen keinen Einfluß haben, ein Phänomen, das auf internationaler Ebene besondere Dramatik annimmt.

Angesichts der Tatsache, daß solche Formen von Ausschluß von freien Menschen hervorgebracht werden, bezeichnen die Bischöfe sie als „soziale Sünde" (77). Diese scharfe Verurteilung mit Hilfe theologischer Begrifflichkeit wird verständlich, wenn der Hirtenbrief Teilhabe als einen „Wesensausdruck der sozialen Natur der Menschen und ihrer Berufung als Gemeinschaftswesen" (78) bezeichnet. Marginalisierung ist dann ja die Verkehrung der dem Menschen von Gott zugedachten Bestimmung. Solche Marginalisierung von Individuen, Familien und Kommunen – so die Bischöfe – kann nur überwunden werden, wenn die sozialen Institutionen so geordnet werden, daß allen Menschen die Möglichkeit garantiert wird, aktiv am ökonomischen, politischen und kulturellen Leben der Gesellschaft teilzunehmen (78).

Auf diese nachdrücklichen Ausführungen des Hirtenbriefs werden wir noch zurückzukommen haben, wenn wir die kritische Anmahnung struktureller Veränderungen, die schon in der Diskussion um die Option für die Armen eine Rolle spielte, auf ihre Stichhaltigkeit zu überprüfen haben werden.

4. Wirtschaftliche und soziale Menschenrechte

Die katholische Soziallehre führt die grundlegenden Implikationen der Gerechtigkeit näher aus durch die Beschreibung allgemeiner Menschenrechte. Darauf nehmen die U.S.-Bischöfe Bezug, wenn sie, in Konsequenz ihrer Ausführungen zu Gerechtigkeit, die Anerkennung wirtschaftlicher und sozialer Menschenrechte in den USA fordern (80). Daß die Bischöfe unter den Begriff „Menschenrechte" nicht nur die klassischen westlichen individuellen Freiheitsrechte, sondern auch die Rechte wirtschaftlicher und sozialer Natur subsumieren, begründen sie aus dem schon bei den biblischen Perspektiven erwähnten Gemeinschaftscharakter des Bundes Gottes mit seinem Volk: „Deshalb sind in der Katholischen Soziallehre der Respekt vor den Menschenrechten und ein ausgeprägter Sinn sowohl für die persönliche Verantwortung als auch für die der Gemeinschaft miteinander verbunden und bilden nicht etwa einen Gegensatz" (79).

Die Bischöfe können sich für diese These auf eine reiche Tradition päpstlicher Äußerungen berufen, angefangen von Johannes, XXIII. „Pacem in Terris"[128] über die von Paul VI. unterzeichnete Pastoralkonstitution des Zweiten Vatikanischen Konzils[129] bis zu der Rede Johannes Pauls II. vor den Vereinten Nationen am 2. Oktober 1979. Die wirtschaftlichen und sozialen Menschenrechte umfassen unter anderem das Recht auf Nahrung, Kleidung, Unterkunft, Ruhe, medizinische Versorgung und Bildung. Aus der grundlegenden Forderung nach Teilhabe ergeben sich weiter das Recht auf Arbeit, gesunde Arbeitsbedingungen, ausreichenden Lohn und Eigentum. Eine Verletzung dieser Minimalbedingungen – so die Bischöfe – verwundet die gesamte menschliche Gemeinschaft (80).

Die zweite Fassung des Hirtenbriefs hatte noch aus der den Freiheitsrechten ebenbürtigen Bedeutung der wirtschaftlichen und sozialen Rechte und aus ihrer freiheitsfördernden Funktion die Forderung abgeleitet, diese Gleichrangigkeit auch durch eine Aufnahme letzterer in die Verfassung[130] zum Ausdruck zu bringen. Diese Forderung taucht in der dritten Fassung nicht mehr auf. Darin ist eine Folge der Diskussion zu sehen, die sich um die juristischen Möglichkeiten der Durchsetzung von Grundrechten dreht und die auch in den kritischen Reaktionen zum Hirtenbrief eine Rolle spielte. Mit dieser Diskussion werde ich mich im folgenden noch beschäftigen.

Für die Gleichstellung der wirtschaftlichen und sozialen Rechte mit den schon seit jeher in den amerikanischen Rechtstraditionen verankerten klassischen Freiheitsrechten schlagen die Bischöfe zwei Schritte vor[131]: zunächst die Entwicklung eines „neuen kulturellen Konsensus", daß die Menschen ein Recht haben auf die wirtschaftlichen Grundbedingungen menschlicher Wohlfahrt. Außerdem eine gemeinsame Anstrengung aller Glieder der Gesellschaft, aller Institutionen des privaten Sektors sowie der Regierungsorgane, diese Grundforderungen der Gerechtigkeit und Solidarität zu erfüllen. Politische Demokratie und ein Engagement für Wirtschaftsrechte – so bekräftigt der Hirtenbrief – stärken sich gegenseitig (83).

---

128 Pacem in Terris, 8-27.
129 Gaudium et Spes, 26.
130 Nur diese kann sinnvollerweise mit den „legal traditions" (II,85) gemeint sein, zumal zu Beginn des entsprechenden Abschnitts ausdrücklich von ihr die Rede ist.
131 Diese Vorschläge zur Verwirklichung sind in den dritten Entwurf neu aufgenommen.

5. Priorität für die Armen

Aus dem Gemeinschaftscharakter des Menschen, aus den Prinzipien der Gerechtigkeit und aus den ökonomischen Menschenrechten ergeben sich für die Verfasser des Hirtenbriefs mehrere moralische Prioritäten für die Nation, in deren Zentrum eine „grundsätzliche ‚Option für die Armen'" (87) steht.[132] Diese Verpflichtung, alle ökonomische Aktivität aus der Sicht der Armen und Machtlosen zu sehen, ist eine notwendige Konsequenz des Nächstenliebegebots und der Forderung nach Gerechtigkeit für alle (87).

Die *höchste Priorität* für die Nation ist deswegen die *Befriedigung der Grundbedürfnisse der Armen*. Sie genießt Vorrang vor dem Wunsch nach Luxuskonsumgütern, Profiten, die nicht zum Gemeinwohl beitragen und überflüssigen Rüstungsgütern (90). *Hohe Priorität* hat auch die *aktive Teilhabe* der gegenwärtig Ausgeschlossenen oder Verwundbaren am Wirtschaftsleben. Als Schritte dazu nennen die Bischöfe Programme, die die Familie unterstützen und wirtschaftliche Teilhabe durch Arbeitsplätze und weitverstreutes Eigentum fördern. Ohne sich genauer darüber zu äußern, sehen sie auch „sehr wichtige Implikationen sowohl für die inländische als auch für die internationale Machtverteilung."[133] Als weitere *Priorität* wird der *Einsatz von Vermögen, Begabung und menschlicher Energie speziell für die Armen und wirtschaftlich Ungesicherten* genannt. Gleiche Produktivitätsraten können sehr verschiedene Auswirkungen auf die Menschen haben. Anstatt in Luxuskonsumgüter und Militärtechnologie soll in Bildung, Gesundheit etc. investiert werden (92).[134]

Als *vierte Priorität* schließlich nennt der Hirtenbrief die Förderung der Stärke und Stabilität der *Familie*. Die Familie als grundlegende Form menschlicher Gemeinschaft muß besser geschützt werden u.a. durch familienfreundliche Arbeitszeitregelungen und soziale Dienstleistungen

---

132 Trotz der geringfügigen Variation des Ausdrucks („fundamental option for the poor") deckt sich das damit Gemeinte offensichtlich mit der „vorrangigen Option für die Armen" des biblischen Teils.

133 „... very important implications for both the domestic and the international distribution of power" (91).

134 Diese m.E. sehr wichtige Frage wird in der Bundesrepublik unter dem Stichwort „Qualitatives Wachstum" diskutiert. Eine Konsequenz ist die Erkenntnis, daß der allgemeine Wohlstand nicht wie derzeit üblich anhand des Bruttosozialproduktes gemessen werden kann. Daß diese Erkenntnis allmählich in breiten Kreisen der bundesrepublikanischen Öffentlichkeit Raum gewinnt, zeigt ihre Aufnahme in das 1989 in Berlin beschlossene neue Grundsatzprogramm der SPD (Kapitel IV,4: Ökologisch und sozial verantwortliches Wirtschaften). Ähnlich auch schon 1967 Populorum Progressio, Ziffer 14.

(92). Warum diese an sich begrüßenswerte Forderung sich aus dem Eintreten für Gerechtigkeit ergibt und eine der Schlüsselprioritäten darstellt, wird im Hirtenbrief nicht begründet. Diese Forderung ist neu in den dritten Entwurf aufgenommen. Der Eindruck einer gewissen Künstlichkeit der Hinzufügung als Antwort auf das Anmahnen dieses zentralen katholischen Anliegens durch Kritiker scheint deshalb nicht unbegründet.[135]

Diese Prioritäten sehen die Bischöfe nicht als genaue politische Handlungsanweisungen, sondern als ethische Normen zur Gestaltung des Wirtschaftslebens. Trotz möglicher Diskussionen über die *Anwendung* der geschilderten Prioritäten in unserer komplexen Welt glauben sie, daß Anstrengungen in die angezeigte *Richtung* dringend vonnöten sind (94).

Die Bischöfe verweisen schließlich auf die Parallelität der ökonomischen Herausforderung heute mit der politischen Herausforderung an die Gründer der USA. Um eine neue Form politischer Demokratie zu schaffen, mußten diese nie dagewesene Denkweisen und politische Institutionen entwickeln. Sie wagten ein Experiment zum Schutz der politischen und der Bürgerrechte, das sich – so der Hirtenbrief – trotz Unzulänglichkeiten zum allgemeinen Wohl zu entwickeln vermochte. Mit ihrem Hirtenbrief hoffen die Bischöfe nun, einen Beitrag zu leisten zu einem ähnlichen Experiment auf dem Gebiet der wirtschaftlichen Rechte, einem *„neuen amerikanischen Experiment"* zur Sicherung wirtschaftlicher Gerechtigkeit für alle (95).[136]

Mit einer kritischen Bemerkung zur Begründung der Option für die Armen aus der Vernunft sei zur Diskussion der ethischen Normen des Hirtenbriefs übergeleitet: die nochmalige Aufnahme der Forderung nach einer vorrangigen bzw. grundsätzlichen Option für die Armen soll die zentrale Konsequenz des biblischen Teils auch auf der Basis vernünftiger Begründung einsichtig machen. Diese Herleitung aus der Vernunft gelingt den Bischöfen aber nur sehr unzulänglich. Sowohl Nächstenliebe als auch der Wunsch nach „Gerechtigkeit für alle" sind keine ausreichende vernünftige Begründung. Im weiteren Verlauf dieser Arbeit wird noch zu untersuchen sein, ob es eine solche philosophische Begründung überhaupt geben kann.

Zunächst möchte ich aber auf die Diskussion eingehen, die der Hirtenbrief mit seinem Abschnitt über die ethischen Normen für das Wirtschaftsleben hervorgerufen hat. Ich beginne mit der Auseinandersetzung über die wirtschaftlichen und sozialen Menschenrechte.

---

135 Zahlreiche Aussagen über die Familie sind in den dritten Entwurf und damit auch in die Endfassung neu aufgenommen (85, 91, 297, 299, 337, 338, 346).
136 Zur Erläuterung dieses „neuen amerikanischen Experiments" vgl. Mc Cann, New Experiment in Democracy. Blueprint for Political Economy?, bes. 205-207.

6. Die Kritik an den ethischen Normen für das Wirtschaftsleben

6.1. Die Bedeutung wirtschaftlicher und sozialer Menschenrechte

Die zentrale Bedeutung der Forderung des Hirtenbriefs nach Anerkennung der wirtschaftlichen und sozialen Menschenrechte als eines der Kernelemente des ganzen Dokuments ist in der Diskussion durchaus deutlich wahrgenommen worden. Eine Beobachtung William Murnions illustriert diese Einschätzung: „... es ist der erste Vorschlag, von dem ich im Bereich des amerikanischen Volkes weiß, der zum Inhalt hat, wirtschaftliche Bedürfnisse als Rechte mit derselben Verfassungsvollmacht anzuerkennen wie bürgerliche Rechte."[137] Peter Steinfels hat darin den möglicherweise herausforderndsten Aspekt des ganzen Hirtenbriefs gesehen.[138] Der Diskussion darum möchte ich mich anhand von zwei Leitfragen nähern: *Erstens*: Worum geht es bei den wirtschaftlichen und sozialen Menschenrechten? Handelt es sich um Wohlfahrts- oder um Teilhaberechte? *Zweitens*: In welchem Verhältnis stehen sie zu den klassischen westlichen Freiheitsrechten? Wo liegen Entsprechungen und wo liegen Differenzen?

Die von Michael Novak und William Simon erarbeitete Stellungnahme der sogenannten Laienkommission zur Endfassung des Hirtenbriefs[139] zählt unter „mehreren ernsthaften intellektuellen Defiziten" des Dokuments auch eine „signifikante Verwirrung über wirtschaftliche Rechte" auf.[140] Die Stellungnahme unterscheidet zwischen „wirtschaftlichen Rechten", die die Bürger in ihrem Aktivismus und in ihren aktiven Beiträgen zur Gesellschaft schützen und „Wohlfahrtsrechten", die solche Bürger, die nicht in der Lage sind, aktiv zu sein, in ihrem Bedarf an Wohlfahrtsleistungen schützen. Solche Leistungen – so Novak und Simon – stehen allerdings nur den Menschen zu, deren Lage *ohne ihre eigene Schuld* entstanden

---

137 „... it is the first proposal I know of for the American people to recognize economic needs as rights, with the same constitutional warrant as civil rights" (Murnion, Early Reactions, 152). Wie wir gleich sehen werden, ist Murnions Aussage allerdings insofern nicht ganz korrekt, als sich die Forderung nach Verfassungsrang für die wirtschaftlichen Rechte lediglich im zweiten Entwurf des Hirtenbriefs findet.
138 „There is perhaps no more challenging aspect of the pastoral's fundamental principles than its call for the recognition of basic economic rights alongside the accepted political and civil ones" (Steinfels, The Search, 644).
139 Vgl. dazu Berryman, Our Unfinished Business, 113-124.
140 „several serious intellectual defects"; „significant confusions about economic rights" (Novak/Simon, Liberty and Justice, 6).

ist. Sie berufen sich mit dieser Auffassung auf die päpstliche Soziallehre und resümieren: „Selbstversorgung ist das Ideal päpstlichen Denkens."[141] Michael Novak hat diese Sicht weiter präzisiert und die Auffassung vertreten, daß die Wohlfahrtsrechte im Gegensatz zu der Sicht des Hirtenbriefs *an Bedingungen* gebunden seien. Wenn diese Rechte auch denen zugestanden würden, die aufgrund eigenen Verschuldens in ihre Notlage gekommen seien, würden sie in einem Zustand gehalten, der ihnen weder Unabhängigkeit noch Verantwortlichkeit ermögliche.[142] „Anzunehmen, daß menschliche Personen zur Sicherung ihrer materiellen Lebensgrundlage generell und notwendigerweise von anderen, von der Gesellschaft oder vom Staat abhängig sind, hieße, ihre angeborenen und ursprünglichen Verantwortlichkeiten zu ignorieren, die der tiefste Grund ihrer Freiheit und Würde sind."[143]

Die theologisch-ethischen Konsequenzen dieser Aussage sind weitreichend, sie offenbaren ein Bild des Menschen, das sich in einem entscheidenden Aspekt von dem des Hirtenbriefs unterscheidet. Der Hirtenbrief leitet die Würde des Menschen davon ab, daß Gott ihn zu seinem Bilde geschaffen hat. Die Würde des Menschen gilt also jenseits jeder Leistungen, sie ist nicht an irgendwelche Bedingungen gebunden. Novak gründet demgegenüber die Würde des Menschen auf die Erfüllung bestimmter Pflichten. Für die Menschen, die nicht ohne eigene Schuld in Not geraten sind, gelten die aus der Menschenwürde erwachsenden Rechte nicht mehr. Die Unhaltbarkeit dieser Vorstellung wird umso deutlicher, wenn die Bedingung hinterfragt wird, an die Novak die „Wohlfahrtsrechte" binden will. Wer kann beurteilen, wo „eigenes Verschulden" vorliegt? Muß z.B. soziale Marginalisierung aufgrund von Alkoholkrankheit als „eigenes Verschulden" gesehen werden, obwohl äußere Einflüsse zu dieser Alkoholkrankheit geführt haben?

Der Versuch, die wirtschaftlichen Rechte, die mit der Würde des Menschen notwendig verbunden sind, an bestimmte Bedingungen zu knüpfen – das muß mit allem Nachdruck festgestellt werden –, ist weder in der Praxis durchführbar noch theologisch verantwortbar. Insofern ist die Kritik Novaks und der Laienkommission am Hirtenbrief in aller Deutlichkeit

---

141 „Self-reliance is the ideal of papal thought" (a.a.O. 9).
142 Novak, The Rights and Wrongs of „Economic Rights": A Debate Continued, 43-44.
143 „To suggest that human persons are universally and necessarily dependent on others, society, or the state for their material necessities is to ignore their inherent and primary responsibilities, which are the very ground of their liberty and dignity" (Novak, The Rights, 44).

zurückzuweisen. Auch der Hinweis auf die Selbstversorgung als „Ideal päpstlichen Denkens" stützt die Argumentation der Laienkommission nicht. Die wirtschaftlichen Rechte in „Pacem in Terris", auf die sich die katholischen Geschäftsleute berufen, sind nämlich keineswegs im Sinne einer „Magna Charta der Unternehmerrechte" zu interpretieren. Nicht nur wird das Recht zur Gründung von Unternehmungen ausdrücklich an den Anspruch des Arbeiters auf gerechten Lohn gebunden und mit dem Recht auf Privateigentum unlöslich seine soziale Funktion verknüpft. Vielmehr wird ganz im Sinne des Hirtenbriefs auch das Recht auf Arbeit und humane Arbeitsbedingungen betont.[144]

Genau in dieser Linie liegt die Betonung der Teilhabe im Hirtenbrief. Dem Dokument die Förderung der Abhängigkeit von Wohlfahrtsleistungen vorzuwerfen, verfehlt gerade die enge Verbindung von öffentlicher Verantwortung für die Sicherung des Lebensunterhalts aller Bürger und der Befähigung zur Teilhabe an der Gemeinschaft durch demokratische Rechte und Arbeitsplatzsicherung. Von daher ist es verständlich, wenn Erzbischof Weakland den Vorwurf des „welfarism", also der einseitigen Betonung der Wohlfahrtstätigkeit des Staates, als eine der größten Verdrehungen des Hirtenbriefs bezeichnet und fortfährt: „Wenn wir sagen, daß Würde durch Teilhabe an der Wirtschaft verwirklicht wird, dann setzen wir uns nicht für einen Wohlfahrtsstaat ein, sondern dringen darauf, daß er vermieden wird."[145] Philip Wogaman ist deswegen in dem Urteil Recht zu geben, daß der Laienbrief nicht die zentrale Bedeutung der Teilhabe im Hirtenbrief verstanden hat.[146]

Ich komme zu dem zweiten Aspekt, unter dem ich die Diskussion um die Unterstützung der wirtschaftlichen Menschenrechte im Hirtenbrief behandeln möchte. Wie verhalten sich die wirtschaftlichen Rechte zu den

---

144 Pacem in Terris, Ziffern 18-22.
145 „When we say that dignity is achieved through participation in the economy, we are not advocating a welfare state but, in fact, are urging that it be avoided" (zitiert in Kennedy, Re-Imagining, 85). Vgl. auch Weakland, The Issues, 11: „To assert, for example, that our document is a welfare state document calling for higher and higher subsidies for those who do not wish to work is a caricature of the document and does it a grave injustice. We call for more and more participation in the economic aspects of our society – the opposite of a welfare-state concept ..." Die besondere Bedeutung dieses Punktes wird auch in Weaklands Bilanz nach fünf Jahren noch deutlich: „To this day I cannot understand those who criticized the economic pastoral letter of the bishops as being a proponent of a large welfare state. This was to distort the very message of the letter which was one of participation" (Weakland, The economic Pastoral Letter Revisited, 210).
146 Wogaman, Response to the Lay Report on the Bishops' Pastoral, 525-526.

klassischen westlichen Freiheitsrechten? Ich habe schon darauf hingewiesen, daß die Forderung nach Aufnahme der wirtschaftlichen Menschenrechte in die Rechtstraditionen der USA in der Endfassung des Hirtenbriefs nicht mehr enthalten ist. Offensichtlich akzeptieren die Bischöfe damit eine Kritik, die wiederum v.a. aus den Reihen der Verfasser des Laienbriefs gekommen ist. Wenn die wirtschaftlichen Rechte als gesetzmäßige, einklagbare Rechte gemeint seien – so Michael Novak –, dann würde eine solche Erklärung eine Flut von Zivilprozessen auslösen. Ein massives Eingreifen der Regierung in private Angelegenheiten wäre erforderlich, um festzustellen, wer aufgrund welchen Besitzes auf was einen Anspruch habe.[147] Auf den ersten Entwurf des Hirtenbriefs bezogen, kritisiert William Simon: „Wirtschaftliche Rechte für jedermann werden gefordert; von wem und gegen wen diese Rechte einklagbar sein sollen, wissen wir nicht."[148]

In der Tat – und insoweit verbirgt sich hinter der beschriebenen Kritik durchaus eine juristische Komplikation – ergibt sich in den nicht vom Staat zentral gelenkten Wirtschaften das Problem, daß der Staat kaum zusagen kann, was zu einem beträchtlichen Teil in der Gesellschaft, vor allem der freien Wirtschaft einzulösen wäre, es sei denn, dem Staat stünden die Finanzmittel zur Verfügung, z.B. von sich aus allen Arbeitslosen angemessene Arbeit zu verschaffen.[149] Eine gerichtliche Einklagbarkeit wirtschaftlicher Rechte scheint in solchen nicht zentral gelenkten Wirtschaften also nur bedingt möglich zu sein. Daß die Endfassung des Hirtenbriefs auf den Unterschied zu den politischen Freiheitsrechten in dieser Hinsicht ausdrücklich aufmerksam macht (81), ist deswegen durchaus klärend.[150]

Wolfgang Huber und Heinz Eduard Tödt haben aber mit Recht darauf hingewiesen, daß die geringere Justiziabilität und das Fehlen eines Systems rechtskräftiger Sanktionen den sozialen Menschenrechten nicht a priori den Charakter des Rechts nehmen. Huber und Tödt haben deswegen für eine Kodifizierung dieser Rechte auch auf Verfassungsebene plädiert.[151] Für die *politischen* Freiheitsrechte gilt in gleicher Weise, daß ihre juristische Einklagbarkeit nicht das einzige Mittel ihrer Durchsetzung bildet. Sie sind vielmehr zusätzlich Optimierungsgebote, die im politi-

---

147 Novak, Auf dem Weg zum Konsens, 57.
148 Simon, Die Torheit, 45. Ähnlich auch Flanigan, The Pastoral and the Letter, 13.
149 Vgl. Huber/Tödt, Menschenrechte, 103.
150 Die Kritiker des Hirtenbriefs, die eine solche Differenzierung einfordern, scheinen diese Klarstellung zu übersehen. Vgl. Langan, Afterword, 263; Friedman, Good Ends, 105; Biedenkopf, A European Point of View, 215.
151 Huber/Tödt, 104-105, hier auf das Grundgesetz bezogen.

schen Prozeß durchgesetzt werden müssen. Als solche Optimierungsgebote verdienen die wirtschaftlichen und sozialen Menschenrechte es, Eingang in die Verfassungen auch westlicher Länder zu finden.[152] Erst die Sicherung der sozialen Rechte läßt auch die politischen Rechte voll zur Geltung kommen. Die Tatsache, daß die Bischöfe die Forderung nach legaler Verbindlichkeit der wirtschaftlichen und sozialen Menschenrechte im dritten Entwurf des Hirtenbriefs zurückgezogen haben, bedeutet also einen Rückschritt.

Abgesehen von der Frage dieser legalen Verbindlichkeit steht der Nachdruck, mit dem sie die Bedeutung dieser Rechte in der Endfassung betonen, den Aussagen der früheren Entwürfe allerdings in nichts nach. Daß der Hirtenbrief ihre Durchsetzung zur zentralen Aufgabe der Neugestaltung der U.S.-Wirtschaft macht, ist eine der größten Stärken des Dokuments. Dadurch daß der Hirtenbrief die Sprache der Menschenrechte in den gemeinschaftsbezogenen biblischen Kontext stellt, – so Harvey Cox – befreit er sie von ihren säkularen und individualistischen Obertönen.[153]

Im übrigen halte ich auch die Aufnahme der wirtschaftlichen und sozialen Menschenrechte in die Forderung nach einem neuen amerikanischen Experiment für gelungen. Diese Forderung ist ein herausragendes Beispiel für eine sinnvolle Verbindung von ethischen Grundperspektiven und dem Kontext eines Landes. Die gemeinsame nationale Geschichte wird als Anknüpfungspunkt genommen, ohne daß dadurch die Konsequenz theologisch-ethischer Einsichten abgeschwächt wird. Die USA sind bisher nicht dem UNO-Pakt über wirtschaftliche, soziale und kulturelle Rechte von 1966 beigetreten,[154] der Aufruf der Bischöfe ist also eine echte

---

152 Nur so wird der Unverfügbarkeit der Menschenrechte Rechnung getragen, die Wolfgang Huber betont hat. Angesichts der Schwierigkeiten der politischen Umsetzung sozialer Menschenrechte in marktwirtschaftlichen Systemen stellt Huber fest: „Dennoch will mir die Auskunft nicht einleuchten, daß die Organisationsform wirtschaftlicher Macht darüber entscheidet, ob das Recht auf Arbeit zu den Menschenrechten gehört oder nicht. Denn sie entscheidet doch allenfalls darüber, ob dieses Menschenrecht in unseren staatlichen Verfassungen *geltend* gemacht werden kann oder nicht. Die Wirtschaftsverfassung der Bundesrepublik Deutschland verfügt jedoch nicht darüber, ob es ein Recht auf Arbeit *gibt* oder nicht" (Huber, Die Menschenrechte und das Grundgesetz, 208f).
153 Cox, Imagining an economy based on shalom, 510. Auch Kenneth und Stephen Himes sehen die wirtschaftlichen Rechte als Konsequenz des Gemeinschaftscharakters eines christlichen Menschenrechtsverständnisses. Diesen Gemeinschaftscharakter leiten sie aus der Trinität Gottes und der Gottebenbildlichkeit des Menschen her (Rights, economics & the Trinity).
154 Fundstellennachweis B zum Bundesgesetzblatt, Teil 2 (Stand 31. Dezember

Herausforderung grundlegender traditioneller Prioritäten in Politik und Gesellschaft der Vereinigten Staaten.

Ich komme nun zu einer kritischen Bestandsaufnahme der philosophischen Ausführungen des Hirtenbriefs zum Thema „Gerechtigkeit".

6.2. Gerechtigkeit

Die philosophische Begründung des Gerechtigkeitsverständnisses im Hirtenbrief hat in der amerikanischen Diskussion nur wenig Beachtung gefunden. Im deutschen Bereich hat v.a. Friedhelm Hengsbach die Ausführungen der Bischöfe in dieser Hinsicht kommentiert. Hengsbach identifiziert fünf Kontexte, in denen die Bischöfe den Begriff der Gerechtigkeit verwenden.[155]

Ein *erster Kontext* ist der Bezug zur biblischen Gerechtigkeit. Im Kontrast zu dieser vollendeten Gerechtigkeit definiert der Hirtenbrief Gerechtigkeit als das Mindestmaß an wechselseitiger Liebe, Sympathie und Achtung, das die Menschen einander schulden.

Ein *zweiter Kontext* ist das traditionelle Gerechtigkeitsdreieck. Dieses philosophische Modell – Hengsbach bezeichnet es als „konservatives neuzeitliches Dreieck"[156] – umfaßt neben der kommutativen und der distributiven Gerechtigkeit, wie sie der Hirtenbrief darstellt, auch die legale Gerechtigkeit, die die Pflichten der einzelnen gegenüber der Gemeinschaft definiert. Anstattdessen findet sich aber im Hirtenbrief der Begriff der „sozialen Gerechtigkeit".

Dieser Begriff weist auf einen *dritten Kontext* hin. In den sozialen Umwälzungen des 19. Jahrhundert hatte man damit Gerechtigkeit vom Thema individueller Tugendlehre zum kritischen Maßstab gesellschaftlicher Zustände und Strukturen machen wollen. In Erweiterung dieser Funktion gebrauchen die Bischöfe den Begriff „soziale Gerechtigkeit", um beide Seiten in der Beziehung Staat – Bürger an ihre Pflichten zu erinnern: die institutionelle Verantwortung des Staates besteht darin, nicht nur die ökonomische, sondern auch die *politische* Beteiligung der Bürger zu ordnen und die Pflicht der Bürger ist es, ihren aktiven Beitrag zur Gesellschaft zu leisten.[157]

1985), 353. Vgl. auch Huber/Tödt, Menschenrechte, 17-24. Die Bundesrepublik trat diesem Pakt am 3.1.1976 aufgrund eines Gesetzes vom 23.11.1973 bei.
155 Hengsbach, Gegen Unmenschlichkeit, 261-268.
156 A.a.o. 263.
157 Hengsbach ist in seinem Einwand zuzustimmen, daß die Einführung der „kon-

Den *vierten Kontext* sieht Hengsbach im Leitbild des Gemeinwohls, das in der Tradition der katholischen Soziallehre überragende Wertschätzung genießt. Daß die mehrmalige Bezugnahme der Bischöfe auf das Gemeinwohl allerdings mehr Unklarheiten schafft als beseitigt, macht Hengsbach an der Unterscheidung zwischen Funktions- und Eigenwert des Gemeinwohls deutlich. Wenn das Gemeinwohl im Sinne Thomas von Aquins als *Eigenwert* definiert wird, kann ihm das Wohl einzelner nicht gegenübergestellt werden, weil es in ihm enthalten ist. Wird das Gemeinwohl hingegen als *Funktionswert* gesehen, steht es allein im Dienst der Förderung der Bedingungen, unter denen der einzelne sein Wohl verwirklichen kann. Der Hirtenbrief – so lassen sich Hengsbachs Ausführungen zu diesem Thema zusammenfassen – bleibt in dieser Hinsicht unklar.

Daß die Bischöfe eher das Konzept des funktionalen Gemeinwohls im Sinne haben, zeigt m.E. der *fünfte Kontext*, den Hengsbach beschreibt: das Leitbild des „fairen Interessenausgleichs". Darunter ist ein ethisches Konzept zu verstehen, das bei den subjektiven Bedürfnissen und Interessen der einzelnen Glieder der Gesellschaft anknüpft und sie mit der an der Gerechtigkeit orientierten Vernunftethik zu kombinieren versucht. Dieses Konzept kommt aus der amerikanischen Ethik und ist v.a. mit dem Namen von John Rawls verbunden. Anhand mehrerer Kernpunkte des Hirtenbriefs zeigt Hengsbach Analogien zu diesem Konzept auf.[158]

Nach der Darstellung der fünf Kontexte des Gerechtigkeitsbegriffes der Bischöfe kommt Hengsbach zu einer Interpretation: „Ich bin davon überzeugt, daß der Hirtenbrief plausibel und zutreffend von der Beteiligungsgerechtigkeit her zu deuten ist."[159] Vier Gründe macht der Frankfurter Theologe dafür geltend: Erstens das nicht zu übersehende häufige Auftreten der Worte „beteiligen" und „Beteiligung" (participate, participation), zweitens – davon war schon die Rede – die Aufnahme des Beteiligungskriteriums in die Einleitungsfragen, drittens die breite Diskussion des Vertei-

---

tributiven Gerechtigkeit" als identisch mit der „sozialen Gerechtigkeit" das Moment der Pflicht der Bürger zum produktiven Beitrag zur Gesellschaft einseitig betont. Der Hirtenbrief beschreibt die kontributive Gerechtigkeit nämlich als „die Verpflichtung aller, die in der Lage sind, Güter, Dienstleistungen und andere immateriellen Werte zu schaffen, die für die Wohlfahrt der ganzen Gemeinschaft notwendig sind" (71). Die andere Hälfte der sozialen Gerechtigkeit, die Verantwortung des Staates, fällt dabei weg (Hengsbach, a.a.O., 265).

158 A.a.o., 267-268. Ich gehe auf die erwähnten Analogien an dieser Stelle nicht ein, da von der Theorie John Rawls' noch ausführlich die Rede sein wird.

159 A.a.o., 269. Zum Verständnis des Hirtenbriefes von der Partizipation her vgl. auch Giers, „Partizipation" und „Solidarität" als Strukturen der sozialen Gerechtigkeit, 372-376.

B. Der Wirtschaftshirtenbrief der katholischen Bischöfe der USA

lungsproblems und seine Verlagerung vom Individuellen ins Strukturelle, viertens die Interpretation der Option für die Armen als Beteiligungsoption.[160]

Hengsbach hat die zentrale Bedeutung der Teilhabe im Gerechtigkeitsbegriff des Hirtenbriefs sicher richtig gesehen.[161] Daß damit ein sensibler Punkt in der Diskussion um die U.S.-Wirtschaft getroffen ist, hat die aufgeregte Reaktion auf den Abschnitt im Hirtenbrief über die Überwindung von Marginalisierung gezeigt, in den die Ausführungen der Bischöfe über Gerechtigkeit und Teilhabe münden. Nicht zufällig wurde gerade der kritisch-analytische Begriff der „Marginalisierung" so heftig kritisiert, steckt in ihm doch schon die Aufforderung zur Strukturveränderung, die mit dem Einklagen der Teilhabe verbunden ist. Dieser Begriff – so Michael Novak kritisch – komme aus der Dritten Welt, es gebe dafür auch ausdrucksstarke amerikanische Bezeichnungen.[162] Der Begriff suggeriere eine bewußte Politik, Menschen an den Rand der Gesellschaft zu drängen oder zumindest die Absicht, Menschen aus dem Blickfeld zu halten. Dies könne man gewiß nicht von den U.S.-Medien und dem Heer der Sprecher der Armen und Opfer aller Art behaupten. Novaks eigene „Lösung" des Problems verdient es, zitiert zu werden: „Aktiv sein ist ein amerikanisches Ideal: volle Teilnahme an so vielen Aktivitäten wie der Tag Stunden hat. Verzweiflung, Hoffnungslosigkeit, Passivität, ‚Marginalisierung' sind dem Amerikaner fremd. Amerikaner verstehen jene nicht, die ihr Geschick nicht in die Hand nehmen. Die in weiten Teilen der Welt anzutreffende Apathie ist nicht amerikanisch".[163]

Mit dieser Auffassung demonstriert Novak in eindrucksvoller Weise die Notwendigkeit der Mahnung der Bischöfe. Marginalisierung wird hier noch verschärft, wenn denen, die ohnehin für sich keinen Platz in der Gesellschaft sehen, nun auch noch der Stempel des „Unamerikanischen" aufgedrückt wird, wenn sie nun auch noch aus der nationalen Gemeinschaft ausgestoßen werden, wenn mangelnde Teilhabe auf ein psychologisches Problem der Betroffenen reduziert wird. Die Forderung des

---

160 Hengsbach, a.a.O., 269-270.
161 Seine Einschätzung wird nicht zuletzt dadurch bestätigt, daß auch David Hollenbach, einer der Autoren des Hirtenbriefs, das Dokument von der Beteiligungsgerechtigkeit her interpretiert. Das Kapitel in seinem jüngst erschienenen Buch, das sich mit dem Hirtenbrief beschäftigt, trägt den Titel „Justice as Participation" (Hollenbach, Justice, Peace, and Human Rights, 71-83). Zum Einfluß Hollenbachs auf den Hirtenbrief vgl. Briefs, Theologische Konzeptionen und ökonomische Realität, 44-49.
162 Novak, Auf dem Weg zum Konsens, 61.
163 A.a.o., 62.

Hirtenbriefs nach Teilhabe aller in der Gesellschaft als zentraler Aspekt seines Gerechtigkeitsverständnisses wird angesichts solcher Aussagen in ihrer ganzen Dringlichkeit deutlich.

Die Behandlung der Grundformen der Gerechtigkeit im Hirtenbrief läßt gleichwohl einige Fragen offen, die auch mit der Identifikation der Teilhabe als Grundkriterium des Gerechtigkeitsbegriffs der Bischöfe nicht gelöst sind. Wodurch wird die von der kommutativen Gerechtigkeit verlangte „Fairness" bestimmt? Anhand welcher Kriterien kann distributive Gerechtigkeit die materiellen Grundbedürfnisse bestimmen? Geht es um die Bewahrung vor dem Hungertod oder einen soziale Anerkennung ermöglichenden Lebensstandard? Gibt es auch oberhalb der Befriedigung der Grundbedürfnisse noch Kriterien für eine gerechte Gesellschaftsstruktur? Der Hirtenbrief verurteilt übermäßige Ungleichheiten in Einkommen und Vermögen der einzelnen Glieder der Gesellschaft. Gleichzeitig hält er ein gewisses Maß an Ungleichheit offensichtlich für legitim.[164] Anhand welcher Kriterien kann das legitime Maß der Ungleichheit beurteilt werden?[165]

Außerdem postuliert der Hirtenbrief die Normen der Gerechtigkeit, ohne sie, wie angekündigt, auf das Fundament einer vernunftmäßigen Begründung zu stellen. Theoretisch wären ja auch die Verantwortung des Individuums allein für sich selbst und sein Gemeinschaftsbezug allein auf der Basis persönlicher Präferenz eine mögliche Begründung für ein gerechtes, weil die Rechte des einzelnen radikal schützendes Gemeinwesen.

Die Klärung dieser Fragen, die der Hirtenbrief offenläßt, ist von großer Dringlichkeit, wollen wir zu einem wirklich durchreflektierten theologischen Verständnis wirtschaftlicher und sozialer Gerechtigkeit kommen. Daß der Begriff „Gerechtigkeit" auch in der ökumenischen Urteilsbildung weltweit eine zentrale Rolle spielt, erhöht die Dringlichkeit dieser Aufgabe. In einem eigenen Kapitel im zweiten Hauptteil meiner Arbeit möchte ich deswegen klären, welchen Beitrag die neuere philosophische Diskussion zur Begründung und Präzisierung des im Hirtenbrief vertretenen Gerechtigkeitsverständnisses leisten kann.

---

164 „... most Americans ..." – so Michael Novak zu diesem Problem – „do not hold that disparities of income are unjust. On the contrary they find such disparities to be in harmony with nature itself. On this point the American people are morally correct ..." (Novak, Where the Second Draft, 24).
165 Diese Frage hat auch Peter Berger gestellt: „By what criterion is equalitiy deemed to be 'sometimes' acceptable, sometimes not?" (Berger, Can the Bishops, 57).

7. Ergebnis

Ich fasse meine Ausführungen zu den ethischen Normen des Wirtschaftslebens, wie sie der Hirtenbrief vertritt, zusammen:

Das Dokument versucht, die im biblisch-ethischen Teil herausgearbeiteten ethischen Grundperspektiven anhand mehrerer Themen zu konkretisieren und allgemein plausibel zu machen. *Kommutative, distributive und soziale Gerechtigkeit* sind die Dimensionen, unter denen die Bischöfe den traditionellen philosophischen Gerechtigkeitsbegriff weiterzuentwickeln versuchen. Anhand verschiedener *Prioritäten* erläutern sie die konkreten Implikationen der *vorrangigen Option für die Armen*. Mit der Forderung nach der Anerkennung *wirtschaftlicher und sozialer Menschenrechte* rufen sie auf zu einem *neuen amerikanischen Experiment zur Sicherung wirtschaftlicher Gerechtigkeit für alle.*

Es wäre zu wünschen gewesen, daß der Hirtenbrief auch für die verfassungsmäßige Kodifizierung dieser Rechte *als Optimierungsgebote des Staates* eingetreten wäre. Daß das Dokument nachdrücklich für ihre Anerkennung eintritt, bedeutet nichtsdestoweniger eine konsequente Weiterführung der biblisch-ethischen Normen des Hirtenbriefs.

Die Idee der Sicherung der wirtschaftlichen und sozialen Menschenrechte gleichsam als zweite Phase des amerikanischen Experiments der Freiheit und Gerechtigkeit für alle vermag in besonderem Maße Menschen anzusprechen, die dem christlichen Glauben distanziert gegenüberstehen, aber die amerikanischen Grundwerte unterstützen. Jeglichen nationalistischen Untertönen wird der Boden entzogen durch die klare Darlegung der Diskrepanz zwischen diesen Grundwerten und der gesellschaftlichen Realität. Die Deutlichkeit dieser Darlegung, im weiteren Duktus des Hirtenbriefs mit statistischem Material untermauert, widerlegt auch die Kritiker, die eine Option für die Armen aufgrund der angeblich bewährten Qualitäten der amerikanischen Wirtschaft für überflüssig halten.

Das Zentrum der Darlegungen des Hirtenbriefs sowohl zur Gerechtigkeit als auch zu den Menschenrechten sowie zur Option für die Armen ist der Gedanke der *Teilhabe*. Die Bischöfe versuchen damit deutlich zu machen, daß es ihnen nicht um die Förderung der Abhängigkeit vom Wohlfahrtssystem des Staates geht, sondern um die Überwindung jeglicher Formen von Marginalisierung, die solche Abhängigkeit verursachen.

Die Bischöfe werden ihrem Anspruch, die biblisch begründeten Perspektiven für das Wirtschaftsleben nun auch auf der Basis der Vernunft einsichtig zu machen, allerdings nur bedingt gerecht. Grundlage dieser „vernünftigen" Begründung ist noch immer das Zurückgreifen auf christliche Werte wie Nächstenliebe und Schutz der Schwachen. Besonders deutlich wird das an den Ausführungen über den Gemeinschaftsbegriff und die Option für die Armen.

Auch die philosophischen Begründungsversuche lassen gewichtige Fragen offen. Die philosophischen Grundsätze der Gerechtigkeit werden proklamiert, nicht philosophisch begründet. Eine Auseinandersetzung mit abweichenden Gerechtigkeitstheorien findet nicht statt. Eine solche Auseinandersetzung – das ist dem Hirtenbrief zuzugestehen – würde allerdings auch die Möglichkeiten eines für eine breite kirchliche und gesellschaftliche Öffentlichkeit bestimmten Dokumentes übersteigen. Die damit verbundenen Fragen sollen deshalb im zweiten Hauptteil dieser Arbeit genauer behandelt werden.

In unserer Analyse der Kritik an den biblischen Perspektiven des Hirtenbriefs und seinen ethischen Normen für das Wirtschaftsleben ist eine Kontroverse schon angeklungen, die wegen ihres grundsätzlichen Charakters eine eingehendere Diskussion verdient: es geht um die Frage, ob die Kritik am Wirtschaftssystem der USA im Hirtenbrief zu deutlich ausgefallen ist oder ob gerade das Fehlen solcher Kritik als sein größtes Defizit angesehen werden muß. Bevor ich mich dieser Frage zuwende, will ich in aller Kürze auf die wirtschaftspolitischen Vorschläge der Bischöfe eingehen und dabei auf ein Defizit hinweisen.

VI. Die Grundkontroverse um den Hirtenbrief

1. Die wirtschaftspolitischen Vorschläge – ein Defizit

Die konkreten wirtschaftspolitischen Vorschläge, die sich für die Bischöfe aus den ethischen Perspektiven ergeben, im einzelnen darzustellen und zu diskutieren, würde den Rahmen meiner Fragestellung übersteigen. Einige wenige Aspekte seien gleichwohl erwähnt, die charakteristisch sind für die im wesentlichen gelungene Anwendung der ethischen Perspektiven des Hirtenbriefs auf die aktuellen Fragen der amerikanischen Wirtschaftspolitik: die eindeutige Aufdeckung der Defizite der U.S.-Wirtschaft[166], die

---

166 Einige wenige Beispiele seien erwähnt: „Daher müssen wir zu der Schlußfolgerung kommen, daß die derzeitigen Arbeitslosenzahlen unerträglich sind ..." (143). „Im Hinblick auf diese Grundsätze finden wir die Unterschiede an Einkommen und Vermögen in Amerika unakzeptabel" (185). „Wir sind der Überzeugung, daß die gegenwärtigen Entwicklungen auf dem Gebiet der Lebensmittelerzeugung nicht im

B. Der Wirtschaftshirtenbrief der katholischen Bischöfe der USA

starke Berücksichtigung ihres ökonomischen Gewichts im weltweiten Kontext (v.a. 251-292), den Bezug auf zahlreiche fachwissenschaftliche Untersuchungen[167] und die konsequente Anwendung der Forderungen auf die Wirtschaftstätigkeit der Kirche selbst (vgl. v.a. 347-358). Für die konkreten Vorschläge ist das Bemühen kennzeichnend, sozialethische Normen und empirische Daten aufeinander zu beziehen.

Ein wichtiges Defizit des Hirtenbriefs, das sich nicht erst bei den konkreten Vorschlägen zur Wirtschaftspolitik zeigt, sondern schon in der ethischen Grundlegung angelegt ist, darf aber nicht ungenannt bleiben: die *ökologische Dimension* der Wirtschaft bleibt unterbestimmt. Die massiven Herausforderungen, die sich aus der fortschreitenden Umweltzerstörung ergeben, kommen zu wenig zur Sprache.[168] Zwar nimmt der an diesem Punkt der Endfassung entsprechende dritte Entwurf einen Paragraphen über dieses Problem neu auf und konstatiert darin die Notwendigkeit einer neuen ökologischen Ethik (12), diese Situationsanalyse bleibt aber bei der Aufstellung von ethischen Normen für das Wirtschaftsleben ohne Konsequenzen. Entsprechend unbefangen vertrauen die Bischöfe auf gesteigertes Wirtschaftswachstum als ein Mittel zur Lösung nationaler und internationaler Wirtschaftsprobleme. Qualitatives Wachstum wird nur zum Zwecke der Verträglichkeit für den Menschen gefordert, nicht für die Natur. Hier bleibt der Hirtenbrief hinter dem Diskussionsstand in zunehmenden Teilen der bundesdeutschen Gesellschaft zurück.[169]

Dieser Aspekt hat aber in der Diskussion um das Dokument der Bischöfe eine untergeordnete Rolle gespielt. Viel intensiver wurde die Frage

---

besten Interesse der Vereinigten Staaten oder der Weltgemeinschaft verlaufen" (231).
„,... der Skandal der himmelschreienden Ungleichheiten zwischen Reichen und Armen' in einer Welt, die immer schärfer in diese beiden Lager geteilt wird..." (252).
167 Dies belegt ein Blick v.a. auf die Anmerkungen zu Kapitel 3.
168 Der Vorsitzende des Redaktionskommittees Rembert Weakland hat diese Diagnose im Rückblick bestätigt: „... one could ... say" – so Weakland fünf Jahre nach Verabschiedung des Hirtenbriefs – „that environmental issues were not faced in the letter" (Weakland, The Economic Pastoral Revisited, 209). Der Grund für dieses Defizit liegt laut Weakland darin, daß die im Abschnitt über die Landwirtschaft ursprünglich geplanten Ausführungen zur Ökologie zugunsten der Behandlung des aktuellen Problems des Bauernsterbens zurückgestellt worden seien (ebd.).
169 Wie dringend notwendig ein tiefgehenderes ökologisches Bewußtsein gerade in den USA wäre, macht eine Aussage Jeremy Rifkins deutlich: „Die Welt könnte unmöglich ein zweites Amerika verkraften. Schaut man sich diese Zahlen (über den Rohstoffverbrauch der Amerikaner, H.B.-S.) an, so wird einem klar, daß schon ein Amerika mehr ist, als sich die Welt leisten kann" (Zitat bei Frisch, Vollbeschäftigung allein durch Wachstum?, 94). Frisch, a.a.O., 92-98, bietet auch eine sehr gute Darlegung des Problems.

diskutiert, ob die Systemkritik darin zu kurz kommt oder ob sie im Gegenteil überbetont wird.

2. Systemkritik – überbetont?

Der Hirtenbrief der Bischöfe bleibt unausgewogen, – das hat James Burke, einer der Top-Manager der amerikanischen Wirtschaft gegen das Dokument eingewandt – „weil er in seiner Konzentration auf die ungelösten Probleme in unserer Gesellschaft jegliche ernsthafte Untersuchung der außergewöhnlichen Leistungen vernachlässigt, die wir genau in den Gebieten, um die es ihnen geht, vorzuweisen haben."[170] Außerdem kritisiert Burke, daß der Hirtenbrief das amerikanische System freien Unternehmertums in unangemessener Weise als eines darstelle, das in erster Linie vom Profit motiviert sei und dem es an jeglichen ethischen Geboten fehle.[171] Burkes Kritik ist charakteristisch für das Echo, das der Hirtenbrief in weiten Teilen der Geschäftswelt und ihr nahestehenden Kreisen hervorgerufen hat.

Die Kritiker von dieser Seite versuchen an verschiedenen Punkten, die Affinität der ethischen Grundlagen des christlichen Glaubens zum kapitalistischen System freier Unternehmen deutlich zu machen. So sieht etwa Manuel Velasquez das moderne Großunternehmen als den notwendigen Begleitumstand der „phänomenalen Produktivität", die die modernen Gesellschaften erreicht haben, und deshalb als das „entscheidende Instrument der Antwort auf Gottes Ruf zur Produktivität."[172] Indem das moderne Unternehmen die Menschen in gemeinschaftliche Formen der Arbeit zusammenbringt – so fährt Velasquez fort –, befähigt es Männer und Frauen, „ihre Kreativität zu vervielfachen und die fruchtbare schöpferische Aktivität Gottes, des Schöpfers des Universums, wiederzuspiegeln."[173] Der Philosophieprofessor aus Santa Clara und Präsident der amerikanischen Society for Business Ethics geht noch weiter: „Durch die vergesell-

---

170 „... because in its concentration on the unsolved problems in our society, it neglects any serious examination of the extraordinary accomplishments that we have made in the very areas of their concern" (Burke, 219, über den zweiten Entwurf des Hirtenbriefs).
171 Ebd.
172 „... the crucial instrument for responding to God's call to be productive" (Velasquez, Ethics, Religion and the Modern Business Corporation, 66).
173 „... to multiply their creativity and mirror the prolific creative activity of God the maker of the universe" (Ebd.).

schaftete Produktivität, die die Arbeit im Unternehmen verkörpert, wird die Menschheit heute wie Gott und verwirklicht ihr Dominium über die Natur ... Deswegen bietet entsprechend interpretierte unternehmerische Produktivität den Schlüssel für die Entwicklung einer auf Mitschöpfung gegründeten ‚Spiritualität des Unternehmens'."[174]

Daß die Bischöfe sich solchem theologischen Lobpreis des Systems freien Unternehmertums nicht anschließen, hat ihnen aus den Reihen der Verteidiger dieses Systems mannigfache Kritik eingetragen. Peter Flanigan hat dem Hirtenbrief z.B. vorgeworfen, die Behauptung der Bischöfe, daß die Reichen ihre Privilegien auf Kosten der Armen verteidigten, erzeuge Zwietracht in Amerika, ein Zustand, von dem man glücklicherweise in der Regel verschont geblieben sei.[175]

Die Bischöfe würdigen an mehreren Stellen die Erfolge der amerikanischen Wirtschaft und die Bedeutung unternehmerischer Aktivität (z.B. 6 und 110). Die Kritiker haben aber sicher richtig erkannt, daß die Zufriedenheit und Genugtuung über diese Erfolge nicht im Vordergrund der Ausführungen des Hirtenbriefs steht. Der Grund für diese Tatsache ist in der systematischen Konsistenz des Hirtenbriefs zu suchen. Die Bischöfe wenden ihr theologisch-ethisches Kriterium der Option für die Armen konsequent auf die Beurteilung der U.S.-Wirtschaft an. Nicht die Situation derer, die ganz offensichtlich von den bestehenden Strukturen profitieren, kann nach diesem Kriterium Ausgangspunkt der Überlegungen sein. Vielmehr zwingt es die Bischöfe dazu, von der Lage der Benachteiligten der Gesellschaft auszugehen und die Defizite, die für diese Benachteiligung verantwortlich sind, offenzulegen. Die Option für die Armen führt also von ihrer inneren Logik her zu einer *kritischen Grundtendenz* bei der Analyse der Wirtschaft.

Die Frage bleibt allerdings noch offen, wie grundsätzlich diese Kritik das Wirtschaftssystem in Frage stellen muß. Der schon zitierte James Burke hat dem Hirtenbrief eine Tendenz zur Veränderung des Wirtschaftssystems bescheinigt und zum Vorwurf gemacht. „Die Annahme" – so Burke über das Ziel der Vollbeschäftigung – „des gegenwärtig von den Bischöfen vertretenen Konzeptes, daß ‚der Staat das Erreichen dieses

---

174 „Through the socialized productivity that corporate work embodies, humanity today becomes like God and realizes its dominion over the world of nature ... Thus, corporate productivity, suitably interpreted, provides the key to developing a ‘corporate spirituality' based on cocreation" (a.a.O., 69). Velasquez macht im folgenden auch auf die kritische Seite der postulierten „Spiritualität des Unternehmens" aufmerksam, die das Umschlagen von Produktivität in Destruktivität verhindern soll.
175 Flanigan, The Pastoral, 13.

Ziels sicherstellen muß, indem er die allgemeine Wirtschaftspolitik koordiniert sowie Programme zur Schaffung von Arbeitsplätzen und andere angemessene Mittel der Politik entwickelt', könnte das Ende unseres Systems freien Unternehmertums bedeuten, wie wir es kennen."[176]

Hat der Hirtenbrief also die Systemkritik überbetont? Oder bleibt sie, im Gegenteil, eher unterbetont?

3. Systemkritik – unterbetont?

Nach dem Urteil zahlreicher Kritiker und Kritikerinnen, die sich den Anstößen der Befreiungstheologien der südlichen Hemisphäre verpflichtet wissen, ist letzteres der Fall. Der Hirtenbrief – so ihre Kritik – unterläßt eine kritische Strukturanalyse des amerikanischen Kapitalismus, seine Kritik bleibt deswegen an der Oberfläche.

In ihrer bei der Diskussion der Option für die Armen schon erwähnten Stellungnahme zu dem Dokument bezeichnen die Gebrüder Boff das Fehlen „einer Analyse und eines kritischen Verständnisses dessen, was Kapitalismus wirklich darstellt,"[177] als Hauptversäumnis der Bischöfe. „Wir wiederholen," – so die Boffs – „was fehlt, ist eine sozio-analytische Vermittlung. Wenn wir, in der Tat, den in dem Brief verfolgten Weg untersuchen, sehen wir, daß er von einer Beschreibung der Realität zu einem ethischen Urteil springt und dabei jegliche sozio-analytische Vermittlung wegläßt."[178]

Diese Kritik findet sich auch in vielen Äußerungen U.S.-amerikanischer Theologen und Theologinnen.[179] William Tabbs Bemerkung, der Hirtenbrief beginne mit einer absolut minimalen Deutung der „Zeichen der Zeit" und versäume eine umfassende Situationsanalyse,[180] bezieht sich

---

176 „... accepting the concept currently enunciated by the bishops that 'the government must act to ensure that this goal is achieved by coordinating general economic policies, by job creation programs, and by other appropriate policy measures' could mean the end of our enterprise system as we know it" (Burke, Reactions, 227).
177 „... an analysis and a critical understanding of what capitalism really represents" (C. und L. Boff, Good news, 15). Zur Kritik der Gebrüder Boff vgl. auch Weakland, The Economic Pastoral Letter Revisited, 204f.
178 „Indeed, when we examine the process followed in the letter, we see that it jumps from a description of reality to an ethical judgement, passing up any socio-analytic mediation" (ebd.).
179 Vgl. dazu Berryman, Our Unfinished Business, 124-128.
180 Tabb (unter Bezug auf eine Stellungnahme des „Center of Concern"), 286. Ähnlich Baum, A Canadian Perspective, 516. Vgl. auch Lappé, Reflections, 10.

noch auf den ersten Entwurf des Hirtenbriefs. Erzbischof Weakland nannte diesen Einwand als einen Aspekt in einer Synopse, die die wichtigsten bischöflichen Reaktionen auf die erste Fassung enthielt und die er allen seinen Bischofskollegen zusandte.[181] Die daraufhin erfolgte Aufnahme eines eigenen Abschnittes über „Die Kirche und die Zukunft der amerikanischen Wirtschaft", der die Probleme der Gegenwart beschreibt, in die weiteren Fassungen des Hirtenbriefs (Endfassung 1-27) ließ die Kritik nicht verstummen. Karen Lebacqz gesteht den Bischöfen zu, daß sie die Vorstellung, der freie Markt produziere automatisch Gerechtigkeit, zurückwiesen und die Grenzen des Privateigentums akzeptierten. „Aber nirgendwo" – so die Ethikerin aus Berkeley weiter – „bieten sie eine strukturelle Kritik kapitalistischer Systeme. Obwohl sie das größer werdende Loch zwischen reich und arm in den Vereinigten Staaten beklagen, deuten sie nicht an, daß solch ein Loch das unvermeidliche Ergebnis des modernen Kapitalismus ist."[182] Andere nordamerikanische Kritiker haben in eine ähnliche Richtung argumentiert.[183]

Zwei Aspekte sind nach Ansicht solcher Kritiker mit diesem Versäumnis verbunden. Der *eine Aspekt* ist aus dieser Sicht ein *ausgeprägter Personalismus*, der davon ausgeht, daß, wenn nur die Menschen gut sind, dann auch die Strukturen gut sein werden.[184] Norman Birnbaum etwa meint, die Bischöfe wendeten sich eher an Personen als an Gruppen und fügt hinzu, es sei überraschend, daß diese Theologen, die in besonderer Weise auf die unsichtbaren Dimensionen der *geistlichen* Existenz eingestellt seien, die unsichtbaren Dimensionen der *sozialen* Existenz unterschätzten, indem sie die Prägung der moralischen Sozialisation durch geschichtlich gewachsene Institutionen übersähen.[185] Das von den Bischöfen aufgenommene Subsidiaritätsprinzip werde der Tatsache nicht ge-

---

181 Weakland, Bishops' Views, 36.
182 „But nowhere do they offer a structural critique of capitalist systems. Though they deplore the widening gap between rich and poor in the United States, they do not suggest that such a gap is the inevitable outcome of modern capitalism" (Lebacqz, Six Theories, 78-79).
183 So u.a. Birnbaum, The Bishops, 164; Henriot, The Challenge of Global Prosperity, 390-391; Rasmussen, The Morality of Power and the Power of Morality, 136f. Vgl. auch Gannon, Eine katholische Herausforderung, 128: „… der Hirtenbrief bleibt in ärgerlicher Weise vage, wenn es darum geht, Strukturen zu analysieren, und zu untersuchen, welche Veränderungen nötig wären, um die gegenwärtigen moralisch unakzeptablen Verhältnisse zu beheben."
184 So beschreiben die Gebrüder Boff ihren Personalismus-Vorwurf (Good news, 15).
185 Birnbaum, The Bishops, 166.

recht, daß die industrielle Herstellung einer Kultur – besonders deutlich in den Medien – die Formung der gesellschaftlichen Werte kleineren Gruppen aus den Händen nehme.[186] Auch Larry Rasmussen besteht auf Rechenschaft über die ethischen Auswirkungen des Kapitalismus auf den Charakter der Menschen.[187]

Der *andere* Aspekt ist der Vorwurf, die Bischöfe harmonisierten die in der Gesellschaft bestehenden Interessengegensätze. Beverly Harrison hat dem gesamten Text des Hirtenbriefs einen „irenischen Geist" bescheinigt. Die Gebrüder Boff haben kritisiert, daß es die Idee des Konflikts in dem Dokument praktisch überhaupt nicht gebe, von Klassenkampf sei schon gar nicht die Rede.[188] Vielmehr sei sein Standpunkt eindeutig klassenübergreifend: Arbeiter und Bosse sollten zusammenarbeiten, um wirtschaftliche Gerechtigkeit zu erreichen.[189]

Weniger um die Klassenfrage als vielmehr um die Gegensätze in einer modernen Gesellschaft überhaupt geht es Norman Birnbaum. Seiner Ansicht nach tendierten die Bischöfe dazu, in Kategorien zu denken, die vor 30 Jahren noch angemessen gewesen seien, als ein Gesellschaftsvertrag noch möglich gewesen sei. Inzwischen hätten die Erfahrungs- und Interessenunterschiede aber noch zugenommen.[190] Das Argument der Bischöfe sei da unvollständig, wo der moralische Diskurs mit den politischen und materiellen Interessen in der Gesellschaft hätte verbunden werden müssen. Birnbaum nimmt Max Webers Analyse der Eigengesetzlichkeiten der modernen Gesellschaft auf und fährt dann fort: „Die Bischöfe stellen sich auf die Seite der Ganzheit. Ihr theologischer Ausgangspunkt hat gesunde psychologische Ziele. Wir finden jedoch in dem Brief nicht viele Anzeichen dafür, daß die Bischöfe das Problem gründlich reflektiert haben, daß die modernen Gesellschaften genau die Personen für Posten mit den höchsten wirtschaftlichen und politischen Erträgen auswählen, die in hohem Maße aggressive, wettbewerbsorientierte und manipulative Persönlichkeiten haben. Es ist dann doppelt schwer, die Werte, die sie in Frage stellen, zu verändern, denn sie sind in den Persönlichkeiten derer verkörpert, die auch als Vorbilder in einem großen Teil der Gesellschaft dienen."[191]

---

186 A.a.O. 170.
187 Rasmussen, Economic Policy: Creation, Covenant and Community, 366.
188 C. und L. Boff, Good news, 15.
189 A.a.O. 16.
190 Birnbaum, The Bishops, 155.
191 „The bishops place themselves on the side of wholeness; their theological beginning point has sane psychological ends. We do not find in the letter, however, much indication that the bishops have reflected deeply on the problem of the selection

B. Der Wirtschaftshirtenbrief der katholischen Bischöfe der USA

Während diese Analyse Norman Birnbaums den Bischöfen den Willen zu einer grundlegenden Veränderung der amerikanischen Wirtschaft durchaus nicht abspricht, sondern lediglich – m.E. mit Recht – zu bedenken gibt, daß sie die Widerstände möglicherweise unterschätzen, sind zahlreiche Kritiker zu dem Ergebnis gekommen, der Hirtenbrief stelle das kapitalistische System der USA nicht in Frage, sondern stabilisiere es sogar, wenn auch in modifizierter Form. Die Gebrüder Boff sehen in dem Dokument ein „Moralisieren des modernen Kapitalismus"[192]. Die Bischöfe – so Beverly Harrison – hätten sich an zu vielen Punkten entschieden, innerhalb der politischen Parameter der neo-klassischen Ökonomie zu verweilen.[193] Gregory Baum hält es für gut denkbar, daß die politischen Vorschläge der Bischöfe in einen „erneuerten, mitfühlenderen Kapitalismus"[194] integriert werden könnten. Auf einer ähnlichen Linie liegt es, wenn William Tabb den Bischöfen einen „Umverteilungsliberalismus"[195] bescheinigt, der einer sozialdemokratischen Vision entspreche.[196]

Repräsentiert der Hirtenbrief also eine grundsätzliche Unterstützung des kapitalistischen Systems, die auch durch das Bestehen auf bestimmten Modifikationen nicht in Frage gestellt wird? Äußerungen von Erzbischof Weakland, der als Vorsitzender des Redaktionskomitees das Dokument entscheidend mitgeprägt hat, lassen sich durchaus in dieser Richtung deuten. „Eine dynamische Wirtschaft" – so Weakland vor dem Parlament von Wisconsin – „ist natürlich der Weg, um den Menschen wieder Arbeit zu verschaffen und letztendlich das einzige Hilfsmittel für die Armen."[197] Der Schlußsatz eines Vortrags in der Georgetown University erinnert tatsächlich an die Vision eines erneuerten Kapitalismus, die Gregory

---

by modern societies of precisely those persons with highly aggressive, competitive and manipulative personalities for posts that bring the largest economic and political rewards. The values they contest, then, are doubly difficult to transform since they are incorporated in the personalities of those who also serve as role models in much of the society" (Birnbaum, The Bishops, 162). Zu Birnbaums Kritik vgl. auch Berryman, Our Unfinished Business, 128-131.

192 „... to moralize modern capitalism ..." (C. und L. Boff, Good news, 17).
193 Harrison, Social justice, 514.
194 „... in a renewed, more compassionate capitalism" (Baum, A Canadian Perspective, 516).
195 „redistributive liberalism" (Tabb, The Shoulds and the Excluded Whys, 279).
196 „congenial with a social democratic vision" (a.a.O., 280).
197 „A dynamic economy is, of course, the way to put people back to work and the only ultimate remedy for the poor" (Weakland, Church-Government Relations, 692). Aus dem Kontext geht deutlich hervor, daß Weakland von der kapitalistischen Wirtschaft spricht.

Baum dem Hirtenbrief bescheinigt. Weakland spricht zunächst über die Möglichkeit, wirtschaftliche Entscheidungen mit ethischen Werten zu verbinden und schließt dann: „Dann wird der Kapitalismus nicht als ein egoistisches, individualistisches Unternehmen gesehen werden, sondern als eines, das sich auch um das Ganze der Gesellschaft kümmert, um das Wohl dieses ganzen Planeten und das Wohlergehen aller Völker auf dieser Erde."[198]

4. Der pragmatische Ansatz

Die Darstellung der Grundkontroverse um den Hirtenbrief hat gezeigt, daß die Bischöfe Analysen und politische Vorschläge vorlegen, die in maßgeblichen Teilen der Öffentlichkeit als Kritik am kapitalistischen System gesehen werden, während andere Kreise dieselben Vorschläge als Stabilisierung dieses Systems interpretieren. Wie ist diese unterschiedliche Wahrnehmung zu erklären?

Um in dieser Frage zu einem Urteil zu gelangen, müssen wir uns zunächst das Selbstverständnis des Hirtenbriefs verdeutlichen. Die Bischöfe bekennen sich in aller Klarheit zu einem pragmatischen, reformorientierten Ansatz. „Es ist nicht Aufgabe der Kirche," – so der Hirtenbrief – „ein bestimmtes neues Wirtschaftssystem zu entwerfen oder zu fördern. Die Kirche muß vielmehr alle Reformen unterstützen, welche die Hoffnung auf eine Wandlung unserer wirtschaftlichen Verhältnisse hin zu einer systematischeren Verwirklichung der christlichen Sittenlehre enthalten" (129). Ein solcher pragmatischer Ansatz setzt die Auffassung voraus, daß kein bestimmtes Wirtschaftssystem alle ethischen Grundsätze des christlichen Glaubens verkörpert.

Diese Auffassung führt nun aber nicht zu einer Art Äquidistanz zu allen Formen des Wirtschaftens. Vielmehr geht der pragmatische Ansatz von dem jeweiligen Wirtschaftssystem aus, bringt die ethischen Grundsätze des christlichen Glaubens als kritischen Maßstab zur Geltung und gibt damit die Richtung für Überprüfung und Veränderung der jeweiligen Verhältnisse an. Gefragt werden muß, welche Auswirkungen das System auf die Menschen hat und ob es die Menschenwürde stützt oder bedroht (130).

Auch wenn es den Bischöfen primär um durchführbar erscheinende

---

198 „Capitalism will then not be seen as a selfish, individualistic enterprise, but as one that is also concerned about the whole of society, about the good of the whole of this planet and about the well-being of all nations on this globe" (Weakland, The Issues, 12).

Reformen geht, unterstreichen sie durchaus die Bedeutung weitergehender Fragen zum Wirtschaftssystem: „Legt unser Wirtschaftssystem mehr Wert auf Gewinnmaximierung als auf die Befriedigung menschlicher Bedürfnisse und die Förderung der Menschenwürde? Verteilt unsere Wirtschaft ihre Erträge gleichmäßig oder konzentriert sie Macht und Ressourcen in den Händen weniger? Fördert sie übermäßig Materialismus und Individualismus? Schützt sie hinreichend die Umwelt und die natürlichen Ressourcen der Nation?" Die Bischöfe empfehlen dringend, „der Erforschung dieser Systemfragen intensiver nachzugehen, als es im Rahmen dieses Dokuments möglich ist" (132).

Der Hirtenbrief lehnt also die kritische Infragestellung der institutionellen Strukturen des kapitalistischen Systems der USA durchaus nicht ab.[199] M.E. tut er aber gut daran, vom gegenwärtigen Wirtschaftssystem auszugehen und von da aus Schritte zur Veränderung anzuregen anstatt eine allgemeine Systemdebatte mit Schwerpunkt auf einer Diskussion der unterschiedlichen wirtschaftswissenschaftlichen und politologischen Theorien zu führen.[200] Der Hirtenbrief hätte durch eine solche Vorgehensweise deutlich an politischer Stoßkraft verloren, gerade die Konkretheit der Anregungen des Dokuments und ihre Anwendbarkeit auf die gegenwärtige Verfassung der U.S.-Wirtschaft ist nämlich als der entscheidende Grund für die umfassende öffentliche Debatte zu sehen, die der Hirtenbrief verursacht hat.

Auch ein pragmatischer, reformorientierter Ansatz kann allerdings nicht auf eine einigermaßen gründliche Analyse der Wirtschaft verzichten. Erst wenn die Probleme der Wirtschaft gesehen und soweit wie möglich auch die Ursachen dieser Probleme erkannt sind, können Gegenstrategien ins Auge gefaßt werden. Der Vorwurf, der Hirtenbrief unterlasse eine solche Analyse der U.S.-Wirtschaft, muß also sehr ernst genommen werden. Trifft dieser Vorwurf zu?

Friedhelm Hengsbach ist der Frage nach Elementen der Strukturanalyse im Hirtenbrief nachgegangen und hat sieben Aussagen herausgearbeitet, die strukturelle Ursachen für die beschriebenen Probleme deutlich zu machen versuchen.[201]

Der Markt zeigt Steuerungsdefizite, heißt die *erste Aussage*. Die U.S.-

---

199 So auch Strain, Beyond Madison and Marx. Civic Virtue, Solidarity, and Justice in American Culture, 194.
200 So auch Berryman, Our Unfinished Business, 92.
201 Hengsbach, Gegen Unmenschlichkeit, 233-236. Ich gebe im folgenden die entsprechenden Belegstellen im Hirtenbrief nicht wieder. Sie können bei Hengsbach nachgelesen werden.

Wirtschaft ist durch einen hohen Konzentrationsgrad charakterisiert, der einen dynamischen Wettbewerb verhindert. Außerdem sorgt der Markt von sich aus nicht für Vollbeschäftigung und soziale Gerechtigkeit. Arbeitslosigkeit ist nur mehrdimensional zu erklären, so lautet eine *zweite Aussage*. Während das Angebot an Arbeitskräften u.a. aus demographischen Gründen und wegen der zunehmenden Erwerbsneigung der Frauen steigt, werden Arbeitsplätze aus mehreren Gründen vernichtet, u.a. durch neue Technologien und Produktionsauslagerung in Billiglohnländer. Auch das Wettrüsten bewirkt einen Netto-Verlust von Arbeitsplätzen. Eine *dritte Aussage* besagt, daß zwischen der Armut und der Einkommens- und Vermögensverteilung eine Beziehung besteht. Spezifische Armutsformen werden außerdem durch Sexismus und Rassismus verursacht. Kapitalistisches Wirtschaften zerstört die soziale und natürliche Umwelt, so faßt Hengsbach eine *vierte Aussage* zusammen und bezieht sich dabei v.a. auf die Aussagen des Hirtenbriefs zur Strukturkrise in der Landwirtschaft. Die *fünfte Aussage* diagnostiziert die Existenz einer einseitigen Abhängigkeit in der Weltwirtschaft zugunsten der Industrieländer. Da GATT, Weltwährungsfond und die Weltbank sich in den Händen der Industrieländer befinden, manifestiert sich in ihnen der asymmetrische Charakter der Weltwirtschaft, dem die strukturelle Schwäche der Vereinten Nationen als möglichem Garanten eines Weltgemeinwohls entspricht. Der militärisch-industrielle Komplex – so die *sechste Aussage* – verzerrt die marktwirtschaftlichen Beziehungen. Die *siebte Aussage* schließlich ist eine theologische.[202] Gesellschaftliche Ausgrenzung ist eine Form sozialer Sünde. Solche Ausgrenzung tritt in vielen Formen auf, als Menschenrechtsverletzung, Machtkonzentration oder Unterdrückung, als nach unten gerichtete Armutsspirale oder auch als Ausschluß von weltwirtschaftlichen Entscheidungsprozessen.

Ich habe diese von Hengsbach zusammengestellten Aussagen als „Elemente einer Strukturanalyse" bezeichnet, weil sie sicher keine umfassende Analyse des amerikanischen Wirtschaftssystems bedeuten. Die Bischöfe sind sich dessen auch wohl bewußt (vgl. 133). Gleichwohl wird an diesen Elementen das Bemühen deutlich, den Ursachen der im Hirtenbrief dargestellten Probleme auf die Spur zu kommen und Veränderungen in den Blick zu nehmen, die über die Symptombekämpfung hinausgehen.

Eine kritische Analyse des kapitalistischen Systems als solchen, wie sie – das habe ich oben erläutert – verschiedene Kritiker des Hirtenbriefs gefordert haben, setzt eine klare Abgrenzung dessen, was mit einem

---

202 Insofern ist die Tatsache eher verwirrend, daß Hengsbach sie auf eine Ebene mit den ökonomisch-analytischen Aussagen stellt (Vgl. Hengsbach, a.a.O., 236).

"kapitalistischen System" eigentlich gemeint ist, voraus. Sind damit alle Wirtschaftsformen gemeint, die an die Stelle zentraler Planung marktwirtschaftliche Elemente setzen? Bedeutet die jüngst erfolgte Einführung marktwirtschaftlicher Elemente in den Ländern Osteuropas, daß diese Länder nun schon als „kapitalistisch" bezeichnet werden müssen? Wie aussagekräftig ist die theoretische Kategorie „Kapitalismus" eigentlich, wenn damit Länder mit ausgeprägter sozialstaatlicher und wirtschaftsdemokratischer Komponente (z.B. Schweden) ebenso bezeichnet werden können wie Länder, in denen die soziale Einbettung der Marktwirtschaft immer mehr in den Hintergrund gedrängt wurde (z.B. USA und England)? In der Begrifflichkeit der marxistischen Analyse werden unter dem Begriff „Kapitalismus" alle diese verschiedenen Wirtschaftsformen subsumiert. Ganz offensichtlich sind die Vorstellungen von dem, was unter dem „kapitalistischen System" zu verstehen ist, außerordentlich diffus.

Daß eine wirklich differenzierte Behandlung der verschiedenen Theorieansätze über das hinausgeht, was ein Dokument wie der Hirtenbrief leisten kann, liegt auf der Hand. „Der Marxismus" – so Erzbischof Weakland – „hat eine konsistente Theorielinie, der Kapitalismus aber hat sie nicht. Wollten wir den Kapitalismus auf theoretischer Ebene behandeln, müßten wir das ganze Spektrum von John Kenneth Galbraith bis Milton Friedman abdecken. Wenn wir das versuchen würden, würde der Brief seine Möglichkeiten weit überschreiten."[203] Über die Behauptung, der Marxismus verfüge über eine einheitliche Theorielinie, ließe sich sicher streiten. Weakland ist aber darin Recht zu geben, daß die Verbindung einer gründlichen Aufarbeitung der Theorien politischer Ökonomie mit der Beurteilung der U.S.-Wirtschaft im Lichte der ethischen Grundperspektiven des christlichen Glaubens die Verfasser des Hirtenbriefs vor kaum lösbare Probleme gestellt hätte, zum einen, weil sie dessen Rahmen gesprengt hätte und zum anderen, weil bisher kaum auf Vorarbeiten in dieser Hinsicht zurückgegriffen werden kann.

Auf die Frage, ob die Systemkritik im Hirtenbrief überbetont wird, oder ob sie zu kurz kommt, ist m.E. nun eine Antwort möglich. Die Gegensätzlichkeit in den Auffassungen zur Systemkritik des Hirtenbriefs spiegelt die Verschwommenheit wieder, die mit dem Begriff des „kapitalistischen Systems" verbunden ist. Während die Teilhabe aller an den Entscheidungsprozessen in der Wirtschaft z.B. durch genossenschaftliches Eigen-

---

203 „Marxism ... has a consistent line of theory but capitalism does not. Were we to deal theoretically with capitalism we would have to cover everybody on the spectrum between John Kenneth Galbraith and Milton Friedman. If we tried to do that, the letter would go all over the lot" (zitiert in Kennedy, 183-184).

tum aller Arbeitnehmer an den Unternehmen (300)[204] oder auch die Möglichkeit der Sozialisierung gewisser Produktionsmittel (115) für die einen der Beweis für den systemverändernden Impetus des Hirtenbriefs ist, sehen die anderen darin systemimmanente Korrekturen, die lediglich das Antlitz des Kapitalismus vermenschlichen helfen. Das Problem wird umso deutlicher angesichts der Tatsache, daß die Kritiker, die den Aussagen des Hirtenbriefs Systemimmanenz vorwerfen, keineswegs zum Ausdruck bringen, wie die politischen Veränderungen aussehen würden, die die geforderte Überwindung des kapitalistischen Systems tatsächlich zur Folge hätten.

Deshalb ist festzuhalten: Der pragmatische, reformorientierte Ansatz des Hirtenbriefs ist eine angemessene Antwort auf die Gefahr, durch die (im übrigen durchaus wünschenswerte) gründliche Aufarbeitung der theoretischen Diskussion um die Charakteristika des kapitalistischen Systems die drängenden Probleme der U.S.-Wirtschaft in den Hintergrund treten zu lassen. Der Vorwurf, der Hirtenbrief legitimiere letztlich das kapitalistische System, hält der kritischen Nachfrage nicht stand. Umstürzlerisches Pathos ist in den Worten der Bischöfe zwar tatsächlich nicht zu entdecken. Das große öffentliche Echo auf das Dokument und die zuweilen etwas nervöse Kritik daran geben gleichwohl zu der Vermutung Anlaß, daß der pragmatisch-evolutionäre Ansatz des Hirtenbriefs dessen kritisch-veränderndes Potential nicht vermindert, sondern eher erhöht hat, und daß deshalb dieser pragmatisch-evolutionäre Ansatz trotz des Zurücktretens der Systemfrage dem prophetischen Auftrag der Kirche gerecht zu werden vermag.[205]

Ich komme nun zu einer abschließenden Würdigung des Hirtenbriefs.

---

204 Vgl. dazu die konkreten Beispiele bei Wilber, Individualism, Interdependence, and the Common Good. Rapprochement between Economic Theory and Catholic Social Thought, v. a. die Darstellung der Mondragon Kooperative in Spanien (a.a.O. 239-241).

205 Im Hinblick auf spätere Stellungnahmen der Bischöfe zur aktuellen Wirtschaftspolitik ist dem Hirtenbrief in dieser Hinsicht eine deutliche Langzeitwirkung zu bescheinigen. In einer Erklärung zum „Labour Day" (dem U.S.-amerikanischen Tag der Arbeit) am 2. September 1991 bringen die Bischöfe heftige Kritik an der „neoliberalen Wirtschaftspolitik" der U.S.-Regierung und an mangelnden Sozialgesetzen vor. In der Erklärung bezeichnen sie u.a. das Fehlen eines gesetzlichen Schutzes der Arbeitnehmer bei Krankheit, Streik oder Arbeitslosigkeit als Verletzung von Menschenrechten und der Würde des Menschen (Frankfurter Rundschau 31.8.91).

VII. Kritische Würdigung

Unsere Analyse hat ergeben, daß sich der Hirtenbrief als den kritischen Nachfragen in hohem Maße gewachsen erweist. Anhand von sechs Aspekten will ich die grundsätzliche Bedeutung des Dokuments zusammenfassend darzulegen versuchen.

1. Der demokratische Entstehungsprozeß: Das Verfahren der Erarbeitung des Hirtenbriefs ist vorbildlich für Prozesse der kirchlichen Urteilsbildung überhaupt. Eine solche Vorgehensweise, die die Mündigkeit aller Glieder der Kirche voraussetzt und auch kritische Anstöße von außen aufnimmt, entspricht einer Ekklesiologie, die Kirche als *Sanctorum Communio* versteht und deswegen auch kirchliche Urteilsbildung als Aufgabe der *Gemeinschaft* versteht, und die außerdem Triumphalismus und Klerikalismus vermeidet. Daß dieses Verfahren gerade im Bereich der katholischen Kirche entstanden ist, scheint mir besonders bemerkenswert.

Das demokratische Verfahren bei der Entstehung des Hirtenbriefs hat im ganzen nicht zu einer inhaltlichen Abschwächung geführt.[206] Die ethischen Grundaussagen blieben unverändert, einige zusätzliche Aspekte bereichern ihre Explikation. So wird die gelungene Gliederung der Forderungen der Gerechtigkeit nach Adressaten (Arbeiter und Gewerkschaften, Unternehmer und Manager, Bürger und Regierung) im dritten Entwurf noch deutlicher in den Kontext des katholischen Subsidiaritätsprinzips gestellt, ohne daß dadurch die Notwendigkeit staatlicher Eingriffe abgeschwächt wird (III,95-121 = Endfassung, 96-124).[207] Außerdem wird den biblischen Perspektiven ein Abschnitt zugefügt, der ihre Aufnahme in der Tradition der Kirche und gegenwärtige ökumenische Bemühungen um die Entwicklung einer Wirtschaftsethik würdigt (56-60). Einen wichtigen Fortschritt stellt auch die gegenüber dem zweiten Entwurf differenziertere Sicht der Bedeutung der Arbeit dar. Die offensichtlich nicht deskriptiv, sondern affirmativ gemeinte These, daß Arbeit zentral für Freiheit und Wohlbefinden sei (II,18) ist weggelassen und an anderer Stelle ein Paragraph über die Bedeutung eines sinnvollen Gleichgewichts von Arbeit und Freizeit eingefügt (III,333-334 = Endfassung, 337-338).

Diese Konsequenzen der Diskussion um die bisherigen Entwürfe zeigen, daß konziliarer Streit bei der Erstellung eines kirchlichen Dokuments

---

206 Eine solche Abschwächung sehe ich lediglich in dem schon erwähnten Aufgeben der Forderung nach verfassungsmäßiger Kodifizierung der wirtschaftlichen und sozialen Menschenrechte.
207 Gegenüber dem zweiten Entwurf geändert: 124 (= III,121), 99-101 (= III,98-100), 297 (= III,293).

nicht in schalen Konsensualismus münden muß, sondern nicht nur zu einer tieferen Verwurzelung seines Inhalts im Bewußtsein der Adressaten, sondern auch zu einer Verdeutlichung der darin enthaltenen Grundaussagen führen kann.

2. *Die ökumenische Weite des Hirtenbriefs*: Aus drei Gründen ist der Hirtenbrief ein besonders gelungenes Beispiel ökumenischer Ethik. Erstens bedeutet die starke Berücksichtigung biblisch-ethischer Inhalte bei der ethischen Urteilsfindung einen gewichtigen Schritt der Annäherung an die traditionelle Betonung der Bibel im Bereich des Protestantismus. Zweitens schlossen die Bischöfe in den Entstehungsprozeß des Hirtenbriefs zahlreiche protestantische Theologen und Theologinnen ein und betonen auch im Text des Dokuments ausdrücklich ihren Willen, von der protestantischen Tradition und den ökumenischen Bemühungen um eine Wirtschaftsethik zu lernen (59). Und drittens schließlich bemühen sie sich in besonderer Weise, Anstöße der Weltkirche aufzunehmen. Darin sehe ich ein Zeichen ökumenischer Weite, auch wenn die Anstöße der Befreiungstheologie, um die es dabei geht, hauptsächlich aus dem katholischen Bereich kommen. Der Einfluß der Befreiungstheologie Lateinamerikas auf den Brief ist, wie bei der Behandlung der Methode und der biblischen Perspektiven deutlich geworden ist, nicht zu übersehen – dem widerspricht auch die dargestellte Kritik der Gebrüder Boff nicht. Juan Luis Segundo, der Befreiungstheologe aus Uruguay, berichtete bei der erwähnten Konferenz in Santa Clara, daß der Hirtenbrief in Südamerika mit „Überraschung und Freude" aufgenommen worden sei.[208]

Als zusätzliches Zeichen der Ökumenizität im weiteren Sinne läßt sich im übrigen auch das Bemühen der Bischöfe interpretieren, durch die konstitutive Bedeutung des Alten Testaments bei der Herleitung der biblisch-ethischen Grundsätze die Gemeinsamkeit mit den Menschen zu suchen, die sich der Tradition des Judentums verpflichtet wissen.

3. *Die Verbindung von Sachgemäßheit und theologisch-ethischer Perspektive:* Die Abstufung im Verbindlichkeitsgrad, die die Bischöfe zwischen den ethischen Grundperspektiven und den daraus erwachsenden wirtschaftspolitischen Konkretionen vornehmen, nimmt die Komplexität der Probleme einer modernen Wirtschaft ernst, ohne diese moderne Wirtschaft aus ihrer ethischen Verantwortung zu entlassen. Dadurch daß die Bischöfe sich ausgehend von ethischen Grundsätzen und unter Hinzuziehung umfangreicher sozialwissenschaftlicher Daten ausführlich zu den aktuellen Herausforderungen der Wirtschaftspolitik äußern, verdeutlichen sie die Relevanz dieser ethischen Grundsätze. Daß sie gleichzeitig sachli-

---

208 Ich beziehe mich auch hier auf meine eigenen Aufzeichnungen.

che Kritik an ihren wirtschaftspolitischen Ausführungen nicht nur zulassen, sondern ausdrücklich ermutigen, trägt der Tatsache Rechnung, daß der Sachgemäßheit ethischer Aussagen die gleiche Bedeutung zukommt wie ihrer Treue zu theologisch-ethischen Grundperspektiven.

4. Die Kontextualität des Hirtenbriefs: Die Bischöfe führen in dem Dokument eine konsequente Anwendung der Grundsätze der katholischen Soziallehre auf den Kontext der USA vor. Eine Situationsanalyse zu Beginn ihrer Ausführungen gewährleistet, daß die ethischen Grundsätze nicht abstrakt proklamiert, sondern als lebensfördernde Antwort auf die tatsächlichen Probleme der Menschen sichtbar gemacht werden. An verschiedenen Stellen – das hat unsere Analyse ergeben – knüpfen die Bischöfe an kulturelle Traditionen der USA an, ohne die Inhalte des christlichen Glaubens darin aufgehen zu lassen. Der Hirtenbrief ist damit ein Beispiel für richtig verstandene kontextuelle Ethik: er vermeidet einerseits die Gefahr, abstrakt zu bleiben und die kulturelle Prägung theologischer Aussagen zu übersehen, andererseits ist er sich der Tatsache bewußt, daß die Impulse des Evangeliums nie in der Kultur eines Landes aufgehen können, sondern sie verändern und bereichern wollen. Diese Feststellung führt mich zu einem weiteren Aspekt.

5. Die Parteinahme des Hirtenbriefs für die Armen: Die Bischöfe scheuen sich nicht, die prophetisch-kritische Dimension des christlichen Glaubens zur Geltung zu bringen. Am deutlichsten zeigt das ihre Betonung der vorrangigen Option für die Armen als zentrales biblisch-ethisches Kriterium zur Beurteilung der Wirtschaft. Wie strittig die kritische Funktion dieses Kriteriums ist, hat die Aufarbeitung der Diskussion gezeigt, die der Hirtenbrief damit hervorgerufen hat. Daß die Bischöfe dennoch den aus der Befreiungstheologie stammenden Begriff der vorrangigen Option für die Armen aufnehmen und damit den Beginn einer „authentisch nordamerikanischen vorrangigen Option für die Armen"[209] markieren, kann in seiner Bedeutung kaum überschätzt werden. Zum erstenmal sind maßgebliche Anstöße aus den Befreiungstheologien der südlichen Hemisphäre, für eine breite Öffentlichkeit sichtbar, in den Kontext einer reichen Kirche der westlichen Welt aufgenommen worden.

6. Die Vereinbarkeit von politischer Freiheit und wirtschaftlicher Gerechtigkeit[210]*:* Die Bischöfe machen mit ihrem Hirtenbrief deutlich, daß wirtschaftliche Gerechtigkeit in Verantwortung vor den schwächsten Gliedern die in den USA erkämpfte politische Freiheit nicht einschränkt,

---

209 So James Hickey, der Erzbischof von Washington, zitiert in HK 1/1985, 9.
210 Diesen Punkt sieht Wolfgang Huber als die entscheidende politische Option des Hirtenbriefs (Huber, Wirtschaftliche Gerechtigkeit, 369).

sondern erst richtig zur Geltung kommen läßt. Sie leisten damit einen maßgeblichen Beitrag zu dem Versuch, die Vereinseitigung der individuellen Freiheit in der westlichen Welt ebenso zu überwinden wie die einseitige Betonung der wirtschaftlichen Gerechtigkeit in den vom Marxismus geprägten Ländern und werden damit in besonderer Weise ihrer Verantwortung als Glieder einer weltweiten Kirche gerecht, deren primäre Loyalität nicht der Weltanschauung des eigenen Landes, sondern den Inhalten des christlichen Glaubens gilt.

Ich habe den Text der Bischöfe in drei Schritten analysiert und bei jedem dieser drei Schritte eine Frage herausgearbeitet, die ich nun im zweiten Hauptteil meiner Arbeit behandeln möchte. Im methodologischen Teil hat sich die Frage nach dem Verhältnis von biblischer Begründung und Vernunftbegründung in der ethischen Urteilsfindung als klärungsbedürftig erwiesen. Im biblisch-ethischen Teil ist die Frage nach Ursprung, Kontextabhängigkeit und Interpretation der Option für die Armen noch offen geblieben. Im vernunftethischen Teil schließlich hat die philosophische Begründung eines an den Auswirkungen auf die Schwächsten orientierten Gerechtigkeitskonzeptes nicht befriedigen können.

Ich will also nun im zweiten Hauptteil meiner Arbeit zunächst eine methodologische Überlegung anstellen, die sich mit der Frage nach dem Verhältnis von biblischer Begründung und Vernunftbegründung in der ethischen Urteilsfindung beschäftigt.

C. Schlüsselprobleme eines theologisch-ethischen Gerechtigkeitsverständnisses

I. Biblische Begründung und Vernunftbegründung

1. Einleitung

Die Analyse des Hirtenbriefs hat zu dem Ergebnis geführt, daß die Formel von der Komplementarität von biblischer Begründung und Vernunftbegründung bei der ethischen Urteilsbildung des Dokuments wichtige Fragen offen läßt. Ist die Vernunft aus sich selbst heraus in der Lage, ethische Urteile zu begründen oder bleibt sie auf fundamentale Wertprämissen angewiesen? Lassen sich solche Wertprämissen aus dem biblischen Zeugnis herausdestillieren und für Christinnen und Christen verbindlich machen oder muß grundsätzlich von einem ethischen Pluralismus in der Bibel ausgegangen werden, der die Ermittlung klarer biblisch-ethischer Leitperspektiven unmöglich macht?

Das in diesen Fragen zum Ausdruck kommende Begründungsproblem ist für die theologische Ethik von zentraler Bedeutung. In allen Fällen kirchlicher Urteilsbildung zu ethischen Fragen sowie entsprechenden Äußerungen im Bereich theologischer Wissenschaft werden in dieser Hinsicht grundlegende Vorentscheidungen getroffen, über diese Vorentscheidungen wird aber nur in wenigen Fällen reflektiert oder explizit Rechenschaft abgelegt.

Der – zugegebenermaßen mit Vergröberungen operierende – Hinweis auf die traditionelle Divergenz zwischen dem die Vernunft ins Zentrum rückenden katholischen Naturrechtsansatz auf der einen Seite und dem die biblischen Inhalte betonenden evangelischen Offenbarungsansatz auf der anderen Seite hat schon gezeigt, daß diese Frage für die Entwicklung der methodischen Grundlagen einer theologischen Ethik in ökumenischer Perspektive von zentraler Bedeutung ist.

In den letzten beiden Jahrzehnten hat sich in der deutschsprachigen katholischen Theologie eine intensive Diskussion um dieses Thema entwickelt, die in der evangelischen Ethik noch kaum zur Kenntnis genommen oder konstruktiv verarbeitet worden ist.[1] In dieser Diskussion wird

---

1 Zu ersten Schritten in dieser Richtung vgl. den entsprechenden Abschnitt oben im Forschungsüberblick (A.III.2)

der Vernunft nach wie vor zentrale Bedeutung eingeräumt, es sind aber auch deutliche Ansätze zur Wahrnehmung von Grenzen der Begründungsleistung der Vernunft zu erkennen. Intensität, Ertrag und exemplarische Bedeutung dieser Diskussion sowie ihr konstruktiver Beitrag zum Nachdenken über eine ökumenische Ethik rechtfertigen es, im folgenden daran die grundlegenden Probleme von biblischer Begründung und Vernunftbegründung in der Ethik aufzuzeigen.

Eine umfassende Aufarbeitung der Diskussion um die methodischen Grundlagen theologischer Ethik würde den Rahmen dieser Arbeit allerdings sprengen. In diesem Kapitel kann es also nur um eine methodologische Standortbestimmung im Vorfeld der Suche nach einem tragfähigen theologisch-ethischen Gerechtigkeitsbegriff gehen.

Ich will mich dazu in einem *ersten Schritt* mit der klassischen katholischen Naturrechtslehre befassen, indem ich zunächst in aller Kürze die Verhältnisbestimmung von Naturgesetz und Gesetz Christi bei Thomas von Aquin erläutere, dann anhand einiger Konkretionen die Gefahren der darauf basierenden Naturrechtslehre aufzeige und mich schließlich mit Josef Fuchs, großangelegtem Versuch der Verteidigung des Naturrechts auseinandersetze. In einem *zweiten Schritt* will ich dann anhand von neueren Konzepten in der katholischen Moraltheologie der 70er Jahre die Alternative zwischen allgemein einsichtiger autonomer Moral und kirchlich bestimmter Glaubensethik herausarbeiten, um dann in einem *dritten Schritt* die neuen Akzente der Diskussion der 80er Jahre zu untersuchen, die auf eine konstruktive Überwindung des Gegensatzes von Offenbarungs- und Vernunftansatz hindeuten. In einem *vierten Schritt* will ich das Ergebnis meiner Untersuchungen zur Entwicklung der methodologischen Diskussion in der katholischen Ethik festhalten und in einem *fünften Schritt* schließlich eine eigene Standortbestimmung zum Verhältnis von biblischer Begründung und Vernunftbegründung in der Ethik vornehmen und dabei auch auf die Rede von der „Komplementarität" beider eingehen, deren inhaltliche Füllung im Wirtschaftshirtenbrief der katholischen Bischöfe der USA offengeblieben war.

2. Die klassische katholische Naturrechtslehre

2.1. Thomas von Aquin

Die primäre Quelle für die Form der Naturrechtslehre, die sich in der katholischen Moraltheologie herausgebildet hat, ist die Summa Theologica des Thomas von Aquin. Nach Thomas hat der Sündenfall die Fähigkeit des Menschen, gut und böse zu unterscheiden, nicht zerstört. Das Licht der natürlichen Vernunft ermöglicht dem Menschen die Fähigkeit zum ethischen Urteil. Durch die Vernunft hat der Mensch Anteil an Gott selbst: Thomas bezeichnet sie als „eine Einstrahlung göttlichen Lichtes in uns", durch die der Mensch ein natürliches Gesetz erkennen kann, das am ewigen Gesetz Gottes teilhat.[2] Das Gute ist identisch mit dem, wozu die Menschen im innersten ihres Herzens geneigt sind, dadurch ist es auch für die Vernunft erkennbar: „Alles, wozu der Mensch von Natur aus geneigt ist," – so Thomas – „erfaßt die Vernunft ... auf natürlichem Wege als gut und folglich als in die Tat umzusetzen. Das Gegenteil erfaßt sie als böse und als zu vermeiden. Entsprechend der Ordnung der natürlichen Geneigtheiten gibt es also eine Ordnung der Gebote des Naturgesetzes" (Qu.94,2).

Was aber meint Thomas mit solchen „natürlichen Geneigtheiten"? Die Menschen entwickeln ja sehr unterschiedliche Neigungen, faktisch führen diese Neigungen auch oft in eine destruktive Richtung. Thomas' Begriff der „Geneigtheiten" ist inhaltlich präzisiert: Erstens erstrebt der Mensch als *selbständiges* Wesen die Erhaltung seines Seins gemäß seiner Natur. Im Hinblick auf diese naturhafte Neigung gehört alles zum natürlichen Gesetz, „wodurch das Leben der Menschen erhalten und das Gegenteil abgewehrt wird" (ebd.). Zweitens ist der Mensch als *Sinnenwesen* sozial veranlagt. Zum natürlichen Gesetz gehört deswegen auch alles, was Ausdruck dieser Sozialität ist, wie z.B. die Vereinigung von Mann und Frau oder die Aufzucht der Kinder. Drittens schließlich ist dem Menschen die *Vernunft* wesenseigen. Das natürliche Gesetz umgreift von daher alles, was Ausdruck der Wahrheitserkenntnis ist, wie z.B. die Überwindung von Unwissenheit und die Erkenntnis der Grundregeln des Zusammenlebens (ebd.). Drei Kriterien bilden also die Grundlage des Naturgesetzes: Bewahrung des Lebens, Sozialität und Wahrheitserkenntnis.

Die Quintessenz dieses Gesetzes ist nicht dem Wandel der Zeiten unterworfen. In konkreten Einzelsachverhalten kann es sich ändern, auch

---

2 Thomas, Summa Theologica I-II, Qu. 91,2. Die Angaben im Klammern geben im folgenden den jeweiligen Ort in der Summa Theologica an.

eventuell nötigen Ergänzungen steht nichts im Wege. In seinen Grundsätzen – so Thomas – ist es aber ganz und gar unwandelbar (Qu.94,5). Der Aquinate geht noch weiter: nicht nur als objektive Größe, sondern auch in seiner subjektiven Erfassung kann es nie wirklich verloren gehen: Hinsichtlich der allgemeinen Grundsätze „kann ... das natürliche Gesetz in keiner Weise aus den Herzen der Menschen getilgt werden, was seine allumfassende Geltung anlangt. Dagegen kann es mit Bezug auf ein einzelnes Werk ausgelöscht werden, wenn die Vernunft infolge sinnlichen Begehrens oder sonstiger Leidenschaft daran gehindert ist, den allgemeinen Grundsatz auf das einzelne Werk anzuwenden" (Qu.94,6).

An diesen Umrissen der Naturrechtslehre des Thomas von Aquin wird schon deren außerordentliches Vertrauen in die sittlichen Möglichkeiten der menschlichen Vernunft deutlich. Sittliche Defizite sind nie auf Ambivalenzen der Vernunfterkenntnis zurückzuführen, sondern liegen immer in vernunftfremden Einflüssen begründet. Welche Rolle spielt nun aber nach Thomas die in den biblischen Schriften offenbarte Sittlichkeit? Sind im Bereich der Sittlichkeit Vernunft und Offenbarung einfach identisch, oder geht die offenbarte Sittlichkeit über die Sittlichkeit der Vernunft noch hinaus?

Thomas verhandelt diese Frage in den Kategorien von „Altem" und „Neuem" Gesetz (Qu.107,1). Das „Alte Gesetz", das dem durch die Vernunft erkennbaren Naturgesetz entspricht, ist ein „Gesetz der Furcht", weil es zur Durchsetzung seiner Gebote noch auf die Androhung gewisser Strafen angewiesen ist. Das „Neue Gesetz" hingegen ist das „Gesetz der Liebe", weil es, durch die ins Herz eingesenkte Gnade angeregt, von der Liebe zur Tugend lebt.[3] *Inhaltlich* fügt die Lehre Christi und der Apostel, wie sie sich im Neuen Gesetz zeigt, zu den Geboten des Naturgesetzes nur sehr wenig hinzu (Qu.107,4 und 108,2). Der entscheidende Unterschied liegt vielmehr im *Grad der Vollkommenheit*: „Alle Unterschiede, die zwischen dem Neuen und Alten Gesetz angegeben werden, sind als Unterschiede zwischen vollkommen und unvollkommen zu verstehen." Wirklich vollkommen ist nur die auf Liebe gegründete Sittlichkeit, die nicht die „Hand im Zaum" hält, sondern „das Herz" (Qu.107,1). Das offenbarungsbegründete Gesetz Christi geht danach nicht hinsichtlich seines *normativen Gehalts*, sondern vielmehr hinsichtlich seiner *Motivation* entscheidend über das Naturgesetz hinaus.

---

3 Die beiden Formen des Gesetzes – das sei zur Vermeidung von Mißverständnissen hinzugefügt – können nicht einfach den beiden Testamenten der Bibel zugeordnet werden. „Altes Gesetz" gibt es auch im Neuen Testament und „Neues Gesetz" gibt es schon im Alten Testament (vgl. Qu. 107,1).

C. Schlüsselprobleme eines theologischen Gerechtigkeitsverständnisses 127

Das Ergebnis unseres kurzen Blickes auf die Summa Theologica Thomas von Aquins fasse ich in vier Aspekten zusammen:

Erstens ist allen Menschen nach Thomas ein natürliches Gesetz eingestiftet, dessen Inhalt der menschlichen Vernunft auch unter den Bedingungen der Sünde prinzipiell noch erkennnbar ist. *Zweitens* ist dieses Gesetz in seiner konkreten Anwendung flexibel und offen für Ergänzung, in seinen Grundsätzen aber unwandelbar. *Drittens* liegt sittliche Unzulänglichkeit nie in der Ambivalenz der Vernunft begründet, sondern in der Tatsache, daß das von der Vernunft Gebotene mißachtet wird. *Viertens* unterscheidet sich das in den biblischen Schriften offenbarte und nur durch die göttliche Gnade dem Menschen zugängliche Gesetz Christi vom Vernunftgesetz nicht hinsichtlich seines Inhalts, sondern lediglich hinsichtlich seiner Motivation.

Welche Probleme und Gefahren mit einem in seinen zentralen Behauptungen von der Geschichte abstrahierenden Verständnis der menschlichen Vernunft verbunden sind, wie es in Thomas von Aquins Aussagen zum Ausdruck kommt, hat sich in der Wirkungsgeschichte dieser Aussagen gezeigt. Davon soll nun die Rede sein.

2.2. Ideologisierung des Naturrechts

Auf der Basis der Summa Theologica bildete sich eine katholische Ethik heraus, die sich zuallererst als „Moralphilosophie" verstand, ein Selbstverständnis, das sich bis ins 20. Jahrhundert hinein nicht änderte. Die Rolle der Bibel – so Charles Curran – blieb bis in unser Jahrhundert hinein in der katholischen Moraltheologie sehr begrenzt. Biblische Texte wurden bestenfalls als nachträgliche Begründung für anderweitig hergeleitete Argumente benutzt.[4] Ein Beispiel soll diese Diagnose verdeutlichen.

Viktor Cathrein sieht in seiner 1911 erschienenen Moralphilosophie die „sichern Grundsätze der Vernunft" als „Hauptquelle der Moralphilosophie", Erfahrung und Geschichte haben ergänzenden Charakter.[5] „Die übernatürliche Offenbarung" – so Cathrein ausdrücklich – „ist nicht eine eigentliche Quelle der Moralphilosophie. Nur was das natürliche Denken an der Hand der Erfahrung und Geschichte aus den obersten Vernunftprinzipien zu schöpfen und selbständig zu beweisen vermag, sieht die Moralphilosophie als eine ihr gehörende Errungenschaft an."[6]

---

4   Curran, The Role and Function of the Scriptures, 179f.
5   Cathrein, Moralphilosophie, 6-9.
6   A.a.O. 9.

Welche Gefahren das Postulat eines für alle einsichtigen und deshalb auch verbindlichen „allgemeinen Naturgesetzes" birgt, zeigen die Konkretisierungen, die Cathrein auf dieser Basis vornimmt und die ich anhand seiner Aussagen zur Ehe exemplarisch erläutern möchte.

Nach Cathreins Ansicht bedarf auch eine nach dem Prinzip der Gleichberechtigung gelebte Ehe der Autorität: „Gewiß sollen Mann und Frau alles möglichst nach gemeinsamer Übereinkunft in der Familie anordnen, aber was soll geschehen, wenn nun einmal Meinungsverschiedenheit vorhanden ist? Einer von den Ehegatten muß schließlich das Recht der Entscheidung haben. Welcher von beiden?" Cathreins Antwort überrascht nicht: der Mann. Nicht erst das Christentum – so der Moralphilosoph weiter – ist zu dieser Antwort gekommen: „Das Christentum hat in dieser Beziehung nur die Forderung der Natur neu eingeschärft und tiefer begründet. Schon der fast (sic!) allgemeine Brauch aller Völker zeigt uns, daß der Mann der geborene Regent der Familie ist ... Die Forderung absoluter Gleichberechtigung der Frau, auch innerhalb der Familie, wie sie heute von vielen, besonders von den Sozialisten erhoben wird, ist also sowohl vom Standpunkt der Offenbarung als dem der Vernunft mit aller Entschiedenheit abzulehnen."[7]

Für heutige Ohren liegt der ideologische Charakter von Cathreins Berufung auf ein vernünftiges und mit der Offenbarung im Einklang befindliches allgemeines Naturgesetz auf der Hand. Geschichtlich gewachsene und zeitgebundene Vorstellungen bürgerlicher Moral werden in ein metaphysisch verankertes „natürliches Sittengesetz" projiziert und damit gegen Kritik immunisiert. Die Entlarvung der so aufgewiesenen Ideologieanfälligkeit der Naturrechtslehre bildete den Keim zu einer Neubesinnung in der katholischen Ethik, von der noch die Rede sein wird.

Zunächst aber muß noch auf einen Versuch der Verteidigung des solchermaßen fragwürdig gewordenen Naturrechts eingegangen werden, der ohne Zweifel als ein „Standardwerk" der katholischen Naturrechtslehre in diesem Jahrhundert bezeichnet werden kann: Josef Fuchs' 1955 erschienenes Buch „Lex Naturae".

2.3. Die Verteidigung des Naturrechts: Josef Fuchs

Josef Fuchs versucht, in Auseinandersetzung mit der Kritik, v.a. von seiten der protestantischen Theologie, und unter Bezugnahme auf die biblischen Quellen die Plausibilität der katholischen Naturrechtslehre zu verdeutli-

---

7 Cathrein, Die katholische Moral, 413f.

chen.⁸ Fuchs weist ganz im Sinne von Thomas von Aquin darauf hin, daß die Vernunft als Anlage zur Natur auch des gefallenen Menschen gehört. Da diese Vernunft ihrem inneren Wesen nach auf die Erkenntnis der Wirklichkeit ausgerichtet ist, – so Fuchs – besteht kein Grund, von dieser Erkenntnisfähigkeit das Naturrecht ausnehmen zu wollen: „So schwierig sittliche Probleme im einzelnen auch oft sind, so läßt sich grundsätzlich doch nicht einsehen, warum an dieser Stelle die Kraft der Vernunft plötzlich begrenzt sein soll."⁹

Die Erkenntnis des Naturrechtes ist deswegen auch in der Weise *wissenschaftlicher* Ethik möglich, und zwar nicht, „wie manche relativistische und modernistische Richtungen möchten", als Versuch, die Plausibilität offenbarter Sittlichkeit zu erweisen, sondern als „echte und sichere Wahrheitserkenntnis" (139). Angesichts seiner prinzipiellen Behauptung der Möglichkeit zur Sittlichkeitserkenntnis *ohne Offenbarung* stellt Fuchs richtig fest: „Damit steht unsere Auffassung der dialektischen Theologie diametral entgegen" (142).

Fuchs konzediert indessen eine „starke Behinderung" des erbsündlichen Menschen im tatsächlichen Vollzug der natürlichen Sittlichkeitserkenntnis und versucht damit, auf das Problem der faktischen Nicht-Realisierung natürlicher Sittlichkeitserkenntnis einzugehen, wie sie in den oben beispielhaft aufgezeigten ideologischen Verfremdungen des Naturrechts deutlich geworden ist. Drei Bedingungen lassen sich in Fuchs' Ausführungen identifizieren, die solche Defizite verhindern sollen.

Zum ersten ist die Schulung in einer „gesunden Philosophie" nötig. Wer in einer „ethisch unrichtigen Umgebung" aufwächst oder in einer „irrigen Philosophie" geschult ist, wird nur schwer zu umfassender Erkenntnis des Naturrechts gelangen (148). *Zum zweiten* kommt Gott „in übernatürlicher Weise" zu Hilfe. Er wirkt „gnadenhaft und unbemerkt im Inneren des Menschen" und unterstützt damit die um Erkenntnis sich mühende Vernunft (149). *Zum dritten* schließlich ist auch die Offenbarung des Naturrechts nötig, nicht, damit die menschliche Vernunft überhaupt erkenntnisfähig ist, sondern dazu, „daß *alle* geistig wachen Menschen, und zwar *leicht* und *sicher* und *irrtumslos*, zu einem Wissen um das Naturrecht gelangen können."¹⁰

---

8 Auf Fuchs' Darlegungen zur biblischen Verankerung des Naturrechts kann ich hier nicht weiter eingehen. Vgl. dazu den Kurzüberblick von William Spohn in Spohn, What are they saying about scripture and ethics, 41-44.
9 Fuchs, Lex Naturae, 137. Die Zahlen in Klammern im folgenden beziehen sich auf dieses Buch.
10 Ebd.; Hervorhebungen im Text.

Auffallend – das sei schon an dieser Stelle bemerkt – sind die objektiven Kategorien, mit denen Fuchs die sittliche Erkenntnis beschreibt. Unterschiedliche Meinungen über den Inhalt der Sittlichkeit werden nicht als Beiträge zur gemeinsamen Wahrheitssuche verstanden, sondern als Ausdruck gesunder oder kranker bzw. irriger Philosophie gesehen. Die Offenbarung des Naturrechts wird als Hebel zur irrtumslosen sittlichen Erkenntnis gesehen. Die Frage nach der Instanz, die angesichts der Strittigkeit der Interpretationen menschlicher Sittlichkeit eine solche irrtumslose Eindeutigkeit verbürgt, liegt nahe. Sie findet im Fuchsschen Denken ihre Antwort im kirchlichen Lehramt als der neben der Schrift zweiten Quelle der Offenbarung. Dem Lehramt ist der Beistand des Heiligen Geistes versprochen, es genießt deswegen von vornherein erkenntnistheoretische Priorität gegenüber allen anderen abweichenden Interpretationen: wo das „Sich-Versagen des Heiligen Geistes nicht eindeutig feststeht, spricht die Präsumption zunächst für das Wort der Kirche und gegen eine diesem Wort widersprechende eigene Überlegung" (151).

Die Antwort auf die Strittigkeit der Meinungen liegt also nicht etwa im Anerkennen eines angemessenen Verfahrens der gemeinsamen Wahrheitsfindung und im Vertrauen darauf, daß die Vernunfteinsicht in diesem Verfahren zu ihrem Recht kommen wird, sondern in der mehr oder weniger willkürlichen Setzung einer menschlichen Instanz, die Letztgültigkeit beansprucht. Man beachte, an welcher Stelle der Fuchsschen Darlegungen das Einfallstor für eine solche Setzung geöffnet wird: erst wo die *Offenbarung* des Naturrechts ins Spiel kommt, kann Fuchs das Lehramt der Kirche zum obersten Hüter dieses Naturrechts machen. Wäre wirklich die *menschliche Vernunft* die maßgebliche Erkenntnisquelle, könnte das kirchliche Lehramt eine erkenntnistheoretische Priorität von vornherein nicht beanspruchen.

Im Lichte dieser Erkenntnis erscheint es als umso inkonsequenter, wenn Fuchs genau die Hinlänglichkeit der Vernunft zur Sittlichkeitserkenntnis behauptet. Fuchs konzediert zunächst, daß sich „nur schwer oder überhaupt nicht" feststellen läßt, wie weit wir unser sittliches Wissen auf Offenbarung gründen oder wie weit die Vernunft maßgebliche Erkenntnisquelle ist. Ohne nähere Begründung fährt er dann fort: „Es besteht kein genügender Grund zur Annahme, daß tatsächlich die menschliche Vernunft überhaupt nicht von sich aus ohne irgendwelchen Einfluß der Offenbarung zur Sittlichkeitserkenntnis komme. Man kann eher in jener anderen Tendenz einen etwas einseitigen Supernaturalismus am Werk vermuten" (154).

Es zeichnet sich anhand der Ausführungen von Josef Fuchs – das läßt sich zusammenfassend sagen – ein innerer Grundwiderspruch in der klassischen katholischen Naturrechtslehre ab. Dieser Grundwiderspruch liegt in der Verknüpfung des Postulats der Fähigkeit menschlicher Vernunft zur Sittlichkeitserkenntnis mit der Behauptung eines Erkenntnisprivilegs des kirchlichen Lehramtes, das als Hüter der Offenbarung sittliche Streitfragen letztgültig entscheidet.

Ist die Vernunft wirklich autonome Vernunft, muß sie jegliche Lehransprüche kirchlicher Autorität als Bevormundung empfinden.[11] Wird andererseits das kirchliche Lehramt in Fragen der Sittlichkeit mit der Notwendigkeit verbindlicher Interpretation der „offenbarten Moralität"[12] legitimiert, so kann nicht gleichzeitig die prinzipielle Fähigkeit der menschlichen Vernunft zur natürlichen Sittlichkeitserkenntnis behauptet werden.

3. Autonome Moral oder Glaubensethik?

Der weitere Gang der Diskussion in der katholischen Ethik hat hier klärend gewirkt. Die beiden in dem beschriebenen Widerspruch enthaltenen Tendenzen artikulierten sich in jeweils eigenständigen Positionen, die die Diskussionen in den 70er Jahren maßgeblich bestimmten. Auf diese beiden Positionen, die sich mit den Begriffen „Autonome Moral" bzw. „Glaubensethik"[13] verbinden, will ich in aller Kürze eingehen.

Alfons Auers Formel von der Autonomie des Sittlichen bestreitet entschieden, daß ein konkretes weltethisches Konzept mit theologischen Mitteln entwickelt werden kann. Sein Buch „Autonome Moral und christ-

---

11 Ich füge hinzu, daß natürlich auch eine Position, die den biblischen Schriften eine größere Rolle bei der ethischen Erkenntnis zubilligt, keineswegs automatisch mit einem kirchlich-lehramtlichen Monopol auf gültige Interpretation dieser Schriften verbunden ist, sondern den kritischen Impuls der biblischen Texte vielmehr auch und gerade kirchlichen Autoritäten gegenüber zur Geltung bringen wird. Die Beispiele für ein solches Verständnis reichen von Luthers Theologie bis hin zur lateinamerikanischen Befreiungstheologie.
12 Zur Problematik „offenbarter Moralität" vgl. Gustafson, The Changing Use of the Bible in Christian Ethics, 135-39 und Hauerwas, The Moral Authority of Scripture, 246-50.
13 So Fuchs, Für eine menschliche Moral, 149. Einen Überblick über die Debatte zwischen Glaubensethik und Autonomer Moral gibt Gillen, Wie Christen ethisch handeln. Zur Debatte um die Autonomie der Sittlichkeit im Kontext katholischer Theologie, bes. 89-140. Vgl. dazu u.a. auch Rotter, Zur moraltheologischen Methode, sowie Alfons Auers eigene Behandlung der Kritik an seinem Konzept der Autonomen Moral in: Auer, Hat die autonome Moral eine Chance in der Kirche?.

licher Glaube" versteht sich als ausführliche Begründung eines Aufsatzes, der sich kritisch mit der pästlichen Enzyklika „Humanae vitae" zu Fragen der Sexualethik auseinandersetzt.[14] Insofern ist sein Konzept zweifellos als kritische Reaktion auf ein Verständnis des katholischen Lehramtes zu sehen, das die Tendenz zu klerikaler Bevormundung in sich birgt.

Wenn das Sittliche – so Auer – mit der Entfaltung menschlicher Freiheit und Würde zu tun hat, muß es kommunikabel sein. Es ist tatsächlich kommunikabel, weil es in der menschlichen Vernunft begründet ist (12). Neu und spezifisch christlich ist nicht der *Inhalt* der ethischen Weisungen, die wir in der Bibel finden, neu ist vielmehr die *Begründung* dieser Weisungen „von Christus her" und ihre Ausrichtung „auf Christus hin" (177). Auer sieht nun die Christologie entscheidend in der Protologie verwurzelt. Christus ist der Logos der Schöpfung. Die Autonomie der Welt wird von Christus nicht aufgesprengt. Die totale Abhängigkeit der Welt von ihrem Schöpfer gefährdet deswegen gerade nicht diese Autonomie der Welt, sie begründet vielmehr ihre Möglichkeit. Gott erniedrigt die Menschen nämlich nicht zu Marionetten, sondern läßt sie in Freiheit walten (172).

Die kritische Spitze dieser Position besteht in einer Begrenzung des kirchlichen Lehramtes. Die Kirche als Hüterin der Offenbarung hat keine besondere Kompetenz in weltethischen Fragen, dafür sind vielmehr primär christliche Laien sowie Nichtchristen mit Kompetenz zuständig (188). Die Korrektur von in der menschlichen Gesellschaft entwickelten Normen ist in erster Linie Sache der kritischen Vernunft und des sozial erweckten Gewissens. Bei deren Versagen allerdings – so fügt Auer in gewisser Weise einschränkend hinzu – „sind Recht und Pflicht von Kirche und Theologie zur kritischen Auseinandersetzung mit autonomen Moralkonzeptionen ... zu statuieren (195).

Geht das Konzept der autonomen Moral von der Fähigkeit der menschlichen Vernunft aus, von sich aus in ethischen Fragen zu einem angemessenen Urteil zu gelangen, so wird genau diese Voraussetzung von den Vertretern der Glaubensethik bestritten. „Die katholische Version der autonomen Moral" – so stellt *Bernhard Stoeckle* in kritischer Absicht fest – „operiert ziemlich genau mit jener Grundvorstellung vom Menschen und seinem sittlichen Erkenntnisvermögen, das dem profan-neuzeitlichen Selbstverständnis entspricht."[15] Stoeckle wirft der autonomen Moral „stark

---

14 Auer, Autonome Moral und christlicher Glaube, 13. Die Zahlen in Klammern im folgenden beziehen sich auf dieses Buch.

15 Stoeckle, Grenzen der autonomen Moral, 38. Die Zahlen in Klammern im folgenden beziehen sich auf dieses Buch.

C. Schlüsselprobleme eines theologischen Gerechtigkeitsverständnisses 133

opportunistische Züge" vor: in ihrem Bestreben, sich rational so weit als nur möglich verständlich zu machen und alles auszuräumen, was welthafter Vernunft nicht nachvollziehbar erscheint, entgeht sie nicht der Gefahr, „den Menschen zum Maß aller Dinge, damit auch zum Maß göttlicher Wahrheit zu degradieren" (128). Das Humane und damit auch die damit verbundenen weltethischen Belange können dagegen nach Stoeckles Auffassung verläßlich nur vom Wort Gottes erschlossen werden (131). Stoeckle erkennt im übrigen sehr wohl, daß mit seiner Bestreitung der sittlichen Autonomie des Menschen der Bruch mit einer jahrhundertealten katholischen Tradition verbunden ist: Die Annahme einer sittlichen Autonomie – so betont Stoeckle – basiert nämlich theologiegeschichtlich auf einer Wiederholung „jener scholastischen Auffassung, wonach der Mensch durch die Erbsünde lediglich seine übernatürliche Ausstattung verloren habe, hinsichtlich seiner ‚naturalen Beschaffenheit' jedoch keine direkten und unmittelbaren Schädigungen erfahren mußte." „Es besteht wohl Anlaß genug," – so Stoeckle weiter – „diese Konstruktion ... als antiquiert und anthropologisch nicht verantwortbar zu verabschieden" (136).

Josef Ratzinger kritisiert den streng vernunftzentrierten Ansatz im Namen der Verteidigung des kirchlichen Lehramts. Das Lehramt – so erkennt Ratzinger richtig – behält von einem solchen Ansatzpunkt her keinen Platz.[16] Ratzinger sieht das Neue und Einzigartige des christlichen Gottes gerade darin, daß in ihm der Begriff des Heiligen als die spezifische Kategorie des Göttlichen mit dem Bereich des Sittlichen verschmilzt (52). Der Glaube schließt also inhaltliche Grundentscheidungen in Sachen Moral mit ein.

Von daher ergibt sich dann auch die Aufgabe des kirchlichen Lehramtes in Sachen Moral: es soll die apostolischen Grundentscheide gegen die Anpassung an den Zeitgeist verteidigen. Es soll das in der Berührung mit dem Weg des Glaubens gereinigte, vertiefte und erweiterte Vernünftige vor der Korrumpierung durch das Scheinvernünftige bewahren (65). Die Glaubenserfahrung der Gesamtkirche und das gläubige Forschen und Fragen der Gelehrten führen nicht schon dazu, daß sich die rechte Lehre

---

16 „Es braucht kaum gesagt werden,"– so Ratzinger in einem noch vor seiner Zeit als Präfekt der vatikanischen Glaubenskongregation veröffentlichten Aufsatz – „daß ... von diesem Ausgangspunkt her ein kirchliches Lehramt in Sachen Moral keinen Platz behält. Denn inhaltliche Normierung aufgrund der Überlieferung des Glaubens würde dann ja dem Mißverständnis entspringen, das die Aussagen der Bibel als inhaltliche und bleibende Wegweisungen auffaßt, während sie – nach dieser These – doch nur Verweis auf den jeweilig gegebenen Stand der allein von der Vernunft zu gewinnenden Erkenntnis seien" (Ratzinger, Kirchliches Lehramt – Glaube – Moral, 46). Die Zahlen in Klammern im folgenden beziehen sich auf diesen Aufsatz.

gleichsam automatisch herausbildet, dazu bedarf es vielmehr des Ermahnens und Zurechtweisens der verantwortlichen Hirten der Kirche. Im letzten Satz seines Aufsatzes kommt die damit schon angedeutete Intention von Ratzingers Kritik des Vernunftansatzes in der Ethik noch einmal deutlich zum Ausdruck: Das Lehramt „ist auch heute für die Kirche unverzichtbar, und wo ihm die Kompetenz zu inhaltlicher Entscheidung für oder gegen eine Auslegung der aus der Gnade folgenden Moral grundsätzlich abgesprochen wird, wird an der Grundform der apostolischen Überlieferung selbst gerüttelt" (66).

Die Gegenüberstellung von autonomer Moral und Glaubensethik hat das Auseinanderfallen der klassischen katholischen Naturrechtstradition in zwei entgegengesetzte Tendenzen gezeigt: Die autonome Moral nimmt die These dieser Tradition auf, daß auch nach dem Sündenfall die menschliche Vernunft qua natura in der Lage ist, den Inhalt der dem Menschen von Gott eingestifteten Sittlichkeit zu erkennen. Anders als die klassische Tradition zieht sie gleichwohl die notwendige Konsequenz, daß die Kirche im Prinzip weltlichen Instanzen gegenüber in weltethischen Fragen kein Erkenntnisprivileg besitzt und deswegen ihre lehramtlichen Aussagen in dieser Hinsicht keine Verbindlichkeit beanspruchen können.

Im Gegensatz dazu widerspricht die Glaubensethik der naturrechtlichen Prämisse von der allgemeinen Erkennbarkeit sittlicher Normen, übernimmt aber von der klassischen katholischen Tradition die These vom Erkenntnisprivileg des kirchlichen Lehramtes. Das Lehramt in Fragen der Sittlichkeit wird konsequent in offenbarungstheologischen Kategorien verankert. Die Vernunft bleibt in dieser Perspektive ohne die Verankerung in der Offenbarung blind. Als Hüterin der Offenbarung übt die Kirche deshalb auch in sittlichen Fragen ein Wächteramt aus.

In den 80er Jahren haben sich die angedeuteten Fronten in der katholisch-ethischen Diskussion zusehends aufgelockert. Eine bemerkenswerte Intensivierung des Nachdenkens über die methodologischen Grundfragen der Ethik ist zu beobachten, die bisher in der evangelischen Ethik ohne Entsprechung geblieben ist. Die Diskussion wird von Neutestamentlern und Moraltheologen geführt und verbindet sich u.a. mit den Namen Rudolf Schnackenburg, Franz Furger und v.a. Klaus Demmer. Zum Schluß meines Überblicks über die Entwicklung der methodologischen Debatten in der katholischen Moraltheologie will ich auf diese Diskussion eingehen und ihren Ertrag für meine Fragestellung ermitteln.

4. Einheit von Glaube und kritischer Vernunft – die methodologische Neubesinnung in der katholischen Moraltheologie

Vom 21.-25. März 1983 trafen sich die deutschsprachigen katholischen Neutestamentler in Luzern, um über das Thema „Ethik im Neuen Testament" zu debattieren. Franz Furger und als Korreferent Rudolf Schnakkenburg beschäftigten sich dabei mit den prinzipiellen Fragen der Begründung sittlicher Normen und der Rolle biblischer Inhalte bei dieser Begründung. Anhand ihrer Beiträge will ich zunächst die Richtung der erwähnten Neubesinnung erläutern.

Franz Furger will mit seinem Beitrag an die Forderung des Zweiten Vatikanischen Konzils nach „Vervollkommnung der Moraltheologie" anknüpfen. Die Moraltheologie soll – so das Konzil – „reicher genährt aus der Lehre der Schrift in wissenschaftlicher Darlegung die Erhabenheit der Berufung der Gläubigen und ihre Verpflichtung, in der Liebe Frucht zu tragen für das Leben der Welt, erhellen..."[17] Furger sieht darin eine Absage an die vorher weitgehend übliche, den juristischen Denkmethoden verpflichtete, neuscholastisch rationalistische Naturrechtskasuistik (13)[18]. Er sieht die Auffassung der klassischen Naturrechtslehre, aus Tatsachenurteilen fundamentale Werturteile ableiten zu können, als „naturalistischen Trugschluß", der „immer der ideologisierenden Festschreibung des Bestehenden als Gültigem verfällt" und mit dieser „Selbstbeschränkung auf das empirisch Feststellbare" ein durch die Tatsachen als solche nicht gerechtfertigtes Werturteil setzt (19).[19]

Anders als die konservative Naturrechtsethik betont Furger die biblische Verwurzelung der Ethik. Das fundamentale Handlungsprinzip einer dem Evangelium verpflichteten Ethik sieht er dabei im neutestamentlichen Liebesgebot. Danach ist Liebe volle Mitmenschlichkeit, in der zusätzlichen Bereitschaft, dem anderen sogar etwas mehr zukommen zu lassen als das, was ihm gerechterweise schon zusteht. Eine solche sittliche Einsicht aus Liebe ist – so Furger – „nicht einfach als ein vernünftiges und

---

17 Optatam totius 16.
18 Im Folgenden beziehen sich die Seitenzahlen in Klammern auf Furgers Beitrag „Ethische Argumentation und neutestamentliche Aussagen" bzw. Schnackenburgs Korreferat „Ethische Argumentationsmethoden und neutestamentlich-ethische Aussagen".
19 Vgl. dazu auch Furgers Aufsatz „Sozialethik in heilsgeschichtlicher Dynamik", in dem er die „Grenzen eines statisch überzeitlichen Naturrechtsdenkens" aufweist und dieses dann als „ideologische Konstruktion" (133) bezeichnet.

so in jeder denkbaren Weltanschauung ebensogut mögliches Weiterdenken aus dieser Urerfahrung zu verstehen. Vielmehr erwächst sie wesentlich aus der Kraft des Geistes Gottes im Glauben, also nicht aus der bloßen praktischen Vernunft allein, sondern aus Glaubensvernunft" (28).

Dem Glauben wird hier – soviel läßt sich zunächst feststellen – für die sittliche Erkenntnis nicht supplementäre, sondern konstitutive Bedeutung zugemessen. Insofern vollzieht Furger an diesem Punkt die erkenntnistheoretische Neuorientierung der Glaubensethiker mit. Eine Einschränkung der autonomen Vernunft des Menschen ist mit seinem Ansatz aber nicht verbunden, eher schon eine „Qualifizierung". Anhand des Gedankens der Feindesliebe als Ansatz zum Gewaltabbau erläutert Furger, daß das aus der Glaubensvernunft Begründete durchaus auch „der Vernunft als solcher als vernünftig erscheinen und, einmal entdeckt, auch bleiben kann" (28).

Die biblische Verwurzelung theologischer Ethik muß diese – so gesehen – durchaus nicht als ernstzunehmende Teilnehmerin am allgemeinen ethischen Diskurs disqualifizieren. Nach Furger ist genau das Gegenteil der Fall: Alle großen philosophischen Entwürfe – von Kant über Nietzsche bis Sartre – sind auf weltanschauliche Glaubensoptionen angewiesen. Wenn daher der christliche Ethiker sich für die Umschreibung der für die Begründung seiner ethischen Urteile verbindlichen Grundprinzipien auf seinen Glauben und die diesen bestimmende neutestamentliche Botschaft beruft, dann sprengt er damit in keiner Weise die dem ethischen Diskurs inhärente Logik: „Der bewußte Rekurs auf eine die fundamentale Wertsetzung ermöglichende Weltanschauung ist im Gegenteil gerade das, was eine ideologiekritische Ethik und Moraltheologie auszeichnet" (20).

Auch *Rudolf Schnackenburg* weist darauf hin, daß auch die sich nicht als christlich verstehenden Partner im ethischen Diskurs bestimmte Grundwertungen und eine Werteskala einbringen, die ihrem Verständnis und ihrer Argumentation eine gewisse Richtung geben. Schnackenburg sieht eine wachsende Einsicht der theologischen Ethiker, daß man auch mit der Vernunft nicht beim Nullpunkt anfangen kann (37). Die vom Glauben erleuchtete Vernunft – so der Neutestamentler, Hans Halter zitierend – prüft anhand des theologisch-christologischen Letztkriteriums, was unter den gegebenen Möglichkeiten der Wille Gottes ist. Stärker als Furger betont Schnackenburg die Differenz zwischen theologischer und säkularer Ethik. Ist das allgemein evidente Mitmenschlichkeitskriterium – so fragt er – tatsächlich mit Jesu radikalem Liebesgebot gleichzusetzen? Kann ethische Argumentation zu Jesu Gebot der Feindesliebe ohne weiteres vordringen (47)? Auf dem Hintergrund solcher Fragen präzisiert Schnackenburg, was ihm das Proprium einer Ethik in der Perspektive des Neuen

C. Schlüsselprobleme eines theologischen Gerechtigkeitsverständnisses 137

Testaments zu sein scheint: die Botschaft Jesu von der hereinbrechenden Gottesherrschaft. Das neutestamentliche Ethos orientiert seine Forderungen am Zielbild der vollendeten Gottesherrschaft. Es ist damit einer vernunftmäßig-ethischen Argumentation nicht unzugänglich, um einer zeitgemäßen Interpretation willen bedarf es ihrer sogar. Aber es kann seinen ursprünglichen Ansatz niemals verleugnen, so wenig das andere ethische Konzeptionen vermögen. „Darum" – so beschließt Schnackenburg seinen Beitrag – „sollte auch die theologische Ethik ihre Bindung an die biblische, in Jesus Christus kulminierende Botschaft noch stärker als bisher bedenken" (49).

Ich halte als Zwischenergebnis meiner Betrachtung der neuen Ansätze in der katholischen Moraltheologie fest: Einigkeit besteht darüber, daß die Vernunft nie geschichts- oder kontextlos ist, sondern bereits fundamentale Wertvoraussetzungen in den rationalen ethischen Diskurs mitbringt. Diese Voraussetzungen sind geprägt vom Glauben an das Evangelium, wie es in den biblischen Texten überliefert ist. Die Frage, worin die Qualifizierung der ethischen Vernunft durch den christlichen Glauben besteht, findet unterschiedliche Antworten, die sich m.E. gleichwohl nicht widersprechen: Franz Furger spricht von der in Jesu Menschenliebe vorgelebten Mitmenschlichkeit und Rudolf Schnackenburg rückt die Botschaft Jesu von der hereinbrechenden Gottesherrschaft ins Zentrum.

Beide Vorschläge sehen Glaube und Vernunft nicht als Gegensätze, sondern vielmehr als Einheit. Wie das Verhältnis von Glaube und Vernunft in dieser Einheit genau aussieht, wird gleichwohl nur in Ansätzen deutlich. V.a. dieser zentralen Frage will ich nachspüren, wenn ich mich mit *Klaus Demmer* nun noch einem katholischen Moraltheologen zuwende, der wie kein anderer zu der methodologischen Diskussion der 80er Jahre beigetragen[20] und 1989 eine „Moraltheologische Methodenlehre"[21] vorgelegt hat, die sich außerordentlich gründlich mit den hier zur Debatte stehenden Fragen befaßt.

Demmer betont analog zu den oben erläuterten Ausführungen seiner Kollegen, daß es auch auf der Ebene sittlichen Erkennens niemals eine „reine Vernunft" geben kann. Für Christen fließt in die Vernunft und ihren Gebrauch immer ein Vorwissen um das von Jesus Christus geschenkte Heil ein (72f). Glaube und Vernunft gehören zwar unterschiedlichen Dimensionen der einen Wirklichkeit an, aber diese Dimensionen durchdringen einander und verweisen auf einen gemeinsamen Konvergenz-

---
20 Demmers wichtigste in diesem Zusammenhang relevante Titel finden sich im Literaturverzeichnis. Ich führe sie deswegen an dieser Stelle nicht eigens auf.
21 Auf dieses Buch beziehen sich die Zahlen in Klammern im folgenden.

punkt (73). Dieser gemeinsame Konvergenzpunkt liegt für Demmer in der Anthropologie. In der Anthropologie findet die Vermittlung von Dogmatik und Ethik statt: die im Glauben kritische Vernunft bleibt zwar immer Vernunft, aber sie operiert unter geänderten transzendentalen Bedingungen. Nur indem sie die menschliche Natur im Lichte der anthropologischen Ziel- und Leitvorstellungen des christlichen Glaubens sieht und deutet, kann sie zu ihren ethischen Aussagen kommen (74).

Im Mittelpunkt der anthropologischen Aussagen des christlichen Glaubens steht für Demmer die Würde des zu Gottes Ebenbild erschaffenen Menschen. Der Bezug zum transzendenten Schöpfergott entnimmt den Menschen jeder willkürlichen Verfügung durch den Menschen. Es gibt keine innerweltliche Instanz, die dem Menschen seine Würde aberkennen könnte. Eine weitere anthropologische Implikation sieht der an der Gregoriana in Rom lehrende Moraltheologe in der „fundamentalen Gleichheit und Brüderlichkeit[22] aller Menschen", deren theologische Begründung in der Inkarnation liegt: „Wenn Gott Mensch wird und sich den Menschen gleich macht, macht er alle Menschen untereinander gleich" (83).

Diese beiden Beispiele für Demmers Ausführungen zu den anthropologischen Implikationen theologischer Ethik mögen hier genügen. An dieser Stelle geht es mir nur darum, ihre Funktion bei der sittlichen Urteilsfindung, wie Demmer sie beschreibt, deutlich zu machen. Demmer sieht in dem Menschenwürdekriterium eine „anthropologische Zielvorstellung", ein „denkerisches Programm", eine „Denkhilfe von mittlerer Reichweite ..., die weiterer Konkretisierung bedarf" (83). Er vergleicht die Gesamtheit der anthropologischen Implikationen des christlichen Glaubens mit einer Rohskizze, die in ihren Details durch die sittliche Vernunft aufzufüllen bleibt. So gesehen gibt es lediglich einen mittelbaren und indirekten Einfluß des Glaubens auf die sittliche Vernunft, der aber nicht geringzuschätzen ist: „Mittelbarkeit und Indirektheit sind nicht mit verminderter Relevanz gleichzusetzen" (86).

Wie aber läßt sich die Einwirkung des Glaubens auf die sittliche Vernunft näher beschreiben? Aus der Fülle der Ausführungen Demmers zu dieser Frage will ich vier Gedanken herausschälen, die mir besonders wichtig erscheinen: *Erstens* liegt der privilegierte hermeneutische Ort dieser Einwirkung im Lebenszeugnis der Christen. Die Intensität neutestamentlicher[23] Gotteserfahrung erzeugt ein Wirklichkeitsverständnis, das

---

22 Der Ausdruck „Geschwisterlichkeit" wäre hier angemessener.
23 M.E. müßte hier von *biblischer* Gotteserfahrung die Rede sein. Welche Relevanz auch das Alte Testament für die Ethik besitzt, habe ich bei meinen Ausführungen zum Hirtenbrief schon angedeutet.

eine entsprechende „lebensgeschichtliche Stoßkraft" erzeugt (89). *Zweitens* hat dieser Prozeß soziale Dimensionen. Er ist seinem Wesen nach kommunikativ. Er gibt anderen Mitgliedern der sittlichen Kommunikationsgemeinschaft zu denken. Das Lebenszeugnis des einzelnen Christen macht Schule (89). *Drittens* ist die durch den Glauben erleuchtete sittliche Vernunft „heilende Reflexion". Sie konzentriert sich präferenziell auf jene Konfliktherde, an denen die Verstrickungen der Unheilsgeschichte zum lähmenden Schwergewicht werden. Sie wehrt der Resignation, indem sie herauszufinden versucht, wie Handlungsalternativen eingebracht werden können, die eine bestehende Verhängnisstruktur von innen her aufbrechen (89f). *Viertens* erzeugen die anthropologischen Grundlagen des Glaubens ein kritisches Erkenntnispotential, das Fehlentwicklungen korrigiert, die Zustände verbessern hilft und dadurch eine Einladung an die Nicht-Glaubenden richtet, einen Blick auf seine Voraussetzungen zu werfen (91).

Diese wenigen Konkretisierungen zeigen, daß es Demmer weder um eine Aufgabenidentität von Glauben und Vernunft noch um eine Trennung geht. „Auf dem Feld des Sittlichen" – so der Moraltheologe aus Rom – „läßt sich zwischen Glaube und Vernunft keine saubere Grenzlinie ziehen; beide begrenzen einander nicht, sie entgrenzen sich vielmehr und weisen einander den Weg. Sie gehören nicht unterschiedlichen Schichten, sondern unterschiedlichen Dimensionen an, die einander durchdringen. Der Glaube gibt der Vernunft, und die Vernunft gibt dem Glauben zu denken" (96).

Theologische Ethik – das ist festzuhalten – bleibt nach Demmers Auffassung auf den Horizont des christlichen Glaubens angewiesen, sie drückt sich aber im Medium der Vernunft aus und bemüht sich so um allgemeine Kommunikabilität, ohne ihre Grundlagen zu verleugnen. Die Betonung des Bemühens um allgemeine Kommunikabilität weist auf eine deutliche Differenz gegenüber dem, was ich oben als „Glaubensethik" bezeichnet habe. Besonders deutlich wird das an den Ausführungen Demmers zum Lehramt der Kirche. Demmer bezieht seine Thesen zur Sittlichkeitserkenntnis als kommunikativem Prozeß konsequenterweise auch auf die innerkirchlichen Prozesse der Wahrheitsfindung, auch wenn seinen Worten die Vorsicht angesichts dieses empfindlichen Punktes in der offiziellen katholischen Kirchenlehre anzuspüren ist. Die Kirche – so führt er aus – ist Erinnerungs- und Erzählgemeinschaft, die das Gedächtnis Jesu Christi gegenwärtig hält. Sie ist zugleich Verstehens- und Interpretationsgemeinschaft, die in gemeinsamer Verantwortung über den Glauben und seine sittlichen Konsequenzen nachdenkt (103). In diese Gemeinschaft ist auch das kirchliche Lehramt eingebettet, deswegen muß vom Lehramt keinesfalls immer die Erstinitiative für die Klärung ethischer Fragen ausgehen. „Für gewöhnlich ist es umgekehrt." Und mit bemerkenswerter Deutlichkeit fügt Demmer hinzu: „Das Lehramt bestätigt und verteidigt stattgefundene Einsichtsprozesse. Die Initiativen gehen von der Basis aus" (108).

Das Lehramt wird hier nicht als oberste Kontrollinstanz der kirchlichen Hierarchie gesehen, dessen Vertreter als Träger apostolischer Vollmacht ein Erkenntnisprivileg beanspruchen können, vielmehr ist es Ausdruck eines kommunikativen Prozesses innerhalb der Gemeinschaft der Kirche. Welche Chancen eine solche Interpretation des Lehramts für den ökumenischen Dialog zwischen den Konfessionen bietet, liegt auf der Hand.

Ich fasse Ergebnis und Ertrag meines exemplarischen Überblicks über die Entwicklung der katholischen Diskussion um das Verhältnis von Glaubens- und Vernunftbegründung in der Ethik zusammen:

5. Ergebnis

Unser Blick auf die Wurzeln und die nähere Ausformulierung der klassischen katholischen Naturrechtslehre hat die Probleme und Aporien gezeigt, die mit dieser Lehre verbunden sind. Die These des Thomas von Aquin von der natürlichen Sittlichkeitserkenntnis der Menschen hat nicht zu einem offenen, kritischen und v.a. selbstkritischen Prozess der ethischen Wahrheitsfindung im Bereich der Kirche geführt. Vielmehr wurde sie zur Grundlage einer kirchlichen Morallehre, die höchst zeit-, kultur- und gruppenspezifische Sittengesetze als universal gültig und allgemein verbindlich präsentierte. An Josef Fuchs' Versuch der Verteidigung der katholischen Naturrechtslehre ist deren Grundwiderspruch deutlich geworden: einerseits betont sie die grundsätzliche Fähigkeit eines jeden Menschen, auch ohne die biblische Offenbarung das richtige sittliche Handeln zu erkennen, andererseits beansprucht sie für die katholische Hierarchie als Hüterin der Offenbarung ein Erkenntisprivileg in sittlichen Fragen. In den Positionen von Autonomer Moral und Glaubensethik haben wir die Pole dieses Widerspruchs wiedergefunden. Während erstere der autonomen Vernunft die Fähigkeit zur Sittlichkeitserkenntnis auch ohne Offenbarung zuschreibt und dementsprechend stark die allgemeine Kommunikabilität ethischer Erkenntnis betont, sieht letztere die sittliche Vernunft ohne Offenbarung als blind an und beansprucht deswegen für das kirchliche Lehramt ein Erkenntnisprivileg auch in Fragen der Sittlichkeit.

Neue Wege zur Überwindung des so beschriebenen Gegensatzes sind bei der Untersuchung der neuesten Diskussion in der katholischen Moraltheologie deutlich geworden. Der Rückfall in die Scheinintegration dieses

Gegensatzes, wie sie anhand der klassischen Naturrechtslehre deutlich geworden ist, wird dabei vermieden, indem jeweils die Stärken von Autonomer Moral und Glaubensethik aufgenommen und sinnvoll miteinander verknüpft werden: eine durch das läuternde Feuer der Ideologiekritik gegangene Ethik kann sich nicht auf eine voraussetzungslose autonome Vernunft berufen, sondern muß – darin sind sich Furger, Schnackenburg und Demmer einig – die fundamentalen Wertvoraussetzungen, die sie in den ethischen Diskurs mitbringt, offen ausweisen. Jesu radikale Mitmenschlichkeit (Furger), seine Botschaft von der hereinbrechenden Gottesherrschaft (Schnackenburg) oder die in das Kriterium der unverletzlichen Menschenwürde mündenden anthropologischen Aussagen des christlichen Glaubens (Demmer) sind mögliche Beschreibungen solcher Voraussetzungen theologischer Ethik.

Diese Voraussetzungen theologischer Ethik können nun aber nicht im Sinne eines Erkenntnisprivilegs anderen Positionen gegenüber zur Geltung gebracht werden. Vielmehr werden sie als kritische Prinzipien in den Diskurs der sittlichen Kommunikationsgemeinschaft eingebracht und in diesem Diskurs auf ihre Plausibilität hin geprüft. Die theologischen Voraussetzungen bedeuten – so gesehen – keine Bevormundung der Vernunft, vielmehr lassen sie die Vernunft erst wirklich zu ihrem Recht kommen.

Wenn ich im folgenden von „biblischer Begründung und Vernunftbegründung in der Ethik" spreche, dann verstehe ich beide, in Aufnahme dieser Einsichten, nicht als Alternativen oder gar als Gegensätze. Vielmehr wird zu erläutern sein, wie beide wechselseitig aufeinander bezogen sind und, mehr noch, voneinander leben.

6. Biblische Begründung und Vernunftbegründung in der Ethik

6.1. Auf dem Weg zu einer theologisch-ethischen Methodologie in ökumenischer Perspektive

Ich habe zu Beginn dieses Kapitels auf die traditionelle Divergenz zwischen dem die Vernunft ins Zentrum rückenden katholischen Naturrechtsansatz auf der einen Seite und dem die biblischen Inhalte betonenden evangelischen Offenbarungsansatz auf der anderen Seite hingewiesen. Der Klärung des darin zum Ausdruck kommenden Begründungsproblems habe ich zentrale Bedeutung für die Entwicklung der methodischen Grundlagen einer ökumenischen Ethik zugemessen.

Hier eröffnen sich durch den Neuansatz in der katholischen Ethik, den ich anhand wichtiger Beiträge in der deutschen Debatte exemplarisch erläutert habe, neue Möglichkeiten: In den zuletzt beschriebenen Diskussionen der 80er Jahre zeigen sich Hinweise für eine konstruktive Überwindung des Grabens zwischen traditionell vernunftorientierter katholischer Ethik und traditionell offenbarungstheologisch orientierter evangelischer Ethik. Das *offenbarungstheologische Element* findet im kritischen Impuls des vom Weltverständnis des christlichen Glaubens geprägten Beitrags theologischer Ethik zum ethischen Diskurs seinen Niederschlag. Das *vernunftorientierte Element* entfaltet seine Bedeutung darin, daß theologisch-ethische Urteile sich dem allgemeinen ethischen Diskurs aussetzen und sich um größtmögliche Kommunikabilität bemühen.

Die ökumenische Bedeutung des geschilderten Neuansatzes ist auch an der Frage nach dem Verfahren der innerkirchlichen Wahrheitsfindung deutlich geworden. Das kirchliche Lehramt als der Ort, an dem das inhaltliche Profil theologischer Ethik verbindlich zum Ausdruck gebracht wird, wird nicht mehr als Autoritätsinstrument der kirchlichen Hierarchie verstanden, sondern als Medium eines kommunikativen Prozesses aller Christinnen und Christen. In dieser Hinsicht besteht Lernbedarf nicht nur auf katholischer Seite, sondern auch im Bereich des Protestantismus. Der häufige Ruf nach eindeutigen und verbindlichen Stellungnahmen kirchlicher Leitungsgremien klagt zu Recht das kritische Profil des christlichen Glaubens ein, mündet aber dann in Klerikalismus, wenn dabei der kommunikative Prozeß unter allen Christinnen und Christen zugunsten des gewünschten Inhalts hintangestellt wird.

In aller Kürze will ich zum Schluß dieses Kapitels, anknüpfend an den Ertrag meiner bisherigen Untersuchungen, in drei Schritten einige eigene Überlegungen zum Thema anstellen. Ich frage in einem *ersten* Schritt, wie die Vernunft in der Perspektive des christlichen Glaubens näher beschrieben werden kann, in einem *zweiten* Schritt, welcher Umgang mit der Bibel einer auf kritischer Vernunft basierenden theologischen Ethik entspricht, und schließlich in einem *dritten* Schritt, wie auf dieser Basis das Stichwort von der Komplementarität von biblischer Begründung und Vernunftbegründung zu beurteilen ist.

6.2. Die Vernunft

Die Vernunft – das haben die beschriebenen neuen Ansätze überzeugend aufgewiesen – bleibt im ethischen Urteilsprozeß in eine Perspektive gestellt, deren Letztbegründung sie nicht selbst leisten kann. In Anknüp-

C. Schlüsselprobleme eines theologischen Gerechtigkeitsverständnisses 143

fung an diese Erkenntnis läßt sich sagen: Vernunft ist immer schon durch das jeweilige Weltverständnis *qualifizierte Vernunft*. Die Konsequenzen für den ethischen Diskurs liegen auf der Hand: ein sinnvoller Dialog unterschiedlicher Positionen verlangt zunächst deren kritische Rechenschaft über die Prägung durch das ihnen eigene Weltverständnis. Erst auf dieser Grundlage können tiefliegende Ursachen für Divergenzen aufgespürt und Ansatzpunkte für Konsensprozesse gefunden werden.[24] Wie eine durch das Weltverständnis des christlichen Glaubens qualifizierte Vernunft näher beschrieben werden kann, will ich anhand von drei Dimensionen exemplarisch erläutern.

Der christliche Glaube sieht in Gewalt und Ungerechtigkeit in der Welt kein Naturgesetz, mit dem sich die Menschen abzufinden haben. Jesu Verkündigung der Gottesherrschaft zeigt vielmehr die Relativität und Verbesserungswürdigkeit der Welt auf. Indem die Vernunft sich diese Perspektive zueigen macht und damit die Differenz zwischen Gottes Reich und der gegenwärtigen Welt wahrnimmt, ist sie *kritische Vernunft*. Sie unterscheidet innerhalb der vorfindlichen Wirklichkeit zwischen dem, was Anerkennung verdient, und dem, was der Veränderung bedarf, ja überwunden werden muß.

Der christliche Glaube sieht die Welt nicht nur als verbesserungs*würdig*, sondern auch als verbesserungs*fähig* an. Jesu Gleichnisse des Reiches Gottes zeigen ungeahnte Möglichkeiten der Weltgestaltung auf. Indem die Vernunft in der Perspektive des christlichen Glaubens sich nicht mit den geschichtlich verwirklichten Formen der Weltgestaltung zufrieden gibt, sondern die Möglichkeiten der hereinbrechenden Gottesherrschaft vor Augen hat, ist sie *kühne Vernunft*. Sie verweilt nicht im Horizont des Erprobten, sondern entwickelt Phantasie für neues Denken und wagt dessen praktische Umsetzung.

Der christliche Glaube behauptet die Universalität von Gottes Handeln

---

24 Hier ergeben sich deutliche Berührungspunkte mit dem philosophischen Konzept der Diskursethik. Auch Jürgen Habermas sieht m.E. Vernunft als qualifizierte Vernunft, wenn er von der „Vor-Struktur des Verstehens" spricht. In allen kognitiven Leistungen – so Habermas – durchdringen sich die Momente von Entdeckung und Konstruktion (Habermas, Erläuterungen zur Diskursethik, 131). Das Moment der Entdeckung und der damit verbundene Geltungsanspruch müssen allerdings im Diskurs plausibel gemacht werden. „Die einem direkten Zugriff entzogenen Gültigkeitsbedingungen werden durch die Gründe, die im Diskurs angeführt werden können, interpretiert. Und die Art der Gründe, die für die diskursive Einlösung eines Geltungsanspruchs relevant sind, wirft ein Licht auf den spezifischen Sinn des jeweils erhobenen Geltungsanspruchs selbst" (a.a.O. 130). Zum Problem nicht ausgleichbarer konkurrierender Weltdeutungen vgl. a.a.O. 206f.

an der Welt. Gott hat *die Welt* mit sich versöhnt (2.Kor 5,19); die Wirkung dieses Geschehens läßt sich nicht auf den Raum der Kirche begrenzen. Indem die Vernunft in der Perspektive des christlichen Glaubens die neuen Möglichkeiten, die sich aus Gottes Versöhnungshandeln ergeben, nicht nur dem Leben der Glaubenden, sondern der Welt als ganzer zuspricht, wird sie zur *werbenden Vernunft*: sie beteiligt sich am allgemeinen ethischen Diskurs und bemüht sich darum, die aus dem christlichen Glauben erwachsenden ethischen Grundperspektiven Menschen mit abweichendem Weltverständnis gegenüber möglichst plausibel und einladend vor Augen zu führen.

Verstehen wir die Vernunft, die sich in den Aussagen der theologischen Ethik Ausdruck verschafft, in diesem exemplarisch erläuterten Sinne als „qualifizierte Vernunft", so muß nun von der biblischen Tradition als der Quelle die Rede sein, aus der sie ihre Voraussetzungen schöpft.

6.3. Die biblische Tradition

Die Bibel enthält Zeugnisse der erzählten, bedachten und interpretierten Geschichte Gottes mit den Menschen. Als in einem langen Entstehungsprozeß gewachsenes Produkt vieler Verfasser und Redaktoren aus unterschiedlichen historischen Kontexten ist sie geprägt von *Vielfalt*. Immer wieder ist auf diese Vielfalt unterschiedlicher Perspektiven in den Texten des Alten und Neuen Testaments hingewiesen worden.[25] Bei ihrem Umgang mit der Bibel darf die theologische Ethik die Verschiedenheit der Perspektiven nicht einebnen.

Gleichwohl muß diese Vielfalt immer wieder auf ihre *Einheit* hin befragt werden. Nur so wird dem Grundkonsens aller Theologie Rechnung getragen, daß es sich bei der in der Bibel erzählten Geschichte Gottes mit den Menschen um *den einen Gott* handelt. Insofern ist nicht von „ethi-

---

25 Ein besonders eindrucksvolles Beispiel dafür ist James Barrs Aufsatz „The Bible as a Political Document" (abgedruckt in Barr, The Scope and Authority of the Bible, 91-110). „... we in the modern world" – so Barr – „are becoming increasingly conscious of the variety of the biblical material and the differences between the various lines of thinking it can generate on any subject. Instead of striving to obtain one single unitary biblical theology, we have begun to accept that the Bible itself contains a variety of differing theologies, to some extent competing with and correcting one another. The same is likely to be true of the social and political impact of the Bible: it contains the resources for a multitude of differing perspectives and approaches" (Barr, The Scope, 109).

C. Schlüsselprobleme eines theologischen Gerechtigkeitsverständnisses 145

schem Pluralismus" in der Bibel zu reden[26], sondern besser von „ethischer Pluralität"[27].

Auf der Suche nach ethischer Orientierung in der biblischen Tradition – so halte ich also zunächst fest – darf die theologische Ethik weder die Pluralität der unterschiedlichen Perspektiven vorschnell ausgleichen noch die Suche nach der Einheit dieser Perspektiven aufgeben. Beides, Einheit und Vielfalt, sind Grundzüge der biblischen Tradition.

Daß Einheit und Vielfalt sich nicht widersprechen müssen, läßt sich am Begriff des *„Charakters"* veranschaulichen.[28] Das Kennzeichnende eines Charakters ist genau die Verbindung von Einheit und Vielfalt. Der Charakter lebt von der *Vielschichtigkeit* der einzelnen Charakterzüge. Diese Vielschichtigkeit kann so weit gehen, daß sich die einzelnen Charakterzüge zu widersprechen scheinen. In der Bibel findet sich eine Fülle von Beispielen für in dieser Weise widersprüchlich erscheinende Traditionen.

Gleichzeitig ist die *Einheit* unverzichtbar. Von einem „Charakter" kann nur dann gesprochen werden, wenn seine verschiedenen Seiten sich nicht in so hohem Maße widersprechen, daß die Identität verlorengeht. Wenn wir vom „Charakter" der Bibel sprechen, halten wir an diesem Moment der Einheit fest. Vernunft in der Perspektive des christlichen Glaubens – so läßt sich nun formulieren – ist geprägt vom *Gesamtcharakter* der Bibel.

Aus dieser Feststellung ergibt sich indessen ein weiteres Problem. Lassen sich Leitsätze biblischer Ethik formulieren, die der theologischen Ethik als Orientierungshilfen dienen können oder bedeuten solche Leitsätze eine unzulässige Reduktion des biblischen Gesamtzeugnisses?[29] M.E. hilft auch bei diesem Problem der Begriff des „Charakters" weiter.

Was für das Gesamtzeugnis der Bibel gilt, gilt auch für den Charakter: er entzieht sich aufgrund seiner Vielschichtigkeit der genauen Definition. Gleichzeitig sind bestimmte grundlegende Prägungen erkennbar, die seine

---

26 So z.B. Eduard Schweizer, Ethischer Pluralismus im Neuen Testament, 397-401.
27 So Schrage, Korreferat zu „Ethischer Pluralismus im Neuen Testament", 402.
28 Der Begriff des „Charakters" ist v.a. von Stanley Hauerwas in die neuere ethische Diskussion eingeführt worden. Ich verwende diesen Begriff gleichwohl anders als Hauerwas: dieser bezieht ihn nämlich nicht auf das biblische Gesamtzeugnis, sondern auf das innere Wachstum der menschlichen Person bzw. der christlichen Gemeinschaft (vgl. dazu v.a. Hauerwas, A Community of Character, 89-152).
29 In diesem Sinne verstehe ich Stanley Hauerwas, wenn er den Verweis auf zentrale biblische Themen oder Bilder als „Abstraktion" bezeichnet, die biblisch nicht gerechtfertigt werden kann. „Indeed when biblical ethics is so construed" – so Hauerwas – „one wonders why appeals need be made to scripture at all, since one treats it as a source of general principles or images that once in hand need no longer acknowledge their origins" (Hauerwas, The Moral Authority of Scripture, 249).

Einmaligkeit ausmachen. Diese Prägungen können immer nur annäherungsweise beschrieben werden. Das Beispiel der Persönlichkeit eines Menschen mag diesen Sachverhalt verdeutlichen: Beschreiben wir seinen Charakter etwa als freundlich und hilfsbereit, so erheben wir damit weder den Anspruch, diesen Menschen damit schon angemessen beschrieben zu haben noch behaupten wir, er könne nie unfreundlich sein. Dennoch haben wir ein prägendes Merkmal seiner Persönlichkeit zum Ausdruck gebracht.

Ähnliches läßt sich über den Versuch theologischer Ethik sagen, aus biblischen Leitbildern Orientierung zu gewinnen. Wenn sie solche Leitbilder zu beschreiben versucht, dann erhebt sie dabei nicht den Anspruch, der ganzen Komplexität der biblischen Überlieferung gerecht zu werden. Vielmehr sucht sie sich *Rechenschaft* über *prägende Grundkonstanten* des Charakters des biblischen Zeugnisses zu geben.[30] Sie ist sich dabei dessen bewußt, daß sie diesen Charakter immer nur annäherungsweise beschreiben kann.

Für den Versuch der theologischen Ethik, in der biblischen Tradition nach Punkten zu suchen, an denen sich die Vernunft orientieren kann, sind also – so läßt sich zusammenfassend sagen – *zwei* Aspekte kennzeichnend. *Erstens* können biblische Texte immer nur in Verantwortung vor dem Gesamtcharakter der in der Bibel erzählten Geschichte Gottes mit den Menschen für die Ethik fruchtbar gemacht werden. *Zweitens* ist theologische Ethik auf die Suche nach prägenden Grundkonstanten des biblischen Zeugnisses angewiesen, anhand derer sie sich ihrer eigenen Voraussetzungen vergewissern und durch die sie im ethischen Diskurs Rechenschaft über diese Voraussetzungen ablegen kann. Der Versuch der Ermittlung

---

30 Diese „prägenden Grundkonstanten" entsprechen dem, was Severino Croatto „semantische Achsen" nennt. Solche „semantischen Achsen" (wie z.B. „Gerechtigkeit" oder „Befreiung") haben nach Croatto die Funktion, die zahlreichen Sinnmöglichkeiten von Wörtern oder Ideen in der Bibel auf eine neue Sinnwirkung hin zu ordnen und so das biblische Gesamtzeugnis erschließen zu helfen (Croatto, Die Bibel gehört den Armen, 71. Vgl. auch 65, 70 und 72). Vgl. zum selben Problem auch Dietrich Ritschls Begriff der „impliziten Axiome". Ritschl bezeichnet damit regulative Sätze, die im Denken und Handeln der Gläubigen „hinter" der Alltagssprache wirksam sind, und die immer wieder neu auf Wahrheit hin drängen (Ritschl, Zur Logik der Theologie, 142). Diesen impliziten Axiomen entsprechen „Konstanten der Grundhaltung der Gläubigen", die als „transindividuelle und ökumenische Aufgaben in der Lebensgestaltung eines jeden Trägers der biblischen Perspektive" zu verstehen sind (a.a.O. 313). In jüngster Zeit hat Ritschl den Begriff der „impliziten Axiome" auch auf biblische Inhalte angewandt (Ritschl, Implizite Axiome. Weitere vorläufige Überlegungen, 345f und 349).

C. Schlüsselprobleme eines theologischen Gerechtigkeitsverständnisses 147

solcher Grundkonstanten ist insoweit legitim, als er nicht definitorischen, sondern lediglich beschreibenden Charakter beansprucht.

Nachdem nun die Rolle der Vernunft und der biblischen Tradition bei der theologisch-ethischen Urteilsbildung näher beschrieben sind, soll abschließend noch auf das Verhältnis beider zueinander eingegangen werden. Ich erinnere daran, daß die amerikanischen Bischöfe in ihrem Hirtenbrief dieses Verhältnis als Verhältnis der Komplementarität beschrieben haben, ohne diesen Begriff näher zu erläutern.

6.4. Die kritische Integration von biblischer Begründung und Vernunftbegründung

Der Begriff der „Komplementarität" impliziert die Verschiedenheit der Funktionen biblischer Begründung und Vernunftbegründung. Gleichzeitig setzt er voraus, daß beide Funktionen sich ergänzen. Ist damit das Verhältnis beider zutreffend beschrieben oder üben beide Begründungselemente auch Funktionen *füreinander* aus? Handelt es sich dabei um zwei eigenständige Begründungswege oder sind beide wechselseitig aufeinander angewiesen? Können beide prinzipiell nicht miteinander in Konflikt geraten oder sind Spannungen möglich? Ob der Begriff „Komplementarität" für die Kennzeichnung des Verhältnisses von biblischer Begründung und Vernunftbegründung aufrechtzuerhalten ist, hängt von der Klärung dieser Fragen ab. Anhand von drei Aspekten will ich in thetischer Form den Versuch zu solcher Klärung unternehmen:

Erstens erfüllen biblische Begründung und Vernunftbegründung *unterschiedliche* Funktionen: die Vernunft hilft, die Komplexität der vorfindlichen Wirklichkeit zu erfassen und die verschiedenen Verhaltensalternativen mit den jeweils daraus folgenden Konsequenzen zu analysieren, um schließlich die sinnvollsten Handlungsoptionen herauszuarbeiten. Dabei bleibt sie in eine Perspektive gestellt, deren Letztbegründung sie nicht selbst leisten kann. Die Bibel verdeutlicht die Perspektive, in der theologisch qualifizierte Vernunft ihre Aussagen trifft. Sie beschreibt den Charakter, durch den solche Vernunft geprägt ist. *Insofern ergänzen sich biblische Begründung und Vernunftbegründung.*

Zweitens erfüllen sie *wechselseitige* Funktionen: mit den Mitteln der Vernunft werden biblisch-ethische Aussagen einer kritischen Prüfung ausgesetzt. Wissenschaftliche Methoden verhelfen dazu, über den historischen Kontext biblischer Aussagen sowie deren jeweiligen Ort im Gesamtzeugnis der Bibel Rechenschaft abzulegen und so zentrale und auch für heutige Fragestellungen relevante Inhalte von weniger zentralen und stark situativ gebundenen Aussagen zu unterscheiden. Umgekehrt decken die biblischen Inhalte die Zeitgebundenheit des als vernünftig Erachteten auf. Sie ermöglichen der Vernunft kritische Distanz zum Zeitgeist und geben ihr Impulse zu schöpferischem Weiterdenken und denkerischer Kreativität. *Insofern befruchten sich biblische Begründung und Vernunftbegründung.*

Drittens hat die Vernunftbegründung für die biblische Begründung *unterstützende* Funktion: *biblisch begründete Ethik* kommt im Diskurs der verschiedenen theologischen Perspektiven zustande. Sie richtet sich an die Menschen, die vom christlichen Glauben Orientierung für ihr Leben erwarten. In den Diskussionen der *philosophischen Ethik* finden sich allgemein einsichtige Vernunftargumente, mit denen die theologische Ethik ihren Grundaussagen Plausibilität auch bei den Menschen verschafft, die sich nicht vom christlichen Glauben her verstehen. Sie greift dabei auf Theorien zurück, die sich im philosophischen Diskurs bewährt haben. Aus einem Verständnis von Vernunft als „qualifizierter Vernunft", wie ich es oben erläutert habe, ergibt sich freilich auch, daß die biblische Begründung nie ganz in der Vernunftbegründung aufgehen kann. Der Konflikt zwischen beiden wird da deutlich, wo Ansätze philosophischer Ethik in ihren Grundannahmen dem christlichen Glauben widersprechen. Meine dritte These muß deswegen in der Form eines Bedingungssatzes vorgebracht werden: Insofern die philosophischen Ansätze den Grundannahmen theologischer Ethik Ausdruck verleihen, *entsprechen sich biblische Begründung und Vernunftbegründung.*

Auf dem Hintergrund dieser Thesen wird die Fragwürdigkeit der Komplementaritätsformel für die ethische Methodologie deutlich: Der Begriff der „Komplementarität" setzt nicht nur voraus, daß sich die in Frage stehenden Teile ergänzen, sondern auch, daß sie sich gegenseitig ausschließen.[31] Meine Ausführungen haben gezeigt, daß genau das für das Verhältnis von biblischer Begründung und Vernunftbegründung nicht zutrifft. Vielmehr ist deutlich geworden, wie sehr beide miteinander im Austausch stehen. M.E. ist deswegen nicht von einem Verhältnis der

---

31 Vgl. dazu die Ausführungen zum Begriff der Komplementarität in der naturwissenschaftlichen Grundlagendiskussion, die Wolfgang Huber und Hans-Richard Reuter im Zusammenhang mit der Aufnahme dieses Begriffes in den Heidelberger Thesen machen: Zwei verschiedene Erscheinungsweisen physikalischer Objekte gelten als komplementär wenn sie „für den Beobachter in *ausschließlichem Gegensatz* zueinander (stehen), obwohl sie zur vollständigen Beschreibung des Phänomens als gleich notwendig und damit *gleichrangig* gelten müssen" (Huber/Reuter, Friedensethik, 170).

Komplementarität, sondern vielmehr von einem *Verhältnis kritischer Integration*[32] zu sprechen. In dem Maße, in dem eine der Dimensionen dieses Verhältnisses kritischer Integration außer acht gelassen, also entweder biblische Begründung oder Vernunftbegründung verabsolutiert wird, entsteht die Gefahr fundamentalistischer oder rationalistischer Ideologie. Erstere vermeidet diese Gefahr, indem sie ihre Aussagen wissenschaftlicher Prüfung aussetzt, letztere begegnet ihr, indem sie sich Rechenschaft über ihre mit der Vernunft nicht mehr faßbaren Prämissen ablegt.[33]

Das Ergebnis meiner Untersuchungen zur Methodologie theologischer Ethik, das in der Formel von der *kritischen Integration von biblischer Begründung und Vernunftbegründung* seinen Ausdruck gefunden hat, wird dann von besonderer Bedeutung sein, wenn im Schlußkapitel dieser Arbeit theologische und philosophische Gerechtigkeitsdiskussion in Beziehung zu setzen sein werden. Zunächst will ich mich aber der Frage nach dem Recht der Rede von der „vorrangigen Option für die Armen" als zentralem Merkmal des biblischen Gerechtigkeitsverständnisses zuwenden.

Ich verstehe die Betonung einer biblischen „Option für die Armen", wie sie im Wirtschaftshirtenbrief der U.S.-Bischöfe zum Ausdruck gekommen ist, als den Versuch, das zu beschreiben, was ich eine „prägende Grundkonstante" des Charakters des biblischen Zeugnisses genannt habe. In der Frage, ob dieser Versuch der kritischen Nachfrage standhält, liegt m.E. angesichts der zentralen Bedeutung des Postulats einer vorrangigen Option für die Armen in den Diskussionen der weltweiten Ökumene ein Schlüsselproblem ökumenischer Ethik, insbesondere im Hinblick auf ihr Gerechtigkeitsverständnis. Nachdem ich bei dem Versuch der Klärung der methodologischen Grundfragen zu einem Ergebnis gekommen bin, will ich mich nun im folgenden diesem Problem zuwenden.

---

32 Diesen Ausdruck verdanke ich einem Gespräch mit Wolfgang Huber.
33 Auch wenn die Komplementaritätsformel des Hirtenbriefs *begrifflich* unbefriedigend bleibt, so scheinen die Bischöfe *inhaltlich* in eine ganz ähnliche Richtung gehen zu wollen. „... a relationship of complementarity" – so David Hollenbach, den Hirtenbrief interpretierend – „means that human wisdom and Christian belief must be mutually enriching and mutually corrective of each other" (Hollenbach, Justice, Peace, and Human Rights, 75).

II. Die Option für die Armen

1. Einleitung

Bei der Behandlung der umfangreichen Diskussion um die Option für die Armen, wie die katholischen U.S.-Bischöfe sie in ihrem Hirtenbrief vertreten, ist deutlich geworden, daß dieser Begriff in Kirche und Öffentlichkeit durchaus nicht nur Zustimmung findet. Nicht die Situation der Armen – so läßt sich die Kritik zusammenfassen – bildet den Maßstab für eine erfolgreiche Wirtschaftspolitik, sondern das allgemeine Wohlstandsniveau.

Aber auch unter denen, die mit den Bischöfen in der Betonung der Option für die Armen einig sind, gehen die Meinungen darüber weit auseinander, wie dieser Maßstab inhaltlich gefüllt werden kann. Die einen sehen darin, durchaus systemimmanent, eine Verpflichtung der Gemeinschaft, allen Menschen ein Existenzminimum zu garantieren, die anderen verstehen sie als Ermutigung für die Armen zum Kampf gegen das kapitalistische System. In jedem Falle ist schon bei der Diskussion um den Hirtenbrief deutlich geworden, daß mit dem Begriff der Option für die Armen ganz unterschiedliche inhaltliche Profile verbunden werden.

Ich will im folgenden versuchen, eine inhaltliche Interpretation zu entwickeln, die sich an dem Profil der Option für die Armen orientiert, das mit diesem Konzept vom Kontext seiner Entstehung her verbunden ist. Nur so kann die Voraussetzung für eine mögliche Anwendung auf andere Kontexte geschaffen werden. In einem *ersten* Schritt will ich deswegen einen Blick auf das Schlußdokument der zweiten lateinamerikanischen Bischofskonferenz in Medellin werfen, in dem die Wurzeln des Konzepts der Option für die Armen zu suchen sind, um dann das Schlußdokument der dritten lateinamerikanischen Bischofskonferenz in Puebla zu untersuchen, in dem dieser Begriff zum erstenmal explizit auftaucht. In einem *zweiten* Schritt will ich mich mit einigen zentralen Begründungs- und Interpretationsproblemen auseinandersetzen, die mit dem Konzept der Option für die Armen verbunden sind. Ich gehe dabei von der „klassischen" Interpretation aus, die Clodovis Boff und Jorge Pixley unter dem Titel „Die Option für die Armen" in der Reihe „Bibliothek Theologie der Befreiung" vorgelegt haben. Ich will die Tragfähigkeit dieser Interpretation prüfen, sie, wo nötig und möglich, weiterführen und mich auf diese Weise einer Antwort auf die Frage annähern, ob sich das Konzept der Option für die Armen für die Begründung eines theologisch-ethischen Gerechtigkeitsverständnisses als tauglich erweist. In einem *dritten* Schritt will ich schließlich den Ertrag meiner Untersuchungen zusammenfassen und einige grundsätzliche Überlegungen zur politischen Umsetzung der Option für die Armen anstellen.

2. Die Entstehung des Konzepts der Option für die Armen

2.1. Die Wurzeln der Option für die Armen in Medellin

2.1.1. Vorgeschichte

„Schon heute wird man sagen können, daß die zweite Generalversammlung des lateinamerikanischen Episkopates in Medellin 1968 ein herausragendes kirchengeschichtliches Ereignis war." Diese Feststellung Norbert Greinachers[34] illustriert das Ausmaß des Veränderungsprozesses in der lateinamerikanischen Kirche[35] in der zweiten Hälfte dieses Jahrhunderts, der in der Konferenz von Medellin seinen ersten prominenten Ausdruck fand. Ohne die Wahrnehmung dieses Veränderungsprozesses ist auch der spezifische Inhalt dessen nicht zu verstehen, was mit der Option für die Armen gemeint ist.

Zwei Hauptfaktoren lassen sich beschreiben, die zu dem erwähnten Wandel beigetragen haben. Der eine bezieht sich auf die Wahrnehmung der *sozialen Realität* und der andere auf die *theologische Deutung* dieser Realität. In den 60er Jahren war das Bewußtsein dafür gestiegen, wie sehr die *soziale Realität* Lateinamerikas vom Gegensatz zwischen arm und reich geprägt war. Die Hoffnungen auf Gerechtigkeit und Wohlstand, die den Prozeß der Dekolonisierung begleitet hatten, hatten sich nicht erfüllt. Nicht nur hatten die Entwicklungsprogramme der westlichen Länder die Massenarmut in Lateinamerika nicht beseitigt, sondern diese Armut und die damit verbundenen sozialen Gegensätze hatten sich weiter verschärft.[36]

---

34 Greinacher, Die Kirche der Armen, 79.
35 Wenn ich im folgenden von „Kirche" spreche, beziehe ich mich in besonderer Weise auf die *katholische* Kirche. Ohne Zweifel hat der Veränderungsprozeß auch die *protestantischen* Kirchen Lateinamerikas erfaßt. Ebenso unbestritten ist aber auch, daß die Weichenstellungen im Bereich der katholischen Kirche zu suchen sind.
36 In Brasilien, das von 1960 bis 1970 eine der höchsten Wachstumsraten des Bruttosozialproduktes verzeichnen konnte, erhöhten die reichsten 5 Prozent der Bevölkerung in dieser Zeitspanne ihren Anteil am Volkseinkommen von 29 auf 38%, während der Anteil der ärmsten vierzig Prozent von 10 auf 8% sank (Strahm, Überentwicklung – Unterentwicklung, 17).

Immer mehr Menschen wurde die zweifelhafte Rolle deutlich, die ausländische Unternehmen in ihren Ländern spielten. Während diese Unternehmen Gewinne in großer Höhe verbuchen konnten, blieb eine Verbesserung der Lage derer, die diese Gewinne mit ihrer Arbeitskraft erwirtschaftet hatten, aus.[37]

Für die *theologische Interpretation* dieser sozialen Situation in Theologie und Kirche Lateinamerikas spielten die Impulse des Zweiten Vatikanischen Konzils eine nicht zu unterschätzende Rolle. Die Öffnung der Kirche zur Welt, das sogenannte „aggiornamento", das zur programmatischen Spitze des Konzils geworden war, hatte die lateinamerikanische Kirche ermutigt, die Dramatik der sozialen Probleme auf ihrem Kontinent intensiver als bisher wahrzunehmen und ihre Ursachen zu analysieren. Der Einleitungssatz der Pastoralkonstitution „Gaudium et Spes" des Konzils verlangte geradezu nach einer Deutung im Lichte der Erfahrung Lateinamerikas: „Freude und Hoffnung, Trauer und Angst der Menschen von heute, *besonders der Armen und Bedrängten aller Art,* sind auch Freude und Hoffnung, Trauer und Angst der Jünger Christi".[38] „Es war dieser kleine Nebensatz, ‚besonders der Armen'," – so hat Peter Hebblethwaite festgestellt – „der die Lateinamerikaner zu ihrem Abenteuer in Bewegung gesetzt hat."[39] Auch wenn Hebblethwaite mit dieser Auffassung die Dramatik der sozialen Situation als Auslöser für die Neuorientierung gegenüber der Wirkmächtigkeit lehramtlicher Stellungnahmen wohl unterbetont, ist doch nicht von der Hand zu weisen, daß die wegweisenden Aussagen des Zweiten Vatikanum den Aufbruch der lateinamerikanischen Kirche in Medellín in erheblichem Maße geprägt haben.[40] Schon die Überschrift des Schlußdokuments „Die Kirche in der gegenwärtigen Umwandlung Lateinamerikas im Lichte des Konzils" ist ein deutliches Indiz für diese Diagnose.

---

37 In den Jahren 1966-70 investierten die multinationalen Konzerne in 35 Entwicklungsländern ohne Erdöl 4,92 Milliarden Dollar. Sie entnahmen im gleichen Zeitraum diesen Ländern 7,62 Milliarden Dollar Gewinne. Der Verlust für den Zahlungshaushalt der 35 Entwicklungsländer betrug also 2,7 Milliarden Dollar. Der Überschuß der Rückflüsse aus *Ölländern* betrug im gleichen Zeitraum sogar 14,31 Milliarden Dollar (a.a.O. 109).
38 Gaudium et Spes 1. Hervorhebung von mir.
39 „It was this little phrase, ‚especially those who are poor', that launched the Latin Americans on their adventure" (Hebblethwaite, Liberation Theology: The Option for the Poor, 407).
40 Ähnlich Noggler, Das erste Entwicklungsjahrzehnt, 58: „Man kann Medellín ohne Übertreibung eine frühe und einmalige Frucht des Konzils nennen." Vgl. auch Greinacher, Die Kirche der Armen, 79.

2.1.2. Schlußdokument

Wenn ich mich nun im folgenden einigen zentralen Aussagen dieses Schlußdokuments zuwende, so beschränke ich mich bewußt auf die Aussagen, die als Vorstufen der Option für die Armen bezeichnet werden können, ohne daß dieser Begriff in dem Dokument schon explizit auftaucht.[41] *Vier Aspekte* erscheinen mir besonders wichtig.

Der *erste Aspekt* bezieht sich auf die grundlegenden Voraussetzungen zur Wahrnehmung und Bekämpfung sozialer Ungerechtigkeit. Hatte die traditionelle Sicht der Armut strukturelle Ursachen noch außer acht gelassen und auf karitative Hilfe zur Lösung des Problems gebaut, so erwähnt das Dokument von Medellin nun ausdrücklich neben der personalen auch die strukturelle Dimension des Problems. „Wir werden keinen neuen Kontinent haben" – so die Bischöfe – „ohne neue und erneuerte Strukturen". Es wird – so fahren sie dann allerdings fort – „vor allem keinen neuen Kontinent geben ohne neue Menschen, die im Lichte des Evangeliums wirklich frei und verantwortlich zu sein wissen."[42] Auch wenn letztere Aussage die personale Dimension noch besonders betont, so ist doch das neue Bewußtsein für die Notwendigkeit *struktureller* Veränderungen nicht zu übersehen.

Noch deutlicher zeichnet sich dieser Befund an dem *zweiten Aspekt* ab, den ich beleuchten möchte. In wegweisender Deutlichkeit zeigen die Bischöfe die unlösbare Verbindung von Gerechtigkeit und Frieden auf und machen sich damit aus der Erfahrung des lateinamerikanischen Kontextes eine Einsicht zueigen, die mehr als zwei Jahrzehnte später im Zusammenhang mit dem konziliaren Prozeß für Gerechtigkeit, Frieden und die Bewahrung der Schöpfung von zentraler Bedeutung sein würde. In dem Kapitel über Frieden behandelt das Dokument verschiedene Ursachen struktureller Ungerechtigkeit. Unter der Überschrift „Spannungen zwischen den Klassen und interner Kolonialismus" weisen die Bischöfe auf verschiedene Formen der Marginalität u.a. im sozio-ökonomischen, politischen und rassischen Bereich hin (Frieden, 2). Weiter nennen sie „übermäßige Ungleichheiten zwischen den sozialen Klassen ... Wenige

---

41 Schon Gustavo Gutierrez und Robert McAfee Brown haben darauf hingewiesen, daß die Option für die Armen *implizit* bereits in das Schlußdokument von Medellin aufgenommen ist (Gutierrez, Die historische Macht der Armen, 84f.; McAfee Brown, The „Preferential Option for the Poor" and the Renewal of Faith, 7).
42 Gerechtigkeit, 3. Die Numerierung der einzelnen Paragraphen des Medellin – Dokuments beginnt mit jedem Kapitel neu. Ich gebe deswegen im folgenden zum Nachweis der jeweiligen Aussagen des Dokuments mit der Paragraphennummer immer auch die Kapitelüberschrift an.

besitzen viel (Kultur, Reichtum, Macht, Prestige), während viele wenig besitzen." Ein Zitat Papst Paul VI. unterstreicht die strukturellen Ursachen dieser Ungleichheiten: „Wir wissen, daß die wirtschaftliche und soziale Entwicklung auf dem großen lateinamerikanischen Kontinent ungleich gewesen ist, und während sie diejenigen begünstigte, die sie anfangs gefördert haben, hat sie die Massen der eingeborenen Bevölkerung vernachlässigt. Sie wurden fast immer auf einem niedrigen Lebensstandard belassen und zuweilen hart behandelt und ausgebeutet" (Frieden, 3). Daß diese Diagnose die Bischöfe von einer Haltung der Scheinneutralität zu einer Parteinahme für die Armen führt, wird deutlich, wenn sie mit klaren Worten die Strategie der herrschenden Schichten entlarven, „jeden Versuch, ein soziales System zu verändern, das den Fortbestand ihrer Privilegien begünstigt, als subversive Aktion (zu) bezeichnen" (Frieden, 5). Statt paternalistischer Fürsorge hat diese Parteinahme die Selbstorganisation des Volkes und dessen Kampf um seine Rechte zum Ziel. „Heute hat sich das Problem zugespitzt," – so zitiert das Dokument Papst Paul VI. – „weil Ihr Eurer Bedürfnisse und Eurer Leiden bewußt geworden seid, und ... Ihr könnt nicht dulden, daß diese Bedingungen andauern, ohne ihnen wirksame Abhilfe entgegenzusetzen" (Frieden, 7).

Die Tatsache, daß diese Aussagen in das Kapitel über „Frieden" Eingang gefunden haben, ist implizites Zeugnis für eine Auffassung, die die Bischöfe auch explizit äußern: „Der Friede ist vor allem Werk der Gerechtigkeit" (Frieden, 14). Strukturelle Ungerechtigkeit ist dementsprechend eine Form „institutioneller Gewalt" (Frieden, 16). Die enge Verbindung von Frieden und Gerechtigkeit ist m.E. ein deutliches Zeichen dafür, daß schon das Schlußdokument von Medellín von der Option für die Armen geprägt ist. Ungerechtigkeit als „institutionelle Gewalt" zu sehen, ist nur da möglich, wo der „Blick von unten" die Augen auf die Härte des alltäglichen Existenzkampfes richtet, dem die von ungerechten Wirtschaftsstrukturen Betroffenen ausgesetzt sind.

Die theologischen Grundlagen, auf denen die Sicht der sozialen Probleme im Medellín-Dokument beruht, will ich anhand eines *dritten* Aspektes verdeutlichen. Im Zentrum steht dabei die theologische Deutung eines dreifachen Armutsbegriffes. Die Armut als *Mangel* an den Gütern dieser Welt ist als solche ein Übel. Die Propheten klagen sie an; sie ist gegen den Willen Gottes gerichtet und in den meisten Fällen Frucht der Ungerechtigkeit und der Sünde der Menschen. Die *geistige* Armut ist das, was die „Armen Jahwes" verkörpern: die Öffnung zu Gott und die Bereitschaft dessen, der alles von Gott erwartet, die Unabhängigkeit von weltlichen Gütern und das Vertrauen auf die Güter des Reiches Gottes. Die Armut *als Engagement* schließlich nimmt die Bedingungen der Armen freiwillig und aus Liebe an, um Zeugnis zu geben von dem Übel, das sie darstellt und von der geistigen Freiheit gegenüber den Gütern (Armut der Kirche, 4).

Dieser dreifache Armutsbegriff ist letztlich christologisch begründet: „Christus, unser Erlöser, liebt nicht nur die Armen, sondern ‚er, der reich war, machte sich arm', lebte in Armut, konzentrierte seine Sendung darauf, daß er den Armen ihre Befreiung verkündete und gründete seine Kirche als Zeichen dieser Armut unter den Menschen" (Armut der Kirche, 7). Diese christologische Begründung des Armutsbegriff ist von zentraler Bedeutung: einerseits wird dadurch eine paternalistische Hilfshaltung vermieden, bei der die Armen von neuem zu Objekten gemacht würden, andererseits wird auch eine Romantisierung der Armut unmöglich gemacht, weil ein Entsprechungsverhältnis zwischen der Armut der Menschen und dem Leiden Christi hergestellt wird.

Welche Konsequenzen diese theologische Grundlegung im Dokument von Medellin für das Handeln der Kirche selbst hat, soll in einem *vierten* und letzten Aspekt angedeutet werden. Zunächst darf die Kirche angesichts „der ungeheuren sozialen Ungerechtigkeiten in Lateinamerika" nicht gleichgültig bleiben (Armut der Kirche, 1). Sie muß vielmehr den „stummen Schrei" von Millionen von Menschen nach Befreiung hören (Armut der Kirche, 2) und ihre eigene privilegierte Situation materieller Sicherheit wahrnehmen (Armut der Kirche, 3). Drei Hauptaufgaben – so die Bischöfe – stellen sich einer Kirche, die sich in dem unter dem dritten Aspekt behandelten Sinne als „arme Kirche" verstehen will: „Sie klagt den ungerechten Mangel der Güter dieser Welt und die Sünde an, die ihn hervorbringt". Sie „predigt und lebt die geistige Armut als Haltung der geistigen Kindschaft und Öffnung zu Gott". Sie „verpflichtet sich selbst zur materiellen Armut" (Armut der Kirche, 5). Das Zeugnis, das die Bischöfe anstreben, kommt am deutlichsten in ihrem Willen zum Ausdruck, „daß die Kirche Lateinamerikas den Armen die Frohe Botschaft verkündigt und mit ihnen solidarisch ist" (Armut der Kirche, 8).

Ich fasse zusammen: Auf dem Gebiet der *sozialen Analyse* richtet der katholische Episkopat Lateinamerikas im Schlußdokument von Medellin erstmals in aller Deutlichkeit seinen Blick auf die *strukturellen Ursachen* der Armut. Die unlösbare Verbindung von Gerechtigkeit und Frieden in dem Dokument macht deutlich, daß Friede nicht im Sinne der Doktrin der nationalen Sicherheit mit militärischen Mittel gesichert werden kann, sondern gerechte Wirtschaftsstrukturen zur Voraussetzung hat.[43]

---

43 Auf die Bedeutung dieser Tatsache weist Robert McAfee Brown hin: „The Medellin conference is the first instance in which a significant portion of the Roman

Auf dem Gebiet der *Theologie* erklärt das Dokument das Engagement für die Armen zu einem zentralen Bestandteil christlichen Glaubens und christlicher Nachfolge, indem es dieses Engagement für die Armen theologisch in der Menschwerdung Christi selbst verwurzelt. Was diese theologische Grundlegung für die Konstitution der *Kirche* bedeutet, machen die Bischöfe klar, indem sie die Verkündigung des Evangeliums an die Armen unlösbar mit der Solidarität mit den Armen verknüpfen und der Kirche eine doppelte Aufgabe zuweisen: zum einen soll sie vor der Welt für die Armen eintreten, zum anderen soll sie aber auch mit ihren eigenen Strukturen und ihrem eigenen Lebensstil als Kirche der Armen Zeugnis ablegen.

Die inhaltliche Stoßrichtung des Schlußdokuments von Medellin, die ich anhand einiger zentraler Aspekte beschrieben habe, rechtfertigt es m.E., in diesem Dokument die Wurzeln dessen zu sehen, was später in der Formel von der „Option für die Armen" seinen begrifflichen Ausdruck gefunden hat.[44] Das Medellin-Dokument darf allerdings nicht von dem Kontext, in dem es entstanden ist, isoliert werden. Die Aussagen der Bischöfe sind nicht ohne den Bewußtseinsprozeß zu verstehen, der sich schon im Vorfeld in der Kirche Lateinamerikas, v.a. in den gerade entstehenden Basisgemeinden vollzogen hatte. Neben den Impulsen des Zweiten Vatikanischen Konzils sind diese Anstöße von der Basis der Schlüssel zum Verständnis der Beschlüsse der Bischofskonferenz von Medellin.

Schon das Medellin-Dokument ist „durchdrungen vom Geist der Theologie der Befreiung"[45]. In zahlreichen Veröffentlichungen dieser theologischen Richtung, allen voran Gustavo Gutierrez' zuerst 1971 erschienene „Theologie der Befreiung", ist das Thema der Option für die Armen dann im Anschluß an die Konferenz aufgenommen und im Austausch mit der kirchlichen Praxis reflektiert worden. Im folgenden gehe ich gleichwohl nicht auf diese Veröffentlichungen ein, sondern wende mich gleich der Vorgeschichte und den Ergebnissen der III. Lateinamerikanischen Bischofskonferenz zu, die sich vom 26. Januar bis 13. Februar 1979 im

---

Catholic hierarchy has acknowledged the structural nature of evil and has analyzed violence as a component of the unjust structures" (McAfee Brown, The Preferential Option, 52).

44 Nach Collet taucht der Begriff der „Option für die Armen" zum erstenmal im Schlußdokument des 3. Nationalen Treffens der peruanischen Priesterbewegung (ONIS) vom 9.-14. November 1970 in Lima auf (Collet, „Den Bedürftigsten solidarisch verpflichtet". Implikationen einer authentischen Rede von der Option für die Armen, 76).

45 Greinacher, Die Kirche der Armen, 80. Vgl. auch McAfee Brown, The Preferential Option, 55: „... much of the subsequent dedication of Latin Americans to liberation theology can be traced to this document ..."

mexikanischen Puebla versammelte. Der Grund dafür liegt nicht darin, daß die Entwürfe der Befreiungstheologen in dem Jahrzehnt zwischen Medellin und Puebla wirkungsgeschichtlich von minderer Bedeutung wären, sondern darin, daß viele ihrer Überlegungen in Puebla eingeflossen sind und gerade durch die explizite Ausführung des Gedankens der Option für die Armen dort einen Kristallisationspunkt gefunden haben.

2.2. Die explizite Ausführung des Konzepts der Option für die Armen in Puebla

2.2.1. Vorgeschichte

Der eigentliche Stellenwert des Plädoyers für die Armen bei der Bischofskonferenz von Puebla ist nur zu erfassen, wenn wir die Vorgeschichte dieser Konferenz wenigstens in Ansätzen kennen. Angesichts der Signalwirkung, die das Schlußdokument von Medellin für die gesamte lateinamerikanische Kirche gehabt hatte, war den für die Vorbereitung des Treffens in Puebla Verantwortlichen die Bedeutung dieser Zusammenkunft voll bewußt. Würden die Bischöfe die befreiungstheologischen Impulse von Medellin wiederholen und verstärken oder würden sich die Stimmen durchsetzen, die seit Medellin versucht hatten, die politische Parteinahme zugunsten der Armen zurückzudrängen? Die konservativen Kräfte im Vatikan und in der lateinamerikanischen Hierarchie entwickelten zahlreiche Aktivitäten, um eine Korrektur der Medellin-Beschlüsse in Puebla zu erreichen.[46] Zentrale Figur dieser Bestrebungen war Weihbischof Lopez Trujillo, der von Rom protegierte Generalsekretär des lateinamerikanischen Bischofsrates (CELAM). Der problematische Geist, von dem die Restaurationsbemühungen gekennzeichnet waren, kommt in einem Brief Lopez Trujillos an seinen konservativen Bischofskollegen Luciano Duarte im Vorfeld von Puebla zum Ausdruck, der durch Zufall an die Öffentlichkeit gelangte und aus dem ich nur einen kurzen Abschnitt zitiere: „Bereite also Deine Flugbomber und Dein würziges Gift vor, da wir Dich sowohl in Puebla als auch auf der Versammlung der CELAM brauchen werden, und zwar mehr als je zuvor und in der besten Kondition. Ich glaube, Du mußt Dich einem Training unterziehen so wie die Boxer, bevor sie bei den Weltmeisterschaften in den Ring steigen, damit Deine Schläge auch dem Evangelium entsprechen und treffen."[47] Auch wenn

---

46 Zu diesen Aktivitäten vgl. genauer Greinacher, Die Kirche der Armen, 93-98 und Comblin, Kurze Geschichte der Theologie der Befreiung 33-36.
47 Zitiert bei Greinacher, a.a.O. 94.

solch pointierte Redeweise in einem Privatbrief anders zu bewerten ist als in öffentlichen Stellungnahmen, so sind diese Worte doch Ausdruck einer Kampfeshaltung gegenüber der Befreiungstheologie, die weniger vom Evangelium als von ideologischen Inhalten motiviert scheint.

Die Vorbereitungsdokumente der Konferenz waren dementsprechend stark restaurativ angelegt. „Vor allem das ‚Documento de Consulta'" – so Norbert Greinacher – „war ganz von einer deduktiven Methode her geprägt und wäre einer völligen Absage an die Theologie der Befreiung gleichgekommen." Gegen die Vorbereitungsdokumente – so Greinacher weiter – erhob sich aber in Lateinamerika und in Europa ein Sturm der Entrüstung.[48] Dieser Protest verfehlte seine Wirkung auf die Konferenz selbst nicht. Das Ergebnis der Beratungen war schließlich so nachhaltig von den Impulsen der Befreiungstheologie geprägt, daß Leonardo Boff erfreut feststellen konnte: „Wenn Medellin die Taufe der lateinamerikanischen Kirche war, dann stellt Puebla die Firmung dar."[49] Die Kontinuität zum Schlußdokument von Medellin ist unübersehbar. Puebla macht gegenüber der Perspektive der Vorbereitungsdokumente einen klaren Schnitt und stellt sich hinter die Einschätzung Medellins. „Die Operation ‚Zurück!'" blieb ohne Erfolg.[50]

Ich möchte diesen Befund belegen, indem ich im folgenden näher auf das Schlußdokument eingehe und dabei besonders seine Bedeutung für die „Option für die Armen" untersuche.

2.2.2. Schlußdokument

Schon zu Beginn seiner Analyse der lateinamerikanischen Realität beruft sich das Puebla-Dokument ausdrücklich auf Medellin: „So machen wir

---

48 A.a.O. 97. Zu den verschiedenen Formen, in denen sich der Protest äußerte vgl. Dussel, Die lateinamerikanische Kirche von Medellin bis Puebla (1968-1979), 111-113.
49 Zitiert bei Greinacher, Die Kirche der Armen, 99. Vgl. dazu Greinachers Hinweise auf die äußeren Gründe für diesen überraschenden Ausgang der Konferenz: „Zum einen war dies sicher dem Protest gegen die Vorbereitungsdokumente zu verdanken. Zum anderen konnte verhindert werden, daß die Redaktionsgruppe für das Schlußdokument von der Konferenzleitung bestimmt wurde. Ferner konnten die Teilnehmer einen maßgeblichen Einfluß auf die Bestimmung der Themen gewinnen. Und schließlich arbeitete eine Gruppe von ca. 30 Befreiungstheologen zwar ‚extra muros', d.h. außerhalb der Mauern des Seminars, in dem die Konferenz tagte, faktisch aber sehr wirksam an dem Zustandekommen der Beschlüsse mit (ebd.).
50 Gutierrez, Die historische Macht der Armen, 86. Dort auch die Begründung für diese Einschätzung im einzelnen.

uns die Dynamik der Konferenz von Medellin ... zu eigen, deren Sicht der Wirklichkeit wir uns anschließen ..."[51] Gustavo Gutierrez hat mit Recht die Bedeutung dieser Passage hervorgehoben: „Wenn man an die Angriffe denkt, die Medellin wegen seiner Analyse der gesellschaftlichen Wirklichkeit Lateinamerikas einstecken mußte, dann erkennt man den Wert all dessen, was dieser Ausdruck bedeutet."[52]

Mit eindringlichen Worten beschreibt das Schlußdokument von Puebla die Situation. Auffallend ist dabei, wie schon bei der Situationsanalyse theologische Qualifizierungen vorgenommen werden. Die Bischöfe betrachten den sich immer mehr auftuenden Abgrund zwischen Reichen und Armen nicht nur als ein Ärgernis, sondern auch als einen „Widerspruch zum Christsein". Nicht nur sehen sie den Luxus einiger weniger als „Beleidigung für das große Elend der Massen", sondern auch als eine „soziale Sünde, die umso schwerer wiegt, da sie in Ländern begangen wird, die sich katholisch nennen und die Fähigkeit haben, dies abzuändern ..." (28).[53]

Noch deutlicher als in Medellin betonen die Bischöfe in Puebla die strukturellen Ursachen von Armut und Elend.

Als Ergebnis ihrer Analyse der Armut stellen sie ausdrücklich fest, „daß diese Armut nicht Zufall, sondern das Ergebnis wirtschaftlicher, sozialer, politischer und anderer Gegebenheiten und Strukturen ist" (30). Hatte Medellin noch dem personalen einen gewissen Vorrang vor dem strukturellen Element gegeben, so stehen in Puebla beide gleichberechtigt nebeneinander: Die Situation der Ungerechtigkeit erfordert „die Umkehr des einzelnen sowie tiefgreifende Strukturwandlungen, die den gerechten Bestrebungen des Volkes nach einer in Wahrheit sozialen Gerechtigkeit Genüge tun" (30).

Wenn das Dokument von „Situationen eines wirtschaftlichen und kulturellen Neokolonialismus" spricht, „der mitunter ebenso grausam ist wie der alte politische Kolonialismus" (26), so sind damit strukturelle Ursachen der Armut schon angedeutet, die an anderer Stelle genauer benannt werden. Neben dem Wettrüsten, dem „großen Verbrechen unserer Zeit" (67) und dem „Fehlen wirklichkeitsnaher Strukturreformen in der Landwirtschaft" zugunsten der Landarbeiter (68) nennen die Bischöfe u.a. „die

---

51 Puebla 25. Anders als das Medellin-Dokument zählt das Puebla-Dokument seine Paragraphen fortlaufend, so daß die Zahlen in Klammern im folgenden die Paragraphennummern angeben.
52 Gutierrez, Die historische Macht der Armen, 88.
53 Die Vorstellung von der „sozialen" oder „strukturellen" Sünde findet sich an zahlreichen Stellen in dem Dokument. Vgl. z.B. 70, 73, 281, 452, 515, 1032, 1269.

Tatsache der wirtschaftlichen, technologischen, politischen und kulturellen Abhängigkeit: die Anwesenheit multinationaler Firmenzusammenschlüsse, die häufig nur ihren eigenen Interessen auf Kosten des Wohles des Empfängerlandes dienen" sowie den „Wertverlust unserer Rohstoffe im Vergleich zum Preis der Fertigwaren, die wir kaufen ..." (66). Diese wenigen Auszüge aus der sozio-kulturellen Analyse des Puebla-Dokuments zeigen schon, daß die Deutlichkeit der Kritik an den bestehenden Verhältnissen derjenigen in Medellin in nichts nachsteht. Bestätigt wird dieser Befund durch die Tatsache, daß die Bischöfe in expliziter Anknüpfung an den in Medellin gebrauchten Begriff der „institutionellen Gewalt" von „institutionalisierter Ungerechtigkeit" sprechen (46).

Ich halte als *Zwischenergebnis* fest, daß die Option für die Armen in Puebla, analog zu Medellin, schon die soziale Analyse des Dokuments prägt. Mit deutlichen Worten wird die unerträgliche Situation der Armen dargestellt und im Lichte des christlichen Glaubens beurteilt („soziale Sünde"). Die Armut wird nicht romantisiert oder schicksalhaft hingenommen, sondern als Produkt menschlichen Fehlverhaltens und ungerechter Strukturen wahrgenommen. Gegenüber Medellin wird die Bedeutung struktureller Ursachen noch klarer zum Ausdruck gebracht. Die Bischöfe scheuen sich nicht, konkrete Defizite des herrschenden Wirtschaftssystems aufzuzeigen und dessen Veränderung im Sinne der Armen zu fordern. Sie machen damit klar, daß es sich bei den Fragen des Wirtschaftssystems keineswegs um reine Sachfragen handelt, sondern daß die *Perspektive*, aus der heraus Sachaussagen getroffen werden, den *Inhalt* dieser Sachaussagen maßgeblich prägt.

Ich habe mich bisher mit den Aussagen des Puebla-Dokumentes beschäftigt, die sich *implizit* mit der Option für die Armen beschäftigen. Ich wende mich jetzt dem Kapitel des Dokumentes zu, das den Titel „Vorrangige Option für die Armen" trägt, das also dieses Thema nun auch *explizit* behandelt. Daß die Entstehung des Begriffs der Option für die Armen nicht erst im Umkreis seiner erstmaligen expliziten Erwähnung gesucht werden kann, machen die Bischöfe selbst deutlich, wenn sie schon im Einleitungsparagraphen zu diesem Kapitel darauf hinweisen, daß sie sich „die Auffassung der 2. Vollversammlung zu eigen (machen), die eine klare und prophetische, vorrangige und solidarische Option für die Armen zum Ausdruck brachte ..." „Wir bestätigen" – so die Bischöfe weiter – „die Notwendigkeit der Umkehr der gesamten Kirche im Sinne einer vorrangigen Option für die Armen mit Blickrichtung auf deren umfassende Befreiung" (1134). Die Bischöfe beziehen sich also auf Medellin, ohne daß dort schon explizit von der Option für die Armen die Rede gewesen wäre.

Anhand von drei Schritten geht das entsprechende Kapitel im Puebla-

Dokument vor: zunächst nimmt es eine kurze Bestandsaufnahme dessen vor, was die lateinamerikanische Kirche seit der Konferenz von Medellin für die Armen getan oder nicht getan hat (1134-1140), dann geht es zu einer theologischen Reflexion des Armutsbegriffes über (1141-1152), um dann schließlich anhand von „pastoralen Richtlinien" die daraus folgenden Konsequenzen für die Ziele und das Handeln der Kirche zu erläutern (1153-1165). Anhand dieser drei Schritte will ich im folgenden am Text entlanggehen.

Die Bischöfe stellen zunächst fest, daß sich die Situation seit Medellin nicht verbessert hat. Im Gegenteil: „Die überwiegende Mehrheit unserer Brüder (sic!) lebt weiterhin in Armut und sogar im Elend, das noch zugenommen hat ... Die Armen entbehren nicht nur der materiellen Güter, sondern auf der Ebene der menschlichen Würde entbehren sie der vollen gesellschaftlichen und politischen Mitbeteiligung" (1135). Das Engagement der Kirche für die Armen ist nach Auffassung des Dokuments „tiefgreifender und realistischer" geworden (1136), gleichzeitig hätten die Armen, von der Kirche ermutigt, begonnen, sich selbst zu organisieren, „um ihren Glauben in seiner Fülle zu leben und ihre Rechte zu fordern" (1137). Aufgrund ihrer prophetischen Anklage sei die Kirche selbst Verfolgungen und Bedrängnissen ausgesetzt gewesen, deren erste Opfer die Armen selbst gewesen seien (1138). Das Puebla-Dokument weist dann ausdrücklich auf die inneren und äußeren Spannungen und Konflikte hin, die daraus für die Kirche erwachsen seien. Sowohl auf der Seite der Mächtigen zu stehen, sei sie beschuldigt worden, als auch, sich auf den gefährlichen Irrweg der marxistischen Ideologie zu begeben (1139).

Der Bestandsaufnahme folgt ein Bußbekenntnis, an dessen Ende ein gewichtiger theologisch programmatischer Satz steht: „Nicht alle haben wir uns in der Kirche Lateinamerikas in ausreichendem Maße für die Armen engagiert; nicht immer sorgen wir uns um sie und nicht immer sind wir solidarisch mit ihnen. Der Dienst an den Armen erfordert in der Tat eine ständige Umkehr und Läuterung aller Christen, damit eine immer vollständigere Identifizierung mit Christus, der arm war, und mit den Armen verwirklicht wird" (1140). Das Bekenntnis, dessen genaue Formulierungen uns jetzt nicht beschäftigen sollen[54], will die Notwendigkeit der

---

54 Auch wenn ein Bußbekenntnis in diesem Kontext durchaus bemerkenswert ist, so muten – das sei kritisch angemerkt – die Formulierungen doch fast beschönigend an. Implizit wird ja vorausgesetzt, daß immerhin *fast alle* in der Kirche sich in ausreichendem Maße eingesetzt hätten und man *fast immer* mit den Armen solidarisch gewesen sei. Der tatsächlichen Realität der Kirche Lateinamerikas, die sich etwa in den angedeuteten Machtkämpfen im Vorfeld von Puebla zeigt, wird dies trotz eindrucksvoller Beispiele der Solidarität wohl nicht gerecht.

Umkehr verdeutlichen. Die Richtung der Umkehr wird christologisch verankert und heißt: Identifizierung mit Christus und mit den Armen. Schon an dieser Stelle deutet sich das gleiche Entsprechungsverhältnis zwischen der Armut Christi und der Armut der Menschen an, das schon im Zentrum der theologischen Begründung der Option für die Armen im Medellin-Dokument gestanden hatte.

Diese Beobachtung bestätigt sich anhand der Aussagen, die die Bischöfe in ihrem zweiten Schritt machen, der die theologische Reflexion zum Inhalt hat. Der Sohn Gottes – so das Dokument – „identifizierte sich mit den Menschen, indem er einer von ihnen wurde, mit ihnen solidarisch war und durch seine Geburt, in seinem Leben und vor allem in seinem Leiden und Sterben, wo er die Armut am stärksten zum Ausdruck brachte, die Situation der Menschen annahm ... Allein aus diesem Grunde haben die Armen ein Anrecht auf besondere Fürsorge, ungeachtet ihrer moralischen und persönlichen Situation" (1141f). Auch hier wird also die Armut der Menschen in Entsprechung zu der Armut Christi gesehen. In Puebla ebenso wie in Medellin – das ist ausdrücklich festzuhalten – wird die Option für die Armen nicht in einer Ethik der Gebote verwurzelt, sondern in einer Inkarnationstheologie, die mit der *Mensch*werdung auch die *Arm*werdung Gottes in Christus betont und so, eindringlicher als das in einer Gebotsethik möglich wäre, die unlösliche Verbindung von Glaube an Gott und Option für die Armen deutlich macht. Gleichzeitig kommt darin die Bedingungslosigkeit der Option für die Armen zum Ausdruck: sie beruht nicht auf der moralischen Dignität, die sich die Armen erworben haben, sondern allein auf der Tatsache, daß Gott in Christus selbst arm geworden ist und den Armen damit diese Dignität schon zugesprochen hat.[55]

Den Dienst an den Armen – so haben wir gesehen – verwurzelt das Puebla-Dokument im Innersten der Theologie, in der Gotteslehre und der Christologie. Was aber heißt „Dienst an den Armen"? Zwei Mißverständnisse räumen die Bischöfe aus. *Zum einen* ist Dienst an den Armen zwar vorrangiger, nicht aber ausschließlicher Bestandteil der Nachfolge Christi (1145). Deswegen spricht das Dokument ausdrücklich von *vorrangiger* Option für die Armen. Daß die Option für die Armen in Puebla nicht ausschließlichen Charakter hat, zeigt sich im übrigen darin, daß den Ausführungen über die Armen ein Kapitel folgt, das sich mit der „vorrangigen Option für die Jugendlichen" beschäftigt (1166ff). Daran ändert

---

55 Vgl. Gutierrez, Die historische Macht der Armen, 96f.

auch die Tatsache nichts, daß beide Optionen eng miteinander zusammenhängen.[56]

Zum anderen ist der Dienst an den Armen nicht ein Akt der Wohltätigkeit, sondern vielmehr der *Gerechtigkeit*. Die Bischöfe berufen sich dabei auf Aussagen des Zweiten Vatikanischen Konzils: „Zuerst muß man den Forderungen der Gerechtigkeit Genüge tun, und man darf nicht als Liebesgabe anbieten, was schon aus Gerechtigkeit geschuldet ist. Man muß die Ursachen der Übel beseitigen, nicht nur die Wirkungen. Die Hilfeleistung sollte so geordnet sein, daß sich die Empfänger, allmählich von äußerer Abhängigkeit befreit, auf die Dauer selbst helfen können" (1146). Das Puebla-Dokument erteilt mit dieser Präzisierung all denen eine klare Absage, die die Option für die Armen im Sinne eines karitativen *Ausgleichs* für erlittene Ungerechtigkeit verstehen. Option für die Armen heißt nicht, lediglich „die Opfer unter dem Rad zu verbinden", sondern „dem Rad selbst in die Speichen zu fallen" (Dietrich Bonhoeffer)[57].

Neben dem Dienst an den Armen weisen die Bischöfe – und das ist in dieser Formulierung neu gegenüber dem Dokument von Medellin – in Puebla auch auf das „evangelisatorische Potential der Armen" hin. Die Armen stellen die Kirche ständig vor Fragen, indem sie sie zur Umkehr aufrufen und viele von ihnen verwirklichen in ihrem Leben die Werte des Evangeliums, die in der Solidarität, im Dienst, in der Einfachheit und in der Aufnahmebereitschaft für das Geschenk Gottes bestehen (1147). Dahinter steht ein Verständnis von Armut, wie es uns schon in Medellin begegnet ist: Armut ist nicht nur Ausdruck der Entbehrung, sondern auch, im Alten Testament personifiziert in den „Armen Jahwes", „evangelische Armut", die die Haltung der vertrauensvollen Öffnung gegenüber Gott mit einem einfachen und bescheidenen Leben verbindet (1148-1152, vgl. auch 132). Hier bleiben allerdings Fragen offen. Was meint das „evangelisatorische Potential der Armen" genau? Ist damit lediglich gesagt, daß die Armen eine permanente Anfrage an die Reichen darstellen oder ist damit ein erkenntnistheoretischer Vorsprung gegenüber den Reichen gemeint, der den Armen aufgrund ihrer Situation von vornherein eine größere Urteilskraft zubilligt? Die damit verbundenen Fragen werden noch näher zu klären sein.

Zunächst aber will ich kurz auf die pastoralen Richtlinien eingehen, die sich für die Puebla-Bischöfe aus der Option für die Armen ergeben. Das

---

56 „It is not hard to discern" – so Robert McAfee Brown – how intimately the two are related, for in situations of extreme poverty those most affected are the young ..." (The Preferential Option, 8).
57 Dietrich Bonhoeffer, Die Kirche vor der Judenfrage, 247.

Ziel dieser Option sehen sie in der „Verkündigung Christi, des Erlösers, der ihnen ihre Würde kundtut" und „ihnen bei ihren Bemühungen um Befreiung von allen Nöten hilft" (1153). Das Eintreten für die Armen ist also integrativer Bestandteil der Evangelisation. Diese Evangelisation gilt allerdings Armen *und* Reichen, in je eigener Weise. Die Forderung des Evangeliums nach Armut als Solidarität mit den Armen und als Ablehnung der Situation, in der die Mehrheit der Bevölkerung des Kontinents lebt, schützt die *Armen* vor Individualismus und Konsumismus. Die *Reichen*, die ihr Herz an den Reichtum gehängt haben, evangelisiert das Zeugnis einer armen Kirche, indem es sie zur Umkehr veranlaßt und sie von dieser Knechtschaft und ihrem Egoismus befreit (1156). Diese Aussagen über die evangelisatorische Bedeutung der Option für die Armen, wie sie das Puebla-Dokument versteht, machen deren *universale* Intention deutlich: universal nicht nur im Hinblick auf die Adressaten, Arme *und* Reiche, sondern auch im Hinblick auf das Bezugsfeld des Glaubens: Evangelisation heißt gerade nicht einfach, möglichst viele Menschen für die christliche Lehre zu gewinnen, sondern ebenso zentral, für diese Menschen und ihre Rechte einzutreten und damit Christus selbst zu dienen. Die konkreten Aktionen, die das Dokument zur Umsetzung seiner evangelisatorischen Ziele vorschlägt, reichen deswegen auch von der Verurteilung der extremen Armut vieler Menschen (1159) über die Anklage der Mechanismen, die diese Armut hervorrufen (1160) bis hin zur Verpflichtung auf Achtung und Sympathie den autochthonen Kulturen gegenüber (1164).[58]

Das Kapitel über die „vorrangige Option für die Armen" im Puebla-Dokument schließt mit einer ausdrücklichen Betonung der Kontinuität mit Medellin: „Mit ihrer vorrangigen, aber nicht ausschließlichen Liebe zu den Armen war die in Medellin gegenwärtige Kirche ... ein Aufruf zur Hoffnung auf christlichere und menschlichere Ziele ... Die 3. Bischofskonferenz von Puebla will diesen Aufruf lebendig erhalten und der Hoffnung neue Horizonte eröffnen" (1165). Dieser Satz drückt einen Sachverhalt aus, der zuerst zu nennen ist, wenn ich nun das *Ergebnis* meines Überblicks über das Schlußdokument von Puebla festhalte.

Die Versuche im Vorfeld der Konferenz, die Parteinahme für die Armen in Medellin wieder rückgängig zu machen, müssen als gescheitert gelten. Auch wenn diese Bestrebungen in verschiedenen Passagen, die vor dem Marxismus warnen, ihre Spuren hinterlassen haben, so sind sie nicht bestimmend für die Gesamttendenz des Puebla-Dokuments geworden. Im

---

58 Vgl. Puebla 482 und Greinacher, Die Kirche der Armen, 100.

Gegenteil: an zahlreichen Stellen wird die Kontinuität zu Medellin betont (u.a. 25, 88, 142, 143, 235, 480 und 1165). Nicht nur prägt die Konferenz von Puebla den *Begriff* der „vorrangigen Option für die Armen"[59], vielmehr muß in dem damit bezeichneten *Inhalt* eines der *Schlüsselthemen* dieser Konferenz gesehen werden.[60]

Anhand von *fünf Aspekten* fasse ich diesen Inhalt zusammen: *erstens* räumt die Situationsanalyse der Bischöfe den strukturellen Ursachen ebenso breiten Raum ein wie den persönlichen. Persönliche und soziale Sünde können nicht voneinander getrennt werden. Die daraus folgende Forderung nach Umkehr muß sich deswegen in Änderungen des Wirtschaftssystems ebenso zeigen wie in persönlicher Verhaltensänderung. *Zweitens* wird diese Forderung nach Umkehr wie in Medellin christologisch verwurzelt: weil Gott selbst in Christus arm geworden ist, sind der Glaube an diesen Gott und die Solidarität mit den Armen unlösbar miteinander verbunden. *Drittens* kann nach Auffassung des Puebla-Dokuments von einem besonderen „evangelisatorischen Potential der Armen" gesprochen werden. Durch ihre Haltung der vertrauensvollen Öffnung gegenüber Gott und der Verwirklichung der Werte des Evangeliums stellen sie ständige Anfragen an die Kirche selbst und an die Welt. *Viertens* ist die Option für die Armen zwar vorrangiger, nicht aber ausschließlicher Bestandteil der Nachfolge Christi. *Fünftens* schließlich ist sie nicht einfach ein Ausdruck christlicher Liebestätigkeit, sondern eine Forderung der Gerechtigkeit.

Anhand der Schlußdokumente von Medellin und Puebla habe ich das entstehungsgeschichtliche Profil des Begriffs der „Option für die Armen" aufzuzeigen versucht. Dieser Begriff – so haben wir gesehen – steht für den kirchlichen Neuaufbruch zu einem Prozeß, der von einem jahrhundertelangen Kartell von Kirche und Macht hin zu einem Eintreten dieser Kirche für die Armen und Machtlosen führt. Gleichwohl bleiben Fragen offen, die in solchen kirchlichen Dokumenten, die immer auch einen Konsens zwischen verschiedenen Kräften darstellen, nicht mit der nötigen systematischen Kohärenz behandelt werden können. Diesen Fragen will ich mich im folgenden, ausgehend von der Interpretation Clodovis Boffs und Jorge Pixleys eingehender zuwenden.

Von wem ist eigentlich die Rede, wenn von „den Armen" gesprochen wird? Verbirgt sich dahinter nicht eine durchaus inhomogene Gruppe? Wer

---

59 Vgl. dazu McCann, Option for the Poor: Rethinking a Catholic Tradition, 36: „I have not been able to document the use of this term prior to its adoption in the „Final Document" produced by the meeting of the Latin American Bishops' Conference (CELAM) at Puebla, Mexico, in 1979." Siehe auch oben Anm. 11.
60 So auch Gutierrez, Die historische Macht der Armen, 85.

sind also „die Armen" (1)? Ist die Option für die Armen wirklich in biblischen Inhalten verwurzelt oder macht sie ein biblisches Nebenthema aufgrund zeitbedingter Interessen zu einem Hauptthema (2)? Was heißt „Armut" eigentlich theologisch? Wie ist das Verhältnis von materieller und spiritueller Armut zu bestimmen? Bedingt das eine das andere? Kann wirklich von einem „evangelisatorischen Potential" der materiell Armen gesprochen werden und was ist damit überhaupt gemeint (3)? Wie inklusiv bzw. universal kann eine Option für die Armen sein? Muß Parteinahme nicht zwangsläufig auch exklusiven Charakter haben, umso mehr, wenn ihr eine Klassenanalyse der Gesellschaft zugrundeliegt (4)? Wie ist der Stellvertretungscharakter der Option für die Armen zu bewerten? Birgt das Eintreten *für* die Armen nicht die Gefahr des Paternalismus in sich (5)? Einer Klärung dieser Fragen will ich im folgenden Abschnitt näherzukommen versuchen. Ich beginne mit der Frage nach der näheren Kennzeichnung der Armen.

3. Zur Interpretation der Option für die Armen

3.1. Wer sind die Armen?

Clodovis Boff und Jorge Pixley orientieren sich bei ihrer Beschreibung der Armen am Kontext Lateinamerikas. Gleichwohl werden dabei inhaltliche Klärungen vorgenommen, die über diesen Kontext hinaus von Bedeutung sind.

Das wird besonders deutlich, wenn die Beiden ins Zentrum ihrer inhaltlichen Füllung des Begriffs der „Armut" eindeutig die *materielle Armut* stellen. Arme sind „Menschen, die grundlegende wirtschaftliche Not leiden. Menschen, die nicht über die zu einem würdigen Dasein notwendigen materiellen Güter verfügen."[61] Dabei unterscheiden Boff/Pixley zwei Gruppen: die „Marginalisierten" und die „Ausgebeuteten". Beide Gruppen sind nicht das Ergebnis naturgegebener Tatsachen, sondern sie werden von einem bestimmten Herrschaftssystem im Zustand der Armut gehalten, sie werden arm *gemacht*. Die *Marginalisierten* werden vom herrschenden Wirtschaftssystem nicht erreicht oder sie werden bewußt davon ausgeschlossen. Zu dieser Gruppe gehören Arbeitslose und Unterbeschäftigte ebenso wie die in der Schattenwirtschaft Tätigen und

---

61 Boff/Pixley, Die Option für die Armen, 18. Wenn nicht anders vermerkt, beziehen sich die Seitenangaben in Klammern im folgenden auf dieses Buch.

v.a. die sogenannten „Elenden", also Bettler, verwahrloste Jugendliche oder Prostituierte. Diese Armen, bilden gesellschaftlich gesehen eine inhomogene Gruppe ohne politische Artikulation, der die Kirche „als Kraft menschlicher Bejahung und sozialen Zusammenfindens ... besonders nahesteht" (20).

Die andere große Gruppe der Armen sind die *Ausgebeuteten*. Sie gehen zwar einer geregelten Arbeit nach, aufgrund eines ungerechten sozio-ökonomischen Systems werden aber auch sie arm gehalten. Die Arbeiter zählen ebenso zu ihnen wie verschiedene Gruppen von Bauern (z.B. Kleinbauern, Landnutzer ohne rechtskräftige Besitzansprüche oder auch Tagelöhner) und der untere Saum des Dienstleistungssektors (kleine Beamte, Grundschullehrer, Kleinhändler).

Es ist deutlich geworden, daß Clodovis Boff und Jorge Pixley Armut primär als „materielle Armut" definieren. „Es gibt keinen realen Armen (im eindeutigen Sinn)," – so die Beiden – „der nicht in dieses Konzept passen würde" (25). Gleichwohl sehen sie auch Daseinsformen der Armut, die nicht sozio-ökonomischer Natur sind. Zu diesen Formen von Armut, die sie *„sozio-kulturelle ‚Armut'"* nennen, rechnen sie Diskriminierung wegen Rassen-, Volks- oder Geschlechtszugehörigkeit ebenso wie Diskriminierung religiöser oder sexueller Minderheiten (25).[62]

Boff/Pixleys Beschreibung der Armut bezieht sich auf den Kontext Lateinamerikas. Bei der Übertragung auf andere Kontexte muß der *relative Charakter der Armut* beachtet werden: Armut kann nie absolut definiert werden, sondern sie muß im Verhältnis zum allgemeinen Wohlstand einer Gesellschaft bestimmt werden.[63] Dennoch kann die Analyse der beiden lateinamerikanischen Theologen auch über den Kontext Lateinamerikas

---

62 Neben der sozio-ökonomischen und der sozio-kulturellen Armut identifizieren Boff/Pixley noch eine dritte Gruppe von Armen: die Gruppe der „neuen Armen" der Industriegesellschaft. Dabei handelt es sich um geistig und physisch Behinderte, junge Flüchtlinge, Arbeitslose, Orientierungslose und v.a. alte Rentner und junge Drogenabhängige (27). Ich werde auf diese Gruppe nicht näher eingehen, ich halte sie für weitgehend identisch mit einem Teil der sozio-ökonomisch Armen, insbesondere der Marginalisierten.
63 Vgl. dazu Döring/Hanesch/Huster, Armut als Lebenslage. Ein Konzept für Armutsberichterstattung und Armutspolitik, 9: „Mit dem Anstieg des allgemeinen Lebensstandards hat Armut (in der Bundesrepublik, H.B.-S.) zwar als physisches Überlebensproblem ... weitgehend an Bedeutung verloren, wird aber in ihrer relativen Dimension – d.h. bezogen auf den durchschnittlichen Lebensstandard in dieser Gesellschaft – immer wieder neu, auf höherer Stufenleiter, reproduziert." Vgl. auch Iben, Zur Definition von Armut, 276f, der die Definition von Armut anhand eines bestimmten Prozentsatzes des Durchschnittseinkommens vorschlägt.

hinaus wichtige Aufschlüsse geben. Der interessanteste Aspekt ist dabei m.E. die Frage nach dem Verhältnis von sozio-ökonomischer Armut und den Phänomenen der Diskriminierung, die Boff/Pixley „sozio-kulturelle ‚Armut'" nennen. Die Überlegungen der Beiden zu dieser Frage seien deswegen noch etwas näher erläutert.

Auch wenn sozio-kulturelle „Armut" nicht auf den wirtschaftlichen Aspekt reduziert werden kann, – so Boff/Pixley – so steht sie doch immer in einem umfassenden Zusammenhang mit der materiellen Armut. Boff/Pixley nennen ein Beispiel: *Frauen* werden aufgrund ihres Geschlechtes diskriminiert und sind normalerweise auch noch ökonomisch ausgebeutet.[64] Die materielle Armut bleibt dabei die grundlegende Dimension: „So bedrückt ... der Männlichkeitswahn die Gattin eines Regierungsmitgliedes anders, als er auf der Frau eines Arbeitslosen oder eines Bergarbeiters lastet" (26). Dieses Beispiel macht deutlich, warum die beiden lateinamerikanischen Theologen das Wort „Armut" bei der Bezeichnung soziokultureller Diskriminierung in Anführungsstriche setzen. Eine vorschnelle Vereinnahmung dieses Wortes für die verschiedensten Formen der Diskriminierung könnte die Bedeutung materieller Armut als einer Überlebensfrage verwischen: „Die ‚Armut' sozio-kulturellen Charakters darf nicht zur Verschleierung und Mystifizierung der brutalen Wirklichkeit dienen, die in der sozio-ökonomischen Armut zum Ausdruck kommt" (26). „Strenggenommen" – so Boff/Pixley – „sollten wir von Sonderformen der *Unterdrückung* überwiegend sozio-kulturellen Charakters sprechen" (25).

Ich halte als Ertrag für das Verständnis des Begriffs der Armut im Konzept der Option für die Armen fest: Mit „Armut" ist zunächst die unmittelbarste Form der Ungerechtigkeit gemeint: die materielle Armut in ihren zahlreichen Spielarten. Darüber hinaus ist bei der Option für die Armen aber auch von anderen Formen der Unterdrückung wie Geschlechterdiskriminierung oder Rassismus die Rede, die nicht unmittelbar durch materielle Armut verursacht, aber in der Regel von solcher Armut begleitet sind. An der Tatsache, daß Boff/Pixley diese Formen sozio-kultureller Unterdrückung als „Armut" bezeichnen, wird deutlich, daß das Konzept der Option für die Armen solche Unterdrückung ebenso im Blick hat wie die materielle Armut. Beides sind Dimensionen von Ungerechtigkeit,

---

[64] Dies gilt für den Kontext Lateinamerikas in besonderer Weise. Sozialwissenschaftliche Untersuchungen belegen gleichwohl, daß die Feminisierung der Armut auch ein Phänomen des bundesdeutschen Kontextes ist. Zahlenmaterial dazu in: Möller, Frauenarmut, 77f. Vgl. auch den Abschnitt im Wirtschaftshirtenbrief der U.S.-Bischöfe (Ziffern 178-80), der sich mit der überdurchschnittlichen Armutsrate unter den Frauen in den USA befaßt.

deren Überwindung die Option für die Armen zum Ziel hat. Gleichzeitig muß daran festgehalten werden, daß „Armut" zuallererst materielle Armut ist und als solche von anderen Formen der Ungerechtigkeit unterschieden bleiben muß.

An den Ausführungen Boff/Pixleys ist deutlich geworden, wie wenig homogen die Gruppe derer ist, auf die das Konzept der Option für die Armen sich richtet. Peter Rottländer tritt deswegen für Kriterien ein, die, über die Benennung gesellschaftlicher Gruppen hinaus, beschreiben, was „Armsein" in jenem weiteren Sinne des Wortes ausmacht.[65] Es erscheint gleichwohl schwierig, Kriterien zu finden, die alle diese Gruppen erfassen. Weder in sozialer Ausgrenzung im allgemeinen oder etwa Arbeitslosigkeit im besonderen ist ein solches gemeinsames Kriterium zu finden, noch in Lohnabhängigkeit oder darin, nicht in die aktive Teilnahme am kapitalistischen Wirtschaftsprozeß verwickelt zu sein. Auch nicht lohnabhängige Bauern oder kleine Geschäftsleute sind ja Akteure dieses Systems und andererseits werden höhere Beamte oder Angestellte, die nicht – oder jedenfalls nicht direkt – an der Abschöpfung des Mehrwerts der Arbeit im kapitalistischen Produktionsprozeß beteiligt sind, dennoch nicht unter die Armen gerechnet.

Einen Versuch, solche Kriterien anzugeben, erwähnt Rottländer ausdrücklich: Gustavo Gutierrez nennt drei Punkte: „Unbedeutendsein", „Vorder-Zeit-Sterbenmüssen" und „Schuldlosigkeit" (an den erlittenen Leiden).[66] Dieser Vorschlag sieht m.E. richtig die Bedeutung der Ohnmachtserfahrung als Dimension der Armut. Zwei Gründe sprechen aber dagegen: zum einen gerät dabei die materielle Dimension von Armut zu sehr aus dem Blick und zum anderen ist die „Schuldlosigkeit" eine wohl kaum meßbare Größe und darf zudem keineswegs als Voraussetzung des Armseins gelten.

M.E. kann die Ungerechtigkeit, auf die sich die Option für die Armen richtet, am besten mit dem Begriff der *fehlenden Teilhabe* erfaßt werden. Fehlende Teilhabe ist überall da gegeben, wo Menschen von den wirtschaftlichen und sozialen Prozessen einer Gesellschaft ausgeschlossen werden. Die *materielle Armut* muß als *fehlende Teilhabe in potenzierter Form* gesehen werden. In der Regel verbindet sich in ihr der Ausschluß *sowohl* von den wirtschaftlichen *als auch* von den sozialen Zusammenhängen. Die Tatsache, daß politische Ämter so gut wie nie von Menschen bekleidet werden, die unter materieller Armut zu leiden haben, ist nur *ein* Indiz für

---

65 Rottländer, Option für die Armen, 82.
66 Zitiert ebd.

diesen Sachverhalt. Der Begriff der *fehlenden Teilhabe* hat die soziokulturelle Diskriminierung ebenso im Blick wie die materielle Armut. Gleichzeitig hilft er die Ausweitung des Begriffs „Armut" über seinen engeren, materiellen Sinn hinaus zu verhindern. Insofern knüpft dieser terminologische Vorschlag an den Ertrag unserer bisherigen Ausführungen zu Boff/Pixleys Interpretation der Option für die Armen an.

Wir haben uns einer Antwort auf die Frage zumindest angenähert, wer die Armen eigentlich sind, auf die sich das Konzept der Option für die Armen richtet. Im folgenden soll nun untersucht werden, auf welche biblischen Traditionen sich dieses Konzept beruft und ob sich diese Berufung auf biblische Traditionen als tragfähig erweist. Ich werde einige zentrale Punkte in Boff/Pixleys Ausführungen erläutern und unter Hinzuziehung von exegetischer Fachliteratur kritisch prüfen. Schon jetzt muß gleichwohl darauf hingewiesen werden, daß ein solches Vorhaben im Rahmen dieser Arbeit lediglich exemplarischen Charakter annehmen kann. In einem *ersten Schritt* werde ich mich dem *Alten Testament* und in einem *zweiten Schritt* dem *Neuen Testament* zuwenden.

3.2. Elemente biblischer Begründung der Option für die Armen

3.2.1. Altes Testament

Clodovis Boff und Jorge Pixley beginnen ihre Analyse der biblischen Grundlagen der Option für die Armen mit dem Hinweis auf den spezifischen Charakter der Selbstvorstellung Gottes in grundlegenden Texten des Alten Testaments. „Ich bin *Jahwe*, dein Gott" – dieser Satz leitet die zentrale Gesetzessynthese ein, die wir als *Zehn Gebote* kennen. Es ist zweifellos kein Zufall, daß diesem Satz eine weitere Erläuterung folgt: Jahwe ist der Gott, „der dich aus dem Land Ägypten, dem Haus der Sklaverei, herausgeführt hat" (Ex 20,2-3). Schon an diesem Detail kommt das tiefe Wissen um die Tatsache zum Ausdruck, daß der Gott Israels nicht verstanden werden kann ohne sein befreiendes Handeln in der Geschichte. Sowohl in der priesterschriftlichen als auch in der elohistischen Erzähltradition ist die Offenbarung des Gottesnamens im Kontext der Exoduserzählung angesiedelt. Gott gibt sich Mose als der zu erkennen, der das Volk Israel aus der Sklaverei führen will und setzt damit das Befreiungsgeschehen in Bewegung, von dem die Exodustradition erzählt (35f).

Die große Mehrheit der alttestamentlichen Bücher spricht dem Exodusereignis einen grundlegenden Charakter zu. Der Gott, der sich in den

C. Schlüsselprobleme eines theologischen Gerechtigkeitsverständnisses 171

Exoduserzählungen zeigt, – so Boff/Pixley – „ist ein Gott, der die Klageschreie gehört hat, die die Aufseher aus den Sklaven herauspeitschten, und der deshalb herabgestiegen ist, um sie zu befreien und sie in ein Land zu führen, wo Milch und Honig fließen" (37). Die vorrangige Entscheidung Jahwes für die Unterdrückten, übt als integrales Element der für Israel grundlegenden Exoduserzählung „einen entscheidenden Einfluß auf fast alle biblischen Überlieferungen aus" (38). Boff/Pixley versuchen, diese These anhand mehrerer Durchgänge durch die biblischen Schriften zu belegen.[67] Ich will einige Traditionen untersuchen, die die Beiden behandeln, zunächst aber den geschichtlichen Hintergrund kurz skizzieren, in dessen Kontext sie die Texte einbetten.

In Aufnahme der Rebellionshypothese von Norman Gottwald[68] gehen Boff/Pixley davon aus, daß Israel im 13. Jahrhundert aus verschiedenen Bauerngruppen bestand, die aus sozialer Bedrängnis heraus aus den städtischen Gebieten in der Ebene in die Berge Palästinas heraufzogen und dort verstreut zu leben begannen. Zu diesen Gruppen gesellte sich um das Jahr 1200 v.Chr. eine aus Ägypten kommende Gruppe, die dort im Zusammenhang mit der Bautätigkeit des Pharao Ramses II. harter Fronarbeit ausgesetzt gewesen war, einen Aufstand gegen den Pharao durchgestanden und unter der Führung Moses, des Propheten Jahwes, einen Marsch quer durch die Wüste zurückgelegt hatte. Für die Sippen Israels trug diese Erfahrung so deutlich übereinstimmende Züge mit den eigenen Erfahrungen, daß auch sie nach und nach Jahwe, den Gott der Befreiung, als ihren eigenen Gott übernahmen.[69] Der Auszug der Hebräer wurde für Israel zur

---

67 Das Kapitel über die biblische Begründung macht einen etwas inhomogenen Eindruck. Nach einem ersten Durchgang durch wichtige Schriften bzw. Erzähltraditionen des Alten Testaments, die auf ihren jeweiligen historischen Kontext bezogen werden, folgt ein weiterer Durchgang, der verschiedene prägende Gestalten der Bibel und ihr Eintreten für die Armen beschreibt. In einem weiteren Abschnitt schließlich werden verschiedene Jesus-Geschichten und -Worte erläutert, die die besondere Nähe Jesu zu den Armen zeigen. Warum diese Inhalte in einem eigenen Durchgang behandelt werden, ist m.E. nicht einsichtig.
68 Vgl. dazu Gottwald, The Tribes of Yahweh.
69 Die „Rebellionshypothese" Norman Gottwalds ist in der exegetischen Diskussion durchaus umstritten. Eine einigermaßen gesicherte Forschungsmeinung hat sich noch nicht gebildet. Rolf Rendtorff weist aber in seiner Einführung ins Alte Testament darauf hin, daß die These, daß sich in den Landnahmekämpfen soziale Auseinandersetzungen zwischen der im Lande herrschenden Schicht und gegen sie revoltierenden sozial benachteiligten Gruppen spiegeln, mehr und mehr Beachtung gewinnt (Rendtorff, Das Alte Testament, 23). Vermutlich ist davon auszugehen, daß neben den sozial bedrängten Gruppen aus der Ebene auch Einwanderer aus den umliegenden Regionen, seßhaft werdende Nomaden aus den Grenzgebieten sowie sozial heimatlose

grundlegenden Geschichte seiner Existenz. Im Laufe ihrer weiteren Geschichte, v.a. in theologischer Verarbeitung des babylonischen Exils, schrieben die Stämme Israels der Erfahrung von Gott als dem Erlöser der Unterdrückten immer mehr eine universale Geltung zu (39-41). Die Erfahrung, daß der Gott Israels ein Gott der Armen und Unterdrückten war, konnten auch verschiedene Versuche der „relecture" nicht auslöschen. Nur ein Beispiel, das Boff/Pixley für eine solche „relecture" anführen, sei genannt: die sogenannte „jahwistische" Version der Exoduserzählung, eine erste Niederschrift der vorher mündlichen Überlieferung, die vermutlich am Hofe Salomos entstanden ist, interpretierte im Interesse einer Festigung der davidischen Monarchie den Exodus als *nationalen Befreiungskampf* (43). Daß die Erfahrung von Gottes Vorliebe für die Armen trotz solcher neue Akzente setzenden Interpretationsversuche nicht verloren ging – das versuchen die Ausführungen Boff/Pixleys deutlich zu machen – zeigt die unauslöschliche Intensität dieser Erfahrung.

Der Frankfurter Alttestamentler Norbert Lohfink hat in einem (bisher nur auf Englisch veröffentlichten) Buch über die Option für die Armen[70] die besondere Bedeutung des von den beiden lateinamerikanischen Theologen betonten Grundzugs der Exodusgeschichte, Gottes Vorliebe für die Armen, bestätigt. Lohfink zeigt, daß diese Vorstellung auch im Ethos der Israel umgebenden Gesellschaften zu finden ist. Auch die Götter dieser Gesellschaften galten als „Helfer der Armen".[71] Der entscheidende Unterschied zu den biblischen Texten – so Lohfink – liegt im Umgang mit der Diskrepanz zwischen Theorie und Praxis. Während sich in den umliegenden Gesellschaften die Vorstellung von der göttlichen Option für die Armen in einer merkwürdig wenig spannungsreichen Koexistenz mit einer zuweilen geradezu grausamen sozialen Realität halten konnte und damit die sozialen Strukturen stabilisierte[72], erkennt die israelitische Religion mit der Exodustradition Armut eindeutig als Produkt menschlichen Handelns an. Armut – so die Botschaft der Exodusgeschichte – ist nicht schicksalhaft, sondern änderbar. Indem Gott selbst das Volk Israel aus

---

Gruppen sich in den Bergen niederließen. In jedem Falle – darauf hat Norbert Lohfink mit Recht hingewiesen – müssen die geschichtlichen Erfahrungen all dieser Gruppen, denen der aus Ägypten ausziehenden Gruppe so ähnlich gewesen sein, daß sie ihre eigene Geschichte in der Exodusgeschichte aufgehoben sahen (Lohfink, Option for the Poor, 48).
70 Lohfink, Option for the Poor. Kerngedanken dieses Buches finden sich auch bei Lohfink, „Option für die Armen". Das Leitwort der Befreiungstheologie im Lichte der Bibel.
71 Lohfink, Option for the Poor, 16-25.
72 A.a.o. 29f.

Ägypten herausführt, befreit er die Armen in ganz leiblicher Weise aus ihrer Situation der Armut, eine Vorstellung, die nach Lohfink nirgendwo sonst im Nahen Osten des Altertums auch nur ansatzweise im Zusammenhang mit göttlicher Hilfe für die Armen begegnet. „Wir sind so daran gewöhnt, die Exodusgeschichte zu hören," – so der Frankfurter Alttestamentler – „daß wir kaum die Ungeheuerlichkeit dieser Vorstellung spüren."[73]

Boff/Pixleys Betonung der Exodustradition als wichtige Grundlage für die Option für die Armen bestätigt sich also im Lichte von Lohfinks Untersuchungen. Gleichzeitig kommt ein Grundzug biblischer Überlieferung in den Blick: Aussagen über Gott sind nicht losgelöst von den Verhältnissen in der Welt zu machen. Gottesprädikate sind nicht vom verändernden Handeln in der Geschichte zu lösen, sie *legitimieren* nicht Verhältnisse der Ungerechtigkeit in der Welt, sondern sie *delegitimieren* solche Verhältnisse.

Einen zweiten biblischen Traditionsstrang will ich nennen, anhand dessen Clodovis Boff und Jorge Pixley die biblische Verwurzelung der Option für die Armen zu zeigen versuchen. Die Texte aus dem Umkreis der davidischen Monarchie – so die Beiden – machen deutlich, daß diese Monarchie sich als Werkzeug Jahwes zur Verteidigung der Armen gesehen hat. Am Hofe wurde die These ausgearbeitet, Jahwe habe David zum Schutz der Armen auserwählt (51). Dadurch, daß die offizielle Theologie mit dieser These den königskritischen Kräften zu begegnen versuchte, „erkannte sie in ihrer apologetischen und legitimierenden Funktion ausdrücklich an, daß Jahwe, der offizielle Gott, ein Verteidiger der Armen ist" (54).

Auf ein Beispiel, mit dem Boff/Pixley die Darstellung Davids als Anwalt der Armen zu illustrieren versuchen, will ich näher eingehen: die berühmte Natan-Parabel (2.Sam 12,1-7).

Zunächst sei der Inhalt dieser Geschichte kurz in Erinnerung gerufen: Der Prophet Natan erzählt dem König David die Parabel von dem Reichen, der zahllose Schafe besitzt und dem Armen, der ein einziges Schaf besitzt und es hegt und pflegt und wie eine Tochter hält. Als der Reiche einen Gast bekommt, bringt er es nicht über sich, eines von seinen Schafen zu schlachten, sondern nimmt sich das Schaf des armen Mannes, um es dem Gast zuzurichten. David gerät in großen Zorn über das Unrecht des Reichen gegenüber dem Armen, er fordert des Reichen Tod. Boff/Pixley sehen in der Parabel Natans und der Reaktion Davids die Botschaft, daß

---

[73] „We are so accustomed to hearing the Exodus story that we scarcely sense the enormity of this idea" (a.a.O. 39).

der König sich der Aufgabe, die Armen zu schützen, stellte (51). Selbst die offizielle Theologie des Königtums kommt um die Berücksichtigung von Jahwes Option für die Armen nicht herum.

Diese Charakterisierung der alttestamentlichen Königstheologie durch Boff/Pixley läßt sich noch zuspitzen, wenn wir über die Darstellung der Beiden hinaus die Fortsetzung der Geschichte näher untersuchen: Auf Davids Zornesausbruch hin sagt Natan das entlarvende Wort: *Du bist der Mann!* Die moralische Empörung des Königs schlägt auf ihn selbst zurück. Davids darauf folgendes Sündenbekenntnis, seine Buße und Jahwes Strafe machen deutlich: auch der König Israels selbst, und sei er noch so groß und mächtig, hat das Recht der Armen zu schützen und zu achten. Wer diese tiefe Verpflichtung verletzt, wird von Jahwe zur Rechenschaft gezogen.

Nicht nur – das zeigt die Fortsetzung der Geschichte – präsentiert die Königstheologie den König als einen Anwalt der Armen, sondern mehr noch, sie rechnet auch mit der Möglichkeit, daß Jahwes Option für die Armen sich kritisch gegen den König selbst wenden kann. Was wir paradigmatisch an der Natan-Parabel gesehen haben, ergibt nach Frank Crüsemann eine Untersuchung der Thronfolgegeschichte (ThFG) insgesamt: „Immer ..., wenn David sich vergeht oder sonst Leben und Reich gefährdet, trifft er auf Menschen, die ihm in offener Kritik sein Tun vorwerfen und ihm so zur richtigen Entscheidung verhelfen. Nicht nur eigenes kluges Verhalten zeichnet David aus, sondern vor allem die Eigenschaft, auf Kritik zu reagieren. Keineswegs am König allein hängen also Wohlfahrt und Bestand des Landes, auch am Vorhandensein notwendiger Kritik und ihrer Akzeptation. Auch dadurch wirkt, nach der Darstellung der ThFG, Jahwe."[74]

Was Lohfink an der Exodusgeschichte zeigt, haben wir in Weiterführung von Boff/Pixleys Ausführungen zur Geschichte von der Natan-Parabel wiedergefunden. Die Geschichte ist Zeugnis für ein entscheidendes Charakteristikum zentraler biblischer Traditionen im Zusammenhang mit der Option für die Armen: diese Option für die Armen wird nicht zur Legitimation von Machthabern oder herrschenden Ordnungen instrumentalisiert, sondern ihnen gegenüber *kritisch* zur Geltung gebracht. Die Entlarvung Davids durch den Propheten Natan zeigt: der Gott Israels ist so entschieden auf Seiten der Armen, daß er um ihretwillen sogar die nicht schont, die er selbst auserwählt hat, sein Volk zu regieren.

---

74 Crüsemann, Der Widerstand gegen das Königtum, 188.

C. Schlüsselprobleme eines theologischen Gerechtigkeitsverständnisses 175

Boff/Pixley zeigen die alttestamentliche Verwurzelung der Option für die Armen anhand der Analyse zahlreicher weiterer Traditionsstränge des Alten Testaments wie z.B. der Gesetzestradition[75], der prophetischen Tradition[76] sowie den Psalmen[77]. Selbst in der Weisheitstradition, in der die Befreiungstaten des Exodus keine große Rolle mehr spielen, sondern Gott v.a. als Schöpfer und Garant der natürlichen Ordnung der Dinge gesehen wird, finden sie deutliche Anhaltspunkte für eine solche Option. Auf ihre

---

75 Siehe u.a. den besonderen Rechtsschutz für die Fremden, für die Witwen und Waisen sowie für die, die sich verschulden müssen (Ex 22,22-24), ebenso den Schutz für entlaufene Sklaven (Dtn 23,16-17) und arme Lohnarbeiter (Dtn 24,14-15). Die Schutzvorschriften in Dtn 24,6-22 werden ausdrücklich mit der Errettung der Israeliten aus der Sklaverei in Ägypten begründet. Neben vielen anderen hat Karen Lebacqz nachdrücklich auf die bemerkenswerte alttestamentliche Tradition des Sabbat- bzw. Erlaßjahrs (Lev 25) hingewiesen (Lebacqz, Justice in an Unjust World, 122-129), auf die auch Boff/Pixley, wenn auch zu kurz, eingehen. Michael Welker hat die Bedeutung der Tatsache unterstrichen, daß der Schutz der Schwachen zum Element des *Gesetzes* wird: „Indem das Erbarmen zum Inhalt des Gesetzes wird, soll es dem beliebigen, dem nur zufälligen und neigungsgelenkten Verhalten der Individuen, der Stimmungs- und Situationsabhängigkeit entzogen werden ... Dabei werden die Armen und Schwachen nicht als passive oder gar unmündige Hilfe- und Almosenempfänger angesehen. Ihre aktive Teilnahme an sozialen, ökonomischen und rechtlichen Lebensverhältnissen wird vielmehr vorausgesetzt, unterstellt. Sie wird aber als gefährdet und des besonderen Schutzes bedürftig angesehen" (Welker, Gesetz und Geist, 220). Die Aufgabe des Gesetzes, die Welker damit beschreibt, entspricht genau der Intention der Option für die Armen, die sich – wie wir festgestellt haben – in ihrem Kern gegen fehlende Teilhabe richtet. In seiner Theologie des Heiligen Geistes hat Welker diese Gedanken explizit auf das Problem der Gerechtigkeit bezogen: „Indem das Gesetz einen strengen Funktionszusammenhang von Recht, Kult und Erbarmen betreffenden Bestimmungen darstellt, macht es deutlich, daß das Recht ohne routinisierten Schutz der Schwächeren ... den großen Namen ‚Gerechtigkeit' nicht verdient" (Welker, Gottes Geist. Theologie des Heiligen Geistes, 111). Das Erbarmen – so Welker – „wird ... nicht als irgendeine mildtätige Wohltat gegenüber den Schwachen angesehen, sondern als ein *Akt der Aufrichtung von Gerechtigkeit*" (a.a.O. 117). Zu den gesetzlichen Bestimmungen zum Schutz der Armen näher: Würthwein/Merk, Verantwortung, 90-96.
76 Siehe v.a. die Kritik an sozialen Mißständen, an Korruption, an Verschwendungssucht, an unechtem Kultus und an falscher Sicherheit bei Amos, Micha, Hosea, Jesaja und Jeremia.
77 Viele Psalmen sind Bittgebete eines Notleidenden, der den Tempel in der Hoffnung auf Erlösung aus seiner Qual aufsucht. Anhand von Ps 6 illustrieren Boff/Pixley, daß „in diesen Klageliedern ... deutlich die allgemeine Erwartung zum Ausdruck (kommt), daß sich Jahwe als der Beschützer der Schwachen und Hilflosen erweisen wird, besonders der Armen, der Fremden, der Witwen und Waisen" (62).

Untersuchungen zu diesen Traditionssträngen kann ich nicht weiter eingehen, sondern muß ein Fazit ziehen:

Unsere gezwungenermaßen fragmentarische Untersuchung von Boff/Pixleys Analysen alttestamentlicher Traditionsstränge hat die These zumindest exemplarisch bestätigt, daß die Option für die Armen in zentralen Traditionen des Alten Testaments fest verwurzelt ist. Gleichzeitig ist deutlich geworden, daß es sich immer zuallererst um *Jahwes* Option handelt, aus der sich ein entsprechendes Handeln der Menschen ergibt. „Geschichte" – so Peter Eicher – „wird in Israel – der historischen Erfahrung vom Sieg der Starken zum Trotz – von Jahwe, dem Bundesgenossen der Aussichtslosen, gemacht."[78] Ein Blick auf Boff/Pixleys Untersuchungen zum Neuen Testament soll zeigen, ob sich hier ein ähnliches Ergebnis abzeichnet.

3.2.2 Neues Testament

„Gott solidarisiert sich in Christus mit einer wesentlich armen Menschheit" – mit diesem Satz fassen Boff/Pixley die Kreuzestheologie des *Paulus* zusammen. In Jesus Christus – so interpretieren die Beiden Paulus – wird das Zeugnis bestätigt, verdichtet und in neuer Radikalität geoffenbart, das die Propheten Israels von dem Gott des Exodus abgelegt haben: „Gott selbst, der Gott des Exodus, wird in Jesus gegenwärtig, um die Menschheit von der Sünde in all ihren Ausdrucksformen zu befreien. Der Gott der Propheten, der alle mit einer vorrangigen Liebe für die Armen liebt, hat sich jetzt auf endgültige Weise geoffenbart ..." (69).

Die beiden lateinamerikanischen Theologen widerstehen einer vorschnellen Vereinnahmung des Paulus für die Option für die Armen. Nicht der irdische Jesus und seine Stellung zu den sozialen Fragen – so machen sie deutlich – steht im Mittelpunkt seines Interesses, sondern vielmehr Jesus Christus, der Gekreuzigte und Auferstandene. Bei Paulus ist deswegen „eine gewisse Kurzsichtigkeit gegenüber der Armut als sozialem Tatbestand" festzustellen. Armut ist bei ihm vorrangig „anthropologischer Natur, ein wesentlicher Bestandteil der menschlichen Daseinslage, der Conditio humana" (70). Eine Alternative zwischen der Betonung solcher „anthropologischer Armut" und den Fragen der materiellen und soziokulturellen Armut konstruieren Boff/Pixley aber mit Recht *nicht*.

Die paulinische Kreuzestheologie betont nicht nur die *Mensch*werdung Gottes, sondern auch seine *Arm*werdung. Die konkrete Armut – so die

---

78 Eicher, Die Anerkennung der Anderen, 44.

C. Schlüsselprobleme eines theologischen Gerechtigkeitsverständnisses 177

Beiden – ist in Christus kein zufälliges Kennzeichen, wie die Hautfarbe, die Körpergröße oder die menschliche Schönheit. Seine Armut gehört vielmehr zum Geheimnis seiner Erniedrigung und Entäußerung: „Es ist also keineswegs gleichgültig, daß der Messias in der Gestalt eines einfachen Arbeiters erschienen ist und nicht als Caesar, als Armer und nicht als Reicher und Mächtiger" (125).

Die wesenhafte Verbindung von Armut und Schwachheit Christi am Kreuz und Armut und Schwachheit der von Gott erwählten Menschen bei Paulus machen Boff/Pixley anhand der ersten Kapitel des 1.Korintherbriefes deutlich.[79] Gott hat auserwählt, was die Welt für schwach hält. Noch zugespitzter: das, was nichts ist, hat Gott erwählt, damit er zunichte mache das, was etwas ist (1.Kor 1,28). Diese Worte des Paulus – so die Beiden – zeigen, daß die Überzahl der Armen unter den Gläubigen kein Zufall ist, „denn es entspricht dem Wesen Gottes, gerade durch menschliche Schwachheit machtvoll zu handeln" (71). Nicht von „anthropologischer Armut", also der Conditio humana als solcher, ist hier die Rede, sondern von denen, die unter den Menschen nichts gelten.[80] Auch bei Paulus kann die anthropologische Armut keineswegs von der materiellen Armut getrennt werden.

An einigen wenigen Stellen, wie z.B. anläßlich der von ihm propagierten Kollekte für die Armen in Jerusalem (2.Kor 8-9), stellt Paulus auch *ausdrücklich* einen Zusammenhang zwischen der Armut Gottes am Kreuz und der materiellen Armut der Menschen her. Bei der Werbung für seine Kollekte für die Urgemeinde in Jerusalem argumentiert er mit der Armwerdung Christi um der Menschen willen. Der Apostel – so Boff/Pixley – zieht hier die Folgerungen aus Gottes Solidarität mit den Menschen und wendet diese auf das zwischenmenschliche Verhalten an: „Die glaubwürdigste Weise, sich für die Armen zu entscheiden, heißt, sich mit ihnen arm zu machen, um mit ihnen zusammen dem unmenschlichen Reichtum absagen zu können und gemeinsam zu einem menschlichen Reichtum zu gelangen" (71f). Gottes Solidarität mit den Menschen – so läßt sich Boff/Pixleys Interpretation zusammenfassen – drängt auf zwischenmenschliche Solidarität.

---

[79] Insofern behandeln Boff/Pixley an diesem Punkt ein wichtiges Element der biblischen Grundlagen der Option für die Armen, das wir im Hirtenbrief der Bischöfe vermißt haben.

[80] Mit Recht – das sei schon hier angemerkt – kommt Heinz-Dietrich Wendland in seinem Korintherbriefkommentar zu dem Ergebnis, daß „hier der Zusammenhang des Evangeliumsverständnisses des Paulus mit der Verkündigung Jesu auf(leuchtet), mit dem Evangelium, das den Armen gilt." (Wendland, Die Briefe an die Korinther, 24).

In Anknüpfung an die Ausführungen der beiden lateinamerikanischen Theologen zu Paulus können wir festhalten: Auch wenn Paulus das Thema der Option für die Armen nicht explizit ausgearbeitet hat, so finden sich in seiner Theologie doch wichtige Gesichtspunkte, die eine solche Option implizieren. Der im Hinblick auf die Option für die Armen wichtigste Grundzug der paulinischen Theologie ist die Betonung des Entsprechungsverhältnisses zwischen Armut und Schwachheit Christi am Kreuz und Armut und Schwachheit der von Gott erwählten Menschen, wie es im 1.Korintherbrief deutlich wird. Insofern können sich die Bischöfe in Medellin und Puebla auf gute biblische Gründe berufen, wenn sie dieses Entsprechungsverhältnis zur Grundlage ihrer theologischen Begründung der Option für die Armen machen.

Bei meiner Darstellung von Clodovis Boffs und Jorge Pixleys Untersuchung der neutestamentlichen Basis der Option für die Armen habe ich als einen ersten Aspekt ihre Auswertung der paulinischen Theologie gewählt. Ich will als zweiten Aspekt im folgenden ihre Ausführungen zum *Lukasevangelium* behandeln, das sie exemplarisch für die *synoptische Tradition* heranziehen. In diesem synoptischen Evangelium – so die Beiden – wird nämlich die Solidarität Jesu, des Armen, mit den anderen Armen besonders hervorgehoben (75).

Schon vor der Geburt Jesu, anhand der Charakterisierung Marias, wird diese Schwerpunktsetzung des Lukas deutlich. Boff/Pixley zeichnen, v.a. anhand des als „Magnifikat" bekannten Textes aus dem Lukasevangelium (Lk 1,46-55), ein Bild von Maria als einer Armen, die „sich mit der Sache der Armen identifiziert", als „Beispiel einer armen, gläubigen Frau" (103). Mit ihrem Magnifikat stellt die schwangere Maria ihr eigenes Leben in den geschichtlichen Zusammenhang der Hoffnung der Armen Israels: Die Mächtigen hat Gott von den Thronen gestürzt und die Niedrigen erhöht. Die Hungrigen hat er mit Gütern überhäuft und die Reichen mit leeren Händen weggeschickt. Israels, seines Knechtes, hat er sich angenommen, da er sich seiner Barmherzigkeit erinnerte, wie er es den Vätern Abraham und seinen Nachkommen versprochen hatte (101f).

Die eigentliche Geburtsgeschichte im Lukasevangelium ist von einer ganz ähnlichen Nähe zur Welt der Armen geprägt. Lukas – so Boff/Pixley – hebt damit die Lage Jesu als Armer und die Bedeutung seines Lebens als ein Zeichen der Hoffnung für die Armen hervor. Jesus kommt in einem Stall auf die Welt, weil seine Eltern keinen anderen Platz besorgen konnten und das Ereignis wird, unter Begleitung himmlischer Chöre, von schlichten Hirten gefeiert, die auf den Feldern bei ihren Herden wachen (75).

An einer weiteren zentralen Stelle des Lukasevangeliums, auf die die beiden lateinamerikanischen Theologen hinweisen (75), findet sich schon bald die gleiche Betonung der Nähe Gottes zu den Armen in der Person Jesu. Die sogenannte „*Antrittspredigt Jesu*", die programmatische Predigt also, die Jesus nach dem Zeugnis des Lukas zu Beginn seiner Wirksamkeit in Nazareth hält, stellt ein etwas abgewandeltes Zitat aus Jesaja in den Mittelpunkt. Jesus – so die zentrale Aussage des Textes – ist gesandt, um die alte Verheißung zu erfüllen und den Armen das Evangelium zu verkündigen (Lk 4,18.21).

Boff/Pixleys Fazit aus ihren hier nur fragmentarisch dargestellten Aussagen zum Lukasevangelium knüpft an das Ergebnis ihrer Untersuchungen zu Paulus an: Lukas nimmt die Aussagen des Paulus auf, „daß der Gott der Bibel in Christus das menschliche Dasein in all seiner Härte angenommen hat. Mit seinem Bericht vom öffentlichen Wirken Jesu zeigt uns Lukas die historischen Voraussetzungen für dieses Bekenntnis des Paulus" (79).

Einige wenige Bemerkungen sollen eine Antwort auf die Frage andeuten, ob die Konzentration Boff/Pixleys auf das Lukasevangelium und ihre Interpretation dieses Evangeliums exegetisch-kritischer Prüfung standzuhalten vermögen. Unter den synoptischen Evangelien beschäftigt sich das Lukasevangelium am intensivsten mit dem Thema von Armut und Reichtum. Schon der gegenüber den den zwei anderen synoptischen Evangelien deutlich häufigere Gebrauch der Worte „ptochos" und „plousios" indiziert diesen Sachverhalt.[81] Verschiedene Anzeichen deuten darauf hin, daß Lukas selbst nicht aus dem Kreise der Armen stammt. Sein literarischer Stil verrät ein beachtliches Bildungsniveau. Er ist vertraut mit den Gesetzen des Handels, Geld ist für ihn eher Silber als Kupfer.[82] Er widmet sein zweibändiges Werk dem „hochansehnlichen" (kratistos) Theophilus und bemüht sich, prominente Leute aufzuzählen, die sich Jesus und der ihm nachfolgenden Gemeinschaft anschlossen.[83] Auch scheint er zu einer Gemeinde zu sprechen, in der wohlhabende Leute eine wichtige Rolle spielen.[84] Gerade zur theologischen Reflexion unserer Situation

---

81 „ptochos" findet sich 10 mal bei Lukas gegenüber jeweils 4 mal bei Markus und Matthäus. Das Wort „plousios" verwendet Lukas 11, Markus 2 und Matthäus 3 mal.
82 Mealand, Poverty and Expectation in the Gospels, 20.
83 Die vornehmen griechischen Frauen und Männer in Apg 17,12 gehören ebenso dazu wie der Hauptmann Kornelius (Apg 10), das athenische Ratsmitglied Dionysios (Apg 17,34) und Sergius Paulus, der Statthalter von Zypern (Apg 13,4ff) oder Lydia, eine Geschäftsfrau aus Thyatira (Apg 16,14f).
84 Schottroff/Stegemann gehen davon aus, daß die lukanische Gemeinde jedenfalls nicht aus armen Leuten bestand (Schottroff/Stegemann, Jesus von Nazareth – Hoffnung der Armen, 142). Vgl. Stegemann, Das Evangelium und die Armen, 33, der darauf hinweist, daß es wohl allein in der lukanischen Gemeinde Reiche gegeben hat.

heute, die von einem großen Wohlstandsgefälle auch innerhalb der Kirche geprägt ist, ist das Lukasevangelium deshalb von besonderer Bedeutung. Boff/Pixley tun also gut daran, diesem Evangelium besondere Aufmerksamkeit zu widmen.

Auf das Magnifikat kann nicht ausführlich eingegangen werden. Ein Blick auf zwei neuere Kommentare zum Lukasevangelium zeigt aber, daß die Interpretation der beiden lateinamerikanischen Theologen sich auf wichtige exegetische Fachliteratur berufen kann. Heinz Schürmann macht in seiner Auslegung der Verse 52f den geschichtlich-dynamischen Charakter des Magnifikat deutlich: Gemessen an der Ordnung Gottes „ist der politisch-soziale Zustand der Welt heillos in Unordnung; das politisch-soziale Zustandsbild der Welt ist genau das Gegenteil von dem, was Gott sich gedacht hat. Nur eine Revolution, die von Gott kommt, besser: die Realität, die mit dem Kommen Gottes kommt, kann da Abhilfe schaffen." Diese Revolution – so Schürmann weiter – wird sowohl eine politische als auch eine soziale sein.[85] Auf das Problem der Aoriste bei der Beschreibung von Gottes Handeln geht Francois Bovon ein. Er sieht in ihnen den Ausdruck der Spannung zwischen faktischer sozialer Situation und dem Glauben der Christen: „Die Christen glauben, daß der Auferstandene *jetzt* herrscht, und sie erleben manchmal, daß die Erniedrigten durch die Tat Gottes ihre Würde bekommen. Zeichenhaft hat die Umkehr der Verhältnisse schon begonnen." Lukas – so Bovon – will mit dem Magnifikat etwas über *Gott* mitteilen: „Als Herr und Gott ist er transzendent, steht auf der Seite der Armen und wendet sein Wort durch Israel der ganzen Menschheit zu." Dabei kann Gott „seine Kraft nicht in den Dienst des Erbarmens gegenüber den Demütigen und Schwachen stellen, ohne daß diese Kraft mit derjenigen der Mächtigen dieser Welt in Konflikt gerät".[86]

Bovon sieht die im Magnifikat besungene Umkehrung der Verhältnisse im Alten Testament verwurzelt, „denn dort ist sowohl von Gottes Überlegenheit über Reich und Arm wie von seiner aktiven Entscheidung zugunsten der Kleinen die Rede ... Sowohl die Gleichnisse Jesu als auch die Kreuzestheologie des Paulus bezeugen diese Umkehrung der Verhältnisse."[87] Ob das aus zahlreichen alttestamentlichen Zitaten (v.a. aus 1.Sam

---

Vgl. auch Theissen, Gewaltverzicht und Feindesliebe, 183: „Die Lk-Gemeinden repräsentieren ein Christentum, das auch in die höheren Schichten hineinreicht ..."
85 Schürmann, Das Lukasevangelium, 76.
86 Bovon, Das Evangelium nach Lukas, 93.
87 A.a.O. 90. Mit der Einordnung der paulinischen Kreuzestheologie in die Tradition der alttestamentlichen Option für die Armen bestätigt Bovon die Paulus-Interpretation Boff/Pixleys.

C. Schlüsselprobleme eines theologischen Gerechtigkeitsverständnisses 181

2, 5-8) komponierte Magnifikat eine Komposition von Lukas selbst ist oder ob Lukas es bereits als Komposition übernommen hat, ist gegenüber seinem charakteristischen Inhalt eine nachgeordnete Frage.[88] In jedem Falle spricht der exegetische Befund für Boff/Pixleys Einbettung dieses Textes in den geschichtlichen Zusammenhang der Hoffnung der Armen Israels.[89]

Ein ganz ähnliches Ergebnis bringt die exegetische Rückfrage an die Tragfähigkeit der Antrittspredigt Jesu als Indiz für die biblische Verwurzelung der Option für die Armen. Rainer Albertz hat anhand eines Vergleichs des lukanischen Zitats mit den ursprünglichen Textteilen aus Jesaja (v. a. Jes 61,1-3 und 58,6) und deren Kontext gezeigt, daß es sich bei den Armen, denen in dieser Passage Jesu besondere Zusage gilt, nicht um Arme in einem spirituellen Sinne handelt, sondern um „Menschen in realer sozialer bzw. körperlicher Notlage".[90] Lukas – so Albertz – will „mit Hilfe des von ihm so gebildeten alttestamentlichen Mischzitats offenbar ganz bewußt Jesus programmatisch als messianischen Heilsbringer darstellen, der von Gott gerade zu den Menschen an der unteren Skala der menschlichen Gesellschaft gesandt wurde, zu den Armen, Gefangenen, chronisch Kranken und wirtschaftlich Ruinierten, und zwar zu allen Armen, innerhalb und außerhalb des alten Gottesvolkes Israel ohne jede Beschränkung."[91]

Auch hier bestätigt der exegetische Befund also eine Akzentsetzung, wie sie von Clodovis Boff und Jorge Pixley aufgezeigt wird, eine Akzentsetzung, die sich im übrigen an zahlreichen weiteren Texten des Lukasevangeliums belegen ließe[92]: Jesus, selbst ein Armer, ist von Gott gesandt,

---

88 Die starke Prägung der Übergänge zwischen den Zitaten durch lukanischen Stil (vgl. dazu Schmithals, Das Evangelium nach Lukas, 31) legt nahe, daß Lukas selbst das Magnifikat komponiert hat. Luise Schottroffs Gegenargument, Lukas denke anders über Armut und Reichtum als das in diesem Text zum Ausdruck kommt (Schottroff, Das Magnificat und die älteste Tradition über Jesus, 305), überzeugt nicht. Immerhin entspricht der Text dem lukanischen Denken genug, um an dieser Stelle in sein Evangelium aufgenommen worden zu sein.
89 Dieser Befund bleibt unbenommen von bestimmten problematischen Tendenzen der Historisierung bei Boff/Pixleys Darstellung Marias im Zusammenhang des Magnifikat: „Wir können uns gut vorstellen, daß die harten Schläge der Ereignisse im Leben Jesu die beredte junge Frau des Magnifikats mit solcher Wucht getroffen haben, daß sie später im Stillen die Erwartung der Armen begleitend miterlebt hat ..." (103).
90 Albertz, Die Antrittspredigt Jesu im Lukasevangelium auf ihrem alttestamentlichen Hintergrund, 198.
91 Ebd.
92 Vgl. dazu neben vielem anderen Albertz, a.a.O. 198-204 sowie Schottroff/Stegemann, Jesus von Nazareth.

um den Armen frohe Botschaft zu bringen. Nicht, um sie zu vertrösten, sondern – dafür sind das Magnifikat und die Antrittspredigt Jesu ein beredtes Zeugnis – um die Machtverhältnisse schon auf Erden zu ändern und den Armen und Kranken ganz leibliche Befreiung zu bringen. Mit Nachdruck hat sich Wolfgang Schrage im Hinblick auf Lukas gegen eine Beschränkung der Armut auf die metaphorische Bedeutung einer bloß religiösen Kategorie gewandt: „Soziale und religiöse Deklassierungen werden hier zugleich überwunden. Lukas hat unverkennbar der Versuchung widerstanden, die Härte der Worte Jesu über den Reichtum zu entschärfen und abzuschwächen, und daß man die radikalen Worte nicht beim Wort nehmen dürfe und auf die Zeit Jesu zu beschränken habe ..., ist durch nichts angezeigt ..."[93] Lukas – das läßt sich mit Rudolf Schnackenburg zusammenfassend sagen – „bezeugt so deutlich eine ‚Option für die Armen', daß man ihn auch einen ‚Evangelisten der Armen' nennen kann."[94]

Diese wenigen exemplarischen Hinweise auf zentrale Inhalte des Neuen Testaments müssen genügen. Unser Blick auf die paulinische Theologie und die lukanische Darstellung Jesu hat wenigstens skizzenhaft gezeigt: Die Option für die Armen ist ein Thema, das nicht nur im Alten Testament fest verwurzelt ist, sondern auch in prägenden Traditionen des Neuen Testaments zu finden ist. Peter Rottländer hat mit Recht darauf hingewiesen, daß trotz Streit eine Tendenz unter den Exegeten erkennbar ist, die enge Verbindung von biblischer Botschaft und der Welt der Armen anzuerkennen.[95]

Daß das Neue Testament sich in der Regel nicht direkt mit politischen Fragen befaßt, die sich aus dieser Option ergeben, ist angesichts der spezifischen historischen und gesellschaftlichen Situation, in der die Texte

---

93 Schrage, Ethik des Neuen Testaments, 165f. Ähnlich auch, auf die Verkündigung Jesu bezogen, a.a.O. 107.
94 Schnackenburg, Die sittliche Botschaft des Neuen Testaments, II, 144.
95 Rottländer, Option für die Armen, 74 Anm 9. Ähnlich Schrage, Ethik des Neuen Testaments, 107: „Blickt man ... auf die Verkündigung Jesu, so gibt es viel Übereinstimmung, vor allem, was die Parteinahme Jesu zugunsten der Armen betrifft." Auch Eduard Schweizer erkennt an, daß es „eine biblische Grundentscheidung für das Recht des Schwachen und nicht des Starken" gibt, „die biblisch einzig möglich ist", auch wenn er gleichzeitig betont, daß diese Option konkret auf sehr verschiedene Weise durchgesetzt werden muß (Schweizer, Ethischer Pluralismus im Neuen Testament, 401). In seiner Antwort auf Schweizer betont Schrage, daß das Recht des Schwachen als verbindliche Richtung und Leitlinie „mindestens ebenso stark zu betonen ist wie die verschiedene Konkretion" (Schrage, Korreferat zu „Ethischer Pluralismus im Neuen Testament", 405).

entstanden sind, nicht verwunderlich. Historisierende Analogieschlüsse zwischen der Situation der urchristlichen Minderheitengruppen und der Machtstellung des neuzeitlichen Christentums – so stellt Peter Eicher mit Recht fest – helfen hier nicht weiter.[96] Vielmehr muß der exegetische Befund Grundlage für eine zeitgemäße Neuinterpretation der biblischen Texte sein. In diesem Sinne spricht auch Rudolf Schnackenburg in seiner neutestamentlichen Ethik von einer „Option Jesu für die Armen". „Der Ausdruck" – so Schnackenburg zunächst – „ist im Zusammenhang mit der lateinamerikanischen Befreiungstheologie aufgekommen und steht im Kreuzfeuer der Kritik. Doch wenn ‚Option' Vorzugswahl heißt, ohne einen exklusiven Anspruch auf Erlösung der Armen zu erheben, hat er Grund und Recht in der Botschaft Jesu." „Jesus" – so der Würzburger Neutestamentler dann weiter – „hat ... keine unmittelbaren sozialen Reformen, keine neue Wirtschaftsstruktur, keine Umwälzung der Sozialordnung ins Auge gefaßt. Aber er hat mit seiner Option für die Armen im Namen Gottes unübersehbare Zeichen gesetzt. Eine von Christen in der himmelschreienden Unrechtssituation unserer Zeit angestrebte strukturelle Neuordnung der wirtschaftlichen und sozialen Verhältnisse kann sich zweifellos auf die Intention Jesu berufen, wenn zugleich sein Wille zur Gewaltlosigkeit gewahrt bleibt."[97] Auf die Frage nach der In- bzw. Exklusivität der Option für die Armen sowie ihren gewaltlosen Charakter wird noch einzugehen sein. Wir können aber schon jetzt festhalten, daß Boff/Pixleys These von der biblischen Verwurzelung der Option für die Armen, die auch den Kern der biblischen Perspektiven der Wirtschaftshirtenbriefs der U.S.-Bischöfe bildete, in maßgeblichen Stimmen der exegetischen Fachliteratur ihre Bestätigung findet.

Daß die biblische Option für die Armen in der Geschichte der Kirche so wenig wirksamen Ausdruck gefunden hat, ist ein bemerkenswerter Sachverhalt. Robert McAfee Brown sieht es als ein Zeichen der immensen Erfindungsgabe der Menschen, daß es möglich war, die radikalen Zeugnisse der Bibel, die von Gerechtigkeit und dem Recht der Armen handeln, in Dokumente „umzuzähmen" die nicht nur keinen Wandel fordern, sondern göttlichen Segen für den Status Quo liefern, egal wie ungerecht er sein mag. Und es ist ein ebenso machtvolles Zeichen für eine andere Seite des menschlichen Geistes, – so fährt der amerikanische Theologe dann fort – „daß es fortdauernden Widerstand gegen solche Kooptierung gibt."[98]

---

96 Eicher, Die Anerkennung der Anderen, 52 Anm.82.
97 Schnackenburg, Die sittliche Botschaft des Neuen Testaments, Bd. I, 143.
98 „... that there continues to be resistance to such cooptation ..." (McAfee Brown, The Preferential Option, 13f).

184 C. Schlüsselprobleme eines theologischen Gerechtigkeitsverständnisses

Nachdem nun die biblische Begründung der Option für die Armen anhand der Ausführungen Boff/Pixleys und deren exemplarischer exegetischer Prüfung ansatzweise deutlich geworden ist und sich damit auch die Kernthese der biblischen Aussagen des Hirtenbriefs bestätigt hat, wende ich mich im folgenden dem Problem zu, wie diese Option inhaltlich näher beschrieben werden kann. Ich beginne mit der Frage nach der theologischen Bedeutung der Armut

3.3. Die theologische Bedeutung der Armut

Im Zusammenhang mit den Schlußdokumenten von Medellin und Puebla war von mehreren Bedeutungen des Begriffs der „Armut" und einem „evangelisatorischen Potential" der Armen die Rede. Dabei sind Probleme ungeklärt geblieben, denen ich mich nun in zwei Schritten zuwenden möchte. In einem *ersten Schritt* frage ich zunächst nach dem Verhältnis zwischen materieller bzw. sozio-kultureller Armut und der Offenheit gegenüber Gott, die als „geistige"[99] oder „spirituelle Armut"[100] bezeichnet wird, sowie nach dessen Bedeutung für Gottes Nähe zu den Armen. In einem *zweiten Schritt* gehe ich dann der Frage nach, ob und in welcher Weise von einem „evangelisatorischen Potential" der Armen gesprochen werden kann. Ich werde dabei neben den Aussagen Boff/Pixleys auch einige Überlegungen von Gustavo Gutierrez heranziehen, die für eine möglichst authentische Interpretation des Konzepts der Option für die Armen in dieser Frage von Nutzen sind.

3.3.1. Materielle und spirituelle Armut

In zahlreichen Äußerungen aus der Perspektive der Befreiungstheologie findet sich die Vorstellung von der besonderen Nähe zwischen materieller und spiritueller Armut. Die Klärungsbedürftigkeit dieser Vorstellung wird an folgendem Einwand deutlich: Wenn die materielle Armut – so könnte gefragt werden – tatsächlich eine besondere Nähe zu Gott bedeutet, warum setzen sich die Befürworter der Option für die Armen dann so entschieden

---

99 So Medellin (Armut der Kirche, 4).
100 So Boff/Pixley, Die Option für die Armen, 160-62. Das, was Boff/Pixley als „spirituelle *Armut*" bezeichnen, müßte von seinem sachlichen Gehalt her eigentlich „spiritueller *Reichtum*" genannt werden. Um terminologische Mißverständnisse zu vermeiden, halte ich mich aber an Boff/Pixleys Terminologie.

für die Überwindung dieser Armut ein? Peter Rottländer hat mit Recht auf den Zynismus dieses Einwandes hingewiesen, sofern er als Plädoyer für das Verbleiben in der Armut verstanden werden muß.[101] Gleichzeitig wird daran die Gefahr deutlich, die mit einer allzu emphatischen Betonung der spirituellen Offenheit der Armen und ihrer Nähe zu Gott verbunden ist. Wo Armut romantisiert wird, da wird das Leiden der Armen, dessentwegen ihnen Gottes besondere Nähe gilt, vom gesellschaftlichen Skandal zur religiösen Errungenschaft uminterpretiert und damit banalisiert. Der Nachdruck, mit dem Clodovis Boff und Jorge Pixley diese Romantisierung zurückweisen, ist deswegen durchaus verständlich: „Für die Armen gegen die Armut! – das ist die richtige Haltung. Die reale Armut muß heute entschieden zurückgewiesen werden. Es gibt keine Rechtfertigung mehr für eine Lyrik oder Mystik der Armut. Im Gegenteil" (157). Auch wenn deutlich ist, daß mit der spirituellen Armut keinesfalls die materielle Armut gerechtfertigt werden kann, so bleibt dennoch nach wie vor zu fragen, wie das Verhältnis der beiden bestimmt werden kann.

Im Prinzip – so Boff/Pixley – sind materielle und spirituelle Armut zwei ganz verschiedene Dinge. Wenn ein materiell Armer z.B. voll Strebsucht und Habgier ist, dann ist er nichts anderes als ein potentieller oder frustrierter Reicher und somit keineswegs spirituell arm (161). Zunächst muß also zwischen beiden inhaltlichen Bedeutungen von Armut sorgfältig unterschieden werden. Das eine ist keineswegs automatisch mit dem anderen verbunden. In der Regel – so die Beiden weiter – tendieren materielle und spirituelle Armut aber zum Einklang. Wer die Erfahrung macht, völlig ungesichert leben zu müssen, der neigt dazu, ein demütiges und offenes Herz zu haben, nicht im Sinne einer Determination, sondern im Sinne einer psychischen Neigung. Ein Reicher dagegen läuft eher Gefahr, anmaßend, verschlossen und habgierig zu sein (161f). Es kann dahingestellt bleiben, inwieweit diese Diagnose Boff/Pixleys für den Kontext Lateinamerikas zutrifft. In jedem Falle muß festgehalten werden, daß zwar ein mögliches, vielleicht sogar wahrscheinliches, nicht aber ein *automatisches* Gefälle von materieller hin zu spiritueller Armut besteht.

Aus diesem Befund ergibt sich nun eine zweite Frage, die im Zusammenhang mit dem Verhältnis von materieller bzw. sozio-kultureller und spiritueller Armut zu stellen ist. Worauf basiert die Nähe Gottes zu den Armen, die der Gedanke der Option für die Armen impliziert? Liegt sie in der Offenheit Gott gegenüber begründet, die mit der spirituellen Armut verbunden ist? Oder ist es die Situation materieller bzw. sozio-kultureller Armut, die Gottes besondere Nähe hervorruft?

---

101 Rottländer, Option für die Armen, 76.

Gustavo Gutierrez hat eine klare Antwort auf diese Frage gegeben. „Mit seinem Evangelium" – so Gutierrez – „verkündet uns Jesus die Liebe Gottes zu den Armen, weil sie arm sind, nicht aber unbedingt und in erster Linie, weil sie intensiver glaubten oder moralisch besser wären als andere, sondern weil sie arm sind, Hunger haben und verfolgt werden."[102] Wenn Jesus die Armen seligpreist, dann besteht der theologische Gehalt dieser Seligpreisung nicht primär in einer Würdigung der spirituellen Armut der Armen, sondern in der Tatsache, daß Gott ihnen nahe ist, weil sie sich in der Situation gesellschaftlicher Unterlegenheit befinden.[103]

Mit diesen Worten gibt der katholische Befreiungstheologe aus Peru der Option für die Armen eine wahrhaft evangelische Bedeutung: nicht die spirituelle Offenheit der Armen, also ihre religiöse Leistung, ist der Grund für Gottes Nähe, sondern ihr Leiden. Gott tritt ein für die Armen, weil ihnen das Leben verweigert wird, das er verheißen hat. Im Leiden ist Gott den Armen in ganz existentiellem Sinne nah, indem er es in Christus bis zur letzten Konsequenz, dem Tod, geteilt hat.

Im Anschluß an die Überlegungen Gutierrez' kann also festgehalten werden: Das Leiden Gottes, die Tatsache, daß Gott in Christus – pointiert gesagt – *am eigenen Leibe* Armut erfahren hat, diese Tatsache ist der theologische Wurzelgrund für die Behauptung von Gottes besonderer Nähe zu den Armen. Weder moralische noch religiöse Offenheit vonseiten der Armen ist die Basis für diese Nähe, sondern allein Gottes Mitleiden mit den Leidenden.[104] Bei der Rede von der „spirituellen Armut" muß also im Bewußtsein behalten werden, daß die spirituelle Armut weder automatisch mit der materiellen Armut verbunden noch für Gottes Nähe zu den Armen konstitutiv ist.

Wie ist nun auf diesem Hintergrund die Rede vom „evangelisatorischen Potential der Armen" zu beurteilen, die im Zusammenhang mit der Option für die Armen häufig begegnet?

---

102 Gutierrez, Die historische Macht der Armen, 65f. Vgl. auch ders., Theologie der Befreiung (1986), 830.
103 Gutierrez, Die historische Macht der Armen, 100.
104 Vgl. dazu auch Blaser, Volksideologie und Volkstheologie, 119f: Daß die Armen Vorrang haben, – so Blaser – „gilt um des Wortes Jesu willen, nicht aufgrund ihrer Armut und ihrer Misere. Diese kann den Menschen zwar offen machen für Gott, kann ihn aber ebenso verschließen wie den Reichen. Weil Jesus selbst der Arme ist, gilt sein Gnadenwort für die Armen. Diese christologische Vermittlung darf nicht ausgeblendet werden."

3.3.2. Das „evangelisatorische Potential" der Armen

Auch hier sei zunächst Gustavo Gutierrez zitiert. Er schildert die Erfahrung, die hinter der Rede vom „evangelisatorischen Potential" der Armen steht, so: „Bei dem Bemühen, den Armen die Gute Nachricht zu bringen, machten wir die Erfahrung, daß wir von ihnen evangelisiert wurden. So erkannten wir konkret, daß die Armen es sind, die uns evangelisieren ... Die, die in der Bibel die Armen genannt werden, sind nicht nur die bevorzugten Adressaten des Evangeliums, sondern auch und aus demselben Grund seine Träger."[105] Die Erfahrung, die Gutierrez zum Ausdruck bringt, muß näher erläutert werden, bevor sie theologisch eingeordnet werden kann. Wie zeigt sich die evangelisatorische Kraft der Armen und wie wirkt sie auf die Nicht-Armen ein?

Vier verschiedene Dimensionen der Evangelisierung durch die Armen nennen Boff/Pixley (240-43). *Erstens* verkünden die Armen das Evangelium in Form ausdrücklicher Evangelisierung. In der Familie, in den Basisgemeinden und in der Praxis der Volksreligion werden die Inhalte des Evangeliums weitergegeben. *Zweitens* verkünden die Armen das Evangelium, indem sie Zeugnis für die Werte des Evangeliums ablegen. Tugenden wie etwa Großzügigkeit, gegenseitiges Teilen, Solidarität im Leiden und Gastfreundschaft zeigen eine Offenheit Gott und den Menschen gegenüber – sinngemäß ist damit das gemeint, was ich als „spirituelle Armut" bezeichnet habe –, die Glauben zu wecken und zu stärken vermag. *Drittens* verkünden die Armen das Evangelium durch ihre stille oder laute Klage. Die Klage der Armen über ihre Situation des Leidens hat evangelisatorische Wirkung, denn sie enthüllt eine Lage der Ungerechtigkeit und zwingt somit Kirche und Gesellschaft, sich zu bekehren und zu wandeln. *Viertens* schließlich verkünden die Armen das Evangelium durch ihr stummes Dasein. Allein schon die Tatsache, daß es Armut überhaupt gibt, ist eine Anklage wegen Nichtverwirklichung des göttlichen Weltplans und löst Erschütterung und Bekehrung aus.

Die genannten vier Dimensionen des evangelisatorischen Potentials der Armen sind die Grundelemente von Boff/Pixleys Interpretation dieses Aspektes der Option für die Armen. Mit einigen wenigen Überlegungen will ich diese Interpretation theologisch zu deuten versuchen. Auf dem Hintergrund der Ergebnisse des letzten Abschnittes muß ein solcher Deutungsversuch differenziert vorgenommen werden. Die ersten beiden Dimensionen sind weder exklusiv der Gruppe der Armen zuzuschreiben noch eine automatische Folge des Armseins. Anders die letzten beiden

---

105 A.a.O. 77.

Dimensionen: die Klage der Armen über ihre Situation sowie die stumme Anfrage, die allein von ihrem Dasein ausgeht, sind Charakteristika, die die Armen von den Nichtarmen unterscheiden und deshalb für sie spezifische Merkmale darstellen. Die evangelisatorische Bedeutung dieser Charakteristika ergibt sich aus den zentralen theologischen Einsichten, die wir im Anschluß an Boff/Pixley besonders im Zusammenhang mit der paulinischen Kreuzestheologie gewonnen haben: Aus dem Entsprechungsverhältnis von Armut und Schwachheit Christi und Armut und Schwachheit der von Gott erwählten Menschen ergibt sich auch deren evangelisatorische Bedeutung. In dem stummen oder lauten Hinweis der Armen auf ihre Situation spricht Christus selbst. Er ruft durch sie zur Umkehr und sucht die menschliche Verweigerung gegenüber dem durch ihn eröffneten Reich der Freiheit aufzubrechen.

Wenn also tatsächlich von einem spezifischen „evangelisatorischen Potential" der Armen gesprochen werden kann, muß ihnen dann auch ein „epistemologisches Privileg" (Hugo Assmann)[106] zugestanden werden? „In dem Maße, wie man sich auf eine wirkliche Solidarität mit den Armen einläßt" – so hat Norbert Mette festgestellt – „macht man sich auch deren Sichtweise der Gesellschaft zu eigen."[107] Besitzen die Armen aufgrund ihres Armseins also einen spezifischen Erkenntnisvorsprung gegenüber den Nichtarmen? Ist die Option für die Armen auch eine erkenntnistheoretische Option?

Wir haben offengelassen, ob die Armen aufgrund ihrer Situation materieller Unsicherheit tatsächlich eine größere Offenheit gegenüber Gott entwickeln. In jedem Falle – so haben wir festgestellt – besteht in dieser Hinsicht kein Automatismus. Ich füge hinzu, daß vermutlich gerade bei der Frage nach der religiösen Offenheit der Armen von gewichtigen Unterschieden in den jeweiligen Kontexten ausgegangen werden muß.[108]

Dies hat nun auch Konsequenzen für die Frage nach dem „epistemologischen Privileg". Auch wenn die Erfahrung des Leidens möglicherweise ein besonders direktes und intuitiv treffendes Verständnis zahlreicher biblischer Texte zur Folge hat[109], so besteht, wie bei der Frage der spiritu-

---

106 Zitiert bei McAfee Brown, The Preferential Option, 9.
107 Mette, Vorrangige Option für die Armen – eine Herausforderung für Christen und Gemeinden in den Wohlstandsgesellschaften, 142.
108 In Lateinamerika ist der christliche Glaube im ganzen Volk fest verwurzelt. In Europa hingegen sind breite Bevölkerungsschichten, gerade im Bereich der Unterklasse, mehr oder weniger stark dem christlichen Glauben entfremdet.
109 So z.B. McAfee Brown, The Preferential Option, 9.

ellen Armut, auch hier kein Automatismus.¹¹⁰ Die Armen bleiben ebenso wie die Nichtarmen in theologischen und in politischen Fragen auf einen Prozeß des Erkennens angewiesen, der sich im Austausch verschiedener Sichtweisen vollzieht. Auch Boff/Pixley wenden sich gegen eine unkritische Übernahme von Auffassungen der Armen: Was der Arme ist oder will, – so die Beiden – ist keineswegs einfach zu unterstützen, „denn auch der Arme kann sich irren oder betrogen werden. Unterstützung verdient vielmehr alles, was tatsächlich zu seiner Befreiung beiträgt. Keinesfalls sollte man in diesem Punkt an Kritik sparen" (252).¹¹¹

Ich komme also zu dem Ergebnis, daß die Ausgangssituation, auf die sich die Option für die Armen bezieht, nicht die spirituelle, sondern die materielle Armut ist. Da von dieser nicht automatisch auf jene geschlossen werden kann, ist mit der materiellen Armut jedenfalls dann nicht ein „epistemologisches Privileg" verbunden, wenn darunter ein Erkenntnisprivileg verstanden wird, das die kritische Nachfrage den Auffassungen der Armen gegenüber mit dem Hauch der Illegitimität umgibt. Davon unbenommen bleibt die Aufgabe der Nichtarmen, diese Auffassungen genau wahrzunehmen, sich auf die Bedrängnis, aus der heraus sie entstehen, einzulassen und ihren Wahrheitsgehalt unter Berücksichtigung kontextueller Unterschiede im eigenen Denken zur Geltung kommen zu lassen.

Das evangelisatorische Potential der Armen haben wir nicht in ihren besonderen menschlichen oder religiösen Qualitäten verwurzelt gesehen, sondern in ihrem theologisch bedingten Hinweischarakter und ihrer Rolle als Träger von Gottes Ruf zur Umkehr.

Nachdem wir in Anknüpfung an Gustavo Gutierrez' und Boff/Pixleys Überlegungen näheren Aufschluß darüber gewonnen haben, welche Implikationen die Option für die Armen für die theologische Bedeutung der Armut mit sich bringt, soll nun die Frage im Mittelpunkt stehen, welche

---

110 Einen solchen Automatismus lehnt Clodovis Boff auch in seinem wichtigen Werk über die erkenntnistheoretischen Grundlagen der Theologie der Befreiung ab. Boff lehnt nicht nur die These ab, es bestehe überhaupt keine Beziehung zwischen der theologischen Theorie und der politischen Praxis, sondern auch die Auffassung, es bestehe eine direkte und sehr enge Beziehung zwischen beiden nach Art einer Verbindung zwischen Ursache und Wirkung (Boff, Theologie und Praxis. Die erkenntnistheoretischen Grundlagen der Theologie der Befreiung, 265).
111 Eine ähnliche Einsicht impliziert im übrigen auch Boff/Pixleys engagierte Kritik an der Romantisierung der Armen: „Weg also mit allem falschen Triumphgehabe der Armen und mit allem ‚Aberglauben' an ihre angeborene Heiligkeit! Das alles trägt nichts zur Befreiung der Armen bei und wird vernünftigerweise von den Armen selbst abgewiesen" (159).

Konsequenzen diese Option für die Nichtarmen hat. Sind die Nichtarmen damit von Gottes Liebe, zumindest tendenziell, ausgeschlossen oder bleiben sie in spezifischer Weise darin eingeschlossen?

3.4. Die Option für die Armen – exklusiv oder inklusiv?

Bei der Analyse des Wirtschaftshirtenbriefes der U.S.-Bischöfe haben wir gesehen, wie unterschiedlich die *Ex-* bzw. *In*klusivität der Option für die Armen interpretiert wird. Kritiker des Hirtenbriefs weisen darauf hin, daß eine solche Option einen Großteil der Bevölkerung ausschließe und deshalb im Widerspruch zum Kriterium des Gemeinwohls stehe. Die Bischöfe verstehen demgegenüber diese Option gerade als Ausdruck einer auf das Gemeinwohl hin orientierten politisch-ethischen Position und befinden sich damit im Einklang mit dem Schlußdokument von Puebla. Kritikerinnen wie Karen Lebacqz wiederum fragen nach der Adäquatheit des hinter dieser Interpretation stehenden Konsensmodells. Auch hier will ich mich einer Klärung der mit diesen unterschiedlichen Positionen verbundenen Fragen nähern, indem ich von dem Antwortversuch ausgehe, den Clodovis Boff und Jorge Pixley vorgelegt haben. Ich will mich dabei zunächst der Vorstellung vom *Klassenkampf* zuwenden, deren Verbindung mit der Option für die Armen den Kritikern als wichtiges Indiz für die Exklusivität dieser Option gilt.

3.4.1. Klassenkampf

Boff/Pixley stellen zunächst deutlich fest, daß die Option für die Armen den Klassenkampf mit einschließt. Diese Feststellung kann aber leicht mißverstanden werden, wenn die inhaltliche Deutung, die Boff/Pixley diesem Begriff geben, nicht zur Kenntnis genommen wird.

Unter Klassenkampf verstehen die beiden Theologen „jede Art von Aktion, der es darum geht, die legitimen Interessen einer Klasse zu verteidigen (und nicht nur und vor allem den gewaltsamen oder sogar blutigen Kampf)" (145). Der Klassenkampf ist nicht unmittelbar vom individuellen Wollen im Sinne einer Angriffshandlung abhängig und läßt sich auch nicht allein von etwaiger Angriffslust der menschlichen Natur her erklären. Vielmehr ergibt sich dieser Kampf aus der Ungleichheit und Widersprüchlichkeit der wirtschaftlichen Struktur einer bestimmten Gesellschaft: in einer Gesellschaft, in der Kapital gegen Arbeit, Gewinn gegen Lohn und

C. Schlüsselprobleme eines theologischen Gerechtigkeitsverständnisses 191

Arbeitgeber gegen Arbeitnehmer stehen, besteht ein *objektiver* Gegensatz materieller Interessen (145). Dieser objektive Gegensatz materieller Interessen – so füge ich hinzu – ist eine Realität in den sozialen Demokratien Europas ebenso wie in den von extremen sozialen Gegensätzen gekennzeichneten Ländern Lateinamerikas und wird in der Regel viel selbstverständlicher anerkannt als das in den häufig mit ideologischen Prämissen befrachteten Diskussionen um den Marxismus gesehen wird. Das Prinzip der Tarifautonomie sowie gewerkschaftliche Rechte wie das Streikrecht sind der moderne Ausdruck dieses mit mehr oder weniger harten Mitteln ausgetragenen materiellen Interessenkonflikts.

Das Ziel der Armen in diesem objektiv bestehenden wirtschaftlichen Interessenkonflikt ist nach Boff/Pixley die Verbesserung ihrer Lebensbedingungen, aber auch die Veränderung des die Unterdrückung bedingenden Systems. Die beiden Theologen machen dabei klar, daß ein Verständnis von Klassenkampf aus der Perspektive des Evangeliums keineswegs die Verdammung des Gegners intendiert: „Letzten Endes geht es nicht um einen Kampf *gegen* die herrschenden Klassen, sondern um einen Kampf *für* Gerechtigkeit und Befreiung. Es geht auch nicht eigentlich um einen Kampf gegen die Unterdrücker als Personen, wenn dies auch nicht auszuschließen ist, sondern gegen die von ihnen ausgehende Unterdrückung" (146). Dieser Kampf ist nicht Selbstzweck, er ist nicht gewollt, sondern unvermeidlich und lediglich eine Art Notreaktion auf die erlittene Unterdrückung.

Das Ziel des Kampfes ist Gerechtigkeit, deswegen müssen in diesem Kampf entsprechende Mittel angewandt werden. Da für die Christen der durch die Option für die Armen bedingte Klassenkampf der Ethik des Evangeliums untergeordnet ist, ist ihnen die Anwendung zutiefst perverser Mittel wie Verleumdung, Folter usw. untersagt. Die Christen werden den Klassenkampf im Geiste der Seligpreisungen zu leben suchen: mit Sanftmut gegenüber dem Feind, unter Bevorzugung friedlicher Mittel und höchster Zurückhaltung in der Anwendung von Gewalt, in der Bereitschaft zu Verzeihung und Versöhnung, unter Anerkennung der Würde und der unabdingbaren Rechte des Gegners und in Unterscheidung zwischen dem Unterdrücker als Mitglied einer Klasse und dem Unterdrücker als menschlicher Person (146f).

Anhand von drei Aspekten fasse ich Boff/Pixleys Verständnis der Klassenkampfvorstellung zusammen: *Zum ersten* sehen sie darin eine realistische *Wahrnehmung* der gesellschaftlichen und ökonomischen Interessengegensätze, die die Voraussetzung zum angemessenen Umgang mit diesen Gegensätzen bildet. *Zum zweiten* sehen sie als *Ziel* dieses Kampfes nicht die erneute Aufrichtung von Dominanzverhältnissen, sondern eine Gesellschaft, die sich soziale Gerechtigkeit und die Achtung der Menschenwürde zum Maßstab setzt. *Zum dritten* binden sie die *Strategie* dieses Kampfes an sein Ziel: Minimierung von Gewalt, Achtung vor dem Gegner und bleibende Bereitschaft zur Versöhnung.

Ich kann im Rahmen dieser Arbeit nicht auf die Frage nach Gemeinsamkeiten oder möglichen Unterschieden zwischen der Interpretation des Klassenkampfbegriffs bei Marx und den verschiedenen Spielarten des Marxismus auf der einen Seite und der von Boff/Pixley vorgelegten christlichen Interpretation dieses Begriffes auf der anderen Seite eingehen. M.E. sind angesichts der umstrittenen inhaltlichen Füllung dieses Begriffes Zweifel an seinem Erklärungswert angebracht. Für seine Verwendung im Rahmen des Konzeptes der Option für die Armen kann aber in jedem Falle festgehalten werden:

In seinem *analytisch-deskriptiven* Sinn leistet der Begriff des Klassenkampfes einen Beitrag dazu, die konfliktive Dimension einer gesellschaftlichen Situation zu erfassen und beim Namen zu nennen – wenn auch in einer angesichts der Komplexität der gesellschaftlichen Interessengegensätze vereinfachten Form.[112]

In seinem *programmatisch-strategischen* Sinn macht er die Notwendigkeit deutlich, diese Interessengegensätze nicht hinzunehmen, sondern unter Anerkennung der Würde und der Rechte des Gegners offen auszutragen und damit dem Ziel der Gerechtigkeit für alle zu dienen.

3.4.2. Partielle und universelle Solidarität

Mit dem Problem der Interpretation und des Gebrauchs des Klassenkampfbegriffs ist eine noch umfassendere Frage verbunden, die eine eigene Behandlung verdient. Wenn die Kirche eine Option für die Armen trifft, schließt sie damit nicht andere gesellschaftliche Gruppen aus? Handelt sie dann aber nicht ihrem universalen Anspruch zutiefst zuwider?

Boff/Pixley treten einem *exklusiven* Verständnis der Option für die Armen entgegen: Wenn das Eintreten der Kirche für die Armen sich in eine exklusive Option verwandelte und das Christentum so auf eine „soziale Befreiungsbewegung" reduziert würde, dann würde „die aus ihrem ur-

---

112 Boff/Pixley sehen selbst, daß der Klassenkampf nicht die einzige Form des Sozialkonfliktes ist (vgl. 145f). In welchem Maße mit diesem Begriff der Kern der gesellschaftlichen Realität erfaßt werden kann, hängt von den jeweiligen Verhältnissen in dem zur Debatte stehenden Kontext ab, insbesondere von der Härte der sie kennzeichnenden ökonomischen Interessenkämpfe.

sprünglichen Nährboden herausgerissene und ihres umfassenden Glaubenshorizontes entledigte Option für die Armen ihre geheime Kraft und Radikalität" verlieren und damit auch ihrer Identität verlustig gehen (141).

Die nähere Bestimmung als *vorrangige* Option soll dieses Mißverständnis vermeiden helfen. Die christliche Liebe richtet sich auf vorrangige Weise auf die Armen, ohne deshalb andere auschließen zu wollen. Die Kirche ist Verbündete der Armen, aber sie ist nicht nur mit ihnen verbunden. „Ihre Liebe zu den Armen" – so Boff/Pixley – „ist demnach Vorliebe, nicht einzige Liebe" (147). Mit dieser Vorliebe für die Armen schließt die Kirche die Reichen weder aus ihrem pastoralen noch aus ihrem politischen Tun aus, nur gesteht sie ihnen nicht die Priorität und führende Rolle in der Geschichte zu, die sie für sich in Anspruch nehmen (150).

Die Parteinahme für die Armen – das kommt in diesen Worten zum Ausdruck – wird nur da von den Reichen als exklusiv empfunden, wo sie an ungerechtfertigten Privilegien festhalten und den Benachteiligten eine faire gesellschaftliche und wirtschaftliche Teilhabe vorenthalten wollen. Das Zeugnis einer armen Kirche – das hatte schon das Puebla-Dokument betont – bringt auch den Reichen Befreiung, weil es sie zur Umkehr aus Egoismus und Abhängigkeit von Reichtum befreit. Indem die Option für die Armen eine Gesellschaft anstrebt, die Ausdruck dieses Befreiungsgeschehens ist, – so formulieren Boff/Pixley zuspitzend – ist „die Option für die Armen indirekt eine Option für die Reichen ..." (150). Horst Goldstein hat mit Recht darauf hingewiesen, daß einer Interpretation des Vorrangs der Armen im Sinne eines Ausschlusses der Nicht-Armen auch von der Praxis der Befreiungschristen her die Argumente genommen werden.[113]

Ich halte fest, daß Clodovis Boff und Jorge Pixley, im Einklang mit anderen lateinamerikanischen Befreiungstheologen[114], die Option für die Armen nicht *exklusiv* interpretieren, sondern ihren *inklusiven* Charakter betonen.

M.E. muß hier gleichwohl zwischen einer *subjektiven* und einer *objektiven* Ebene unterschieden werden. *Subjektiv* werden sich Menschen

---

113 Goldstein, Kleines Lexikon zur Theologie der Befreiung, 165.
114 Vgl. z.B. Gutierrez, Die historische Macht der Armen, 84: „Jede vermeintliche Ausschließlichkeit würde offensichtlich die Botschaft des Evangeliums verstümmeln, denn diese wendet sich ja an alle Menschen, weil Gott sie liebt und sein Sohn sie erlöst hat. Das Evangelium ist nicht unser Privateigentum, über das wir nach Belieben verfügen könnten. Gleichwohl ist die Bevorzugung der Armen Bestandteil der christlichen Botschaft ..." Auch von deutschsprachigen Interpreten der Option für die Armen ist ihr inklusiver Charakter betont worden. Vgl. dazu z.B. Büchele, Option für die Armen – eine vorrangige Orientierung der katholischen Soziallehre, 112.

dann ausgeschlossen fühlen, wenn sie ungerechte Privilegien nicht aufgeben wollen, die die Option für die Armen in Frage stellt. Sie erfahren diese Option dann als bedrohlich und *gegen* sie gerichtet. *Objektiv* lädt die Parteinahme für die Armen sie aber zu einem Prozeß ein, der eine Form des Zusammenlebens anstrebt, der Gerechtigkeit für *alle* zum Ziel hat und im Lichte des christlichen Glaubens auch für sie *Heil* bedeutet. Der objektiv inklusive Charakter der Option für die Armen wird also auch dadurch nicht in Frage gestellt, daß Menschen sich selbst von dem damit verbundenen Prozeß ausschließen.

Auf die Frage, ob die Kirche in Lateinamerika auch zu den Reichen gehe und auch dort zuhöre, sagte der brasilianische Kardinal Lorscheider bei einem Besuch in Frankfurt: „Natürlich tun wir das. Aber wenn wir zu den Reichen gehen, kommen wir von den Armen."[115] Die Option für die Armen ist m.E. am besten so zu charakterisieren: *partielle Solidarität als Mittel zur universellen Solidarität*.

3.4.3. Ekklesiologische Konsequenzen

In der Kirche ist „auch Platz für die Reichen …, jedoch nur in dem Maße, in dem sie sich bekehren und mit den Kleinen verbrüdern" (152). Mit diesem Satz Boff/Pixleys sind die ekklesiologischen Konsequenzen angedeutet, die sich für sie aus dem Konzept der Option für die Armen ergeben. Er markiert in pointierter Form die Grenzen der kirchlichen Integrationsfähigkeit. Bei den beiden lateinamerikanischen Theologen finden sich aber auch Aussagen, die stark die Einheit der Kirche betonen, und die deswegen mit dem zitierten Satz in einer gewissen Spannung stehen.

Sie sehen die Kirche mit Johannes XXIII. als Kirche *aller*, wenn auch besonders als die Kirche der Armen. Weil das entscheidende Band der kirchlichen Einheit kein gesellschaftliches Band ist, sondern das Band des Glaubens an Jesus Christus, löst sich die Kirche nicht auf, obwohl sie klassenmäßig geteilt ist. Allein das Band des Glaubens ist imstande, die politisch im Gegensatz zueinander stehenden Teile zusammenzuhalten.

Boff/Pixley sind sich wohl bewußt, daß das Dogma von der Einheit der Kirche im Laufe der Geschichte in konfliktreichen und sogar skandalösen Situationen allzu oft als Verschleierungsideologie eingesetzt wurde. Um solch ideologisch-mystifizierenden Mißbrauch der Einheit auszuschließen, verstehen die beiden diese Einheit als *dynamischen Prozeß*: „Sie wächst zusammen mit den an sie gestellten Anforderungen. Tatsächlich

---

115 Zitiert in Ludwig, Eine Soziallehre nur für die USA, 109.

tendiert die religiöse Einheit zu politischer Einheit, ohne sich jedoch mit dieser zu vermengen. Denn der Glaube ist kein so undifferenziertes Band, daß er die unpassendsten und widersprüchlichsten politischen Haltungen kaschieren könnte" (153).

Die Vorstellung von der Einheit der Kirche als dynamischem Prozeß ist m.E. eine angemessene Charakterisierung der ekklesiologischen Konsequenzen der Option für die Armen. Die beobachtete Spannung zwischen Boff/Pixleys Aussagen zu den Grenzen der kirchlichen Integrationsfähigkeit und der Betonung der kirchlichen Einheit löst sich darin nicht auf, sondern läßt sich als produktiv vorwärtstreibende Kraft verstehen. Weder in Richtung politisch-ethischer Beliebigkeit läßt sich diese Spannung auflösen noch in Richtung der Exkommunikation Andersdenkender. Vielmehr weist sie dem Diskussionsprozeß in der Kirche eine Richtung, ohne ihn jedoch überflüssig zu machen. „Die vollkommene Einheit" – so Clodovis Boff und Jorge Pixley mit Recht – „wird jedoch stets ein eschatologisches Ereignis sein, auf das unsere vergänglichen geschichtlichen Einheitsformen asymptotisch hinzielen, ohne sie freilich je zu erreichen" (154).

Als Ergebnis meiner Ausführungen zur Inklusivität bzw. Exklusivität der Option für die Armen halte ich in Anknüpfung und Weiterführung von Boff/Pixleys Interpretation fest: *Erstens* ist die Option für die Armen mit einem Streit für Gerechtigkeit verbunden, der die faktisch bestehenden Klassen- und sozialen Interessengegensätze nicht verdeckt, sondern realistisch wahrnimmt, der nicht neue Dominanzverhältnisse zum Ziel hat, sondern Gerechtigkeit und den Schutz der Menschenwürde für alle erstrebt und der schließlich diese Ziele auch bei der Wahl seiner strategischen Mittel berücksichtigt. Indem die Option für die Armen *zweitens* ein Zusammenleben erstrebt, das *allen* Menschen dient, ist ihre partielle Solidarität lediglich Mittel zu universeller Solidarität. Sie hat deswegen objektiv inklusiven Charakter, auch wenn sich Menschen subjektiv davon ausgeschlossen fühlen, weil ihre Privilegien bedroht sind. *Drittens* findet die Option für die Armen ihre ekklesiologische Konsequenz in einem dynamischen Prozeß der Kirche, in Richtung auf eine Einheit in Solidarität mit den Armen.

3.5. Die Gefahr des Paternalismus

Wenn wir die ekklesiologischen Konsequenzen der Option für die Armen als Prozeß der Kirche in Richtung auf eine Solidarität mit den Armen beschreiben, so stellt sich die nachdrückliche Frage, wer eigentlich die *Subjekte* dieses Prozesses sind. Schon der Begriff „Option *für* die Armen" drängt diese Frage auf. Er scheint auf ein Handeln der Nicht-Armen in der Kirche in Stellvertretung für die Armen hinzuweisen. Andererseits betonen die Vertreter der Befreiungstheologie immer wieder nachdrücklich, daß die Armen *selbst* Subjekte ihrer Befreiung sind. Jeglichen Paternalismus der Wohlhabenden zugunsten der Armen weisen sie zurück.

Ich will zunächst fragen, gegen welche Formen des Paternalismus sich das Konzept der Option für die Armen richtet und dann untersuchen, ob der Stellvertretungsgedanke und die Betonung des Subjektcharakters der Armen auf einen inneren Widerspruch in diesem Konzept hinweisen oder ob sie als zwei Erscheinungsformen desselben Grundgedankens angesehen werden können.

Zwei Grundformen des Paternalismus sind es, gegen die sich Boff/ Pixley wenden. Die *erste* Form ist die „wirtschaftliche Fürsorge der Rechten" (238), die ich als *konservativen Paternalismus* bezeichnen will. Dieser konservative Paternalismus möchte die Armen ohne ihre Teilnahme und – so die beiden lateinamerikanischen Theologen – letztlich auf ihre Kosten retten: „Da wird *im Namen* der Armen gesprochen, man stellt sich als ihr Interessenvertreter hin, stopft ihnen aber gleichzeitig den Mund und bindet ihre Hände" (238). Der konservative Paternalismus – so füge ich über Boff/Pixley hinaus erläuternd hinzu – sieht die Option für die Armen nicht als Eintreten für deren Rechte, nicht als Einsatz für das, was ihnen fairerweise zusteht, sondern als Akt fürsorglicher Liebe. Die Motivation zum Handeln ist weniger ein Gefühl der Ungerechtigkeit, sondern vielmehr durchaus ehrlich empfundenes Mitleid angesichts der elenden Situation der Armen. Die Handlungsstrategien haben weniger politische Strukturen im Blick als vielmehr die unmittelbare Beseitigung der Notlagen und die Veränderung von Einstellungen und Verhaltensweisen der Armen (z.B. die Einstellung zur Arbeit), die dem wirtschaftlichen Erfolg im Wege stehen.

Die *zweite* Form, die Boff/Pixley kritisieren, ist „die politische Fürsorglichkeit der Linken" (238), die ich als *progressiven Paternalismus* bezeichnen will. Diese Form des Paternalismus erkennt die politische Dimension der Option für die Armen. Sie stellt sich der Aufgabe, die Ursachen der Armut über die individuelle Dimension hinaus zu analysieren und Strategien politischer und ökonomischer Strukturveränderungen zu entwickeln. Sie erhebt gleichwohl dabei den Anspruch, in Stellvertretung für die Armen zu handeln, auch dann, wenn diese sich durch die Verfechter der entsprechenden Auffassungen gar nicht vertreten fühlen. Wie der konservative so reduziert auch der progressive Paternalismus die

C. Schlüsselprobleme eines theologischen Gerechtigkeitsverständnisses 197

Armen letztlich – entgegen seinen Intentionen – zum Objekt von Strategien, die ohne ihre Partizipation entwickelt worden sind. Diese Form des Paternalismus haben Boff/Pixley m.E. im Blick, wenn sie bestimmte Denkweisen innerhalb der politischen Linken kritisieren: „So will die Linke zwar die Revolution, um aber dann selbst die Probleme der anderen – nämlich der Armen – zu lösen." Sie führt als Avantgarde die Massen und baut eine neue Geschichte auf. „Wenn sich aber das einmal mehr verdinglichte Volk den Vorschlägen widersetzt, wird es als ‚rückständig', ‚reaktionär', ‚konservativ' angesehen und behandelt, und deshalb muß es umerzogen, gezähmt werden (mit Polizeigewalt oder indem man es ideologisch oder gar therapeutisch konditioniert)" (238).

Ich habe die beiden Formen der Fürsorglichkeit, gegen die sich Boff/ Pixley wenden, in kritischer Absicht als Formen des *Paternalismus* bezeichnet. Aber ist einerseits ein Eintreten für die Armen nicht tatsächlich auf materielle Soforthilfe und die Veränderung von individuellen Verhaltensweisen angewiesen? Und muß andererseits nicht tatsächlich davon ausgegangen werden, daß der Bildungsvorsprung intellektueller Eliten eine besonders klare Erkenntnis der politischen Ursachen von Armut ermöglicht?

Die Antwort auf diese Fragen liegt in der Erläuterung des *partizipatorischen Charakters* der Option für die Armen. „Die Option für die Armen" so Boff/Pixley – „ist eine partizipative Option" (237). Daß von der Option der Kirche *für* die Armen die Rede ist, darf deswegen nicht als Indiz für deren paternalistischen Charakter gedeutet werden. Die beiden lateinamerikanischen Theologen machen den partizipatorischen Charakter der Option für die Armen deutlich, indem sie auf die Entstehung dieses Begriffes hinweisen (151f), die wir schon zu Beginn dieses Kapitels im Zusammenhang mit Medellin und Puebla thematisiert haben. Die Option für die Armen stellte einen Ruf an die offizielle Kirche dar, sich zu bekehren und ihren geschichtlichen Auftrag neu zu definieren. Das aber – so Boff/Pixley – bedeutete, den historischen Pakt mit den Mächtigen zu brechen und sich den unterdrückten Schichten zuzuwenden. In ähnlicher Weise wurden auch die Laienchristen und die Reichen dazu aufgerufen, sich der Sache der Armen anzunehmen und sich dem Kampf für eine gerechte Welt anzuschließen. Die Armen selbst schließlich sahen sich aufgefordert, Solidarität untereinander zu praktizieren und die Nichtarmen, die ihre Weggefährten werden wollten, aufzunehmen.

Dieser Aufruf – so diagnostizieren die beiden lateinamerikanischen Theologen, wohl besonders im Hinblick auf die zahlreichen inzwischen entstandenen Basisgemeinden – ist nicht ohne Folgen geblieben: die Armen sind in der Kirche Subjekt der Option für die Armen und Anführer ihres eigenen Befreiungsprozesses geworden, weil die Hirten ihrerseits für und mit den Armen ans Werk gingen und in ihnen das Bewußtsein ihrer Würde und soziale Einsatzbereitschaft weckten. Der Bewegung des „Hinabsteigens der Hirten zur Basis" entsprach eine andere Bewegung: „die des Heraufsteigens oder Auftauchens der Armen in den kirchlichen Bereich hinein ... Gerade das Zusammenfinden von Spitze und Basis war bezeichnend für die Option für die Armen ... Vom Gesichtspunkt der kirchlichen Institution her durchlief und durchläuft dieses neue Konzept von Kirche folgende Etappen: Kirche *für* das Volk, Kirche *mit* dem Volk und Kirche *des* Volkes" (152).

Auch wenn dieser Bestandsaufnahme eine möglicherweise etwas zu optimistische Darstellung bescheinigt werden mag, so macht sie doch schon anhand faktischer Prozesse in der Kirche einen Sachverhalt deutlich, der an vielen Beispielen, besonders aus dem Bereich der lateinamerikanischen Kirche zu belegen wäre: das Konzept der Option für die Armen intendiert in seiner ursprünglichen Bedeutung nicht die karitative oder politische Bevormundung der Armen, sondern deren *Teilhabe*.[116]

Diese Deutung ergibt sich aber nicht nur aus der faktischen Entwicklung, die Boff/Pixley in der lateinamerikanischen Kirche ausmachen, sondern sie ist auch inhaltlich die einzig folgerichtige Konsequenz der Interpretation der Option für die Armen, die wir bisher gewonnen haben. Wir haben den gemeinsamen Kern der verschiedenen Formen der Ungerechtigkeit, auf die sich die Option für die Armen richtet, in dem Moment der *fehlenden Teilhabe* gesehen. Die innere Logik dieser Option besteht deswegen genau in der Überwindung dieser Situation, also in der *Ermöglichung von Teilhabe*. Die Option für die Armen kommt erst da zu ihrem eigentlichen Sinn, wo dem Handeln *für* die Armen ein Gefälle zum Handeln *mit* den Armen und schließlich zum Handeln der Armen *selbst* innewohnt. Materielle Hilfeleistung muß sich ebenso wie politische Vertretung daran messen lassen, ob sie den Armen ermöglicht, ihr Leben selbst in die Hand zu nehmen und ob sie ihnen Raum gibt, die eigenen politischen Vorstellungen zu artikulieren und weiterzuentwickeln. Stellvertretung ist nur da wirklich Stellvertretung, wo sie das Ziel verfolgt, sich überflüssig zu machen. Daß Stellvertretung nötig ist, wo die Ohnmacht der

---

116 Vgl. auch Goldstein, ebd.: „Wichtig ist, daß die Option Gemeinschaft und Beteiligung ermöglicht. Wo Paternalismus und Fürsorge (...) noch den Ton angeben, muß partizipative Solidarität (...) Raum gewinnen. Der pädagogische Weg führt vom ‚für die Armen' zum ‚mit den Armen', ‚an der Seite der Armen'." Ähnlich Collet, „Den Bedürftigsten solidarisch verpflichtet". Implikationen einer authentischen Rede von der Option für die Armen, 83.

Armen eine effektive Wahrnehmung der eigenen Interessen unmöglich macht, bleibt davon unbenommen.

Die einleitende Frage nach den Subjekten der Option für die Armen kann nun beantwortet werden. Subjekte dieser Option sind *alle* Christinnen und Christen. Insofern sich die Armen aufgrund ihrer Machtlosigkeit und des Ausschlusses von angemessenen Bildungsmöglichkeiten im Einsatz für ihre Rechte nicht selbst ausreichend artikulieren können, sind diejenigen, die Einfluß und Bildung besitzen, dazu aufgerufen, stellvertretend für die Rechte der Armen einzutreten. Nur dann können sie sich dabei wirklich auf die Option für die Armen berufen, wenn ihr stellvertretendes Handeln darauf abzielt, die Armen selbst zum Subjekt ihrer Befreiung zu machen. Der Prozeß, den die Option für die Armen intendiert, ist geprägt von einer Dynamik zunehmender Partizipation der Armen: er führt von der Ohnmacht zur Teilhabe, von der Fremdbestimmung zur Selbstbestimmung, von der Abhängigkeit zur Eigenverantwortung. Nachdem nun die wichtigsten Interpretationsprobleme behandelt sind, kann das Ergebnis meiner Untersuchungen zusammengefaßt werden.

4. Ergebnis

4.1 Das inhaltliche Profil der Option für die Armen

Bei der Rekonstruktion der Entstehung des Konzepts der Option für die Armen anhand der Schlußdokumente der lateinamerikanischen Bischofskonferenzen von Medellin und Puebla ist deutlich geworden, daß die maßgebliche, mit diesem Konzept verbundene Neuorientierung der Kirche in dem Schritt vom karitativen Liebesdienst zum Streit für Gerechtigkeit bestand: in dem Schritt von einem liebevoll-fürsorglichen und personalen Engagement für die Armen hin zur Wahrnehmung der strukturellen Ursachen von Armut und zum politischen Eintreten für die Rechte der Armen. Theologisch wird dieses Eintreten für die Armen in der Menschwerdung Christi verwurzelt: weil Gott selbst in Christus arm geworden ist, sind der Glaube an diesen Gott und der Streit für die Rechte der Armen unlösbar miteinander verbunden.

Auf dem Hintergrund der Dokumente von Medellin und Puebla und auf der Basis der klassischen Interpretation der Option für die Armen durch Clodovis Boff und Jorge Pixley hat sich ein inhaltliches Profil dieses Konzeptes herausgeschält, das sich als plausibel erwiesen hat und deswegen als prägende Grundlage eines theologisch-ethischen Gerechtigkeitsverständnisses tauglich erscheint. Anhand von *fünf* Aspekten will ich dieses Profil zusammenfassend charakterisieren:

Erstens bezieht sich die Option für die Armen sowohl auf materielle Armut als auch auf sozio-kulturelle Diskriminierung. Der Kern und die gemeinsame Mitte der verschiedenen Formen von Ungerechtigkeit, gegen die sie sich wendet, liegt in der Situation *fehlender Teilhabe.*

Zweitens beruft sich die Option für die Armen mit Recht auf die biblischen Traditionen. Schon im Alten Testament fällt auf, in welch hohem Maße Gottes heilschaffendes Handeln mit seinem Eintreten für die Armen verbunden ist, ja geradezu dadurch charakterisiert wird. Im Neuen Testament wird diese Charakterisierung noch radikalisiert: nicht nur wird das Leben Jesu als Erfüllung des Evangeliums für die Armen gesehen, sondern Kreuz und Auferstehung Christi werden als unüberbietbarer Solidaritätsakt Gottes mit den Armen verstanden, dem die besondere Erwählung der Schwachen entspricht. Die Solidarität Gottes mit den Armen drängt auf ein entsprechendes Handeln zwischen den Menschen.

Drittens bietet die Option für die Armen keine Anhaltspunkte für eine Heiligsprechung der Armut. Weder hat materielle Armut von sich aus schon eine besondere Offenheit für Gott, die sogenannte „spirituelle Armut" zur Folge, noch kann den Armen ein „epistemologisches Privileg" im Sinne eines gleichsam automatischen Erkenntnisvorsprungs zugeschrieben werden. Gottes Nähe zu den Armen liegt nicht in deren besonderen menschlichen oder religiösen Qualitäten begründet, sondern vielmehr in der schon angesprochenen theologischen Behauptung von Gottes besonderer Solidarität mit den Leidenden im Leiden Christi.

Viertens steht die konfliktive und partikulare Dimension der Option für die Armen im Dienste ihrer universalen Zielrichtung. Das konfliktive Element trägt der Tatsache Rechnung, daß sich ein Zusammenleben der Menschen im Geiste des von Gott verheißenen Schalom gegen starke Gegenkräfte durchsetzen muß. Das universale Ziel bleibt: Gerechtigkeit *für alle.* Die Spannung, die innerhalb der Kirche zwischen theologisch geforderter Parteilichkeit und der Einheit im Glauben besteht, findet ihren produktiven Ausdruck in einem dynamischen Prozeß in Richtung auf eine Einheit in Solidarität mit den Armen. Auch wo Menschen sich *subjektiv* von der Option für die Armen ausgeschlossen fühlen, weil sie ihre Privilegien bewahren wollen, behält sie ihren *objektiv* inklusiven Charakter als Ausdruck von Gottes heilschaffendem Handeln für die *ganze* Welt.

Fünftens steht die Option für die Armen im Widerspruch zu jeglicher Form des Paternalismus. Ihr partizipatorischer Charakter drängt auf die Selbstverantwortung der Armen. Stellvertretung der Nichtarmen wird da nötig, wo die Armen sich selbst nicht ausreichend artikulieren können. Die

Intention solcher Stellvertretung zielt gleichwohl darauf, das stellvertretende Handeln überflüssig zu machen. Die Option *für* die Armen ist geprägt von einem inneren Gefälle zur Option der Armen *selbst*.

Ich habe bei meinen Ausführungen zum inhaltlichen Profil der Option für die Armen die Frage der politischen Strategien, die sich daraus ergeben, bewußt zurückgestellt. Einige abschließende Bemerkungen will ich der Frage widmen, wie mit der Option für die Armen bei der Anwendung auf politische Prozesse sinnvoll umgegangen werden kann. Dieser Frage will ich mich anhand einer These nähern, die der amerikanische Soziologe Peter Berger in seiner Streitschrift für den Kapitalismus vertreten hat.

4.2. Die Option für die Armen als kritischer Maßstab

„Der materielle Wohlstand der Menschen, besonders der Armen" – so hat Peter Berger am Ende seines Buches über „die kapitalistische Revolution" unter Bezug auf die Option für die Armen geschrieben – ist ein fundamentaler gesellschaftlicher Wert. „Wenn meine vorangehenden Thesen stimmen," – so Berger weiter – „dann gibt es keine Frage, daß der Kapitalismus gegenüber allen empirisch faßbaren Alternativen die angezeigte Wahl ist."[117] Bergers These bezieht sich auf den materiellen Wohlstand aller, besonders der Armen. Ich will an dieser Stelle nicht die Frage diskutieren, ob der Kapitalismus den Armen wirklich die meisten materiellen Vorteile bringt. Viel wichtiger ist die Konfrontation des Bergerschen Kriteriums mit dem Verständnis der Option für die Armen, das wir in diesem Kapitel gewonnen haben.

Bei unseren Untersuchungen ist deutlich geworden, daß der inhaltliche Kern dieser Option in ihrem partizipatorischen Charakter liegt. Daraus ergibt sich, daß die materielle Versorgung der Armen nicht das einzige oder ausschlaggebende Kriterium für eine angemessene politische Umsetzung der Option für die Armen sein kann. Solche materielle Versorgung steht geradezu im Widerspruch zum eigentlichen Anliegen dieser Option, wenn sie den Ausschluß der Armen von den wirtschaftlichen und sozialen Prozessen der Gesellschaft, also deren fehlende Teilhabe, zementiert.

---

117 „If the foregoing propositions hold up, there can be no question that capitalism, as against any empirically available alternatives, is the indicated choice" (Berger, The Capitalist Revolution, 218).

Insofern der liberale Kapitalismus aber genau diese gesellschaftliche Marginalisierung ermöglicht oder auch nur zuläßt, muß er vom Kern der Option für die Armen her in Frage gestellt werden.

Auch auf einer noch grundsätzlicheren Ebene muß Bergers Versuch der Vereinnahmung der Option für die Armen deutlich zurückgewiesen werden. Schon bei unseren Untersuchungen zur biblischen Begründung ist deutlich geworden, daß diese Vorstellung mißbraucht wird, wenn sie zur Rechtfertigung bestehender Zustände oder zur Verschleierung von Ungerechtigkeit benutzt wird. Das „Du bist der Mann" der Natan-Parabel weist auf ein konstitutives Element der Option für die Armen hin: ihre *kritische Funktion*. Ihr Sinn wird deshalb verkehrt, wenn sie als ethisches Feigenblatt für bestimmte Weltanschauungen dienen muß. In den Diskussionen um die Grundstrukturen der Wirtschaft und um kapitalistische oder sozialistische Gestaltungsmodelle bildet aus der Sicht theologischer Ethik die Option für die Armen den *kritischen Maßstab* für die Tauglichkeit der Konzepte.

Welche Konzepte diesem kritischen Maßstab am ehesten gerecht werden, muß ohne ideologische Tabus je nach Kontext unterschiedlich entschieden werden.[118] Die theologisch begründete Entschiedenheit der Option für die Armen – so betont Peter Rottländer mit Recht – enthebt nicht „von der mühsamen und schwierigen Diskussion der richtigen ökonomischen und politischen Strategie zu ihrer Durchsetzung."[119] Politische Neutralität ist dabei für die theologische Ethik aber unmöglich. Nicht eine theologisch-ethische Relativierung der Diskussion um konkurrierende Wirtschaftsmodelle kann das Ziel sein, sondern eine Versachlichung der Debatte – eine Versachlichung allerdings mit einem klaren inhaltlichen Gefälle: einem Gefälle vom Mehrheitswohlstand zum *Wohlstand aller*, auch der Armen, von der materiellen Fürsorge für die Armen zu ihrer gleichberechtigten *Teilhabe* in der Gesellschaft, vom Diktat des Leistungsprinzips zur *Rücksicht auf unterschiedliche Leistungsfähigkeit*, vom Kult der Starken zur *Solidarität mit den Schwachen*, von der Gerechtigkeit für möglichst viele zur *Gerechtigkeit für alle*.

Ich habe in diesem Kapitel das Konzept der Option für die Armen im Lichte seiner ursprünglichen Entstehung und weiteren Interpretation im Kontext Lateinamerikas erläutert, im Hinblick auf seine biblische Verwurze-

---

118 Dies gilt insbesondere für die Debatte um einen revolutionären oder reformorientierten Ansatz.
119 Rottländer, Ökonomische Desillusionierung. Theologische Entschiedenheit. Eine Momentaufnahme zur Lage der „Option für die Armen", 128.

lung und einige zentrale Interpretationsprobleme kritisch untersucht und dabei ein inhaltliches Profil zu entwickeln versucht, das auch über den Kontext Lateinamerikas hinaus fruchtbar werden kann. Das Konzept der Option für die Armen hat sich als biblisch begründet und inhaltlich plausibel erwiesen und damit seine Tauglichkeit als zentrales Element eines theologisch-ethischen Gerechtigkeitsverständnisses gezeigt.[120]

Bei der Behandlung des Hirtenbriefes ist ungeklärt geblieben, ob für eine Orientierung des Gerechtigkeitsverständnisses am Vorrang für die Armen neben der biblischen und theologisch-ethischen Begründung Vernunftgründe geltend gemacht werden können, die ein solches Verständnis auch Nichtchristen einsichtig machen können. Einer Antwort auf diese Frage will ich mich im folgenden Kapitel anzunähern versuchen, indem ich mich der philosophischen Gerechtigkeitsdiskussion zuwende, in deren Zentrum die Gerechtigkeitstheorie von John Rawls steht.

---

120 M.E. spricht viel dafür, daß der Option für die Armen auch eine konstitutive Rolle bei der Begründung der Menschenrechte zukommt. „Eine derartige Option" – so Konrad Hilpert – „steht nicht im Gegensatz zum Ethos der Menschenrechte, sondern könnte systematisch als dessen vorantreibende und mit besonderer Sensibilität ausgestattete ‚Spitze' begriffen werden" (Hilpert, Die Menschenrechte, 202). Die genauere Untersuchung eines solchen Gedankens kann gleichwohl hier nur als Forschungsdesiderat ins Auge gefaßt werden.

III. Gerechtigkeit in der philosophischen Ethik

1. Einführung

„*Eine Theorie der Gerechtigkeit* ist ein gehaltvolles, tiefes, feinsinniges, weitgespanntes, systematisches Werk der Philosophie der Politik und der Moralphilosophie, das seit John Stuart Mill – diesen womöglich eingeschlossen – seinesgleichen sucht. Es ist eine Quelle anregendster Gedanken, die zu einem wunderschönen Ganzen zusammengefügt sind. Die Philosophie der Politik muß von nun an im Rahmen der Rawlsschen Theorie arbeiten oder aber erklären, warum sie es nicht tut." Mit diesen bemerkenswerten Worten hat Robert Nozick die Gerechtigkeitstheorie des an der Harvard University lehrenden Philosophen John Rawls charakterisiert[121] und damit die erstaunliche Anerkennung zum Ausdruck gebracht, die auch die schärfsten Kritiker dieser Theorie entgegenbringen. Und dies keineswegs nur im englischsprachigen Bereich: der französische Philosoph Serge Kolm etwa sieht darin „das berühmteste sozialphilosophische Werk unserer Zeit"[122], der Schweizer Sozialethiker Arthur Rich spricht von Rawls' „faszinierender Theorie der Gerechtigkeit"[123]. Kaum eine Erörterung dieser Theorie beginnt ohne ein Wort des Respekts oder einen Hinweis auf ihre beispiellose Wirkung.[124]

Ich will im folgenden anhand der Rawlsschen Theorie prüfen, ob sich ein theologisch-ethisches Gerechtigkeitsverständnis, das sich an der biblischen Option für die Armen orientiert, auch aus Gründen der praktischen

---

121   Nozick, Anarchie. Staat. Utopia, 170f.
122   Kolm, Le Contrat Social Libéral, 353.
123   Rich, Wirtschaftsethik I, 207.
124   Nur einige wenige Beispiele seien genannt: „Aucune théorie éthique" – so der belgische Philosoph Michel Meyer – „n'a connu un tel succès depuis John Stuart Mill, auquel Rawls est souvent comparé pour l'ampleur de ses vues" (Meyer, Rawls, les fondement de la justice distributive et l'égalite, 37). „... la *Theory of Justice* de John Rawls" – betont Philippe Van Parijs – „constitue, meme pour l'observateur extérieur, un phénomène tout à fait étonnant" (Van Parijs, La double originalité de Rawls, 1). „From the beginning" – so David Lewis Schaefer, einer der schärfsten Kritiker der Theorie – „Rawls' book received acclaim and attention unprecedented for a work of its sort" (Schaefer, Justice or Tyranny? A Critique of John Rawls's A Theory of Justice, 3f). Schaefer weist auch auf die erstaunliche Beachtung hin, die Rawls' Theorie nicht nur in der außerphilosophischen Wissenschaft – (Politologie, Rechtswissenschaften, Soziologie, Wirtschafts- und Verwaltungswissenschaften – bezeichnenderweise fehlt die Theologie in Schaefers Aufzählung!), sondern auch in den öffentlichen Medien gefunden hat. Für zahlreiche Beispiele zu dieser Beobachtung vgl. Schaefer, a.a.O. 4.

Vernunft als überzeugend erweist. Um die Tragfähigkeit der Rawlsschen Theorie beurteilen zu können, müssen auch Gegenpositionen zu Wort kommen. Die markanteste Gegenposition zu Rawls' Theorie hat Robert Nozick, ebenfalls Philosoph an der Harvard University, entwickelt. Sein Werk *Anarchie, Staat, Utopia* ist wenige Jahre später, und in expliziter Auseinandersetzung mit Rawls, entstanden.[125] Ausdruck der Beachtung, die auch Nozicks Buch gefunden hat, ist seine Nominierung zum amerikanischen „National Book Award" des Jahres 1975 in der Kategorie „Naturwissenschaft, Philosophie und Religion".[126] Angesichts ihrer Bedeutung soll Nozicks Position im folgenden bei der Erörterung der umfangreichen Kritik an Rawls' Theorie besonderes Gewicht zukommen.

In *vier Schritten* will ich mich der damit angedeuteten Aufgabe stellen. In einem *ersten Schritt* will ich zunächst John Rawls' Theorie darstellen und erläutern. In einem *zweiten Schritt* will ich mit Robert Nozicks Theorie den profiliertesten Gegenentwurf und die darin vorgebrachte Kritik an Rawls vorstellen. Anhand verschiedener zentraler Aspekte will ich dann in einem *dritten Schritt* die umfangreiche kritische Diskussion um die Rawlssche Theorie v.a. in der englischsprachigen, aber auch in der deutsch- und französischsprachigen Literatur in ihren wichtigsten Akzenten untersuchen und auf dem Hintergrund von Rawls' späteren Aufsätzen diskutieren. In einem *vierten Schritt* will ich schließlich meine Untersuchungen zu den einzelnen Aspekten der Theorie auswerten, indem ich auf

---

125 Nozick hatte schon intensiv Anteil an der Entwicklung der Theorie seines Harvard-Kollegen Rawls genommen. Dieser Schluß läßt sich aus Rawls' Danksagung im Vorwort ziehen (Rawls, Eine Theorie der Gerechtigkeit, 16).

126 Daß Nozicks Theorie der Rang des profiliertesten Gegenentwurfs zu Rawls gebührt, sieht auch John Langan, wenn er es zu den beiden Werken zählt, „die gut und gerne beanspruchen können, eine dominante Stellung in der Entwicklung des politischen Denkens unserer Zeit einzunehmen, zumindest in der Anglo-amerikanischen Welt" (Langan, Social Justice, 346. Eigene Übersetzung). Vgl. auch Sandel, Liberalism and the Limits of Justice, 66: Rawls and Nozick „define between them the clearest alternatives the American political agenda has to offer, at least where issues of distributive justice are concerned" (66). Die Gerechtigkeitstheorien von Rawls und Nozick entsprechen den zwei grundlegenden Strömungen der amerikanischen Gesellschaft: der sozial engagierten, die Rolle des Staates grundsätzlich bejahenden und der radikal individualistischen und insofern staatskritischen Strömung. Die Kategorien von „rechts" oder „links" – das sei angemerkt – sind hier nur bedingt anzuwenden. In den USA spielen obrigkeitsstaatliche Traditionen wie in Deutschland kaum eine Rolle. „Anarchische" Ideen sind, wie der Titel von Nozicks Buch schon andeutet, deswegen v.a. in Strömungen verbreitet, die auf dem europäischen Kontinent als „rechts" bezeichnet würden.

die Kritik Nozicks eingehe und zu einer Antwort auf die Frage komme, ob Rawls' Theorie der philosophischen Kritik standzuhalten vermag.

2. John Rawls: Eine Theorie der Gerechtigkeit

2.1. Erste Orientierung

Ich will John Rawls' Theorie erläutern, indem ich zunächst einige Voraussetzungen dieser Theorie – ihren philosophiegeschichtlichen Standort und ihr methodisches Vorgehen – zu klären versuche sowie ihre Rolle und ihren Gegenstand beschreibe, um dann die Grundlinien ihrer Entfaltung nachzuziehen.

Zur ersten Orientierung sei der Hauptgedanke der Theorie schon hier genannt: Freie und vernünftige Menschen würden in einer anfänglichen Situation der Gleichheit, dem Urzustand, zwei Grundsätze der Gerechtigkeit zur Grundlage des gesellschaftlichen Lebens machen: einmal den Grundsatz der gleichen Freiheiten für alle und zum anderen den Grundsatz, daß soziale und wirtschaftliche Ungleichheiten, etwa verschieden großer Reichtum oder verschieden große Macht, nur dann gerecht sind, wenn sich daraus Vorteile auch für die schwächsten Mitglieder der Gesellschaft ergeben. Diese Betrachtungsweise nennt Rawls „Theorie der Gerechtigkeit als Fairness".[127]

2.2. Voraussetzungen

2.2.1. Philosophiegeschichtlicher Standort

Inhalt und Absicht von Rawls' Theorie läßt sich nicht verständlich machen, ohne auf den philosophiegeschichtlichen Kontext einzugehen, in dem sie sich bewegt. Im englischsprachigen Bereich wurde ein großer Teil der neueren Moralphilosophie von der einen oder anderen Form des Utilitarismus geprägt. Der Utilitarismus ist der Auffassung, daß eine Gesellschaft recht geordnet und damit gerecht ist, wenn ihre Hauptinstitutionen so beschaffen sind, daß sie die größte Summe der Befriedigung für die Gesamtheit ihrer Mitglieder hervorbringen.[128] Diese utilitaristische Auffassung – so Rawls – wurde entfaltet von großen englischen Philoso-

---

127 Rawls, Eine Theorie der Gerechtigkeit, 28. Im folgenden bezeichnet die Seitenzahl in Klammern im Text die Stelle in diesem Buch, das 1975 als deutsche Übersetzung der geringfügig überarbeiteten Originalausgabe des Rawlsschen Werkes erschien.
128 Eine Auflistung wichtiger philosophischer Werke des Utilitarismus, die die

phen wie David Hume und Adam Smith, Jeremy Bentham und John Stuart Mill. Rawls weist nun darauf hin, daß die Kritiker des Utilitarismus traditionell von viel begrenzteren Gesichtspunkten ausgingen als jene. Während jene erstrangige Wirtschafts- und Gesellschaftstheoretiker waren, setzten sich diese mit einzelnen Widersprüchen oder Folgerungen des Utilitarismus auseinander (11). Eine brauchbare und systematische moralische Gegenkonzeption – so Rawls – fehlte. Auch der Intuitionismus kann eine solche Gegenkonzeption nicht bieten, weil hier an die Stelle von klar ersichtlichen Konstruktionsprinzipien die Intuition tritt.[129] Eine Widerlegung des Intuitionismus bestünde in der Angabe solcher Konstruktionsprinzipien, die es ja nach Auffassung des Intuitionismus nicht gibt (59).

Genau dies versucht Rawls' Theorie der Gerechtigkeit zu leisten. Als Alternative zu den genannten Ansätzen versucht Rawls, die herkömmliche Theorie des Gesellschaftsvertrags von Locke, Rousseau und Kant zu verallgemeinern und auf eine höhere Abstraktionsstufe zu heben (12,19,27f). Er hofft, „sie damit den naheliegendsten und oft für entscheidend gehaltenen Einwänden zu entziehen" (12). Die Theorie enthält starke Anklänge an Kant, wir werden deshalb bei ihrer schrittweisen Explikation den Kantschen Kontext ebenso wie die Gegenüberstellung zum Utilitarismus mit zu berücksichtigen haben. Von allen Auffassungen – so Rawls – kommt die Lehre vom Gesellschaftsvertrag unseren wohlüberlegten Gerechtigkeitsurteilen am nächsten, sie „gibt die beste moralische Grundlage für eine demokratische Gesellschaft ab" (12).

2.2.2. Methodisches Vorgehen

Diese Aussage deutet schon an, in welchem methodischen Rahmen sich Rawls bewegt. Wer von seiner Theorie die Aufstellung von Gerechtigkeitsprinzipien anhand philosophischer Gedankenführung allein aus der Quelle der Vernunft erwartet, wird enttäuscht. Rawls ist sich wohl bewußt, daß philosophische Überlegung auf Prämissen fußt, die die Vernunft leiten. Diese Prämissen bestehen im wesentlichen aus Elementen der Intuition und – darin unterscheidet sich Rawls vom Intuitionismus – unseren „wohlüberlegten Gerechtigkeitsvorstellungen" (37). Diese wohlüberleg-

---

Grundlage für Rawls' Auseinandersetzung mit dieser philosophischen Richtung bilden, findet sich auf S.40-41, Anm.9.

129 Rawls rechnet auch die Aristotelische Theorie dem Intuitionismus zu. Die bei uns übliche Charakterisierung der Aristotelischen Theorie als teleologische wird von ihm modifiziert, indem er das Perfektionsprinzip nur als eines von mehreren Prinzipien innerhalb der sonst intuitionistischen Theorie kennzeichnet (360).

ten Gerechtigkeitsurteile münden – wie das obige Zitat zeigt – bei Rawls in die Vorstellung einer demokratischen Gesellschaft. In seinen späteren Aufsätzen – darauf wird noch näher einzugehen sein – weist der Harvard-Philosoph immer wieder darauf hin, daß sich seine Ausführungen an Bürger einer modernen demokratischen Gesellschaft richten. Vorausgesetzt wird also ein latent in der öffentlichen Kultur vorhandener Grundkonsens fundamentaler Überzeugungen, der weder universal sein noch für alle Zeiten Geltung beanspruchen kann. Heißt das nun, daß mit den philosophischen Bemühungen nur Konzepte legitimiert werden sollen, die von vornherein schon feststehen?

Rawls begegnet diesem gewichtigen Vorwuf mit der Vorstellung vom „Überlegungsgleichgewicht" (38). Das Überlegungsgleichgewicht ist das Ergebnis einer Pendelbewegung zwischen den philosophisch aufgestellten Gerechtigkeitsgrundsätzen und unseren intuitiven, aber wohlüberlegten Gerechtigkeitsvorstellungen: „Man muß prüfen, ob die Grundsätze, die gewählt würden, unseren wohlüberlegten Gerechtigkeitsvorstellungen entsprechen oder sie auf annehmbare Weise erweitern. Man kann ja feststellen, ob die Anwendung dieser Grundsätze uns zu denselben Grundsätzen über die Grundstruktur der Gesellschaft führen würde, die wir jetzt intuitiv und mit größter Überzeugung fällen; oder ob in solchen Fällen, in denen wir jetzt mit Zweifel und Zögern urteilen, diese Grundsätze eine Lösung liefern, der wir uns nach Überlegung anschließen können" (37).

Dieses methodische Vorgehen erlaubt es also, die eigenen Vor-Urteile beim Namen zu nennen, sich ihrer bewußt zu werden, sie aber von vernünftigen Erkenntnissen bei der Aufstellung der Gerechtigkeitsgrundsätze, wenn nötig, auch korrigieren zu lassen: „Wir gehen hin und her, einmal ändern wir die Bedingungen für die Vertragssituation, ein andermal geben wir unsere Urteile auf und passen sie den Grundsätzen an" (38). Am Ende dieses Prozesses steht das Überlegungsgleichgewicht. Dieses Überlegungsgleichgewicht ist freilich nicht notwendigerweise stabil, sondern kann durch neue Erwägungen wieder verschoben werden.

Der Aufbau von Rawls' Theorie bestätigt die damit in ihren Grundzügen beschriebenen theoretischen Überlegungen zum methodischen Vorgehen. Nicht der Urzustand wird zu Beginn der Theorie beschrieben, aus dem dann die Gerechtigkeitsgrundsätze abgeleitet werden könnten, sondern tatsächlich steht am Beginn eine Darstellung der grundlegenden Idee der Theorie der Gerechtigkeit als Fairness, dann werden die Grundsätze der Gerechtigkeit aufgestellt. Erst im letzten Kapitel des Theorieteils werden diese Grundsätze durch die Beschreibung der Bedingungen und Konsequenzen des Urzustands auf ihre Stichhaltigkeit und Standfestigkeit den Forderungen der Vernunft gegenüber untersucht.

Halten wir fest: Von den vorgeschlagenen Gerechtigkeitsgrundsätzen behauptet Rawls nicht, sie seien notwendige Wahrheiten oder aus solchen ableitbar.[130] Vielmehr ergibt sich ihre Rechtfertigung aus der gegenseitigen Stützung vieler Erwägungen und intuitiver Prämissen, aus denen sich dann eine einheitliche Theorie zusammenfügt. Die Bedeutung dieser methodischen Grundentscheidung für das Fruchtbarmachen der Rawlsschen Gerechtigkeitstheorie für die theologische Ethik wird uns noch zu beschäftigen haben.

2.3. Die Rolle und der Gegenstand der Gerechtigkeitstheorie[131]

„Die Gerechtigkeit ist die erste Tugend sozialer Institutionen, so wie die Wahrheit bei Gedankensystemen" (19). Mit diesem Satz beginnt Rawls seine Beschreibung der Rolle der Gerechtigkeit. In einer Gesellschaft – so Rawls – müssen Bürgerrechte gelten, die allen Bürgern ohne Ansehen der Person zuteil werden, also nicht Gegenstand politischer Verhandlungen oder sozialer Interessenabwägungen sind, sowie gerechte Grundsätze der Verteilung der durch die gesellschaftliche Zusammenarbeit entstandenen Güter. Ungerechtigkeit ist nur tragbar, wenn sie zur Vermeidung noch größerer Ungerechtigkeit notwendig ist. Um die Vernünftigkeit solcher zunächst intuitiver Behauptungen zu untersuchen, ist die Entwicklung einer Gerechtigkeitstheorie vonnöten (20).

Die zentrale Bedeutung einer Gerechtigkeitsvorstellung ergibt sich aus dem Koordinations-, Effizienz- und Stabilitätsproblem einer Gesellschaft. Ohne eine gewisse Übereinstimmung darüber, was gerecht oder ungerecht ist, ist es für die einzelnen Menschen offenbar schwieriger, ihre Vorhaben wirkungsvoll aufeinander abzustimmen und allseitig nützliche Verhältnisse aufrechtzuerhalten (22).

Die Rolle einer Gerechtigkeitstheorie wird noch deutlicher durch die Untersuchung des Gegenstandes einer solchen Theorie, wie ihn Rawls beschreibt. Danach ist ihr erster Gegenstand die Grundstruktur der Gesellschaft, d.h. die Art, wie die wichtigsten gesellschaftlichen Institutionen Grundrechte, Grundpflichten und die Früchte der gesellschaftlichen Zu-

---

130 So ausdrücklich auf S.39.
131 Rawls spricht in den Abschnitten, auf die sich das Folgende bezieht, von der Rolle und dem Gegenstand der *Gerechtigkeit* Tatsächlich gemeint ist damit aber an den meisten Stellen eine Gerechtigkeits*vorstellung* bzw. *-theorie*. Die von Rawls vorgenommenen Einschränkungen beziehen sich nämlich nie auf die Gerechtigkeit selbst, sondern nur ihre theoretische Beschreibung.

sammenarbeit verteilen (23). Es geht also nicht primär um moralische Bewertungen oder Einstellungen von Menschen, sondern um die Grundstruktur der Gesellschaft, weil deren Wirkungen so tiefgreifend und von Anfang an vorhanden sind. Dahinter sollen zunächst auch die Gerechtigkeit des Völkerrechts und Grundsätze für private Vereinigungen oder für weniger umfassende gesellschaftliche Gruppen zurücktreten. Zu vermuten ist aber, daß eine brauchbare Theorie für die Grundstruktur der Gesellschaft auch die Behandlung der übrigen Gerechtigkeitsprobleme erleichtern wird.[132]

Die andere Einschränkung des Gegenstandes der Gerechtigkeit besteht darin, daß Rawls sich im wesentlichen mit den Grundsätzen einer „wohlgeordneten Gesellschaft" befaßt. Eine Gesellschaft kann nach Rawls als „wohlgeordnet" gelten, wenn zum einen darin jeder die gleichen Gerechtigkeitsgrundsätze anerkennt und weiß, daß das auch die anderen tun und zum anderen die grundlegenden gesellschaftlichen Institutionen bekanntermaßen diesen Grundsätzen genügen (21). Die erste der beiden Bedingungen ist in den wirklichen Gesellschaften kaum gegeben, was gerecht oder ungerecht ist, ist gewöhnlich umstritten. Um so wichtiger ist dann die zweite Bedingung, über die sich die Menschen leichter einigen, weil sie vor Willkür schützt. Rawls befaßt sich also primär mit der Theorie der „vollständigen Konformität" im Gegensatz zur Theorie der „unvollständigen Konformität", die sich z.B. mit der Theorie der Strafe, des gerechten Krieges oder des zivilen Ungehorsams beschäftigt, also mit Grundsätzen für die Behandlung von Ungerechtigkeiten (25).

Was trägt nun eine so eingeschränkte Betrachtungsweise überhaupt aus? Im täglichen Leben stehen wir ja den Problemen der unvollständigen Konformität gegenüber. Wenn Rawls trotzdem mit der idealen Theorie beginnt, dann deshalb, weil auf ihr die Behandlung aller dringenderen Probleme der unvollkommenen Konformität beruht (25). Erst muß deutlich sein, *welche* Grundstruktur des Staates zu schützen ist, bevor darüber nachgedacht werden kann, *wie* sie durch Vorbeugung oder nachträgliche Korrektur geschützt werden kann.[133]

---

132 Wie die Tabelle auf S.130 zeigt, beschäftigt sich Rawls durchaus auch mit Grundsätzen für Einzelmenschen, sowie mit dem Völkerrecht. Gleichwohl steht dies nicht im Zentrum seiner Ausführungen.
133 Hier soll nicht versäumt werden, darauf hinzuweisen, daß Rawls sich in sehr kompetenter und überzeugender Weise im Kapitel 6 mit der Theorie der unvollständigen Konformität befaßt. Besonders seine Theorie des zivilen Ungehorsams ist von hohem Wert für die Beurteilung der Diskussion um die Bestrafung von sogenannten Sitzblockaden.

2.4. Die beiden Grundsätze der Gerechtigkeit

Rawls stellt die beiden Gerechtigkeitsgrundsätze zunächst auf und erläutert ihre Bedeutung, ohne sie philosophisch herzuleiten. Erst bei der Beschreibung des Urzustandes und seiner Implikationen folgt eine systematische Begründung und Herleitung der Grundsätze. Hier soll nun analog verfahren werden. Zunächst sollen also die beiden Gerechtigkeitsgrundsätze dargestellt und erläutert werden. Sie lauten in ihrer endgültigen Fassung:

1. Jede Person hat gleiches Recht auf das umfangreichste Gesamtsystem gleicher Grundfreiheiten, das für alle möglich ist.
2. Soziale und wirtschaftliche Ungleichheiten müssen folgendermaßen beschaffen sein: a) sie müssen unter der Einschränkung des gerechten Spargrundsatzes den am wenigsten Begünstigten den größtmöglichen Vorteil bringen und b) sie müssen mit Ämtern und Positionen verbunden sein, die allen gemäß fairer Chancengleichheit offenstehen (336).

Die beiden Grundsätze stehen in lexikalischer Ordnung, wobei der zweite dem ersten untergeordnet ist. Ein Austausch zwischen den beiden Grundsätzen wird dadurch ausgeschlossen, die Menschen können also nicht auf bestimmte Freiheiten verzichten, weil sie sich davon wirtschaftlichen Vorteil versprechen (84). Die einzige Ausnahme bilden gesellschaftliche Verhältnisse (z.B. totale Armut), die die Grundrechte gar nicht zum Zuge kommen lassen würden. Die Beschränkungen der Freiheit sind aber auch dann nur in dem Maße erlaubt, wie es nötig ist, um Verhältnissen den Weg zu bereiten, unter denen keine Beschränkungen mehr gerechtfertigt sind (177).

Wenden wir uns dem ersten Grundsatz näher zu: zu den Grundfreiheiten gehören das aktive und passive Wahlrecht, die Rede- und Versammlungsfreiheit, die Gewissens- und Gedankenfreiheit, die Unverletzlichkeit der Person, das Recht auf persönliches Eigentum[134] und der Schutz vor willkürlicher Festnahme und Haft. Dieser erste Grundsatz der Sicherung der Grundfreiheiten entspricht den intuitiven Überzeugungen der meisten Menschen und wird von Rawls deswegen nicht weiter erläutert. Erklärungsbedarf besteht dagegen eher beim zweiten Grundsatz.

Rawls erläutert diesen Grundsatz, indem er von einer schwächeren Fassung, die allgemein einleuchtet, durch vernünftige Argumentation zu einer stärkeren Formulierung vorstößt. Zunächst ist die einzige Bedin-

---

[134] Darunter fällt, wie Rawls später ausdrücklich betont (83), nicht das Recht auf bestimmte Arten des Eigentums wie das Eigentum an Produktionsmitteln.

gung, daß von zulässigen Ungleichheiten in der Grundstruktur jede Person Vorteile haben muß (85). Die Nachteile der einen Person können also nicht durch die Vorteile der anderen aufgewogen werden.

Eine Konkretisierung erfährt diese Bedingung durch die Einbeziehung des Prinzips der Pareto-Optimalität, einer in jedem Lehrbuch erläuterten Regel der Wirtschaftswissenschaften. Das Pareto-Prinzip erklärt einen Zustand für optimal, wenn man ihn nicht so abändern kann, daß mindestens ein Mensch besser dasteht, ohne daß irgendjemand anders schlechter dasteht. Das Pareto-Prinzip kann also auch als Effizienzprinzip bezeichnet werden. Einleuchtenderweise geht Rawls davon aus, daß die Menschen im Urzustand die wirtschaftlichen und gesellschaftlichen Verhältnisse nach diesem Prinzip beurteilen (88). Die Grundstruktur der Gesellschaft kann demnach dann als optimal gelten, wenn es nicht möglich ist, das Schema der Rechte und Pflichten so umzubauen, daß sich die Aussichten mindestens einer repräsentativen (d.h. eine gesellschaftliche Gruppe repräsentierenden) Person verbessern, ohne daß sich die irgendeiner anderen verschlechtern. Nun gibt es freilich viele verschiedene optimale Gestaltungen der Grundstruktur, von denen jeder eine Verteilung der Früchte der gesellschaftlichen Zusammenarbeit entspricht (91). Daß eine Wirtschaft durch optimale wirtschaftliche Effizienz charakterisiert wird, sagt noch nichts über die Gerechtigkeit ihrer Verteilungsstruktur aus. Das Pareto-Prinzip allein gibt also keine Gerechtigkeitsvorstellung ab.

Für Rawls gibt es vier Möglichkeiten, das Pareto-Prinzip durch eine Gerechtigkeitsvorstellung zu ergänzen: im *System der natürlichen Freiheit* ist die bestehende Einkommens- und Vermögensverteilung die summierte Wirkung früherer Verteilungen natürlicher Fähigkeiten, deren Gebrauch im Laufe der Zeit von gesellschaftlichen Verhältnissen sowie glücklichen und unglücklichen Zufällen begünstigt oder behindert wurde (93). Die *liberale Auffassung* fügt dieser Auffassung den Gedanken der fairen Chancengleichheit hinzu: die Aussichten von Menschen mit gleichen Fähigkeiten und Motiven dürfen nicht von ihrer sozialen Schicht abhängen (94). Auch hier bleibt aber die willkürliche Verteilung der natürlichen Gaben konstitutiv für die Verteilungsstruktur. Die *natürliche Aristokratie* verlangt zwar nur formale Chancengleichheit, doch die Vorteile der von Natur aus Begabteren werden auf solche beschränkt, die dem Wohl der ärmeren Gesellschaftsschichten dienen (94). Diese Auffassung neigt gleichwohl zum Paternalismus, weil sie gesellschaftlich Benachteiligten kaum den Aufstieg ermöglicht. Die vierte Auffassung, die Rawls selbst vertritt, ist die *demokratische Auffassung*. Sie überläßt die gesellschaftliche Verteilungsstruktur weder gesellschaftlichen noch natürlichen Zufällen (95). Darauf soll nun näher eingegangen werden.

Die demokratische Auffassung ergibt sich aus dem Prinzip der fairen Chancengleichheit zusammen mit dem sogenannten Unterschiedsprinzip. „Dieses beseitigt die Unbestimmtheit des Pareto-Prinzips, indem es eine bestimmte Position auszeichnet, von der aus die gesellschaftlichen und wirtschaftlichen Ungleichheiten der Grundstruktur zu beurteilen sind" (95f). Danach sind die besseren Aussichten der Begünstigten genau dann gerecht, wenn sie zur Verbesserung der Aussichten der am wenigsten begünstigten Mitglieder der Gesellschaft beitragen, ein Gedanke, der von Rawls zunächst „intuitiv" geäußert wird (96). Die bessere Position eines Unternehmers ist also z.B. nur dann gerechtfertigt, wenn sie gleichzeitig die Aussichten eines Arbeiters verbessert. Wo das Unterschiedsprinzip voll verwirklicht ist, ist es auch verträglich mit dem Pareto-Prinzip, denn in diesem Falle kann ja keine repräsentative Person besser gestellt werden, ohne daß eine andere schlechter gestellt wird.[135] Ist das Unterschiedsprinzip nicht voll verwirklicht, die Grundstruktur also noch ungerecht, dann sind Änderungen geboten, die die Aussichten einiger Bevorzugter verschlechtern können, also dem Pareto-Prinzip widersprechen. „Die Gerechtigkeit geht der Pareto-Optimalität vor und verlangt gewisse nicht pareto-optimale Veränderungen. Erst ein vollkommen gerechter Zustand ist auch pareto-optimal" (100).

Ich habe das Verhältnis von Unterschieds- und Pareto-Prinzip hier relativ ausführlich dargestellt, weil es zeigt, daß Rawls' vorgeschlagener Verteilungsgrundsatz den anerkannten wirtschaftswissenschaftlichen Grundsätzen nicht widerspricht, sondern vielmehr ihre Einbettung in eine gerechte Grundstruktur ermöglicht.

Neben dem Unterschiedsprinzip enthält Rawls' zweiter Gerechtigkeitsgrundsatz noch ein weiteres Element: die faire Chancengleichheit. Zur Erläuterung dieses Prinzips unterscheidet Rawls drei verschiedene Arten der Verfahrensgerechtigkeit: Bei der *vollkommenen Verfahrensgerechtigkeit* gibt es einen unabhängigen Maßstab dafür, was eine faire Aufteilung ist, der vor und unabhängig von dem Verfahren festgelegt worden ist. Außerdem läßt sich ein Verfahren finden, das mit Sicherheit das gewünschte Ergebnis liefert. Beispiel: die Aufteilung eines Kuchens in gleiche Stücke durch die Person, die das letzte Stück bekommt (106). *Unvollkommene Verfahrensgerechtigkeit* liegt vor, wenn es wie im Strafverfahren zwar einen unabhängigen Maßstab für das richtige Ergebnis

---

135 Insofern ist Arthur Richs Auffassung, daß das Rawlssche Unterschiedsprinzip dem Pareto-Prinzip „stracks zuwiderläuft", für diesen Fall nicht richtig. Vgl. Rich, Wirtschaftsethik I, 212.

gibt, aber kein brauchbares Verfahren, das mit Sicherheit dahin führt (107). *Reine Verfahrensgerechtigkeit* schließlich hat keinen unabhängigen Maßstab für das richtige Ergebnis zur Verfügung, sondern nur ein korrektes oder faires Verfahren, das zu einem ebenso korrekten oder fairen Ergebnis führt, welcher Art es auch immer sei. Ein Beispiel dafür ist das Glücksspiel (107).

Es mutet für den unbefangenen Betrachter etwas überraschend an, wenn Rawls auf das Problem der Gerechtigkeit die reine Verfahrensgerechtigkeit, wie sie im Glücksspiel vorliegt, anwendet. Gleichwohl geschieht dies mit guten Gründen. Das Problem der Verteilungsgerechtigkeit wird ja dort unlösbar, wo wie im Utilitarismus der Versuch gemacht wird, all die komplexen Elemente, die einen Maßstab für die Verteilung liefern könnten, wie z.B. die unzähligen verschiedenen Einzelumstände und sich verändernden Stellungen der einzelnen Menschen, gegeneinander abzuwägen. Wenn also ein solcher *Maßstab* nicht zu gewinnen ist, dann kommt es umso mehr darauf an, ein *Verfahren* der Verteilung zu finden, bei dem immer nur etwas Gerechtes herauskommt, wird es nur konsequent angewendet. Neben dem Unterschiedsprinzip ist die faire Chancengleichheit notwendiger Bestandteil eines solchen Verfahrens, weil sich sonst von bestimmten Positionen ausgeschlossene Menschen mit Recht schon beim Verfahren ungerecht behandelt fühlen könnten, auch wenn sie – wie in der natürlichen Aristokratie – Vorteile von den größeren Anstrengungen derer haben, die die Positionen besetzen dürfen (105).

Die unterschiedliche Gewichtung, die Utilitarismus und Vertragstheorie bei der Bestimmung des Stellenwerts von Verfahren und Maßstab vornehmen, wird noch deutlicher an der Frage des Vorrangs des Rechten vor dem Guten. Anhand dieser Frage wird auch die Verbindung von Rawls' Theorie zu den Gedanken Kants offensichtlich.

2.5. Der Vorrang des Rechten vor dem Guten

Um die Bedeutung dieses Problems für das Verständnis der Rawlsschen Theorie zu erhellen, muß zunächst der Hauptgedanke des Utilitarismus genannt werden: eine Gesellschaft ist dann recht geordnet und damit gerecht, wenn ihre Hauptinstitutionen so beschaffen sind, daß sie die größte Summe der Befriedigung für die Gesamtheit ihrer Mitglieder hervorbringen (40). So wie ein einzelner bei einer Gesamtbilanz Gewinne und Verluste gegeneinander aufrechnet, so kann eine Gesellschaft Wohl oder Übel ihrer verschiedenen Mitglieder gegeneinander aufrechnen, um so ihren Gesamtnutzen zu bestimmen (41). Ziel der Gesellschaft ist die Maximierung dieses Gesamtnutzens.[136]

Innerhalb dieser Auffassung wird das Gute unabhängig vom Rechten definiert, das Rechte wird einfach als das definiert, was das Gute maximiert (42). Auf unsere Diskussion des Verhältnisses von Maßstab und Verfahren bezogen, läßt sich sagen, daß das Nutzenprinzip einen zentralen Maßstab hat, nämlich die Maximierung des Guten, dem die Gerechtigkeit des Verfahrens untergeordnet ist. Da das gesellschaftliche Wohl ausschließlich vom Grad der Befriedigung der Einzelmenschen abhängt, ist die Befriedigung, die Menschen z.B. bei der Diskriminierung anderer empfinden, ebenso bei der Gesamtnutzensumme mitzuzählen, wie das Glück von zwei Liebenden.

Anders bei der Vorstellung der Gerechtigkeit als Fairness: bei ihr akzeptieren die Menschen von Anfang an einen Grundsatz der gleichen Freiheit für alle, ohne im einzelnen ihre Ziele zu kennen. Damit erklären sie sich faktisch dazu bereit, ihre Vorstellungen vom Guten den Grundsätzen der Gerechtigkeit anzupassen. „Die Grundsätze des Rechten, und damit der Gerechtigkeit, setzen Bedingungen dafür, welche Befriedigungen Wert haben, was vernünftige Vorstellungen vom eigenen Wohl sind" (49). In der Theorie der Gerechtigkeit als Fairness ist also der Begriff des Rechten dem des Guten vorgeordnet, eine Tatsache, die Rawls als einen „Hauptzug dieser Auffassung" bezeichnet (50). Den verschiedenen Gruppen in der Gesellschaft wird durchaus zugebilligt, ihre jeweiligen Konzeptionen des Guten zu vertreten. Der Vorrang des Rechten vor dem Guten verlangt aber, daß sie dabei nicht die Regeln der Gerechtigkeit als Fairneß verletzen. Wo Konzeptionen des Guten im Widerspruch zu diesen Regeln stehen, gebührt der Gerechtigkeit der Vorrang. Bei Kant kommt dieser Vorrang des Rechten vor dem Guten zum Ausdruck, wenn er in der Kritik der praktischen Vernunft bekräftigt, „daß nicht der Begriff des Guten, als eines Gegenstandes, das moralische Gesetz, sondern umgekehrt das moralische Gesetz allererst den Begriff des Guten, sofern es diesen Namen schlechthin verdient, bestimme und möglich mache"[137].

---

[136] Hier kann nicht näher auf die Unterschiede innerhalb des Utilitarismus eingegangen werden. Während Sidgwick und Bentham den absoluten Gesamtnutzen im Auge haben, der etwa auch durch Bevölkerungswachstum steigt, vertritt Mill das Prinzip des Durchschnittsnutzens, das den durchschnittlichen pro-Kopf-Nutzen zum Maßstab erhebt. Vgl. Rawls, Eine Theorie der Gerechtigkeit, 186.

[137] Kant, Kritik der praktischen Vernunft, 182.

Eine solche Anpassung der Vorstellung vom Guten an Grundsätze der Gerechtigkeit, oder mit Kants Worten, an ein moralisches Gesetz, trägt zum einen dem Problem Rechnung, das sich im Utilitarismus ergibt, wenn die Maximierung der Güter gemessen werden soll. Wie soll die Summe aller einzelnen Vor- und Nachteile einigermaßen zuverlässig berechnet werden? Zum anderen ist sie Ausdruck einer grundsätzlichen Auffassung vom Menschen als Zweck an sich und nicht als Mittel zur Maximierung eines außerhalb seiner selbst liegenden Gesamtzweckes. Die Nähe dieser Auffassung zu dem Menschenbild, das der theologischen Ethik des Wirtschaftshirtenbriefs der US-Bischöfe zugrundeliegt, ist nicht zu übersehen.

Rawls' These vom Vorrang des Rechten vor dem Guten ist auf viel Kritik gestoßen. Auf diese These wird deswegen noch näher einzugehen sein. Doch zunächst sollen die wesentlichen Aussagen der Theorie der Gerechtigkeit als Fairneß weiter erläutert werden.

2.6. Der Urzustand

Ich habe bisher nach einer ersten Orientierung zunächst die Voraussetzungen von Rawls' Theorie, nämlich ihren philosophiegeschichtlichen Standort und ihr methodisches Vorgehen, behandelt, dann Rolle und Gegenstand der Theorie untersucht, in einem weiteren Schritt die beiden Grundsätze der Gerechtigkeit sowie ihre Erläuterung durch Rawls dargestellt und schließlich in Gegenüberstellung zum Utilitarismus und unter Bezugnahme auf Kants Moralphilosophie das Verhältnis des Rechten zum Guten in der Theorie der Gerechtigkeit zu klären versucht. Die philosophische Begründung der beiden Gerechtigkeitsgrundsätze steht noch aus. Sie soll analog zu Rawls' methodischem Vorgehen, erst jetzt erläutert werden.

Doch erwarten wir nicht zuviel von dieser philosophischen Begründung. Worauf schon der Abschnitt über das methodische Vorgehen hingewiesen hat, wird von Rawls hier nochmals ausdrücklich betont: „Die Entscheidung der Menschen im Urzustand hängt, wie wir sehen werden, von einer Abwägung verschiedener Gesichtspunkte ab. In diesem Sinne greift die Theorie der Gerechtigkeit an ihrem Grunde auf die Intuition zurück."[138]

---

138 Rawls, Eine Theorie der Gerechtigkeit, 147. Siehe auch 143: „Leider werden die Gedankengänge, die ich vorlegen werde, weit dahinter (hinter einer Art moralischer Geometrie, II.B.-S.) zurückbleiben, indem sie durchweg in hohem Maße intuitiv sind."

Die Definition des Urzustandes – und hier zeigt sich ein solches intuitives Element – soll so vorgenommen werden, daß die in ihm getroffenen Vereinbarungen, wie auch immer sie aussehen mögen, fair sind. In ihm soll es nur gleiche moralische Subjekte geben und das Ergebnis ihrer Übereinkunft soll nicht von willkürlichen Zufällen oder gesellschaftlichen Kräfteverhältnissen beeinflußt werden (142). Unschwer läßt sich in dieser Grundstruktur der oben geschilderte Gedanke der reinen Verfahrensgerechtigkeit wiederfinden.

Deutlich ist damit auch, daß der Urzustand nicht als geschichtliches Stadium der Menschheitsentwicklung zu verstehen ist oder als eine Vollversammlung aller Menschen, die zu einem bestimmten Zeitpunkt leben, noch viel weniger als eine Versammlung derer, die jemals leben könnten, sondern als hypothetisches Denkmodell, das am besten die Bedingungen ausdrückt, „die weithin für die Wahl von Grundsätzen für vernünftig gehalten werden" (143).

Die zentrale Idee der Theorie der Gerechtigkeit als Fairness, die Robert Paul Wolff als eine der „hübschesten Ideen in der Geschichte der Gesellschafts- und politischen Theorie"[139] bezeichnet, liegt in der Verbindung der von Rousseau und Kant übernommenen Vorstellung des Urzustandes mit Elementen der Spieltheorie: unter den noch zu beschreibenden Bedingungen des Urzustandes kommen Vertreter aller gesellschaftlichen Gruppen zusammen und handeln die Grundstruktur der Gesellschaft aus. Sie sind dabei weder von Liebe noch von Haß aufeinander bewegt, sondern verhandeln in der Haltung „desinteressierter Vernünftigkeit". Im Bilde des Spiels ausgedrückt, könnte man sagen: sie streben nach einer möglichst hohen Punktzahl unter strenger Einhaltung der Regeln, wobei sie den Unterschied zwischen sich und den anderen weder möglichst groß noch möglichst klein machen wollen (168). Das Ziel dieser zunächst noch etwas verwunderlichen Konstruktion ist nichts weniger als die Neuaufnahme von Kants Versuch, inhaltliche Schlüsse aus formalen Prämissen abzuleiten. Rawls macht den Versuch, allein durch genaue Beschreibung der Spielregeln für die Verhandlungen im Urzustand, die Gerechtigkeitsgrundsätze zu gewinnen, auf die sich die Verhandlungspartner einigen würden.

---

139 „one of the loveliest ideas in the history of social and political theory" (Wolff, Understanding Rawls, 16). Siehe auch Wolffs Rechtfertigung der Bezeichnung „lovely" in S.16 Anm.4.: „It may seem odd to describe a philosophical idea as ‚lovely', but mathematicians are accustomed to applying terms of aesthetic evaluation to abstract ideas, and Rawls's theory is, in my judgment, a simple, elegant, formal maneuver, imbedded in and nearly obscured by an enormous quantity of substantive exemplification."

Die Erwägungen im Urzustand sind geprägt von diesen Spielregeln, die deswegen nun genauer dargelegt werden sollen.

Die Verhandlungspartner im Urzustand sind sich über die Anwendungsverhältnisse der Gerechtigkeit in Gesellschaften bewußt: nicht Überfluß, bei dem alle Ansprüche der einzelnen erfüllt werden können, kennzeichnet das gesellschaftliche Leben, sondern *mäßige Knappheit der Güter* und entsprechende *Interessengegensätze* bei der Verteilung (150).[140] Weiter wird die *gegenseitige Desinteressiertheit* der Menschen angenommen (152). Wären die einzelnen z.B. aufgrund von Altruismus bereit, ihre Interessen zugunsten von anderen zu opfern, würde ja gar kein Gerechtigkeitsproblem entstehen.

Neben diesen Anwendungsverhältnissen nennt Rawls *fünf formale Bedingungen* für den Begriff des Rechten, die betont schwach gehalten sind und – so Rawls – von den herkömmlichen Gerechtigkeitsvorstellungen erfüllt werden. Lediglich verschiedene Formen des Egoismus – die ohnehin wohl kaum zu den Gerechtigkeitsvorstellungen gerechnet werden können – sind dadurch ausgeschlossen (153f). Die Grundsätze müssen erstens *allgemein* sein, d.h. sie gelten immer und müssen den Menschen in jeder Generation bekannt sein (154). Zweitens müssen sie *unbeschränkt anwendbar* sein, dürfen also weder übermäßig kompliziert sein, noch sich bei allgemeiner Befolgung selbst aufheben, noch dürfen sie nur dann vernünftig sein, wenn andere anderen Grundsätzen folgen (155). Drittens müssen sie *öffentlich* sein, also als öffentlich anerkannte und voll wirksame moralische Leitlinien des gesellschaftlichen Lebens gelten (155f). Viertens müssen sie *konkurrierende Ansprüche in eine Rangordnung bringen* (156f), das Faustrecht wird dadurch also ausgeschlossen. Fünftens müssen sie *endgültig* sein, es darf keine übergeordneten Maßstäbe mehr geben, auf die man sich zur Begründung von Ansprüchen berufen könnte (157f). Unter diesen fünf Bedingungen bleibt der allgemeine Egoismus also ausgeschlossen von den möglichen Gerechtigkeitsvorstellungen, die die Parteien im Urzustand wählen können. Diese Einschränkung ist aber unproblematisch, weil es allgemein einleuchtet, daß die Parteien aus allen anderen Vorstellungen für sich selber mehr herausholen

---

[140] Eine Gesellschaft – so erläutert Rawls an anderer Stelle –, in der alle ihr Wohl vollkommen verwirklichen könnten, in der es keine unvereinbaren Wünsche gäbe, sondern alle sich zwanglos zu einem harmonischen Plan zusammenfügen würden, eine solche Gesellschaft stünde in gewissem Sinne jenseits der Gerechtigkeit. Es gäbe gar keinen Anlaß mehr, Grundsätze des Rechten und der Gerechtigkeit anzuwenden. Rawls verweist in diesem Zusammenhang auf Marx' Vorstellung von der voll entwickelten kommunistischen Gesellschaft (316).

können. Dies wird noch deutlicher, wenn nun die wohl zentralste Qualifizierung des Urzustandes zur Sprache kommt: der Schleier des Nichtwissens.

Damit die Verhandlungen der Parteien im Urzustand zu einem fairen Verfahren führen, der Einfluß ungleicher Ausgangspositionen also vermieden wird, setzt Rawls voraus, daß die Parteien unter dem „Schleier des Nichtwissens" stehen: niemand kennt seinen Platz in der Gesellschaft, seine Klasse oder seinen Status, ebensowenig seine natürlichen Gaben, seine Intelligenz, Körperkraft usw. Außerdem kennt niemand seine Vorstellung vom Guten, die Einzelheiten seines vernünftigen Lebensplans, auch nicht die Besonderheiten seiner Psyche wie z.B. seine Einstellung zum Risiko. Der Schleier bezieht sich aber nicht nur auf die Kenntnis des eigenen Selbst. Die Parteien kennen auch nicht die besonderen Verhältnisse in ihrer eigenen Gesellschaft, z.B. ihren Entwicklungsstand, ihre wirtschaftliche Lage oder ihre kulturellen Besonderheiten. Nicht einmal, welcher Generation sie angehören, wissen sie (160). Sie wissen also z.B. nicht, ob eine verstärkte Ausbeutung der Natur ihnen nützt oder schadet.

Sehr wohl kennen die Parteien im Urzustand die allgemeinen Tatsachen über die menschliche Gesellschaft: politische Fragen, Grundzüge der Wirtschaftstheorie und gesellschaftlichen Organisation oder die Gesetze der Psychologie des Menschen (160f). Letztere sind durchaus von Bedeutung, denn die Parteien müssen wissen, welche Gerechtigkeitsgrundsätze Stabilität versprechen und welche von kaum jemandem befolgt würden.

Rawls ist sich bewußt, daß dieses Modell des Urzustandes nichts anderes ist als die Forderung möglichst allgemeiner Vernünftigkeit der Herleitung der zu wählenden Gerechtigkeitsgrundsätze. Er benützt es dennoch, denn es „ist sparsamer und anschaulicher und betont bestimmte wesentliche Gesichtspunkte, die sonst leicht übersehen werden könnten" (162). Der Schleier des Nichtwissens ermöglicht die Forderung nach Einstimmigkeit der Parteien bei der Wahl der Grundsätze (165). In dieser Forderung kommt Rawls' Überzeugung der allgemeinen Kommunikabilität der Vernunft zum Ausdruck.

Die geschilderte nähere Qualifizierung des Urzustandes macht deutlich, wer als der Urahne der Theorie der Gerechtigkeit als Fairness identifiziert werden kann: Immanuel Kant.[141] Kant betont bei seinem Versuch, allein

---

[141] Rawls nimmt in einem eigenen Abschnitt auf ihn bezug (283-290). In seinen Dewey Lectures „Kantian Constructivism in Ethics" ist der Harvard-Philosoph 1980 näher auf sein Verhältnis zu Kant eingegangen. Zu Rawls' Verarbeitung der Kantschen Philosophie vgl. u.a. Wolff, Understanding Rawls, 101-118; Brehmer, Rawls' ‚Original Position' oder Kants ‚Ursprünglicher Kontrakt'; Darwall, Is There a Kantian

mit dem Mittel der Vernunft moralische Prinzipien aufzustellen, immer wieder die Bedeutung der Abstraktion von subjektiven Willenselementen: „Bestimmt aber die Vernunft für sich allein den Willen nicht hinlänglich, ist dieser noch subjektiven Bedingungen (gewissen Triebfedern) unterworfen, die nicht immer mit den objektiven übereinstimmen; mit einem Worte, ist der Wille nicht an sich völlig der Vernunft gemäß ... : so sind die Handlungen, die objektiv als notwendig erkannt werden, subjektiv zufällig ..."[142] Den Willen der Vernunft gemäß zu machen, das ist genau das Ziel von Rawls' Qualifizierung des Urzustandes. Dieser Urzustand erscheint wie eine Veranschaulichung von Kants kategorischem Imperativ. Das Prinzip eines jeden menschlichen Willens könnte sich nach Kant „zum kategorischen Imperativ darin gar wohl schicken, daß es, eben um der Idee der allgemeinen Gesetzgebung willen, sich auf kein Interesse gründet und also unter allen möglichen Imperativen allein unbedingt sein kann ..."[143] Genau diese von Kant beschriebene Bedingung für die allgemeine Gesetzgebung ist der Grund für die Notwendigkeit des Schleiers des Nichtwissens in der Theorie der Gerechtigkeit als Fairness.

2.7. Die Herleitung der beiden Gerechtigkeitsgrundsätze

Bei der Herleitung der beiden Gerechtigkeitsgrundsätze argumentiert Rawls hauptsächlich im Gegenüber zum utilitaristischen Prinzip des Durchschnittsnutzens. Deswegen sollen zunächst seine Argumente für die beiden Grundsätze und dann ein möglicher Hauptgrund für das Durchschnittsprinzip dargestellt und schließlich gezeigt werden, warum die Menschen im Urzustand sich für erstere entscheiden würden.

Ein beliebiger Mensch im Urzustand kann sich auf keine Weise irgendwelche Vorteile verschaffen. Ebensowenig gibt es für ihn Gründe, sich mit besonderen Nachteilen zufrieden zu geben. Er kann also vernünftigerweise weder mehr noch weniger als einen gleichen Anteil an den gesellschaftlichen Grundgütern erwarten, deswegen wird er zunächst einen Gerechtigkeitsgrundsatz anerkennen, der eine Gleichverteilung fordert (175). Wenn es nun Ungleichheiten des Einkommens und Vermögens, sowie der Macht und Verantwortung gibt, die jede Person besser stellen als

---

Foundation for Rawlsian Justice?; Hill, Kantian Constructivism in Ethics; Höffe, Ethik und Politik, 195-226, sowie Höffe, Kategorische Rechtsprinzipien, 306-330.
142 Kant, Grundlegung zur Metaphysik der Sitten, 41.
143 A.a.O. 84.

in dieser Ausgangssituation der Gleichheit, gibt es keinen vernünftigen Grund, solche Ungleichheiten nicht zuzulassen. Deshalb würde das Unterschiedsprinzip gewählt. Der einzige Gegengrund könnte Neid sein, aber solcher Neid ist durch die Voraussetzung des gegenseitigen Desinteresses im Urzustand von vornherein ausgeschlossen (175).

Die Parteien würden gleichwohl das Unterschiedsprinzip einschränken durch eine Bedingung: den gerechten Spargrundsatz. Da sie nicht wissen, welcher Generation sie angehören, würden sie jeder Generation nicht mehr und nicht weniger an natürlichen und gesellschaftlichen Ressourcen zubilligen, wie sie für sich selbst als Ausgangsbasis fairerweise erwarten können.[144]

Nun wissen die Parteien im Urzustand, daß sie bestimmte Ziele und Interessen haben, sie kennen diese aber nicht. Um ihre Ziele und Interessen zu schützen, müssen sie dem Verteilungsgrundsatz noch die Sicherung der Grundfreiheiten vorschalten, und zwar in lexikalischer Ordnung, d.h. mit Priorität der letzteren. Auf diese Weise haben die Menschen jederzeit die Freiheit, ihre letzten Ziele zu verfolgen oder sie auch zu ändern (176). Diese wenigen allgemeinen Argumente deuten schon an, daß es sich bei den beiden Grundsätzen um eine einleuchtende Gerechtigkeitsvorstellung handelt.

Das Hauptargument für die Wahl des *Durchschnittsprinzips* durch die Menschen im Urzustand wäre ihre mögliche Risikobereitschaft. Sie könnten sich durch die Aussicht auf einen übergroßen Anteil an den gesellschaftlichen Grundgütern dazu veranlaßt sehen, das Risiko des Schlechtergestelltseins einzugehen und das Prinzip des Durchschnittsnutzens, bei dem ja die Vorteile der einen die Nachteile der anderen aufwiegen, als Gerechtigkeitsgrundsatz zu wählen. Je stärker hingegen ihre Risikoscheu ist, desto eher würden sie dem Unterschiedsprinzip zuneigen (191). Nun kennen die Parteien im Urzustand aufgrund des Schleiers des Nichtwissens den Grad ihrer Risikobereitschaft ja nicht. Daß das Durchschnittsprinzip eine relativ hohe Risikobereitschaft im Urzustand ausdrückt, ist also weder ein Argument für noch gegen dieses Prinzip. Ebensowenig ist die besonders geringe Risikobereitschaft, die zu den beiden Gerechtigkeitsgrundsätzen führen würde, ein Argument für diese Grundsätze (197). Deshalb nennt Rawls weitere Argumente:

Wie oben erwähnt, ist die Stabilität eine der Bedingungen, die eine Gerechtigkeitsvorstellung erfüllen muß. Die Menschen im Urzustand müssen die einmal eingegangene Vereinbarung auch dann einhalten kön-

---

144 Zum gerechten Spargrundsatz ausführlich: Rawls, Eine Theorie der Gerechtigkeit, 319-327.

nen, wenn die schlimmsten Umstände eintreten. Sie kennen auch im Urzustand die Gesetze der Moralpsychologie, wissen also, welche Gerechtigkeitsvorstellung zu größeren Belastungen führt. Da die beiden Gerechtigkeitsgrundsätze nicht nur die Grundfreiheiten sichern, sondern die Menschen im Urzustand sich damit auch gegen die schlimmsten Möglichkeiten absichern, würden sie sich für diese Grundsätze entscheiden (202). Daß eine Gesellschaft ohne krasse soziale Gegensätze stabiler ist als eine Gesellschaft, in der – falls das Nutzenprinzip eine solche Verteilung ergibt – marginalisierte Gruppen verzweifelt um ihre Existenz kämpfen, leuchtet ja tatsächlich ein. Ein weiteres Argument für die beiden Gerechtigkeitsgrundsätze ist die Tatsache, daß ihre öffentliche Anerkennung der menschlichen Selbstachtung entgegenkommt, was wiederum den Wirkungsgrad der gesellschaftlichen Zusammenarbeit erhöht (204).

Es zeichnet sich also ab: Die Parteien im Urzustand würden sich durch vernünftige Überlegung bei der Gestaltung der Grundstruktur ihrer Gesellschaft nicht für das Prinzip des Durchschnittsnutzens entscheiden, sondern sie würden sich auf den Grundsatz der gleichen Freiheiten und das Unterschiedsprinzip, verbunden mit fairer Chancengleichheit, einigen.

Mit der Herleitung der beiden Gerechtigkeitsgrundsätze aus dem Urzustand ist die Darstellung und Erläuterung der Grundpfeiler von Rawls' Theorie der Gerechtigkeit abgeschlossen. Eine Beschreibung der Anwendung der Gerechtigkeitsgrundsätze auf die konkrete Politik übersteigt die Aufgabenstellung dieser Arbeit. Wichtig ist aber, zu erwähnen, daß Rawls sich weder für ein sozialistisches noch für ein privatwirtschaftliches Wirtschaftssystem entscheidet. Nach seiner Auffassung läßt sich nicht im voraus entscheiden, welches der beiden Systeme und der vielen Zwischenformen am gerechtesten ist: „Vermutlich gibt es keine allgemeine Antwort auf diese Frage, denn sie hängt stark von den Traditionen, Institutionen und gesellschaftlichen Kräften jedes Landes und seinen besonderen geschichtlichen Umständen ab" (307). Ethik ist bei Rawls offensichtlich wie bei den Bischöfen als „kontextuelle Ethik" verstanden.

Nachdem ich nun John Rawls' Theorie der Gerechtigkeit in ihren Grundzügen vorgestellt habe, will ich im folgenden auf den profiliertesten Gegenentwurf[145], die Theorie Robert Nozicks, eingehen und damit einen ersten Markstein der Kritik untersuchen, auf die die Rawlssche Theorie gestoßen ist.

---

145 Daß sich Nozicks Buch hauptsächlich gegen die Theorie seines Harvard-Kollegen Rawls richtet, betont auch F.A. Hayek in seinem Vorwort zur deutschen Ausgabe (9), die 1976 unter dem Titel „Anarchie, Staat, Utopia" erschien.

3. Die neo-liberale Kritik: Robert Nozicks Gegenentwurf

3.1. Der Minimalstaat

Drei Jahre nach Rawls' Entwurf einer Theorie der Gerechtigkeit veröffentlichte Robert Nozick sein Buch „Anarchy, State, and Utopia", in dem er eine Gerechtigkeitstheorie entwickelt, die im deutlichen Gegensatz zu Rawls steht. Eine ganze Sektion (170-213)[146] ist allein der Kritik an Rawls' Theorie gewidmet.

Schon der erste Satz des Vorworts bringt die Grundlinie des ganzen Buchs zum Ausdruck: „Die Menschen haben Rechte, und einiges darf ihnen kein Mensch und keine Gruppe antun (ohne ihre Rechte zu verletzen). Diese Rechte sind so gewichtig und weitreichend, daß sie die Frage aufwerfen, was der Staat und seine Bediensteten überhaupt tun dürfen" (11). Rechte werden hier ausschließlich verstanden als Sicherung gegenüber jeglichen staatlichen Eingriffen. Rechte der einzelnen an die Gemeinschaft, die eine aktive Verpflichtung für den Staat bedeuten würden, sollen soweit wie möglich ausgeschlossen werden, eine Tatsache, die den radikal individualistischen Zug von Nozicks Theorie deutlich zum Ausdruck bringt.

Die Basis der Theorie ist John Lockes Beschreibung des Naturzustandes. Gegenüber den radikalen Anarchisten vertritt Nozick die These, daß, ohne daß irgendjemand das beabsichtigte, aus der Anarchie des Naturzustandes ein Staat entstehen würde, ohne dabei die Rechte der Individuen verletzen zu müssen (12f). Dieser Staat aber – und hier wird schon der Unterschied zu Rawls sehr deutlich – ist nach Nozicks Worten ein „minimaler Nachtwächterstaat" (153), dessen einzige Funktion im Schutz vor Gewalt, Diebstahl, Betrug usw. sowie in der rechtlichen Durchsetzung von Verträgen besteht. Jede irgendwie extensivere Staatstätigkeit verletzt die Rechte der Menschen und ist deswegen ungerechtfertigt. Zwei Implikationen dieses Gedankens erwähnt Nozick ausdrücklich: der Staat darf seinen Zwangsapparat weder einsetzen, um Aktivitäten der Bürger um deren eigenen Wohles oder Schutzes willen zu verbieten, noch um die Bürger dazu zu bringen, anderen zu helfen (11). Die letztere Einschränkung gerät offensichtlich in scharfe Konkurrenz zu Rawls'

---

146 Die Seitenzahlen in Klammern beziehen sich hier und im folgenden auf die deutsche Ausgabe.

Grundsatz der Verteilungsgerechtigkeit. Das Wort „Verteilungsgerechtigkeit" schafft – so Nozick – schon das Mißverständnis, es gebe irgendeine gemeinsame Quelle, aus der heraus etwas verteilt werden könne (149). Er schlägt deshalb den Begriff „Gerechtigkeit bei den Besitztümern" (143)[147] vor. Da die jeweiligen gerechten Ansprüche auf Besitz zur Debatte stehen, nennt er seine Theorie „Anspruchstheorie" (144)[148].

3.2. Die Gerechtigkeitsgrundsätze der Anspruchstheorie

Drei verschiedene Themen beschreiben den Grundansatz der Anspruchstheorie: Erstens muß es beim *ursprünglichen Erwerb von Besitz*, der Aneignung von Dingen also, die noch niemand gehören, mit rechten Dingen zugehen. Zweitens muß die *Übertragung von Besitztümern* richtig vonstatten gehen und drittens müssen *frühere Ungerechtigkeiten korrigiert* werden. Die Gerechtigkeitsgrundsätze lauten deswegen (144f):

1. Wer ein Besitztum im Einklang mit dem Grundsatz der gerechten Aneignung[149] erwirbt, hat Anspruch auf dieses Besitztum.

2. Wer ein Besitztum im Einklang mit dem Grundsatz der gerechten Übertragung von jemandem erwirbt, der Anspruch auf das Besitztum hat, der hat Anspruch auf das Besitztum.

3. Ansprüche auf Besitztümer entstehen lediglich durch (wiederholte) Anwendung der Regeln 1 und 2. Ungerecht zustandegekommene Besitzverhältnisse müssen also berichtigt werden.

Diese Grundsätze sind erkennbar allgemein gehalten. Nozick betont ausdrücklich, daß sein Buch die Spezifizierung dieser drei Grundsätze nicht leisten kann (146). Die Diskussion verschiedener Implikationen tritt an die Stelle eines genau strukturierten Systems von Bedingungen der Gerechtigkeit. Die wichtigsten Implikationen sollen hier kurz dargestellt werden.

---

147 „justice in holdings" (Originalausgabe, 150).
148 „entitlement theory" (ebd.).
149 Nach diesem von John Locke übernommenen Prinzip entstehen Eigentumsrechte an einem herrenlosen Gut dadurch, daß jemand seine Arbeit in dieses Gut eingehen läßt (163) mit der Einschränkung, daß die Position der anderen dadurch nicht verschlechtert wird (167).

3.3. Historische, ergebnisorientierte und strukturierte Prinzipien

Wie aus den genannten Grundsätzen hervorgeht, ist eine Anspruchstheorie der Gerechtigkeit historisch: ob eine Verteilung gerecht ist, hängt davon ab, wie sie zustandekam. Im Gegensatz dazu stehen „ergebnisorientierte Prinzipien"[150]. Solche Prinzipien verlangen nicht eine genaue Rekonstruktion des Zustandekommens einer bestimmten Verteilung, sondern die Gerechtigkeit einer Verteilung wird lediglich nach dem Ergebnis des Verteilungsprozesses beurteilt, die Matrix der Verteilung ist also entscheidend. Eine Konsequenz solcher Prinzipien ist, daß alle strukturell gleichen Verteilungen auch gleich gerecht sind: „Wenn ich zehn Einheiten besitze und du fünf, und wenn ich fünf Einheiten besitze und du zehn, so sind das strukturgleiche Verteilungen" und deswegen „gleich gerecht" (147).

Demgegenüber meint Nozick, daß die meisten Menschen solche Positionen nicht akzeptieren, weil sie völlig mißachten, wie die Verteilung zustandekam. Sie empfinden die Notwendigkeit, das Element des Verdienstes miteinzubeziehen. Ein Strafgefangener – so Nozick – hat mit Recht einen geringeren Anteil an den gesellschaftlichen Resourcen, weil er einen geringeren Anteil verdient (154). Dem entspricht die sozialistische Sicht, daß Arbeiter einen Anspruch haben auf die volle Frucht ihrer Arbeit. Diesen Anspruch haben sie verdient und deswegen ist eine Verteilung ungerecht, die diesen Anspruch nicht erfüllt. Auch die sozialistische Sicht betont also, daß Ansprüche auf einer bestimmten Vergangenheit beruhen (147).

Doch auch unter den historischen Prinzipien muß unterschieden werden. Sogenannte „strukturierte" Prinzipien sind der Anspruchstheorie unangemessen. Solche Prinzipien enthalten bestimmte strukturelle Grundsätze, die die Verteilung bestimmen sollen, z.B. moralischer Verdienst, Nützlichkeit für die Gesellschaft oder Bedarf oder auch die gewichtete Summe aus all diesen dreien (148f). Die Anspruchstheorie enthält keine solchen strukturellen Grundsätze. Vielmehr resultieren die Besitzverhältnisse z.B. aus dem Produkt der Arbeit, aus Gewinnen beim Glücksspiel, aus Zinserträgen, Unterstützung von Freunden, Zuwendungen von Stiftungen oder von Bewunderern, aus Kapitalerträgen oder etwa auch aus Funden. Eine Verteilung, die aus den Anspruchsprinzipien resultiert, ist m.a.W. bezüglich jeden möglichen Strukturmusters rein *zufällig*[151], auch wenn jeder einzelne Besitztransfer durchaus sehr rational und überlegt sein kann.

---

150 „end-result or end-state principles" (Originalausgabe, 155).
151 „random with respect to any pattern" (a.a.O. 157). Die Übersetzung „... keinen

Sowohl ergebnisorientierte als auch strukturierte Prinzipien tendieren dazu, Produktion und Verteilung auseinanderzureißen. Mit der Anspruchstheorie ist dies nicht vereinbar: „Die Dinge, die in die Welt hereinkommen, sind bereits an Menschen geknüpft, die Ansprüche auf sie haben. Vom Standpunkt der historischen Anspruchstheorie der Gerechtigkeit bei Besitztümern aus tut derjenige, der vom Nullpunkt an ‚jedem nach seinem XY' ausfüllen möchte, so, als ob die Dinge aus dem Nichts entstünden" (152). Bei der Anspruchstheorie dagegen steht die „freie Wahl" im Zentrum. Den zusammenfassenden Slogan dieser Theorie formuliert Nozick deswegen so: „Jeder, wie er will, und jedem, wie die anderen wollen" (152).

3.4. Freie Wahl

Zur Veranschaulichung dieses Slogans soll hier ein Beispiel wiedergegeben werden, mit dem Nozick für die Vorstellung von der „freien Wahl" wirbt und das die Denkungsweise der Anspruchstheorie in besonderer Weise deutlich macht (152f):

Vorausgesetzt ist eine, nach welchen Maßstäben auch immer optimale Verteilung (V1). Der allseits bekannte und bewunderte Fußball-Star Franz Beckenbauer[152] unterschreibt den folgenden Vertrag mit einem Team: Bei jedem Heimspiel gehen 50 Pfennige des Preises einer jeden Eintrittskarte an ihn. Die Saison beginnt, die Leute strömen voller Begeisterung zu seinen Spielen und werfen beim Eintritt eine 50-Pfennig-Münze in eine separate Geldbox, die Franz Beckenbauers Namen trägt. Die Leute zahlen die 50 Pfennige gerne, um Beckenbauer zu sehen. Eine Million Menschen kommen während der Saison, so daß Beckenbauer eine halbe Million verdient, viel mehr als jeder andere.

Ist nun diese neue Verteilung (V2) ungerecht? All die Zuschauer trafen die Wahl, 50 Pfennig ihres Geldes Beckenbauer zu geben. Sie hätten dieses Geld auch für Kino oder Süßigkeiten ausgeben können. Sie entschlossen sich aber alle, es für ein Spiel Franz Beckenbauers auszugeben.

Zusammenhang mit irgendeiner strukturierenden Variablen" (deutsche Ausgabe, 150) ist hier eher unpräzise.

152 Nozick wählt in der Originalausgabe als Beispiel Wilt Chamberlain, den legendären Star des amerikanischen Basketballs. In der deutschen Übersetzung wird daraus – in Treue zu den Prioritäten im deutschen Sportleben – der Fußballstar NN. Um die Anschaulichkeit der Originalausgabe nicht zu verlieren, wähle ich anstelle von NN ein deutsches Pendant zu Wilt Chamberlain. Kein anderer als Franz Beckenbauer hat diese Ehre verdient.

Wenn V1 eine gerechte Verteilung war und die Leute sich freiwillig in Richtung V2 bewegten, indem sie einen Teil des gesellschaftlichen Besitzanteils an Beckenbauer transferierten, warum sollte dann V2 ungerecht sein? Alle Beteiligten konnten sich freiwillig zu dem Austausch entscheiden.

Mit diesem Beispiel will Nozick folgendes deutlich machen: um eine bestimmte Einkommensstruktur aufrechtzuerhalten, muß man entweder kontinuierlich eingreifen, um die Menschen davon abzuhalten, Güter, so wie sie wollen, zu transferieren, oder man muß immer wieder eingreifen, um wohlhabenderen Menschen die Güter wegzunehmen, die andere ihnen aus irgendeinem Grund in freier Wahl transferiert haben (154). Die Anspruchstheorie bekräftigt dagegen, daß jede Verteilung mit irgendeiner egalitären Komponente mit der Zeit durch die freiwilligen Handlungen von Individuen umgestoßen werden kann (155).

3.5. Umverteilung als Zwangsarbeit

Vom Staat erzwungene Transfers zwischen freien Bürgern kommen nur in einem Fall ins Spiel: wenn zum Ausgleich von früheren, die Anspruchsprinzipien verletzenden Ungerechtigkeiten der Grundsatz der Korrektur angewendet werden muß (212f). Soziale Gruppen, deren schlechte Stellung verursacht ist durch vergangene Ungerechtigkeiten, haben ein Anrecht auf Entschädigung, insofern sind in solchen besonderen Fällen Transfermaßnahmen vorübergehend vom Staat erzwingbar. Jegliche Transferzahlung, die nicht vom Grundsatz der Korrektur gedeckt ist, ist nach Nozick ungerecht.

Nozicks Attacke auf jede Form von Umverteilung mündet in die These, daß „die Besteuerung von Arbeitsverdiensten ... mit Zwangsarbeit gleichzusetzen" ist (159). Derjenige Mensch – so Nozick –, der mehr arbeitet als für sein Existenzminimum notwendig, gibt seine Freizeit her, um sich zusätzliche Güter zum Leben zu verdienen. Ein zweiter Mensch zieht Freizeitaktivitäten solchen zusätzlichen Gütern vor und arbeitet deswegen nur so viel, wie zum Leben notwendig ist. Wenn es illegitim für ein Steuersystem ist, die Freizeit des zweiten Menschen durch Zwangsarbeit zu beschlagnahmen, um damit den Armen zu dienen, wie, fragt Nozick, kann es dann legitim für ein Steuersystem sein, einige der Güter des ersten Mannes dafür zu beschlagnahmen? Warum sollte der Mensch, dessen Glück von bestimmten materiellen Gütern abhängt, anders behandelt werden als der Mensch, dessen Präferenzen solche Güter für sein Glück unnötig machen (170)? Für Nozick gibt es keine legitimen Argumente für eine unterschiedliche Behandlung der beiden. Das Recht auf Eigentum, das er im Anschluß an John Locke aus dem Naturzustand ableitet, schließt vielmehr jede Staatstätigkeit, die über den beschriebenen Minimalstaat hinausgeht, aus: „Meine Eigentumsrechte an meinem Messer erlauben mir, es hinzutun, wo ich will, aber nicht in deine Brust" (161).

Da der Staat durch Besteuerung Menschen dazu zwingt, unentlohnte Arbeit zu verrichten, entscheidet er, was sie zu tun haben und wozu ihre Arbeit dienen soll. Der Staat nimmt also ihre Selbstbestimmung von ihnen weg und wird so zum „Teileigentümer" dieser Menschen. Es kommt ihm ein Eigentumsrecht über sie zu, wie über Tiere (162). Ein Mensch, der sich diesem Zwang entziehen will, könnte auswandern. Wenn es erlaubt ist, sich durch Auswanderung dem Zwang zur sozialen Fürsorge zu entziehen, warum – so fragt Nozick – soll es ihm dann nicht erlaubt sein, in seinem eigenen Lande eine Option zum Ausstieg aus diesem System der Fürsorge wahrzunehmen?

Diese Fragen deuten Nozicks Infragestellung der Pflicht der Gemeinschaft zur Sicherstellung der Grundbedürfnisse ihrer Glieder schon an. Eine die Ansprüche auf medizinische Grundversorgung verteidigende Passage eines Aufsatzes von Bernard Williams interpretiert er als die Forderung, die Gesellschaft solle für die wichtigen Bedürfnisse aller ihrer Mitglieder sorgen. „Diese Forderung" – so Nozick dann weiter – „ist natürlich schon oft aufgestellt worden. Entgegen dem Anschein liefert Williams kein Argument für sie" (216). Nozick vermißt mit Recht eine philosophische Begründung für diese Verpflichtung. Williams leitet das Recht auf Befriedigung der Grundbedürfnisse aus der Gleichheit ab und sieht diese Gleichheit der Menschen begründet in ihrem gemeinsamen Menschsein: „... it is their common humanity that constitutes their equality".[153]

Rein rationale Argumentation spricht aus solchen Aussagen sicher nicht. Die Kritik Nozicks an Williams ist also eines von vielen Indizien dafür, daß es bei dem Konflikt zwischen der gemeinschaftsorientierten Theorie Rawls' – und die Gedanken Williams' gehen in die gleiche Richtung – und dem radikalen Individualismus Nozicks um grundlegende Fragen des Menschenbildes geht, die die theologische Ethik berühren.

Gleichwohl kann der Hinweis auf prärationale Differenzen philosophische Argumente nicht ersetzen. Die gründliche philosophische Auseinandersetzung mit Nozicks Theorie würde den Rahmen meiner Untersuchung allerdings sprengen.[154] Hier soll anhand dieser Theorie als

---

153 Williams, The Idea of Equality, 153.
154 Eine gründliche Darstellung und Kritik der Theorie Nozicks findet sich bei

wichtigster Gegenposition zu Rawls nur geprüft werden, ob die Rawlssche Theorie der philosophischen Kritik standhält. Ich will dazu im folgenden anhand von *fünf Aspekten* die Kritik Nozicks an Rawls darstellen und damit den Rahmen für eine gründliche Diskussion der wichtigsten und kontroversesten Einzelaspekte der Rawlsschen Theorie schaffen. Erst nach der Diskussion dieser Einzelaspekte will ich auf die Kritik Nozicks eingehen.

3.6. Nozicks Kritik an Rawls' Theorie

Erstens nimmt Rawls an, die soziale Kooperation unter dem Unterschiedsprinzip nütze jedermann, deshalb würden auch die Bessergestellten dieses fair finden. Dies – so Nozick – ist eine völlig willkürliche Behauptung und wird bei Rawls nicht begründet (182f). Dem Bessergestellten kann in Wirklichkeit niemand erklären, warum es vernünftig für ihn ist, zugunsten eines anderen Schlechtergestellten zurückzustecken. Diese Voraussetzung einfach in den Urzustand hineinzupressen, – so Nozick – überzeugt nicht. Die Vorstellung einer „fairen Übereinkunft" auf einer „fairen Basis" paßt nicht in eine Situation des Urzustandes, in der die Menschen rationale Kalkulationen zum eigenen Vorteil vornehmen und bei ihnen keine moralischen Erwägungen vorausgesetzt werden können (183). Nozick bezweifelt also nicht nur die argumentative Relevanz des Urzustandes, wie Rawls ihn beschreibt, sondern er bestreitet darüber hinaus auch, daß das Unterschiedsprinzip von den Parteien im Urzustand überhaupt gewählt würde.

Zweitens schließt die spezielle Voraussetzung des von Rawls beschriebenen Urzustandes, in dem die Menschen nichts über sich und ihre Geschichte wissen, von vornherein historische Prinzipien, wie sie die Anspruchstheorie vorschlägt, aus (188). Das Unterschiedsprinzip wäre nur dann wirklich plausibel, wenn all das, was verteilt würde, wie Manna vom Himmel fiele und die Menge je nach Verteilung variieren würde (184). Genau dies ist aber nicht der Fall, das später Verteilte muß ja erst produziert werden. Produktion und Verteilung werden bei Rawls aber auseinandergerissen. Aufgrund der nicht begründeten Voraussetzung des Schleiers des Nichtwissens werden historische, prozeßorientierte Prinzipien von vornherein zugunsten von ergebnisorientierten Prinzipien verworfen (189). Nozick bescheinigt damit der Rawlsschen Theorie gewichtige

---

Kley, Vertragstheorien der Gerechtigkeit, 82-122 und 201-257. Zu Nozick vgl. auch Böhr, Liberalismus und Minimalismus; Pogge, Realizing Rawls, 15-62 und Kukathas/Pettit, Rawls, 74-91.

Prämissen, die die Richtung dieser Theorie prägen und ohne Begründung in den Urzustand als die Grundfigur ihrer Argumentation einfließen.

Drittens besteht Rawls darauf, daß seine Gerechtigkeitsprinzipien sich auf die Makro-Struktur der Gesellschaft beziehen und deswegen keine dem Mikro-Bereich entnommenen Gegenbeispiele angemessen sind. In diesem Mikro-Bereich – so Nozick – fallen uns aber zahlreiche Belege dafür ein, daß das Unterschiedsprinzip unfair ist. Solche kleinen Beispiele aus dem täglichen Leben oder hypothetische Situationen sind ein wichtiger Teil unseres „Überlegungsgleichgewichts". Wenn sich die Grundsätze darauf nicht anwenden lassen, sind sie nicht allgemein anwendbar. Nicht allgemein anwendbare Prinzipien können aber nicht korrekt sein (189f). Nozick stellt also die methodischen Grundlagen der Rawlsschen Theorie in Frage: Fließen weitverbreitete Überzeugungen bei Fragen der Gerechtigkeit im Alltag überhaupt in das sogenannte Überlegungsgleichgewicht ein? Mit welchem Recht bezieht Rawls seine Theorie primär auf die Grundstruktur der Gesellschaft?

Viertens ist nach Rawls' Argumentation die Verteilung der gesellschaftlichen Güter ohne die Anwendung seiner Gerechtigkeitsgrundsätze lediglich abhängig von natürlichen Talenten und Fähigkeiten, die sich mit der Zeit, beeinflußt von sozialen Umständen und Elementen des Zufalls oder des Glücks, entwickelt haben. Rawls läßt – so Nozick – völlig unerwähnt, in welcher Weise Menschen *gewählt* haben, ihre eigenen natürlichen Gaben zu entwickeln. Da auch dies nach Rawls wieder abhängig ist von der Erziehung und dem familiären Milieu, kann niemand für mangelnde Entwicklung seiner Gaben verantwortlich gemacht werden. Nozick betont nun, daß bei dieser Auffassung alles, was kennzeichnend für einen Menschen ist, ohne Einschränkung gewissen externen Faktoren zugeschrieben werden kann. Ein solches Herunterspielen der Autonomie von Menschen und ihrer privaten Verantwortlichkeit für ihr Tun gerät nach Nozick in scharfen Konflikt mit der Überzeugung von der Würde des Menschen, die die Theorie der Gerechtigkeit als Fairness verkörpern und befördern will (198). Nozick stellt damit grundlegende Anfragen an das Menschenbild dieser Theorie. Gerät sie nicht in Konflikt mit einer Sicht des Menschen als autonomes und verantwortliches Wesen?

Fünftens konstruiert Rawls seine Theorie nach Nozicks Ansicht von vornherein so, daß die kontingenten natürlichen oder gesellschaftlichen Unterschiede neutralisiert werden. Die Theorie ist also eine Explikation dieser Prämisse, nicht aber ihre Begründung (198f). Rawls liefert kein vernünftiges Argument gegen die Behauptung der Anspruchstheorie, daß moralische Ansprüche teilweise oder ganz aus solchen gesellschaftlichen oder natürlichen Voraussetzungen heraus entstehen können (209). Seine

Ablehnung des Systems der natürlichen Freiheiten beruht also auf einer willkürlichen Vorentscheidung. Auch hier scheint es um Differenzen zwischen Nozick und Rawls in den Grundannahmen zu gehen. Muß bei philosophischen Theorien der Gerechtigkeit von einer Situation der Gleichheit ausgegangen werden oder sind die natürlichen und sozialen Unterschiede zwischen den Menschen die Grundlage aller weiteren Überlegungen?

Die Darstellung von Nozicks Kritik hat gezeigt, daß die Kontroverse zwischen Rawls und Nozick ebenso auf strittigen Grundannahmen beruht wie auf Vorbehalten, die die Konsistenz der Argumentation betreffen. Wenn ich mich nun im folgenden eingehender mit der philosophischen Diskussion um die Theorie der Gerechtigkeit als Fairness beschäftige, dann werde ich deshalb einerseits die inhaltliche Schlüssigkeit ihrer Argumentation zu prüfen und andererseits die Grundannahmen zu verdeutlichen haben, die sich der weiteren philosophischen Begründung entziehen. Erst auf dieser Grundlage wird in einem weiteren Diskussionsgang ein Urteil über die Plausibilität der Kritik Nozicks an Rawls gewagt werden können.

Anhand von sechs Aspekten will ich die Diskussion um Rawls aufarbeiten: Zunächst gehe ich auf Rawls' methodologische Grundlagen ein, die in der Vorstellung vom Überlegungsgleichgewicht ihren Ausdruck finden (1). Dann diskutiere ich die Betonung des Vorrangs des Rechten vor dem Guten, die ohne Zweifel zu den charakteristischsten Merkmalen der Theorie der Gerechtigkeit als Fairneß gehört (2). Der dritte zu behandelnde Aspekt ist die Gedankenfigur des Urzustands, die eine Schlüsselstellung für die Herleitung der beiden Gerechtigkeitsgrundsätze einnimmt und die – wie wir bei Nozick gesehen haben – auf deutliche Kritik gestoßen ist (3). Unter den Gerechtigkeitsgrundsätzen selbst ist v.a. der Kern des zweiten Grundsatzes, das Unterschiedsprinzip, umstritten, das ich deswegen ebenfalls einer eingehenden Prüfung unterziehen möchte (4). Eine eigene Behandlung hat auch die Frage nach dem Vorrang des Freiheitsgrundsatzes verdient, denn sie hat unmittelbare Bedeutung für das Problem des fairen Werts der Freiheit angesichts von Ungleichheiten, das von zentraler Bedeutung für die politischen Prozesse in einer demokratischen Gesellschaft ist (5). In einem letzten Schritt will ich schließlich einige Überlegungen zur Anwendbarkeit von Rawls' idealer Theorie auf nicht-ideale Verhältnisse anstellen (6).

4. Die Diskussion um die Theorie der Gerechtigkeit als Fairness

4.1. Das Überlegungsgleichgewicht

Die wichtigsten kritischen Anfragen zur Vorstellung vom Überlegungsgleichgewicht lassen sich drei Themen zuordnen, die ich im folgenden behandeln möchte: *erstens* die Rolle der Intuition, *zweitens* die Frage nach dem Wahrheitsanspruch der Rawlsschen Theorie und *drittens* schließlich das Problem der Universalität oder geschichtlichen Bedingtheit der Gerechtigkeitsgrundsätze.

Ich beginne mit der Rolle der Intuition. R.M. Hare zählt von Seite 18, Zeile 9 bis Seite 20, Zeile 9 der amerikanischen Originalausgabe, also auf zwei Seiten, genau dreißig Ausdrücke, die eine Bezugnahme auf Intuitionen implizieren.[155] Rawls – so Hare – nennt sich zwar nicht einen Intuitionisten, „aber ohne Zweifel ist er einer im üblichen Sinne."[156] Ein solch intuitives Vorgehen – so die Kritik weiter – reicht zur Begründung normativer Urteile nicht aus: da die Struktur der Rawlsschen Theorie an jedem Punkt genauestens den Intuitionen des Verfassers angepaßt ist, kann es kaum überraschen, daß die entsprechenden Ergebnisse dabei herauskommen. Daß Rawls – so Hare – als Person ziemlich typisch ist für seine Zeit und seine Gesellschaft und deswegen viele Anhänger hat, bürgt aber noch nicht für die Güte seiner Philosophie.[157]

Mit drei Argumenten muß Hares Kritik zurückgewiesen werden.[158] Erstens geht Rawls nicht einfach von normativen Alltagsurteilen aus, sondern von „wohlüberlegten Urteilen". Solche wohlüberlegten Urteile sind aber nicht beliebig, sondern allgemeinen Rationalitätskriterien unterworfen. Zweitens geht es nicht einfach darum, gemeinsame Überzeugungen zum Ausdruck zu bringen, vielmehr soll durch die Konstruktion von bestimmten, für alle annehmbaren Prinzipien und Prioritätsregeln in Kon-

---

155 Hare, Rawls' Theory of Justice, 84.
156 „but he certainly is one in the usual sense" (a.a.O. 83). So auch Shapiro, The Evolution of Rights in Liberal Theory, 242.
157 Hare, Rawls' Theory of Justice, 84. An anderer Stelle hat Hare seinen Intuitionismus-Vorwurf gegen Rawls wiederholt und ihn zusätzlich auch gegen Nozick gerichtet. Anders als Nozick – so räumt Hare dann immerhin ein – bedient sich Rawls in Gestalt der Gedankenfigur des Urzustands wenigstens einer moralischen Argumentationsmethode (Hare, Essays on Political Morality, 126f).
158 So Ballestrem, Methodologische Probleme in Rawls' Theorie der Gerechtigkeit, 116f.

flikten eine reflektierte Entscheidung darüber ermöglicht werden, welchen moralischen Überzeugungen der Vorrang gebührt. Drittens schließt der Gedanke, moralische Überzeugungen in einen systematischen Zusammenhang zu bringen, für Rawls auch die Möglichkeit ein, unsere wohlüberlegten moralischen Urteile zu revidieren. Der Gedanke des Überlegungsgleichgewichts impliziert ja gerade nicht Stillstand und Selbstbestätigung, sondern einen dynamischen Prozeß der Selbstüberprüfung und Anpassung der eigenen Überlegungen an Grundsätze, die Rationalitätskriterien standhalten können.

Die zuweilen kritisch gestellte Frage, wie weit der Grundkonsens, von dem Rawls ausgeht, überhaupt reicht[159], ist deswegen nur von begrenzter Bedeutung. Im schlechtesten Falle kann Rawls nur den Dissens in der Gesellschaft rekapitulieren[160] oder in größerer Klarheit verdeutlichen. Im besten Falle tritt durch den dynamischen Prozeß des Hin- und Hergehens zwischen den wohlüberlegten Gerechtigkeitsurteilen und den hergeleiteten Grundsätzen ein Klärungsprozeß ein, in dem sich die Urteile der Beteiligten so aufeinander zubewegen, daß ein Konsens möglich wird.[161]

Rawls selbst ist sich bewußt, daß das Gelingen dieses Prozesses nie garantiert werden kann. In den Dewey Lectures, in denen er sein Vorgehen beschreibt, spricht er davon, daß die tieferen Grundlagen gesellschaftlicher Übereinkunft zu entdecken und zu formulieren seien, von denen man *hofft*, daß sie im „common sense" verwurzelt sind.[162] Als Ziel seines Vorgehens sieht Rawls in dem 1985 veröffentlichten Aufsatz „Justice as Fairness. Political not Metaphysical" „eine freie Übereinkunft, Versöhnung durch öffentlichen Vernunftgebrauch."[163] Die *Hoffnung* – so Rawls – ist, daß durch sein Vorgehen bestehende Differenzen zwischen konkurrierenden politischen Ansichten zumindest verringert, wenn auch nicht völlig aus dem Weg geräumt werden können, so daß die gesellschaftliche Zusammenarbeit auf der Basis gegenseitigen Respekts aufrechterhalten werden kann.[164] Ob die Hoffnung, von der Rawls spricht, eingelöst werden

---

159 Gregory Jones etwa ist der Auffassung, daß es einen Graben gibt zwischen den Rawlsschen Grundsätzen und dem, was die meisten Amerikaner glauben (Jones, Response to Beckley, 262).
160 So Galston, Pluralism and Social Unity, 724.
161 Auf die Tatsache, daß dieser Prozeß zu Urteilen führen kann, die von einigen der zunächst eingebrachten Intuitionen abweichen, weist Ronald Dworkin mit Recht hin (Dworkin, Taking Rights Seriously, 162). Vgl. dazu auch Brown, Modern Political Philosophy, 75.
162 Rawls, Die Idee des Politischen Liberalismus, 84.
163 A.a.O. 265.
164 Ebd.

kann, muß sich bei der Diskussion der einzelnen inhaltlichen Aspekte zeigen. In jedem Falle kann festgehalten werden, daß Rawls den Anspruch, den er mit seiner Theorie erhebt, eher zurückhaltend formuliert: durch das Hin- und Hergehen zwischen unseren wohlüberlegten Gerechtigkeitsurteilen und rational konstruierten Grundsätzen hofft er, Regeln des gesellschaftlichen Zusammenlebens zu finden, denen möglichst viele Menschen mit ansonsten unterschiedlichen Überzeugungen aus freier Übereinkunft zustimmen können.

Die Bedeutung dieser Zurückhaltung bei der Formulierung des Ziels führt zu dem zweiten Thema, das von zahlreichen Kritikern der Rawlsschen Theorie angesprochen wird: der Frage nach dem Wahrheitsanspruch. Rawls – so David Lewis Schaefer – setzt einfach voraus, daß unsere überlegten Urteile auch richtig sind. Auch durch den Prozeß des Überlegungsgleichgewichts sollen diese Urteile ja nicht grundsätzlich geändert, sondern eher systematisiert werden.[165] Weil Rawls so fixiert ist auf die Herstellung einer Übereinkunft zwischen den Menschen, vernachlässigt er die Frage nach der Wahrheit der Gerechtigkeitsgrundsätze.[166] In Rawls Moraltheorie – so Schaefer – fehlt jegliche Bezugnahme auf eine objektive Wahrheit, die zu suchen doch die ureigenste Aufgabe der Philosophie ist.[167]

Wenn William Galstons im Blick auf die Rawlssche Theorie formulierte Erkenntnis richtig ist, daß keine Untersuchung einer bestimmten Praxis von der bloßen Beschreibung zu normativen Schlüssen übergehen kann, ohne auf irgendein Konzept menschlicher Natur oder Existenz zurückzugreifen[168], dann muß entweder gezeigt werden, daß Rawls keine normativen Schlüsse zieht oder die normativen Prämissen müssen deutlich gemacht werden, auf denen seine Theorie beruht. Da die Gerechtigkeitsintuitionen im Prozeß des Überlegungsgleichgewicht auch korrigiert werden können, kann die normativ-kritische Bedeutung dieser Theorie kaum bezweifelt werden[169], auch wenn sie die Rechtfertigung der in den Gerechtig-

---

165 Schaefer, Justice or Tyranny, 25.
166 A.a.O. 92.
167 A.a.O. 94. Vgl. auch Hares Kritik, Rawls lasse die Antwort auf die Frage „Habe ich recht mit dem, was ich über ethische Fragen sage?" abhängen von der Antwort auf die Frage „Stimmst du, der Leser, und ich in dem, was wir sagen, überein?" (Hare, Rawls' Theory of Justice, 82). Ähnlich Lyons, Nature and Soundness of Contract and Coherence Arguments, 146: „... one may still doubt whether a coherence argument says anything about the validity of such principles."
168 Galston, Justice and the Human Good, 12.
169 So u.a. Höffe, Politische Gerechtigkeit, 47.

C. Schlüsselprobleme eines Gerechtigkeitsverständnisses

keitsurteilen enthaltenen normativen Grundlagen nicht leisten kann. So bleibt also die Frage nach dem Inhalt der normativen Voraussetzungen, mit denen Rawls arbeitet.

M.E. läßt sich der Kern dieser normativen Voraussetzungen in einer Aussage finden, die sich in ihrer ausführlichen Fassung in den Dewey Lectures findet: seine Theorie richtet sich auf eine Übereinkunft zwischen *Bürgern, die als freie und gleiche, rationale, vernünftige und deswegen kooperationsfähige Personen gesehen werden*.[170] Auf die Frage nach den inhaltlichen Konsequenzen für die daraus folgende Gerechtigkeitskonzeption wird noch einzugehen sein. In diesem Abschnitt ist nur zu klären, welchen erkenntnistheoretischen Status Rawls seinen Prämissen einräumt. In seinen neueren Aufsätzen hat der Harvard-Philosoph versucht, gegenüber seinen Kritikern in dieser Frage Klärung zu schaffen. Bevor ich jedoch auf seine Ausführungen eingehe, will ich mich der dritten inhaltlichen Gruppe von kritischen Einwänden gegen Rawls zuwenden, die besonders aus marxistischer Perspektive vorgetragen werden und gegenüber der oben behandelten zweiten Gruppe von Argumenten genau die entgegengesetzte Stoßrichtung aufweisen. Nicht ein größeres Bemühen um Wahrheit fordern die Kritiker aus dieser Richtung ein, sondern gerade die Anerkennung der Relativität jeglicher Wahrheit.

Die „wohlüberlegten Gerechtigkeitsvorstellungen", von denen Rawls ausgeht – so Joseph De Marco – sind in Wirklichkeit in hohem Maße von einer bestimmten historischen und gesellschaftlichen Situation sowie einem bestimmten Klassenstandpunkt geprägte Konzepte. Daran kann auch das Hin- und Hergehen zwischen diesen Urteilen und den Bedingungen der Vertragssituation, das das Überlegungsgleichgewicht kennzeichnet, nichts ändern, denn beide Pole sind in hohem Maße relative Standpunkte und bestätigen sich eher gegenseitig als daß sie sich in Frage stellen. Die Zeitlosigkeit der Rawlsschen Grundsätze wird deutlich widerlegt durch eine Analyse der dramatischen Unterschiede zwischen den verschiedenen Gerechtigkeitsvorstellungen in den einzelnen Epochen der Geschichte.[171]

---

170 Rawls, Die Idee des politischen Liberalismus, 84f. Im englischen Original: „persons as both free and equal, as capable of acting both reasonably and rationally, and therefore as capable of taking part in social cooperation among persons so conceived" (Kantian Constructivism, 518). Rawls spricht zuweilen auch einfach von „free and equal persons" (so z.B. in Justice as Fairness. Political not Metaphysical, 230) oder auch von „free and equal persons fully capable of engaging in social cooperation over a complete life" (The Domain of the Political and Overlapping Consensus, 240).

171 De Marco, Rawls and Marx, 409. Ähnlich Francis, Responses to Rawls from the Left, 468.

Auch in unseren heutigen Gesellschaften wäre eine Einigung nicht möglich: ein Proletarier, der sich der Rawlsschen Methode des Überlegungsgleichgewichtes bedienen würde, käme zu einer ganz anderen Gerechtigkeitstheorie als ein Vertreter der bürgerlichen Klasse.[172] Nach Richard Miller betont Marx, daß es in keiner Gesellschaft – ausgehend von der Auflösung eines primitiven Kommunismus bis hin zum Umsturz des Kapitalismus – einen gesellschaftlichen Vertrag gebe, in den die am besten gestellte und die am schlechtesten gestellte Klasse einwilligen werden und selbst wenn es einen universalen Gerechtigkeitssinn gäbe, so bliebe noch immer strittig, ob die Gerechtigkeitsforderungen in einer bestimmten Gesellschaft erfüllt sind oder nicht.[173]

Die marxistische Kritik sieht sich bestätigt durch die Tatsache, daß Rawls an einer Stelle die Abhängigkeit seiner Grundsätze vom historischen Kontext zugesteht: die lexikalische Vorordnung des ersten Grundsatzes tritt erst dann in Kraft, wenn in einer Gesellschaft die materiellen Voraussetzungen zum Gebrauch der Freiheit gegeben sind. Aus marxistischer Sicht variiert der Wert der Freiheit aber viel stärker, als Rawls wahrhaben will.[174]

Nicht nur Autoren, die die marxistische Perspektive zum Ausgangspunkt nehmen, haben auf die geschichtliche und gesellschaftliche Relativität der Theorie der Gerechtigkeit als Fairneß hingewiesen. So betont der belgische Philosoph Chaim Perelman, daß eine Theorie der Gerechtigkeit, wie jede philosophische Theorie, in dem Maße, in dem sie auf bestimmten Werturteilen beruht, immer geschichtlich bedingt bleibt und einen Standpunkt beinhaltet, der weder für alle Zeit noch für jede Gesellschaft gültig ist, sondern vom common sense der jeweiligen Gesellschaft abhängt. Den Wert der Rawlsschen Theorie sieht er deswegen v.a. in ihrer Funktion als „philosophische Ausarbeitung der Ideologie des progressistischen Liberalismus der amerikanischen Gesellschaft von heute."[175]

Wo nun sind die methodologischen Voraussetzungen von John Rawls' Theorie im Spannungsfeld zwischen dem Anspruch auf universale Wahr-

---

172 Buchanan, Marx and Justice, 132.
173 Miller, Rawls und der Marxismus, 167.
174 Francis, Responses, 467. Die Probleme, die mit dem Vorrang der Freiheit verbunden sind, werden uns an späterer Stelle noch eingehender zu beschäftigen haben. Zu den marxistischen Einwänden gegen Rawls insgesamt vgl. auch Peffer, Marxism, Morality, and Social Justice, 361-415.
175 „élaboration philosophique de l' idéologie du libéralisme progressiste de la société américaine d' aujourd'hui" (Perelman, Les Conceptions Concrete et abstraite de la raison et de la Justice, 211). Vgl. dazu Brown, Modern Political Philosophy, 76.

heit und der Erkenntnis gesellschaftlicher und geschichtlicher Bedingtheit einzuordnen? Weist die Tatsache, daß die Kritik von beiden Polen dieses Spannungsfeldes her kommt, auf eine Unklarheit in dieser Theorie?

In der Tat sind Rawls' Aussagen zur Allgemeinheit und Zeitlosigkeit seiner Grundsätze in seinem Buch noch bemerkenswert vage. „Unglücklicherweise" – so Rawls – „scheinen einer befriedigenden Analyse dieser Fragen tiefliegende philosophische Schwierigkeiten im Wege zu stehen. Ich versuche hier nicht, mich mit ihnen auseinanderzusetzen." Den Begriff der „allgemeinen Grundsätze" versteht Rawls in seiner „intuitiven Bedeutung", was damit gemeint ist, wird nicht deutlich. Die Grundsätze sind „unbedingt, gelten daher ... immer, und sie müssen den Menschen in jeder Generation bekannt sein ... Das naheliegendste herkömmliche Kriterium dafür ist, daß das Rechte mit dem Willen Gottes übereinstimmen muß."[176]

Der Vergleich des Rechten mit dem Willen Gottes ist insofern klärend, als er zeigt, daß der Begriff der Gerechtigkeit nicht der Beliebigkeit der Zeitströmungen zum Opfer fallen darf. Gleichzeitig macht er aber auch eine notwendige Relativierung deutlich: So wie die Erkenntnis des Willens Gottes nie frei sein kann von historischen Bedingtheiten, so kann auch eine philosophische Gerechtigkeitstheorie nie den Anspruch erheben, von Zeitströmungen und Klassenlage völlig unabhängige Verkörperung der absoluten Wahrheit zu sein. Rawls' Aussagen zur Universalität seiner Grundsätze versäumen es, diesem Mißverständnis vorzubeugen. Insofern deckt die Kritik ein Defizit auf.[177]

In seinen neueren Aufsätzen hat Rawls in Verarbeitung der Kritik sein methodologisches Konzept modifiziert und präzisiert. In den Dewey Lectures stellt er klar: nicht die Suche nach der moralischen Wahrheit im Sinne einer feststehenden natürlichen oder göttlichen Ordnung, die unabhängig von unserem eigenen Selbstverständnis existiert, ist sein Anliegen. Vielmehr sieht er die Aufgabe, der sich seine Theorie zu stellen versucht, primär als eine „praktische gesellschaftliche Aufgabe."[178] Es geht darum,

---

176 Rawls, Eine Theorie der Gerechtigkeit, 154.
177 Robert Paul Wolff sieht in Rawls' zuweilen uneindeutigen Aussagen einen tief verwurzelten und versteckten Drang, Kant bei einer hoffnungslosen Suche zu folgen: „... to hunt for an a priori proof of those principles, by means of a purely analytic, noncontroversial explication of the bare form of practical reason, would be to follow Kant on a hopeless quest. So reflective equilibrium must suffice. And, Rawls clearly thinks, it does suffice, because nothing more could rationally be demanded of a moral philosopher or a reasonable citizen. Or so Rawls says. I persist in believing that, deep in his heart, he longs for the theorem, the proof from undoctored premises to undeniable conclusions" (Wolff, Understanding Rawls, 186).
178 Rawls, Die Idee des politischen Liberalismus, 85.

die tieferen Grundlagen der Übereinkunft in einer Gesellschaft zu entdecken und zu formulieren oder Anfangspunkte für eine solche Übereinkunft zu finden, indem historische Traditionen mit Überzeugungen verbunden werden, die der kritischen Reflexion standhalten. Mit seinem „Kantischen Konstruktivismus" hofft Rawls, eine Konzeption der Person als freies und gleiches, rationales und vernünftiges sowie als kooperationsfähiges Wesen einzuführen, die in der öffentlichen Kultur einer demokratischen Gesellschaft implizit vertreten wird oder sich darin zumindest bei entsprechender Präsentation als annehmbar erweist.[179]

Seine Konzeption der Gerechtigkeit ist „politisch und nicht metaphysisch"[180]. Sie vermeidet nämlich ganz bewußt kontroverse religiöse oder philosophische Aussagen. „Indem wir eine entsprechende Konzeption ausarbeiten" – so Rawls – „wenden wir das Prinzip der Toleranz auf die Philosophie selbst an."[181] Rawls nimmt deswegen seine Formulierung des Titels der Dewey Lectures zurück: anstatt „Kantischer Konstruktivismus in der *Moral*theorie" hätte er eigentlich „Kantischer Konstruktivismus in der *Politischen Philosophie*" heißen müssen.[182] Die Theorie ist darin politisch, daß sie von einem Grundkonsens ausgeht, der von allen geteilt werden soll und deswegen von möglichst schwachen Prämissen ausgehen muß. Die Frage nach der metaphysischen Wahrheit der Grundannahmen wird zurückgestellt, damit der Grundkonsens aufrechterhalten werden kann, auf den eine demokratische Gesellschaft angewiesen ist.[183]

Da Rawls von einem solchen Grundkonsens in der Gesellschaft ausgeht, braucht er die historische und gesellschaftliche Relativität seiner Prinzipien nicht zu leugnen. Theoretisch können die Grundsätze der Gerechtigkeit sich ändern, dann nämlich, wenn die allgemeinen Überzeugungen oder das verfügbare Wissen sich in relevantem Maße ändern.[184]

---

179 A.a.O. 84f.
180 A.a.O. 255.
181 Ebd.
182 A.a.O. 256, Anm.2. Hervorhebungen von mir.
183 Über die Frage nach der Begründung des Gleichheitsgrundsatzes könnten sich z.B. Christen und Humanisten sicher nicht einigen.
184 A.a.O. 149. So auch Schmidt, ‚Original Position' und reflexives Gleichgewicht, 48, im Hinblick auf Rawls' methodologische Konzeption: „Ebensogut mag sich das Individuum durch die Anerkennung der Überlegenheit alternativer Argumente veranlaßt sehen, seine wohlüberlegten Urteile zu revidieren und die zunächst vertretenen moralischen Prinzipien zu modifizieren bzw. aufzugeben." Vgl. auch Schmidt, Gerechtigkeit, Wohlfahrt und Rationalität, 174-178. Theorie – so auch Karl Homann – wird in der Rawlsschen Idee des Überlegungsgleichgewichts „als vorläufige, hypothe-

Eine konstruktivistische Theorie wie die Theorie der Gerechtigkeit als Fairneß beruft sich bei ihren Thesen nicht auf eine metaphysische Wahrheit, sondern darauf, daß sie, „nach allen denkbaren und anwendbaren Kriterien, nun die für uns vernünftigste ist."[185]

Die Vorstellung vom Überlegungsgleichgewicht – so halte ich fest – kann durch die von verschiedenen Seiten vorgebrachte Kritik nicht wirklich aus den Angeln gehoben werden. Die Präzisierung dieser Vorstellung in Rawls' neueren Aufsätzen stärkt ihre argumentative Kraft. Der Intuitionismus-Vorwurf greift nicht, denn die Intuitionen werden anhand von Ra-

---

tische, entwicklungsfähige und entwicklungsbedürftige Zusammenfassung und Ordnung eines bestimmten Datenmaterials verstanden" (Homann, Rationalität und Demokratie, 203).
185 A.a.O. 155. Insofern – das sei angemerkt – ist Jürgen Habermas' Beschreibung des Unterschieds zwischen der Rawlsschen Theorie und der Diskursethik in Frage zu stellen. „Der diskurstheoretische Grundsatz" – so Habermas – „verbietet, bestimmte normative Inhalte (z.B. bestimmte Prinzipien der Verteilungsgerechtigkeit) im Namen einer philosophischen Autorität auszuzeichnen und moraltheoretisch *ein für allemal* festzuschreiben. Sobald sich eine normative Theorie, wie Rawls' Theorie der Gerechtigkeit, in inhaltliche Bereiche erstreckt, zählt sie nur als ein, vielleicht besonders kompetenter, Beitrag zu einem praktischen Diskurs, aber sie gehört nicht zur philosophischen Begründung des ‚moral point of view' der praktische Diskurse *überhaupt* kennzeichnet." (Habermas, Moralbewußtsein und kommunikatives Handeln, 133). Die genauere Untersuchung von Rawls' Überlegungsgleichgewicht hat m.E. gezeigt, daß Habermas Rawls zu Unrecht eine quasi dogmatische Festschreibung bestimmter normativer Inhalte unterstellt. Habermas sieht gleichwohl sicher richtig, daß Rawls nicht die philosophische Begründung des „moral point of view" intendiert, sondern vom Grundkonsens demokratischer Gesellschaften ausgeht. Vgl. zu Letzterem auch Habermas, Erläuterungen zur Diskursethik, 129f, und Apel, Diskurs und Verantwortung, 404-408. Zum Vergleich zwischen Rawls und Habermas siehe Benhabib, Critique, Norm, and Utopia, 288-290 und 313f, und Benhabib, Autonomy, Modernity, and Community, 379f, sowie Schuon, Von der Diskursethik zur Gerechtigkeitstheorie. Eine Kritik und Weiterentwicklung der Rawlsschen Theorie mit Habermas' philosophischem Instrumentarium versucht Baynes, The Normative Grounds of Social Criticism. Daß ein solches Vorhaben möglich ist, betonen auch Reese-Schäfer/Schuon: „Eine Theorie der Gerechtigkeit, die John Rawls' Überlegungen weiterentwickelt, ... ist im übrigen mit den Prämissen der Diskursethik durchaus kompatibel" (Reese-Schäfer/Schuon, Einführung, 9). Auch Lucian Kern hat Rawls und Habermas aufeinander bezogen und die These vertreten, „daß das Differenzprinzip eine mögliche und sinnvolle Ergänzung des PBA (Prinzip des besseren Arguments, H. B.-S.) darstellt, die nicht nur leicht in den Diskurszusammenhang eingepaßt werden kann, sondern die auch ein zunächst ‚leeres' Prinzip inhaltlich ‚füllt', so daß es eigentlich damit erst anwendbar wird" (Kern, Von Habermas zu Rawls, 94).

tionalitätskriterien kritisch geprüft. Auch der Kritik aus marxistischer Perspektive erweist Rawls sich als gewachsen. Sein Konstruktivismus ist nicht auf die Behauptung universaler Geltung angewiesen, sondern geht bewußt aus von der Situation westlicher Demokratien und den tiefen gemeinsamen Überzeugungen, die darin – offen oder versteckt – wirksam sind. Ich habe darauf hingewiesen, daß Rawls den Kern dieser Überzeugungen in der Sicht des Menschen als freies und gleiches, vernünftiges und rationales sowie kooperationsfähiges Wesen sieht. Gegen Tendenzen des ethischen Relativismus besteht Rawls auf der Geltung der Gerechtigkeitsprinzipien, die sich in dem Prozess, der zum Überlegungsgleichgewicht führt, als vernünftig erwiesen haben.

Der dynamische Charakter dieses Prozesses ermöglicht es, das Überlegungsgleichgewicht durch neue Überlegungen zu modifizieren. Gerade weil die eigenen Vorausurteile offen beim Namen genannt werden, können auch Standpunkte aus ganz anderer Perspektive in angemessener Weise in die wohlüberlegten Gerechtigkeitsurteile einfließen. Diese Urteile können dann so lange als allgemeingültig gelten, als sie nicht durch neue, einleuchtendere Überlegungen widerlegt werden. Je mehr unterschiedliche Perspektiven in den zum Überlegungsgleichgewicht führenden Prozess einbezogen werden, desto glaubwürdiger wird die allgemeine Geltung der daraus gewonnenen Prinzipien.[186]

Gegenüber der Kritik, die einen allgemeinen philosophischen Wahrheitsanspruch vermißt, haben sich Rawls' Ausführungen in seinen neueren Aufsätzen als klärend erwiesen: da eine demokratische Gesellschaft auf einen Grundkonsens angewiesen ist, der möglichst schwache Voraussetzungen erfordert, muß eine Theorie, die Gerechtigkeitsgrundsätze für diese Gesellschaft zu gewinnen sucht, die Berufung auf ein bestimmtes Programm der Moralphilosophie gerade vermeiden. Das Recht solcher

---

186 Gegenüber den marxistischen Kritikern sei angemerkt: Es spricht viel für die These, daß Marx selbst nach der von Rawls beschriebenen Methode vorgegangen ist. Sein intellektuelles Leben war ein Prozeß des Hin- und Hergehens zwischen von Hegel und Feuerbach ererbten philosophischen Gedanken, ökonomischen Konzepten aus der Tradition der klassischen politischen Ökonomie, von den Franzosen übernommenen sozialistischen Ideen und der Erfahrung der politischen Ereignisse seiner Zeit. Wo sich ererbte Ideen als unangemessen erwiesen, entwickelte er neue. Ohne den Verweis auf einen dem Überlegungsgleichgewicht entsprechenden Prozeß ist nicht zu erklären, wie bürgerliche Intellektuelle wie Marx, Engels und Lenin die engen Grenzen ihrer Klassenzugehörigkeit zu durchbrechen vermochten, um eine revolutionäre Theorie zu entwickeln, die den Umsturz der kapitalistischen Ordnung zum Ziel hatte (so Buchanan, Marx and Justice, 133f).

Programme wird damit keineswegs bestritten. Rawls bestreitet lediglich, daß darauf Regeln gegründet werden können, die für alle verbindlich sind, also auch für Vertreter abweichender politischer oder philosophischer Programme. Mit diesem vorläufigen Ergebnis haben wir uns schon in den Bereich eines Problems begeben, das nun eingehender zu diskutieren sein wird: das Problem des Vorrangs des Rechten vor dem Guten.

4.2. Der Vorrang des Rechten vor dem Guten

Ich habe bei der Darstellung der Rawlsschen Theorie darauf hingewiesen, daß Rawls selber den Vorrang des Rechten vor dem Guten als einen Hauptzug der Gerechtigkeit als Fairneß auffaßt. Nicht die Maximierung eines bestimmten höchsten Gutes darf der Maßstab für Gerechtigkeit sein, sondern umgekehrt müssen die Menschen in der wohlgeordneten Gesellschaft ihre Vorstellungen vom Guten dem Rechten anpassen.

Diese Vorstellung ist v.a. bei Vertretern der „kommunitären Ethik" wie Michael Sandel, Michael Walzer und Alasdair MacIntyre auf Kritik gestoßen, die eine bestimmte, stark am Ideal der Gemeinschaft orientierte und von aristotelischen Gedanken geprägte Konzeption des Guten vertreten.[187] Michael Sandel hat mit seinem Buch „Liberalism and the Limits of Justice" eine Kritik der Rawlsschen Theorie aus kommunitärer Sicht vorgelegt, die gründlich auf deren einzelne Aspekte eingeht.[188] Ob die Theorie Sandels Argumenten standzuhalten vermag, wird zu klären sein.

Sandel stellt zunächst die empirischen Annahmen in Frage, auf denen Rawls' Vorrang der Gerechtigkeit beruht: Die Anwendungsverhältnisse der Gerechtigkeit, also mäßige Knappheit und unterschiedliche Interessen und Ziele der einzelnen Glieder der Gesellschaft, sind Bedingungen, die

---

187 Zur kommunitären Kritik an liberalen Gerechtigkeitstheorien vgl. Amy Gutmans hervorragenden Aufsatz „Communitarian Critics of Liberalism". Das Grundproblem der kommunitären Kritik – so die Hauptthese – ist deren dualistisches Interpretationsmodell, das als einzige Alternativen die individualistische Loslösung von der Gemeinschaft einerseits und die völlige Hörigkeit gegenüber der Gemeinschaft andererseits anbietet (vgl. bes. a.a.O. 130f). Einen sehr guten Überblick über wichtige Eckpunkte der Debatte zwischen Kommunitarismus und Liberalismus, insbesondere im Hinblick auf die Frage des Verhältnisses von Rechtem und Gutem gibt auch von Soosten, Gerechtigkeit ohne Solidarität? Deontologische Ethik in der Kritik.
188 Die in Klammern stehenden Seitenangaben zu Sandel beziehen sich im folgenden auf dieses Buch. Eine komprimierte Widerlegung von Sandels Argumenten findet sich bei Gutman, a.a.O. 123, Anm. 13.

zwar auf bestimmte Gesellschaften zutreffen mögen, die aber keineswegs generell als Kennzeichen einer menschlichen Gesellschaft gesehen werden können (30). Für Familien, Stämme, Städte oder auch religiöse Gemeinschaften sind andere Tugenden möglicherweise viel wichtiger als die Gerechtigkeit. Gerechtigkeit ist nicht mit der Absolutheit die erste Tugend sozialer Institutionen wie es die Wahrheit in Gedankensystemen ist, sondern nur unter bestimmten Bedingungen, ebenso wie körperlicher Mut nur unter den Bedingungen des Krieges die oberste Tugend ist (31).

Sandels Kritik hat insofern ihr Recht, als bestimmte Sätze in *Eine Theorie der Gerechtigkeit* einen Anspruch Rawls' auf universale Geltung nahelegen.[189] Schon in seinem Buch, noch viel deutlicher aber in seinen späteren Aufsätzen hat Rawls aber – wie wir gesehen haben – klar gemacht, daß seine Theorie von den Verhältnissen in einer modernen demokratischen Gesellschaft ausgeht. Daß die Anwendungsverhältnisse der Gerechtigkeit in einer solchen Gesellschaft gegeben sind, liegt auf der Hand. Die Inhomogenität der Ziele und Interessen der einzelnen Gesellschaftsglieder ist so groß, daß ein gerechtes Regelsystem für das Austragen der daraus folgenden Konflikte von entscheidender Bedeutung für ein gelingendes Zusammenleben ist. Die Beispiele, die Sandel für menschliche Gemeinschaften nennt, für die die Gerechtigkeit eine nachgeordnete Tugend ist, treffen die Rawlssche Theorie nicht. Rawls betont ausdrücklich, daß der Gegenstand dieser Theorie die *Grundstruktur* der Gesellschaft ist.[190] Daß in Familien oder religiösen Gemeinschaften möglicherweise nicht die Anwendungsverhältnisse der Gerechtigkeit herrschen – und auch das ist m.E. keineswegs evident –, ist also kein Argument gegen die Theorie der Gerechtigkeit als Fairneß.

Doch noch einen anderen Einwand bringt Michael Sandel gegen den Vorrang der Gerechtigkeit vor: ihren „abhelfenden Charakter".[191] Gerechtigkeit – so Sandel – repariert nur „gefallene Bedingungen".[192] Dann müssen aber die Tugenden, die diese Bedingungen in Ordnung bringen und die Gerechtigkeit deswegen überflüssig machen, mindestens die gleiche Priorität haben. Mit einem Beispiel versucht Sandel, seine These zu verdeutlichen: Wenn körperlicher Mut nur angesichts von unrechten

---

189 Ein in der Tat kategorisch anmutender Satz findet sich in Rawls' Abschnitt über die Anwendungsverhältnisse der Gerechtigkeit: „... eine menschliche Gesellschaft ist durch die Anwendungsverhältnisse der Gerechtigkeit gekennzeichnet" (152).
190 So besonders nachdrücklich in seinem Aufsatz „Die Grundstruktur als Gegenstand", in: Die Idee des politischen Liberalismus, 45-79.
191 „remedial character" (32).
192 „fallen conditions" (31).

Bedingungen eine Tugend ist, dann müssen Ruhe und Frieden, die die Gelegenheit, Mut zu zeigen, nehmen würden, Tugenden mit mindestens dem gleichen Status sein (32). Wenn die Bedeutung der Gerechtigkeit abhängig ist von „gefallenen Bedingungen", dann muß ein Zuwachs an Gerechtigkeit keineswegs ein moralischer Gewinn sein. Ein solcher moralischer Gewinn kann jedenfalls nicht behauptet werden, wenn die Notwendigkeit von Gerechtigkeit zunimmt, weil Wohltätigkeit und Brüderlichkeit nachlassen (32). Das Beispiel einer intakten Familie – so Sandel – zeigt, wie die Gerechtigkeit zugunsten von Beziehungen zurücktreten kann, die von spontaner Zuneigung und Großzügigkeit geprägt sind (33).

Sandels Argumente übersehen einen entscheidenden Sachverhalt: über die Tugenden, die in einem Staat gefördert werden sollen, besteht in der Regel keine Einigkeit. Unter „gefallenen Bedingungen" ist ein Maßstab nötig, anhand dessen beurteilt werden kann, welche Tugenden diese Bedingungen zu verbessern vermögen. Dieser Maßstab ist – unter den Bedingungen der Strittigkeit des Guten – die Gerechtigkeit. Diese Überlegung sei an Sandels Beispiel verdeutlicht: Ob Ruhe und Frieden angesichts unrechter Bedingungen einen höheren Wert darstellen als körperlicher Mut, entscheidet sich anhand eines Maßstabs der Gerechtigkeit. Das Handeln der Befreiungsbewegungen gegen Unrechtsregime in aller Welt zeigt, daß es gute Gründe gibt, sich anders zu entscheiden, als Sandel das fraglos voraussetzt. Ohne einen Maßstab der Gerechtigkeit kann die Entscheidung über den Wert bestimmter Tugenden nicht getroffen werden. Nur die Annahme eines Ideals der absoluten Harmonie – so stellt Allen Buchanan mit Recht fest – und die Weigerung, der Vielfalt irgendeinen positiven Wert einzuräumen, würde die Annahme des minimalen Pluralismus widerlegen, den die Anwendungsbedingungen der Gerechtigkeit implizieren.[193] Die Gefahren des Harmonieideals, das Sandels Kritik impliziert, lassen sich an dem Beispiel der Familie, auf das er wiederholt rekurriert, verdeutlichen. Allzu leicht nämlich führt ein solches Ideal zu *falscher* Harmonie. Ohne die Gerechtigkeit als obersten Maßstab können Verhältnisse seelischer oder körperlicher Gewalt mit dem Harmonieideal verschleiert werden.[194] Umgekehrt gilt: genau die Familien haben die größte Aussicht auf echte Harmonie, deren Beziehungen von Fairneß geprägt sind und die deswegen einem jeden ihrer Mitglieder ein Höchst-

---

193 Buchanan, Assessing the Communitarian Critique of Liberalism, 877.
194 Die vieldiskutierten Bücher von Alice Miller sind ein beredtes Zeugnis für diesen Sachverhalt (Vgl. u.a. Miller, Am Anfang war Erziehung, und dies., Abbruch der Schweigemauer). Vgl. auch Rawls, Eine Theorie der Gerechtigkeit, 316, wo er die Wichtigkeit eines Gerechtigkeitsmaßstabs für die Herstellung echter Harmonie betont.

maß an Selbstachtung ermöglichen.[195] Obwohl das Beispiel der Familie nur mittelbar die Grundstruktur der Gesellschaft berührt, der Rawls' primäre Aufmerksamkeit gilt, hat sich auch an diesem von Sandel gewählten Beispiel gezeigt: Rawls' Betonung des Vorrangs der Gerechtigkeit kann gute Gründe für sich in Anspruch nehmen.

Aus einem weiteren Grund ist der Vorrang des Rechten vor dem Guten kritisiert worden. Das Verfolgen bestimmter Konzeptionen des Guten – auf diesen Nenner läßt sich die Kritik bringen – wird durch den Vorrang des Rechten entwertet. So meint etwa Thomas Nagel, Rawls sehe die Erlaubnis zum nachdrücklichen Eintreten für die jeweilige Konzeption des Guten als ebenso unfair an wie die Erlaubnis zum Interessenkampf zugunsten der jeweiligen sozialen Klasse.[196] Warum – so fragt Nagel – sollten die Parteien im Urzustand bereit sein, sich zu Grundsätzen zu verpflichten, die möglicherweise ihre tiefsten Überzeugungen verleugnen?[197] Nach Rawls – so kritisiert George Parkin Grant – können wir metaphysisch oder religiös denken, was wir wollen, solange wir anerkennen, daß diese Gedanken unsere Privatsache sind und keinen Einfluß auf die Welt des Staates haben dürfen. „Philosophie und Religion" – so der kanadische Philosoph weiter – „kann völlige Freiheit eingeräumt werden, weil deren Schlüsse völlig privat sind."[198] Einen ähnlichen Vorwurf erhebt auch Benjamin Barber. Rawls' Behandlung der Religion – so Barber – setzt einfach voraus, daß religiöse Überzeugungen weder ontologisch noch erkenntnistheoretisch in einem nennenswerten Sinn auf Wahrheit basieren. Die Perspektive des unparteiischen Beobachters sei die des Agnostikers und Skeptikers.[199]

All diese Äußerungen der Kritik beruhen auf einem Mißverständnis der Rawlsschen Theorie. Weder bedeutet der Gedanke des Vorrangs des Rechten vor dem Guten eine Entwertung von Konzeptionen des Guten noch deren Privatisierung. Dieser Gedanke maßt sich nicht – wie Barber meint – Urteile über den Wahrheitsgehalt bestimmter Konzeptionen des Guten an, er richtet sich vielmehr auf Subjekt und Mittel der Durchsetzung

---

195 Vgl. dazu auch Buchanan, Assessing the Communitarian Critique of Liberalism, 868f, der am Beispiel der Ehe zeigt, daß die Freiwilligkeit und Fairness von Bindungen echte Gemeinschaft nicht schwächt, sondern stärkt.
196 Nagel, Rawls on Justice, 8.
197 A.a.O. 10.
198 „Philosophy and Religion can be allowed to be perfectly free because their conclusions are perfectly private" (Grant, English Speaking Justice, 37).
199 Barber, Die Rechtfertigung der Gerechtigkeit, 251. Ähnlich Brown, der meint, wir würden durch den Schleier des Nichtwissens dazu gezwungen, andere Lebenspläne für ebenso wertvoll zu halten wie die eigenen (Brown, Modern Political Philosophy, 71). Vgl. auch Schaefer, Justice or Tyranny, 28.

solcher Konzeptionen. Hier nun hat die Gerechtigkeit als Fairneß klare Implikationen: nicht die staatliche Gewalt mit ihrem Zwangsapparat darf eine bestimmte Konzeption des Guten für alle verbindlich machen und durchsetzen, sondern die einzelnen Gruppen können ihre jeweiligen religiösen oder philosophischen Überzeugungen mit aller Leidenschaft in den öffentlichen Diskurs einbringen, wenn sie sich dabei an die Regeln der Fairneß halten. Jürgen Habermas hat gegenüber Sandel und MacIntyre mit Recht eingewandt, daß die Abgrenzung kommunitärer Theorien gegenüber totalitären, also die Integration von Gesellschaften durch staatlichen Zwang befürwortenden Konzepten nur möglich ist, wenn sie „zeigen, wie sich eine objektive moralische Ordnung ohne Rückgriff auf metaphysische Prämissen begründen läßt" – eine „kaum einlösbare Beweislast ..., die alle neoaristotelischen Ansätze übernehmen."[200] Deswegen kann keine Rede davon sein, daß – wie Grant meint – solche Überzeugungen in den Bereich des Privaten verbannt würden.[201] Gerade weil die Menschen im Urzustand – das muß gegen Nagel eingewandt werden – nicht in die Situation kommen wollen, ihre Überzeugungen verleugnen zu müssen, wählen sie den Vorrang des Rechten vor dem Guten. Sie wissen ja nicht, ob nach der Lüftung des Schleiers des Nichtwissens eine Konzeption des Guten staatlich durchgesetzt wird, die mit ihrer eigenen unverträglich ist.

Rawls selbst hat sich in einem 1987 veröffentlichten Aufsatz gegen das Mißverständnis gewandt, der Vorrang des Rechten vor dem Guten sei unverträglich mit tiefen Überzeugungen über die Ordnung der Welt: „... die Auffassung, wonach die Philosophie im klassischen Sinne als die Suche nach der Wahrheit einer vorausgehenden und unabhängigen moralischen Ordnung keine gemeinsame Grundlage für eine politische Gerechtigkeitskonzeption liefern kann ... (setzt) nicht die fragwürdige metaphysische Behauptung (voraus) ..., es gebe keine solche Ordnung."[202] Und in einem weiteren, ein Jahr später veröffentlichten Aufsatz verdeutlicht er das Verhältnis von Rechtem und Gutem so: „Mit einem Wort: die Gerechtig-

---

200 Habermas, Erläuterungen zur Diskursethik, 19, Anm. 14.
201 Daß die Kirche – das sei exemplarisch hinzugefügt – durch ihre Beteiligung am Diskurs einer demokratischen Öffentlichkeit weder mit geringerer Leidenschaft noch mit geringerer Wirkung ihren Verkündigungsauftrag wahrnehmen kann als durch ein Bündnis von Thron und Altar, hat Wolfgang Huber in seinem Buch „Kirche und Öffentlichkeit" überzeugend deutlich gemacht.
202 Rawls, Die Idee des politischen Liberalismus, 312f, Anm. 22. In „Der Bereich des Politischen und der Gedanke eines übergreifenden Konsenses, a.a.O. 347, verdeutlicht Rawls die gleiche Erkenntnis anhand des theologischen Satzes „Extra ecclesiam nulla salus". Vgl. zum gleichen Problem auch Galston, Pluralism and Social Unity, 715.

keit zieht die Grenze, das Gute setzt das Ziel. Daher ergänzen sich das Rechte und das Gute, und der Vorrang des Rechten bestreitet das nicht."[203]

Ich halte als Zwischenergebnis fest: Der Vorrang des Rechten bedeutet keine Entwertung des Guten. Vielmehr sichert er die Möglichkeit aller Bürgerinnen und Bürger, für ihre Überzeugungen vom Guten einzutreten und um Zustimmung zu werben. Deswegen stehen das Rechte und das Gute nicht in Konkurrenz zueinander, sondern sie ergänzen sich.

Aber gilt dies wirklich immer? Kann das Rechte nicht doch in Konkurrenz zum Guten geraten? Diese Fragen deuten auf ein Problem, das nicht unerwähnt bleiben darf. Das Rechte tritt nämlich genau dann in Konkurrenz zum Guten, wenn das Gute so bestimmt wird, daß es die Gerechtigkeit verletzt. Eine Konzeption des Guten, die die Forderung nach Rassentrennung beinhaltet, ist nicht mit der Gerechtigkeit als Fairneß vereinbar, die von einer Sicht des Menschen als freies und gleiches Wesen ausgeht. William Galston weist darauf hin, daß auch für christliche Fundamentalisten die Gerechtigkeit als Fairneß nicht konsensfähig ist.[204] Sie bestehen nämlich darauf daß der Staat seine Machtmittel einsetzt, um die christliche Konzeption des Guten allgemein durchzusetzen. Mit der Gerechtigkeit als Fairneß ist das aber nicht vereinbar. Rawls ist sich der Grenze des Grundkonsenses einer demokratischen Gesellschaft bewußt. Keine Gesellschaft – so der Harvard-Philosoph – kann in sich alle Formen des Lebens vereinigen.[205] Das Anliegen, um das es ihm geht, ist es, die Voraussetzungen des Konsenses, von dem seine Theorie ausgeht, so schwach wie möglich zu halten. Davon unbenommen bleibt die Tatsache, daß eine strikte Wertneutralität der Gerechtigkeit als Fairneß unmöglich ist. Diesen Aspekt, in seinem Buch noch kaum anerkannt, hat Rawls in seinen späteren Aufsätzen mit zunehmender Deutlichkeit klar gemacht. In seinem 1985 erschienenen Aufsatz „Justice as Fairness. Political not Metaphysical" räumt Rawls ein, daß eine Konzeption der Person, wie er sie versteht, eine, wenn auch nicht umfassende sittliche, so doch dennoch

---

203 A.a.O. 365. Insofern muß die Gerechtigkeit als Fairneß der von Schaefer geäußerten Erwägung widersprechen, daß die öffentliche Unterstützung einer bestimmten Religion oder sogar Moral möglicherweise die Voraussetzung einer freiheitlichen Ordnung sei (Schaefer, Justice or Tyranny, 50).
204 Galston, Pluralism and Social Unity, 714.
205 Rawls, a.a.O. 382. Rawls gibt mit dieser Aussage der Kritik recht, die den Anspruch auf Wertneutralität in *Eine Theorie der Gerechtigkeit* kritisiert hatte. „No social order" – so hatte etwa John Schaar eingewandt – „is as indifferent toward the variety of plans of life as Rawls suggests, nor as tolerant as he argues the theory of justice requires them to be" (Schaar, Equality of Opportunity and the Just Society, 178).

normativ durchsetzte Konzeption ist.[206] In der Tradition demokratischen Denkens, die Rawls aufnimmt, sind Bürgerinnen und Bürger freie und gleiche Personen, also voll mitwirkende Glieder der Gesellschaft, die die Fähigkeit zum sittlichen Urteil und zum Gebrauch der Vernunft haben und deswegen sowohl Konzeptionen des Guten als auch einen Gerechtigkeitssinn entwickeln können.[207] Die Gerechtigkeit als Faireß ist also nicht neutral in ihrem Vorgehen, jedenfalls nicht ohne wichtige Einschränkungen: „Ihre Gerechtigkeitsgrundsätze" – so Rawls 1988 – „sind zweifellos substantieller Art und stellen weit mehr als Verfahrenswerte dar; das gleiche gilt für ihre politischen Konzeptionen der Person und der Gesellschaft."[208] Rawls macht aber auch ganz klar, daß die Gerechtigkeit als Faireß nicht eine allgemeine und umfassende sittliche Konzeption ist. Eine solche allgemeine Konzeption würde sich nämlich nicht nur auf die Grundstruktur der Gesellschaft, sondern auf ein weit darüber hinausgehendes Feld von Subjekten beziehen. Sie würde auch eine Antwort auf die Frage zu geben versuchen, was im menschlichen Leben von Wert ist oder wie die Ideale persönlicher Tugenden und persönlichen Charakters auszusehen haben.[209]

Die „politische Konzeption", die Rawls zu entwickeln versucht, ist darauf angewiesen, mit möglichst vielen solcher „allgemeinen und umfassenden sittlichen Konzeptionen" kompatibel zu sein. Sie basiert deswegen auf der Idee eines „sich überschneidenden Konsenses".[210] Die Idee des sich überschneidenden Konsensus akzeptiert die Tatsache, daß auch eine politische Konzeption der Gerechtigkeit bei der Festlegung der Grundstruktur der Gesellschaft bestimmte substantielle ethische Grundannah-

---

206 Vgl. Rawls, a.a.O. 267, Anm. 15.
207 A.a.O. 268. In den Dewey Lectures weist Rawls auf eine wichtige Konsequenz dieser Sicht der Person hin: Als freie Personen fühlen sie sich nicht unveränderbar gebunden an bestimmte letzte Ziele, die sie zu einer bestimmten Zeit verfolgen, sondern sie sehen sich als fähig, diese Ziele zu revidieren und zu ändern, wenn vernünftige und rationale Gründe dafür geltend gemacht werden können (a.a.O. 89). Die Konsequenzen für unsere Frage nach den Gruppen, die außerhalb des demokratischen Konsenses stehen, liegen auf der Hand: diese Gruppen werden nicht einfach ausgegrenzt, sondern als Menschen gesehen, die – jedenfalls längerfristig – lernfähig sind und deswegen grundsätzlich in der Lage sind, ihre Ziele den Regeln eines fairen Zusammenlebens anzupassen.
208 A.a.O. 377.
209 Zur Unterscheidung zwischen einer politischen Konzeption von Gerechtigkeit und einer allgemeinen und umfassenden sittlichen Konzeption vgl. a.a.O. 366.
210 Rawls hat sie in dem 1987 erschienenen Aufsatz „The Idea of an Overlapping Consensus" näher erläutert (in deutscher Übersetzung in: Die Idee des politischen Liberalismus, 293-332).

men nicht vermeiden kann, die von allen, oder zumindest von möglichst vielen, geteilt werden. Die Einigung zwischen den verschiedenen weltanschaulichen Gruppen ist aber nur insoweit möglich, als diese Gruppen die strittigen Punkte und näheren Aspekte ihrer jeweiligen Konzeptionen zurückstellen. Die Frage, der sie sich zu stellen haben, lautet also: was ist das Mindeste, das behauptet werden muß; und wenn es behauptet werden muß, was ist die am wenigsten kontroverse Form dafür?[211] Rawls betont aber auch, daß es sich bei dem sich überschneidenden Konsenses nicht um einen bloßen modus vivendi handelt. Vielmehr unterstützen die verschiedenen weltanschaulichen Gruppen diesen Konsens nicht aus bloßem Pragmatismus, sondern um seiner selbst willen. Wenn ihr Einfluß in der Gesellschaft also so steigt, daß sie aus der Minderheits- in die Mehrheitsposition kommen, nutzen sie ihre Macht nicht, um ihre eigene Konzeption des Guten allgemeinverbindlich zu machen, sondern sie bejahen auch weiterhin den sich überschneidenden Konsens, der allen ermöglicht, ihre jeweilige Konzeption des Guten zu verfolgen.[212]

Wir sehen also, daß Rawls in seinen neueren Aufsätzen die in dem Gedanken der reinen Verfahrensgerechtigkeit enthaltene Behauptung, seine Gerechtigkeitsgrundsätze rein formal herzuleiten, einschränkt: Auf bestimmte substantielle ethische Voraussetzungen kann nicht verzichtet werden. Es geht lediglich darum, diese Voraussetzungen so gering zu halten, daß ein sich überschneidender Konsens möglich wird, den alle um seiner selbst willen bejahen können.

Muß dann die Theorie der Gerechtigkeit als Fairneß nicht doch gegen Rawls' eigene Auffassung als teleologische Theorie bezeichnet werden? Die Antwort auf diese Frage muß differenziert gegeben werden. Wenn eine teleologische Theorie im klassischen Sinne als eine allgemeine und umfassende sittliche Konzeption verstanden wird, die in Auseinandersetzung mit anderen Konzeptionen die Maximierung eines bestimmten Gutes zum Ziel hat, dann muß die Frage im Einklang mit Rawls verneint werden. Wird aber das Ziel in einer Gesellschaft gesehen, in der Menschen mit verschiedenen Konzeptionen des Guten in gegenseitigem Respekt und mit gegenseitigem Vorteil aus freiem Einverständnis kooperieren und so eine „gerechte soziale Gemeinschaft sozialer Gemeinschaften"[213] bilden, dann

---

211 A.a.O. 305.
212 A.a.O. 310. Vgl. dazu auch a.a.O. 356f.
213 Rawls, Eine Theorie der Gerechtigkeit, 574. Vgl. dazu auch Gutman, Communitarian Critics of Liberalism, die in Anklang an diesen Gedanken Rawls' zeigt, daß Kommunitarismus und Liberalismus nicht gegeneinander ausgespielt werden müssen: „The potential of communitarianism lies, I think, in indicating the ways in which we

kann die Gerechtigkeit als Fairneß mit gutem Recht als eine teleologische Theorie bezeichnet werden.[214]

In den 1982 gehaltenen Tanner Lectures illustriert Rawls mit dem Beispiel eines Orchesters den für alle vorteilhaften Charakter einer sozialen Gemeinschaft[215] und bezeichnet dann die erstrebte soziale Gemeinschaft als „Gut", das umfassender ist als alle von den einzelnen Gliedern vertretenen Konzeptionen des Guten.[216] Die Tatsache, daß Rawls das Ziel der wohlgeordneten Gesellschaft als „Gut" bezeichnen kann, zeigt in aller Deutlichkeit das teleologische Element der Theorie der Gerechtigkeit als Fairneß. Nicht die Frage, *ob* ein Gut als Ziel verfolgt wird, unterscheidet die Gerechtigkeit als Fairneß also von anderen Theorien, sondern *wie* dieses Gut bestimmt wird. Für die Gerechtigkeit als Fairneß gilt: als Gut kann bezeichnet werden, was sich in den Grenzen des Rechten hält. Insofern ist die Rede vom Vorrang des Rechten vor dem Guten mißverständlich, da sie den Eindruck einer grundsätzlichen Konkurrenz der beiden erweckt. M.E. ist das inhaltliche Anliegen Rawls' präziser ausgedrückt, wenn wir von der *„Begrenzung des Guten durch das Rechte"* sprechen. Das Rechte tritt nicht an die Stelle des Guten, sondern es beschreibt den Rahmen für die verschiedenen möglichen Konzeptionen des Guten, die mit der Theorie der Gerechtigkeit als Fairneß vereinbar sind.

Ich *halte* als Ergebnis meiner Untersuchung der Diskussion um Rawls' Rede vom „Vorrang des Rechten vor dem Guten" *fest*: Die kommunitären Argumente gegen den Vorrang der Gerechtigkeit können nicht überzeugen, weil sie es versäumen, den pluralistischen Charakter moderner demokratischer Gesellschaften ernst zu nehmen. Die Theorie der Gerechtigkeit als Fairneß geht mit Recht davon aus, daß es in solchen Gesellschaften verschiedene miteinander konkurrierende Konzeptionen des Guten gibt, für deren Wettstreit in einer demokratischen Gesellschaft Raum sein muß. Wenn deswegen für die Grundstruktur der Gesellschaft der Vorrang der Gerechtigkeit gilt, dann ist damit keine Entwertung von Konzeptionen des

---

can strive to realize not only justice but community through the many social unions of which the liberal state is the super social union" (a.a.O. 134).

214 William Galston weist auf die Weiterentwicklung des Rawlsschen Denkens in diesem Punkt hin: „As the role of the political good in Rawls's theory has expanded, the theory has become noticeably more teleological" (Galston, Pluralism and Social Unity, 718). Galston spricht auch von einer „democratic teleology" (a.a.O. 712).
215 Rawls, Die Idee des politischen Liberalismus, 192f.
216 A.a.O. 194f.

Guten oder ein Urteil über deren Wahrheitsgehalt verbunden, sondern es soll im Gegenteil die Möglichkeit gesichert werden, solche Konzeptionen mit aller Leidenschaft zu verfolgen. Das Rechte und das Gute ergänzen sich, indem das eine den Rahmen für das andere schafft. Das Rechte markiert die Grenze für legitime Konzeptionen des Guten und beruht auf einem Grundkonsens, in dem sich alle diese Konzeptionen überschneiden. Der Kern dieses Konsenses ist die Sicht der Person als freies und gleiches Wesen. Auch das Rechte kann also nicht völlig wertneutral bestimmt werden. In dem Ziel einer Gesellschaft, in der Menschen mit verschiedenen Konzeptionen des Guten in gegenseitigem Respekt und mit gegenseitigem Vorteil aus freiem Einverständnis kooperieren und so eine gerechte soziale Gemeinschaft sozialer Gemeinschaften bilden, habe ich ein teleologisches Element der Theorie der Gerechtigkeit als Fairneß gesehen. Ich habe deshalb vorgeschlagen, nicht vom „Vorrang des Rechten vor dem Guten" zu sprechen, sondern von der „Begrenzung des Guten durch das Rechte".

Für die Frage, wie dieses Rechte inhaltlich bestimmt werden kann, ist in Rawls' Gerechtigkeitstheorie die Denkfigur des Urzustandes von zentraler Bedeutung. Es ist deswegen nicht überraschend, daß auch dieser Aspekt der Theorie auf vielfältige Kritik gestoßen ist. Mit dieser Kritik will ich mich nun näher auseinandersetzen.

4.3. Der Urzustand

Der Einwand, der auf dem Hintergrund unserer bisherigen Untersuchungen wohl am leichtesten auszuräumen sein wird, richtet sich auf die impliziten Voraussetzungen des Urzustands. Der Urzustand – so Benjamin Barber – ist ohne Zuhilfenahme intuitiver Argumente über die natürliche Soziabilität des Menschen und seinen gefühlsmäßigen Gerechtigkeitssinn nicht, oder jedenfalls nur unzulänglich, zu rechtfertigen.[217] Ronald Dworkin hat – wie wir gesehen haben, mit Recht – darauf hingewiesen, daß Rawls solche Voraussetzungen nicht bestreitet. Die Gerechtigkeit als Fairneß – so Dworkin weiter – beruht auf der Annahme eines natürlichen Rechtes aller Männer und Frauen auf „gleiche Sorge und gleichen Respekt"[218], eines Rechtes, das sie nicht aufgrund von Stand oder eigenem Verdienst besit-

---

217 Barber, Die Rechtfertigung der Gerechtigkeit: Probleme der Psychologie, der Politik und der Messung bei Rawls, 257. Ähnlich Jones, Response to Beckley, 258.
218 „equal concern and respect" (Dworkin, Taking Rights Seriously, 182).

zen, sondern einfach, weil sie Menschen sind, mit der Fähigkeit, Pläne zu machen und Gerechtigkeit walten zu lassen. Dieses Recht ist nicht ein Produkt der ursprünglichen Vertragssituation, sondern eine Zulassungsbedingung.[219] Dworkin umschreibt damit mit seinen eigenen Worten die Voraussetzung, die wir als die Grundannahme der Gerechtigkeit als Fairneß identifiziert haben: die Sicht des Menschen als freies und gleiches Wesen. Im Schleier des Nichtwissens, der den Kern der Bedingungen des Urzustands bildet, findet diese Grundannahme ihren Ausdruck.[220] Im Grunde werden dadurch nur die verschiedenen Formen des Egoismus ausgeschlossen. M.E. stellt Rawls mit Recht fest, daß der „rationale Egoismus" in Wirklichkeit gar keine ethische Konzeption ist, sondern im Gegenteil als eine Herausforderung an alle solche Konzeptionen zu gelten hat.[221] Die Kritik, die Rawlssche Theorie beruhe auf zu starken Voraussetzungen[222], ist deswegen nicht überzeugend. Vielmehr ist Karen Lebacqz zuzustimmen, wenn sie betont, daß diese Voraussetzungen heute auf genügend breite Zustimmung stoßen, um Anlaß für die Hoffnung auf eine gemeinsame Basis für Gerechtigkeit zu geben.[223] Jede Theorie der Gerechtigkeit muß von Grundvoraussetzungen ausgehen – die Theorie der Gerechtigkeit als Fairneß versucht, diese Voraussetzungen so gering wie möglich zu halten.

Schwieriger ist die Frage nach den Konsequenzen dieser Voraussetzungen für die Beschreibung des Geschehens im Urzustand. Kritiker aus so verschiedenen Richtungen wie der kommunitären Ethik, dem Thomismus und der marxistisch beeinflußten Philosophie haben an diesem Punkt Widerspruch vorgetragen. Die Bedingungen im Urzustand – so der Tenor – offenbaren eine Unterbetonung des Wertes der Gemeinschaft. Wir haben bei der Darstellung der Rawlsschen Theorie gesehen, daß die Parteien im Urzustand in einer Haltung „desinteressierter Vernünftigkeit" miteinander

---

219 A.a.O. 181f.
220 Otfried Höffe stellt deshalb durchaus mit Recht fest, daß die Rawlsschen Gerechtigkeitsprinzipien nichts anderes sind als „die Explikation der Vernunft-Attribute, die zuvor in die Definition der ursprünglichen Lage, in ihre kognitiven, emotionalen und empirischen Bedingungen eingegangen sind" (Höffe, Kritische Einführung in Rawls' Theorie der Gerechtigkeit, 35). Vgl. dazu auch Höffe, Ethik und Politik, 224.
221 Rawls, Die Idee des politischen Liberalismus, 136.
222 Vgl. etwa Nagel: „I do not believe that the assumptions of the original position are either weak or innocuous or uncontroversial" (Nagel, Rawls on Justice, 7).
223 „While critics may consider these ‚strong' assumptions, they are assumptions sufficiently widely shared today to offer the hope of a common grounding for justice" (Lebacqz, Six Theories of Justice, 50).

verhandeln. Im Bilde des Spiels ausgedrückt, streben sie nach einer möglichst hohen Punktzahl unter strenger Einhaltung der Regeln. Ist mit diesem Bild nicht eine Sicht der Gesellschaft ausgedrückt, in der Individuen ihren Vorteil zu maximieren suchen und Gemeinschaft bestenfalls als Mittel zu diesem Zweck dient?

In diese Richtung scheint Alasdair MacIntyre die Theorie der Gerechtigkeit als Fairneß zu interpretieren. Ebenso wie für Nozick – so MacIntyre – setzt sich auch für Rawls eine Gesellschaft aus Individuen mit jeweils eigenen Interessen zusammen, die dann zusammenkommen und gemeinsame Lebensregeln entwerfen müssen. Im Fall von Rawls sind die einzigen Einschränkungen die, die eine umsichtige Vernunft auferlegen würde. „Die Individuen – so MacIntyre weiter – „sind somit ... primär und die Gesellschaft sekundär, und die Identifizierung individueller Interessen geht der Schaffung aller moralischen oder sozialen Bindungen zwischen ihnen voraus und ist unabhängig von ihr."[224] Die gleiche Prämisse wittert Stanley Hauerwas, wenn er gegen Rawls einwendet, er sehe die Gesellschaft ebenso wie Robert Nozick als Sammlung von Individuen, die davon überzeugt werden müßten, daß eine gewisse gesellschaftliche Zusammenarbeit in ihrem eigenen Interesse sei.[225] Richard Regan kritisiert Rawls aus thomistischer Perspektive: Rawls' Prämissen seien die der Aufklärung. Sie implizierten, daß Individuen keine natürliche Neigung zum Leben in Gemeinschaft hätten. In Konsequenz dieser Prämissen entwickle Rawls einen individualistischen Freiheitsbegriff. Das Gut der Gemeinschaft – so Regan weiter – reiche aber weiter als die Maximierung der Freiheit von Individuen, zu tun, was immer sie wollten.[226]

Auch aus marxistischer Sicht verraten die Bedingungen, unter denen die Menschen im Urzustand über die Gerechtigkeitsgrundsätze entscheiden, die Begrenztheit des Rawlsschen Ansatzes. Robert Paul Wolff hat seine Kritik so anschaulich vorgetragen, daß sie es verdient, wörtlich zitiert zu werden: „Wenn wir ..." – so wendet Wolff gegen Rawls ein – „versuchen, uns ein Bild zu machen von der Art Mensch, die auf seine Beschreibungen passen würde, dann kommt recht deutlich ein Mann im Beruf in den Blick

---

224 MacIntyre, Der Verlust der Tugend, 333. Ähnlich Brown, der Rawls vorwirft, er verwechsle einen bestimmten gesellschaftlichen Charakter (das liberale Individuum) mit der menschlichen Natur selbst (Brown, Modern Political Philosophy, 69).
225 Hauerwas, After Christendom?, 62. Auch Jürgen Habermas hat sich der kommunitären Kritik an diesem Punkt angeschlossen und Rawls eine „individualistische Auffassung" bescheinigt, ohne allerdings das kommunitäre Gegenkonzept zu teilen (Habermas, Erläuterungen zur Diskursethik, 18, Anm.14).
226 Regan, The Moral Dimensions of Politics, 78f.

..., der sich an eine Karriere gemacht hat, in einer stabilen politischen, sozialen und ökonomischen Umgebung lebt, in der vernünftige Entscheidungen getroffen werden können über solch langfristige Angelegenheiten wie Lebensversicherung, Wohnort, Schulsituation für die Kinder und Ruhestand. Die zeitliche Orientierung ist im wesentlichen auf die Zukunft anstatt auf die Vergangenheit gerichtet ... Kurz, was wir sehen, ist genau das, was Karl Mannheim in seiner brillanten Diskussion der ideologischen Struktur des Zeitbewußtseins als die liberal-humanitäre utopische Mentalität charakterisiert hat".[227] Wolff fügt hinzu, daß Rawls das menschliche Leben wie die Leitung eines Unternehmens darstelle. Ein rational gelebtes Leben werde geführt mit einem langfristigen Lebensplan und ein Leben sei wie bei einer Firma erfolgreich, wenn der Plan mehr oder weniger erfolgreich ausgeführt werde.[228] Die sozialen Institutionen wären danach für ein Individuum nur wertvoll als Mittel zur möglichst effektiven Verwirklichung des eigenen Lebensplanes.

Daß dies dem Marxschen Menschenbild widerspricht, liegt auf der Hand. Für Marx ist die Gesellschaft gerade nicht Mittel zum eigenen Zweck, sondern die Grundgröße, in der und für die das Individuum lebt. Für soziale Wesen ist nicht die Maximierung der eigenen Vorteile wichtig, sondern gerade die Aufhebung individueller Interessen. Aus Marxscher Sicht wären die Menschen im Urzustand deswegen gekennzeichnet durch ihr Bemühen, Grundsätze zu finden, durch die jede soziale Gruppe in jeder historischen Periode eine maximale Bewegung in Richtung auf die klassenlose Gesellschaft vollzieht.[229]

Die beschriebene Kritik aus kommunitärer, aus thomistischer und aus marxistischer Sicht – beruht in ihrem Kern auf einem Mißverständnis.[230]

---

[227] „If we ... attempt to form an image of the sort of person who would fit his descriptions, there comes into view quite clearly a professional man ..., launched upon a career, living in a stable political, social, and economic environment, in which reasoned decisions can be made about such long-term matters as life insurance, residential location, schooling for the children, and retirement. The temporal orientation is essentially toward the future rather than toward the past ... In short, what we see is exactly what Karl Mannheim characterized, in his brilliant discussion of the ideological structure of time-consciousness, as the liberal-humanitarian utopian mentality" (Wolff, Understanding Rawls, 138). Vgl. Francis, Responses, 474.
[228] Wolff, a.a.O. 139.
[229] Vgl. De Marco, Rawls and Marx, 417.
[230] So auch Buchanan, Marx and Justice, 135. Vgl. zur Widerlegung der kommunitären Kritik Buchanans Aufsatz „Assessing the Communitarian Critique of Liberalism", der alle wichtigen Argumente zusammenstellt. Siehe zum Individualismus-Argument auch Lessnoff, Social Contract, 144f.

Der Schlüssel zu diesem Mißverständnis liegt in der Vermischung der Beschreibung der Parteien im Urzustand mit den Auffassungen über das Wesen des Menschen. Wer die Beschreibungen der Parteien im Urzustand als anthropologische Aussagen versteht, übersieht die Tatsache, daß Rawls die Vorstellung vom Urzustand lediglich als ein methodisches Mittel mit einer sehr begrenzten Funktion gebraucht. Der Urzustand soll die Menschen nicht auf ein bestimmtes Verhalten wie z.B. die Verfolgung ihrer Eigeninteressen festlegen, sondern lediglich die Anwendungsverhältnisse der Gerechtigkeit umschreiben. Die Lebenspläne der Parteien im Urzustand bestimmen die Interessen und Ziele eines Ich[231], „doch diese" – so betont Rawls – „brauchen nicht selbstsüchtig zu sein … Es ist also kein Widerspruch, anzunehmen, daß die Parteien nach der Lüftung des Schleiers des Nichtwissens Gefühle füreinander entdecken und die Interessen anderer fördern und deren Ziele erreicht sehen möchten. Doch die Annahme der gegenseitigen Desinteressiertheit im Urzustand soll gewährleisten, daß die Grundsätze der Gerechtigkeit nicht von starken Voraussetzungen abhängen".[232] Aus dieser Aussage Rawls' werden zwei Tatsachen deutlich: zum einen konfligiert die Beschreibung des Urzustandes in keiner Weise mit einem von Liebe und Solidarität geprägten Umgang der Menschen miteinander nach der Lüftung des Schleiers des Nichtwissens, zum anderen verfolgen die Parteien im Urzustand auch vor der Lüftung des Schleiers keineswegs notwendigerweise egoistische Ziele, ihre Ziele können vielmehr durchaus gemeinschaftsorientiert sein – ein Beispiel dafür ist die Zugehörigkeit zu einer bestimmten Religion als Teil des Lebensplanes.

Allen Buchanan hat auf einen weiteren Gesichtspunkt hingewiesen, der gegen den Individualismus-Vorwurf spricht. Die Gewährleistung individueller Rechte ist nämlich auch die Voraussetzung eines lebendigen Gemeinschaftslebens. Nur wo die Gedankenfreiheit geschützt ist, – so Buchanan – kann auch die Kritik geäußert werden, die die Stagnation von Gemeinschaften verhindert und deren lebendige Weiterentwicklung gewährleistet. Wo Glieder bestehender Gemeinschaften unzufrieden sind und vergeblich auf Wandel drängen, können sie Alternativen entwickeln und neue Gemeinschaften bilden.[233] Buchanans Ausführungen zeigen in aller Klarheit, daß die Behauptung der prinzipiellen Gemeinschaftsfeindlichkeit indivi-

---

231 Buchanan weist mit Recht darauf hin, daß es sich bei den Parteien im Urzustand keineswegs um Individuen handeln muß, sondern daß sie ebenso als Gemeinschaften mit homogenen Zielen gesehen werden können (Buchanan, Assessing the Communitarian Critique of Liberalism, 864).
232 Rawls, Eine Theorie der Gerechtigkeit, 151f.
233 Buchanan, a.a.O. 862.

dueller Rechte nicht haltbar ist. Solche Rechte implizieren nicht *Individualismus*, sondern sie gewährleisten *Pluralismus*.[234]

Wir sehen also, daß die Kritik, die Rawlssche Theorie sei unvereinbar mit gemeinschaftsorientiertem Denken, genauerer Überprüfung nicht standhält. Es ist deswegen nicht überraschend, daß Michael Sandel, wohl der Vertreter der kommunitären Richtung, der sich am gründlichsten mit der Gerechtigkeit als Fairneß auseinandergesetzt hat, dieser Theorie die Berücksichtigung des Gemeinschaftsgedankens durchaus nicht abgesprochen hat.[235] Auch Sandel übt gleichwohl Kritik: Rawls erlaubt zwar, daß das Gut der Gemeinschaft in den Zielen und Werten der Menschen in einer wohlgeordneten Gesellschaft eine wichtige Rolle spielt, dieses Ziel – so Sandel – ist aber nie unlöslicher Teil der Person, sondern der Person immer nachgeordnet. Durch den Schleier des Nichtwissens müssen die Menschen im Urzustand die Grundsätze für diese Gesellschaft ja festlegen, ohne ihre je eigenen Ziele zu kennen. Diese Priorität des Selbst vor seinen Zielen macht auch das Ziel der Gemeinschaft zu etwas Sekundärem.[236] Eine solche Konzeption der Person ohne konstitutive Überzeugungen hat

---

234 „The major aim of liberal justice" – so Amy Gutman mit Recht – „is to find principles appropriate for a society in which people disagree fundamentally over many questions, including such metaphysical questions as the nature of personal identity" (Gutman, Commuitarian Critics of Liberalism, 126). Daß der unbefriedigende Umgang mit dem Pluralismus die Achillesverse der kommunitären Ethik ist, zeigt sich in MacIntyres „Der Verlust der Tugend". Im Postskript zur zweiten Auflage reflektiert er angesichts des Relativismus-Vorwurfs über eine Situation, in der zwei miteinander unvereinbare, rivalisierende moralische Traditionen aufeinandertreffen. Entweder ist es in einer solchen Situation möglich, sich auf rational begründete Prinzipien zu berufen, die von beiden Rivalen unabhängig sind (der Gedanke an Rawls' Idee des übergreifenden Konsenses drängt sich auf). Oder es ist keine rationale Lösung ihrer unterschiedlichen Ansichten möglich. „Und da mich" – so MacIntyre dann weiter – „meine Ablehnung des Projekts der Aufklärung dazu zwingt, das zu verwerfen, was aus der ersten der beiden Alternativen folgt, kann ich offenbar nicht vermeiden, die Konsequenzen der letzteren Alternative anzuerkennen" (MacIntyre, Der Verlust der Tugend, 366). Wenn MacIntyre dann im folgenden doch versucht, zu beschreiben, wie die beiden Positionen ins Gespräch kommen und voneinander lernen können (a.a.O. 367), dann beschreibt er in seinen eigenen Worten exemplarisch nichts anderes als das Projekt der Aufklärung, dessen Ablehnung er kurz vorher bekräftigt hat. Anhand dieser kurzen Passage im Postskript wird die ganze Hilflosigkeit seiner kommunitären Theorie angesichts der Situation moderner pluralistischer Gesellschaften deutlich.
235 So kann Sandel etwa angesichts der in Rawls' Theorie vorgesehenen Möglichkeit, sich die Ziele anderer zueigen zu machen, sagen: „... indeed there is nothing in his view to rule out communitarian ends in this sense" (Sandel, Liberalism, 61).
236 A.a.O. 149.

nach Sandel nicht einen freien und rationalen Menschen im Blick, sondern einen Menschen ohne Charakter und ohne sittliche Tiefe.[237]

Rawls hat diese Kritik – ohne Sandel beim Namen zu nennen – als „Illusion" bezeichnet, die durch das Übersehen der Tatsache verursacht sei, daß der Urzustand lediglich ein Mittel der Darstellung bestimmter Voraussetzungen sei. Der Schleier des Nichtwissens als dessen Kern – so Rawls – impliziert keineswegs, daß das Selbst ontologische Priorität hat. Zu jeder beliebigen Zeit können tatsächliche Personen sich in die gedankliche Situation des Urzustandes begeben, ohne deshalb eine bestimmte metaphysische Auffassung über die Natur der Person zu vertreten.[238]

Der zuletzt von Rawls genannte Punkt trifft m.E. nur bedingt zu. Sandels Sicht trifft nämlich insofern eine wichtige Voraussetzung von Rawls' Theorie richtig, als die Gerechtigkeit als Fairneß tatsächlich nicht davon ausgeht, daß die Menschen unlösbar an ihre Ziele gebunden sind, ihnen gleichsam verfallen sind, wie immer sie aussehen mögen. Die verschiedenen Formen des Hedonismus etwa sind deswegen in der Tat ausgeschlossen.[239] Den Menschen wird als rationalen und vernünftigen Wesen die Fähigkeit zugetraut, ihre Ziele den gerechten Grundsätzen anzupassen. Wir haben bei der Erörterung des Vorrangs des Rechten vor dem Guten gesehen, daß es gute Gründe für diese Auffassung gibt. Insofern ist Sandels Kritik nicht überzeugend.

Doch noch ein weiteres Argument muß gegen Sandel eingewandt werden. Seine Kritik richtet sich ja in erster Linie gegen den Schleier des Nichtwissens, aufgrund dessen die Parteien im Urzustand ihre Ziele nicht kennen. Hinter diesem methodischen Instrument verbirgt sich aber gerade ein Gemeinschaftsbezug der Rawlsschen Theorie, den kommunitäre Kritiker wie Sandel offensichtlich übersehen. Genau dadurch, daß die Parteien nicht wissen, welche soziale Position sie in der Gesellschaft einnehmen, sind sie gezwungen, die Interessen *aller* sozialen Gruppen in ihrem Entscheidungsprozeß zur Geltung kommen zu lassen. Auf diese Weise wird gerade nicht das Partikularinteresse bestimmter Individuen, sondern

---

237 A.a.O. 179.
238 Rawls, Die Idee des politischen Liberalismus, 275. Siehe auch Rawls' ausdrückliche Bezugnahmen auf Sandel in a.a.O. 276, Anm.21. Zu Rawls' Antwortstrategie vgl. auch Arneson, Introduction, 704. Eine Zusammenstellung von Argumenten gegen die Kritik Sandels mithilfe Rawlsscher Texte findet sich bei Nielsen, Rawls Revising Himself: A Political Conception of Justice, 442-444. Eine Widerlegung von Sandels Kritik auch bei Beckley, A Christian Affirmation I, 228-230.
239 Diesen Punkt diskutiert Buchanan im Hinblick auf Sandels Kritik (Buchanan, a.a.O. 870).

die Verantwortung gegenüber der Gemeinschaft zum Maßstab der Grundstruktur der Gesellschaft gemacht.[240]

So kann Rawls – das halte ich fest – mit gutem Grund den Individualismus-Vorwurf der Liberalismus-Kritiker zurückweisen. Im übrigen weist der Harvard-Philosoph auf eine wichtige Differenzierung bei der Beurteilung des Liberalismus hin: Die Menschen im Urzustand können sich nicht auf ein Menschenbild verpflichten, das an den Idealen der Autonomie und Individualität orientiert ist und das in der Regel mit dem Liberalismus verbunden wird. Die Verpflichtung auf ein solches Ideal als Basis für die festzulegende Grundstruktur des Staates wäre sogar *im Widerspruch* zum Liberalismus als einer *politischen* Lehre, wie Rawls sie vertritt. Der Grund: *eine* umfassende und allgemeine Konzeption des Guten, die unvereinbar ist mit anderen Konzeptionen, würde für alle verbindlich gemacht.[241] Es liegt auf der Hand daß dies mit der Idee des sich überschneidenden Konsenses, wie ich sie erläutert habe, unvereinbar wäre.

Anstatt die Debatte zwischen kommunitärer Ethik und politischem Liberalismus also als Konflikt zwischen denen zu sehen, die das Gut der Gemeinschaft hochschätzen und denen, die das nicht tun, muß diese Debatte als Streit um die Frage gesehen werden, *mit welcher Strategie dem Wert der Gemeinschaft am besten gedient ist.*[242] Allen Buchanan sieht mit guten Gründen ein unannehmbares Risiko des Abgleitens in den Totalitarismus, wenn in der heutigen Zeit der Versuch gemacht wird, eine allumfassende politische Gemeinschaft zu erreichen.[243]

Die Tatsache, daß die Parteien im Urzustand aufgrund des Schleiers des

---

240 Im übrigen hat Amy Gutman mit Recht auf die Gefahr der Intoleranz hingewiesen, die die Einebnung jeglicher Distanz zu den eigenen Zielen bzw. den Zielen der Gemeinschaft mit sich bringt. Die Geschichte liefert zahllose Beispiele für die Durchsetzung solcher unaufgebbarer Ziele mit dem Mittel der Repression (Gutman, a.a.O. 132).
241 Rawls, a.a.O. 241.
242 Insofern muß Shlomo Avineri und Avner de-Shalit entschieden widersprochen werden, wenn sie die Debatte zwischen Rawls und seinen kommunitären Kritikern zu einer Debatte zwischen „individualists" und „communitarians" machen wollen. In der Einleitung zu ihrem zahlreiche wichtige Debattenbeiträge dokumentierenden Band bezeichnen sie Rawls' Theorie als „constructed in individualist terms" (Avineri/de-Shalit, Communitarianism and Individualism, 1). Vgl. dazu auch Kymlika, Liberal Individualism and Liberal Neutrality, 905: „The question is not whether individuals' values and autonomy need to be situated in social relations but whether the relevant relations are necessarily or desirably political ones."
243 Buchanan, a.a.O. 860.

Nichtwissens ihre jeweiligen Ziele nicht kennen, bedeutet – so haben wir gesehen – keineswegs eine Festlegung auf ein individualistisches Menschenbild. Die Rawlssche Fassung des Urzustandes ist aber noch an einem anderen wichtigen Punkt auf Kritik gestoßen. In aller Kürze will ich darauf eingehen.

Bei der Darstellung von Rawls' Theorie ist deutlich geworden, daß zwar der jeweilige gesellschaftliche Standort der Parteien im Urzustand unter dem Schleier des Nichtwissens steht, nicht aber die allgemeinen Tatsachen über die menschliche Gesellschaft wie z.B. die Wirtschaftstheorie oder die Gesetze der Psychologie. An diesem Punkt setzt die Kritik ein. David Lewis Schaefer bestreitet die Auffassung, es gebe nennenswerte universale Gesetze, die das menschliche Verhalten mit derselben Regelmäßigkeit bestimmen, wie die Gesetze der Physik die materiellen Dinge leiten. Deswegen – so Schaefer – scheint es nicht möglich, auch nur die allgemeinsten Prinzipien als Regeln für eine bestimmte Gesellschaft zu entwerfen, ohne irgendetwas über die besonderen Charakteristika dieser Gesellschaft zu wissen. Es ist ohnehin die Frage, – so Schaefer weiter – ob allgemeines und partikulares Wissen soweit trennbar sind, daß bei Wegnahme des Partikularwissens überhaupt noch irgendein Wissen übrigbleibt.[244]

In eine ähnliche Richtung geht die Kritik des indischen Philosophen Rao, der von einer marxistisch geprägten Perspektive her argumentiert. Rawls' Beschreibung des Urzustands – so Rao – setzt voraus daß die Aussagen der Sozialwissenschaften a priori verfügbar sind, daß die Vernunft allein empirisches Wissen über menschliche Verhältnisse hervorbringt. Eine solche Konzeption der Sozialwissenschaften, wie sie heutzutage an den anglo-amerikanischen Universitäten vorherrscht, übersieht den epistemologischen Charakter der Sozialwissenschaften, ihre jeweilige Geprägtheit durch den historischen Kontext. Daß Rawls an dieser Tatsache vorbeigeht, ist für Rao umso überraschender, als sein soziologisches Wissen identisch ist mit dem, was unter dem gleichen Namen an den anglo-amerikanischen Universitäten gelehrt wird. Marx – so der indische Philosoph weiter – ist für Rawls „ein Wort mit vier Buchstaben."[245]

Raos Vorschlag eines Kurzlehrgangs für den Menschen im Urzustand verdient es, zitiert zu werden: „Ich vermittle ihm etwas Wissen über Marx, damit seine Bildung ausgewogen ist. Dann schicke ich ihn auf eine Studienreise und bringe ihn in Kontakt mit den Familien, die davon leben,

---

244 Schaefer, Justice or Tyranny, 29. Ähnlich Barber, Die Rechtfertigung, 226f., und Nowell-Smith, Eine Theorie der Gerechtigkeit?, 81-87.
245 Rao, Three Lectures, 32f. Ähnlich Wolff, Understanding Rawls, 121-128.

die Blätter abzulecken, die die Passagiere am Bahnhof von Chapra wegwerfen, mit den Santhals, die Essen aus den Abfalleimern an den Shantiniketan Hostels sammeln, mit ihren Mitbürgern, die auf dem Asphalt von Kalkutta und in den Slums von Bombay geboren werden, sich paaren und sterben ..."[246]

Hält die Theorie der Gerechtigkeit den gewichtigen Einwänden stand, die in dieser plastischen Beschreibung zum Ausdruck kommen? Aus zwei Gründen ist diese Frage m.E. zu bejahen. *Erstens* hat Rawls – wie wir gesehen haben – in seinen neueren Aufsätzen klargestellt, daß die Gerechtigkeit als Fairneß als eine Konzeption für moderne demokratische Gesellschaften gedacht ist. Ein universaler Anspruch, der auch für ganz andere Kulturen gelten würde, wird also nicht erhoben, auch wenn die Theorie auch für andere Kontexte wichtige Gesichtspunkte enthält und ihnen möglicherweise angepaßt werden kann. Im Sinne der Vorstellung des Überlegungsgleichgewichtes, das ja von den jeweiligen wohlüberlegten Gerechtigkeitsurteilen ausgeht, scheint dies durchaus möglich.

Wichtiger aber ist der *zweite* Gesichtspunkt, der die Objektivität des sozialwissenschaftlichen Wissens betrifft. Auf einen Nenner gebracht, lautet das Argument so: Die sowohl von Schaefer als auch von Rao richtig beobachtete Tatsache, daß es unmöglich ist, einen objektiven Bestand an sozialwissenschaftlichen Wahrheiten zu konstatieren, bedeutet nicht, daß es nicht immer wieder notwendig und auch möglich ist, in Überschreitung eigener Standpunkte und Berücksichtigung fremder Erfahrung das *höchstmögliche* Maß an Einblick in menschliche Verhaltensweisen zu bekommen. Je mehr verschiedene Erfahrung und Theorie bei diesem Prozeß berücksichtigt ist, desto besser. Insofern ist Raos Einladung zu einem Kurzlehrgang in das von extremen sozialen Gegensätzen geprägte Indien auch im Sinne der Rawlsschen Theorie nur dankbar anzunehmen. In den Dewey Lectures hat Rawls die Offenheit seiner Theorie für neue sozialwissenschaftliche Einsichten deutlich gemacht. Auch in einer wohlgeordneten demokratischen Gesellschaft unter modernen Bedingungen – so Rawls – gibt es keine stabile und andauernde Übereinkunft über diese Fragen. Dazu sind unsere Standpunkte, unsere intellektuellen Loyalitäten und unsere gefühlsmäßigen Bindungen einfach zu unterschiedlich. Es gibt

---

246 „I let him have some knowledge of Marx, such that his education is balanced. Then I send him on a study-tour bringing him into contact with the families that live by licking the leaves the passengers throw away at the Chapra Railway Station, with the Santhals who collect food from the garbage tins at the Shantiniketan Hostels, with his fellow citizens who are born, copulate and die on Calcutta pavements, and Bombay slums ..." (a.a.O. 38f).

also keine Alternative dazu – so der Harvard-Philosoph – eine Konzeption der Gerechtigkeit, die einer wohlgeordneten demokratischen Gesellschaft angemessen sein soll, auf lediglich einen Teil der Wahrheit und nicht die ganze Wahrheit zu gründen „oder, genauer, auf unsere geteilten, in Gemeinsamkeiten gegründeten Überzeugungen".[247]

Wir sehen also, daß die sozialwissenschaftlichen Fakten, die den Menschen im Urzustand zur Verfügung stehen, keineswegs so ahistorisch verstanden werden können, wie die Kritiker das behaupten. Vielmehr basieren die Fakten auf der möglichst umfassenden Auswertung verschiedener historischer Erfahrungen. Wo Kritiker die Lückenhaftigkeit des zur Kenntnis genommenen Wissens aufzeigen, sind die Parteien im Urzustand offen dafür, ihre Überlegungen auf der Basis umfassenderen Wissens zu modifizieren. Der Vorwurf der Geschichtslosigkeit des sozialwissenschaftlichen Wissens im Urzustand ist also nicht überzeugend.

Ich halte als Ergebnis meiner Analyse der Kritik an Rawls' Vorstellung vom Urzustand *fest*: die Kritik an den impliziten Voraussetzungen dieser Vorstellung überzeugt nicht. Jede Theorie der Gerechtigkeit ist auf bestimmte Voraussetzungen angewiesen. Der Schleier des Nichtwissens schließt lediglich Vorstellungen wie Egoismus und Hedonismus aus, die ohnehin nicht als ethische Konzeptionen gelten können. Insofern sind die Voraussetzungen der Gerechtigkeit als Fairneß hinreichend schwach.

Die Kritik an den im Urzustand enthaltenen anthropologischen Aussagen beruht auf einem Mißverständnis: der Urzustand ist nicht eine Beschreibung einer faktischen Situation bestimmter Menschen, sondern ein hypothetisches Gedankenmodell, das bestimmte theoretische Voraussetzungen veranschaulichen soll. Nicht die an den Idealen der Autonomie und des Individualismus orientierte Anthropologie des Liberalismus wird im Urzustand vorausgesetzt, sondern die viel allgemeinere Sicht des Menschen als freies und gleiches Wesen. Wir haben gesehen, daß etwa der Wert der Gemeinschaft durch die Idee des Urzustands nicht nur nicht herabgesetzt, sondern sogar gestärkt wird. Der Schleier des Nichtwissens bewirkt nämlich, daß die Menschen ihre Interessen nicht auf Kosten anderer durchsetzen können.

Auch die Kritik, die Verhandlungen im Urzustand müßten auf geschichts- und kontextloses sozialwissenschaftliches Wissen zurückgreifen, hat sich als nicht haltbar erwiesen. Vielmehr haben wir gesehen, daß der Forschungskonsens, auf den die Parteien im Urzustand zurückgreifen, vorläufig und offen für neue Erkenntnisse ist, die aus zeitlich und geo-

---

247 Rawls, Die Idee des politischen Liberalismus, 117.

graphisch abweichenden geschichtlichen Erfahrungen gewonnen worden sind.

Nachdem sich die Vorstellung vom Urzustand als der Kritik gewachsen erwiesen hat, will ich mich im folgenden den Grundsätzen zuwenden, die die Parteien im Urzustand beschließen. Der Grundsatz der gleichen Freiheiten ist in seiner Substanz auf keine nennenswerte Kritik gestoßen.[248] Ich will mich deswegen gleich dem zweiten Grundsatz zuwenden und mich dabei auf sein wichtigstes Merkmal konzentrieren: das Unterschiedsprinzip.

4.4. Das Unterschiedsprinzip

Richard Arneson hat die Auffassung vertreten, daß das Unterschiedsprinzip der wohl umstrittenste Teil der Rawlsschen Theorie ist.[249] Drei Haupteinwänden läßt sich die Kritik zuordnen: *Erstens* wird kritisiert, das Unterschiedsprinzip setze eine allgemeine Verfügungsgewalt über privates Eigentum voraus, die letztlich auf Willkür beruhe – dieser Einwand ist uns in Nozicks Kritik an Rawls schon begegnet. *Zweitens* werden die philosophischen Argumente bezweifelt, mit denen Rawls das Unterschiedsprinzip aus dem Urzustand herleitet. *Drittens* wird eingewandt, daß das Unterschiedsprinzip nicht egalitär genug sei, da es erhebliche Differenzen bei der Verteilung der Güter erlaube.

Ich will mich zunächst dem ersten Einwand zuwenden. Nicht nur Robert Nozick hat sich gegen die ethische Einebnung aller kontingenten natürlichen oder sozialen Unterschiede gewandt. David Lewis Schaefer hat darin sogar „den wirklich gefährlichen Aspekt von *Eine Theorie der Gerechtigkeit*" gesehen. Der Geist der in das Unterschiedsprinzip mündenden Überlegungen Rawls' – so Schaefer – steht nämlich im fundamentalen Gegensatz nicht nur zum Liberalismus, sondern auch zur Freiheit. Rawls vertrete eine Haltung simpler Feindschaft gegenüber dem Prinzip, daß einige Menschen, die mit höheren Fähigkeiten begabt oder von ungewöhnlichem Fleiß angetrieben sind, die Früchte ihrer Arbeit und einen gewissen Grad öffentlicher Bewunderung und Ehre genießen, ohne

---

[248] Die genaue Formulierung und verschiedene Unklarheiten dieses Grundsatzes – so ist einschränkend hinzuzufügen – hat Herbert Hart in seinem Aufsatz „Freiheit und ihre Priorität bei Rawls" kritisiert. In den Tanner Lectures „The Basic Liberties and Their Priority" (in deutscher Übersetzung in: Die Idee des politischen Liberalismus, 159-254) geht Rawls darauf ein.

[249] Arneson, Introduction, 700.

anderen für ihre Fähigkeiten und Leistungen Entschädigung leisten zu müssen.[250]

Ähnlich scharfe Kritik übt der französische Wirtschaftswissenschaftler Serge Kolm. Kolm bezeichnet das Unterschiedsprinzip schlicht als „Irrtum". Den intellektuellen Grund dafür sieht er in der völligen Mißachtung der historischen Dimension der Dinge. Ähnlich wie Nozick – ich verweise auf das Beckenbauer-Beispiel – sieht Kolm Besitzverhältnisse als Resultat freier Besitzübertragungen, also letztlich als eine Konsequenz der Freiheit. Rawls – so kritisiert der französische Wirtschaftswissenschaftler – behandelt Reichtum als eine Ressource zur Verteilung. Diesen Reichtum einer Person wegzunehmen, die ihn sich erspart hat, verletzt aber die Freiheit dieser Person und letztlich aller Personen, die ihr Besitz übertragen haben.[251]

Sowohl Schaefers als auch Kolms Kritik, ebenso wie die Robert Nozicks, richtet sich in ihrem Kern auf die Idee des „Gemeinschaftsgutes"[252]. Rawls setzt nämlich in der Tat voraus, daß die unterschiedlichen natürlichen Talente der einzelnen als ein solches Gemeinschaftsgut betrachtet werden. Die natürlichen Unterschiede werden zwar respektiert, der aus besonderen Talenten resultierende Vorteil wird aber nicht zu egoistischer Vereinnahmung freigegeben, sondern kommt allen zugute.[253] Die Idee des Gemeinschaftsgutes wird von Rawls nicht näher philosophisch begründet. Dahinter verbirgt sich letztlich aber nichts anderes als das, was wir als Grundvoraussetzung der Rawlsschen Theorie ermittelt haben: die Sicht des Menschen als freies und gleiches Wesen.[254] Die daraus entwickelte Gedankenfigur des Urzustandes impliziert, daß die Früchte der gesellschaftlichen Zusammenarbeit nicht von vornherein von bestimmten Personen für sich reklamiert werden können, auch wenn deren Talente einen besonders großen Anteil am Zustandekommen dieser Früchte der Zusammenarbeit haben. Diese Gedankenfigur bringt zum Ausdruck, daß die Verteilung der verfügbaren Güter *allen* zugute kommen muß, auch den weniger Bevorteilten. Wir können also vorläufig *festhalten*, daß die Bedingungen des Urzustandes und die damit verbundene Idee des Gemeinschafts-

---

250 Schaefer, Justice or Tyranny, 80f.
251 Kolm, Le Contrat, 362.
252 „common asset" (Rawls, A Theory of Justice, 101).
253 Rawls, Eine Theorie der Gerechtigkeit, 122f.
254 In diesem Sinne vgl. Rawls, Die Idee des politischen Liberalismus, 72: „hier wird gleiche Verteilung als Maßstab akzeptiert, weil sie zum Ausdruck bringt, wie Menschen zueinander stehen, wenn sie als freie und gleiche moralische Personen vorgestellt werden."

gutes sehr wohl im Einklang stehen mit der expliziten Voraussetzung, von der Rawls ausgeht: der Sicht des Menschen als freies und gleiches Wesen.

Wir werden uns noch genauer mit der Frage nach dem Verhältnis dieser Grundvoraussetzung zur theologischen Ethik zu beschäftigen haben. Auch wo von dieser Voraussetzung ausgegangen wird, besteht keineswegs Einigkeit über das Unterschiedsprinzip. Ich will deswegen im folgenden eine *zweite* Gruppe von Einwänden diskutieren, die die Argumente für die Herleitung des Unterschiedsprinzips im Urzustand in Zweifel ziehen.

Nach Rawls würde dieses Prinzip von den Parteien im Urzustand deshalb gewählt werden, weil es im Gegensatz zu den möglichen Alternativen auch nach der Lüftung des Schleiers des Nichtwissens für alle vernünftigen Menschen annehmbar ist, da alle Vorteile aus der gesellschaftlichen Zusammenarbeit haben. Richard Miller hat die These vertreten, daß diese Auffassung aus marxistischer Sicht zu bestreiten ist. Nach Miller neigt das Unterschiedsprinzip zu demselben Fehler, den Rawls dem Utilitarismus zuschreibt, nämlich der potentiellen Unannehmbarkeit. Rawls' Argumentation findet er dann nicht überzeugend, wenn es Gesellschaften gibt, in denen es die am besten Gestellten unannehmbar finden, große Vorteile aufzugeben, um das Wohl der am schlechtesten Gestellten zu maximieren. „Marxisten würden natürlich die These vertreten, daß derartige Situationen die Regel seien. Sie würden die These vertreten, daß in keiner Ausbeutergesellschaft die am besten gestellte Gruppe dazu gebracht werden kann, ihre Privilegien aufzugeben, es sei denn durch Gewalt. Zur Bestätigung dieser These würden sie beispielsweise anführen, daß keine herrschende Ausbeuterklasse freiwillig ihre Herrschaft aufgegeben habe, wie unrecht diese auch gewesen sein mag".[255] Das Unterschiedsprinzip wäre also für die Parteien im Urzustand unannehmbar, denn sie könnten sich ja nach der Lüftung des Schleiers des Nichtwissens als typische Vertreter der privilegierten herrschenden Klasse entpuppen.

Aus marxistischer Sicht unterschätzen die Verteidiger des Unterschiedsprinzips, welche Bedeutung ein großes Maß von Reichtum und Macht – wie es dieses Prinzip ausschließt – für einige der gesellschaftlichen Gruppen haben kann. Nach Miller könnte jemand im Urzustand etwa so argumentieren: Vielleicht habe ich die Bedürfnisse eines Rockefeller oder eines Feudalherrn. In diesem Fall wird mir das Leben in jeder Position einer Gesellschaft, die das Differenzprinzip befolgt, unerträglich sein; und ebenso unerträglich wird es mir als Arbeiter oder als Sklave in einer Gesellschaft, die es nicht befolgt. Wenn ich von der Möglichkeit ausgehe, daß ich luxuriöse Bedürfnisse habe, dann sollte ich den letzteren

---

255 Miller, Rawls und der Marxismus, 173.

Gesellschaftstyp nicht ausschließen; denn sollten sich meine Bedürfnisse als luxuriös erweisen, so habe ich dort wenigstens eine Chance, die einzige Art von Erfolg zu realisieren, die ich der Mühe wert finde.[256] Das Argument der Vertragstreue, das Rawls für das Unterschiedsprinzip anführt, wäre aus den Angeln gehoben, wenn zwar die am schlechtesten Gestellten, nicht aber die am besten Gestellten nach der Lüftung des Schleiers des Nichtwissens die Gerechtigkeitsgrundsätze als für sich annehmbar empfinden. Das Gleiche gilt für das Stabilitätsargument. Die Marxsche Theorie der Diktatur des Proletariats impliziert, daß die Vertreter der herrschenden Klasse sich nie mit ihrer Entmachtung abfinden werden, sondern versuchen werden, ein für sie nachteiliges System nach Kraft zu sabotieren. Außerdem – so Miller – hat es Gesellschaften gegeben, die in hohem Maße nicht-egalitär waren, trotzdem aber aufgrund funktionierender ideologischer Unterstützung durch vielfältige Bildungseinrichtungen und notfalls durch Polizeigewalt Hunderte, ja sogar Tausende von Jahren überdauert haben.[257]

Eine einleuchtende Alternative zum Unterschiedsprinzip sieht Miller in einem „eingeschränkten Utilitarismus". Danach würde eine Gesellschaft ein niedrig bemessenes soziales Minimum festlegen, oberhalb dieser Schwelle aber das durchschnittliche Ausmaß an Glück ihrer Mitglieder zum zentralen Maßstab machen.[258]

Würden sich die Parteien im Urzustand auf dem Hintergrund dieser Argumentation also gegen das Unterschiedsprinzip entscheiden? Bei genauerer Untersuchung muß diese Frage verneint werden. Millers Beschreibung der Einstellung der am besten Gestellten zu Macht und Reichtum wird – so läßt sich m.E. zeigen – die Parteien im Urzustand nicht von einer Annahme des Unterschiedsprinzips abbringen; jedenfalls dann nicht, wenn die mit dem Schleier des Nichtwissens verbundenen Einschränkungen zugrundelegt werden – ob das für Millers Ausführungen gilt, ist nicht immer deutlich.

Ein Hauptproblem seiner These liegt darin, daß sie nicht genügend deutlich unterscheidet zwischen den subjektiven Bedürfnissen einer an luxuriösen Lebenswandel gewöhnten Klasse und der Objektivität beanspruchenden Theorie des marginalen Grenznutzens von Reichtum, die Rawls voraussetzt. Beide stehen durchaus nicht im Widerspruch zueinander. Zur Verdeutlichung ist ein Vergleich mit der Situation Drogensüchtiger trotz seiner Drastik durchaus angebracht. Ein Drogensüchtiger wird

---

256 A.a.O. 182f.
257 A.a.O. 190f.
258 A.a.O. 185.

alles daran geben, um seinen kontinuierlich steigenden Bedarf an Drogen zu decken. Der Entzug oder die Verminderung seiner Drogenration erscheinen ihm in der Regel völlig unannehmbar. Aus objektiver Sicht gleichwohl nimmt nicht nur der Nutzen jeden zusätzlichen Drogenkonsums ab, vielmehr nimmt sogar der Schaden zu. Die Parteien im Urzustand wüßten also zwar, daß für sie, sollten sie sich als Drogensüchtige entpuppen, die Verminderung des Drogenkonsums unannehmbar ist, dennoch würden sie sich nicht auf die Einführung staatlicher Drogenrationen für Süchtige einigen.

Auch wenn die Bedürfnisse der am besten Gestellten nicht auf eine Stufe gestellt werden mit denen von Drogensüchtigen, lassen sich doch in einer Hinsicht Parallelen ziehen: An Luxus gewöhnte Menschen, wie Miller sie beschreibt, sind subjektiv abhängig von ihrem Reichtum, streben nach mehr und empfinden jegliche Einschränkung ihrer Möglichkeiten zum Ausbau oder Erhalt ihres extrem hohen Lebensstandards als unannehmbar. Gleichzeitig wird kein vernünftiger Mensch bestreiten, daß der Nutzen zusätzlichen materiellen Gewinns mit steigendem Lebensstandard abnimmt, daß also ein bestimmter Betrag an Einkommenszuwachs für einen Multimillionär weniger zusätzlichen Nutzen bringt als für einen Sozialhilfeempfänger. Wenn nach Miller die mit dem Unterschiedsprinzip verbundene Einschränkung der sonst unbegrenzten Möglichkeiten des Luxuszuwachses für den Multimillionär ebenso unerträglich ist wie die Situation eines Sklaven, dann ist diese Beurteilung zutiefst irrational und der Situation eines Drogensüchtigen durchaus zu vergleichen. In jedem Falle aber ist eine solche Einschätzung nicht mit den vernünftigen Lebensplänen in Einklang zu bringen, die den Verhandlungen der Parteien im Urzustand zugrundeliegen. Die Menschen im Urzustand könnten für sich das Unterschiedsprinzip geradezu als Therapiemittel vorsehen für den Fall, daß sie sich als so luxussüchtige Menschen entpuppen wie Miller sie beschreibt.[259] Sie würden sich aber vor allem deswegen für das Unterschiedsprinzip entscheiden, weil sie um die Möglichkeit wissen, nach der Lüftung des Schleiers des Nichtwissens unter den am schlechtesten Gestellten zu sein und *reale* materielle Not zu leiden.

---

259 Vgl. Rawls, Social Unity and Primary Goods, 168f, wo der Harvard-Philosoph sich dagegen wendet, die Präferenzen der Bürger als unkontrollierbare Sehnsüchte zu verstehen und sie als diesen Sehnsüchten einfach passiv ausgeliefert zu sehen. Die Fähigkeit, Verantwortung für die eigenen Ziele zu übernehmen, – so Rawls – ist ein Teil der sittlichen Kraft, seine Konzeption des Guten den Gerechtigkeitsgrundsätzen anzupassen.

Auch Millers Versuch der Widerlegung von Rawls' Stabilitätsargument ist nicht wirklich stichhaltig. Rawls' Theorie beschreibt Grundsätze in einer wohlgeordneten Gesellschaft. Die Menschen befolgen die Gerechtigkeitsgrundsätze, weil sie wissen, daß sie ihnen unter den Bedingungen des Urzustandes zustimmen könnten. Da die am besten Gestellten wissen, daß sie ebensogut von einer Situation der Not betroffen sein könnten, halten sie das Unterschiedsprinzip für sinnvoll. Eine so geordnete Gesellschaft wäre also stabil. Jede andere gesellschaftliche Grundstruktur, auch der eingeschränkte Utilitarismus[260], wäre weniger stabil, weil sich die am schlechtesten Gestellten als Opfer der Gesellschaft fühlen würden und deswegen ein dauernder Herd der Unzufriedenheit wären, die sich irgendwann in destruktiver Weise entladen würde.

Schwieriger zu beantworten ist Millers Argument, daß die herrschende Klasse ihre Entmachtung durch die Einführung des Unterschiedsprinzips nicht kampflos hinnehmen würde. Die Beantwortung dieses Einwandes erfordert eine Theorie des Übergangs von der jetzt vorfindlichen zur wohlgeordneten Gesellschaft, eine Theorie, die Rawls nicht vorlegt. Der Grund dafür liegt vermutlich in der Tatsache, daß diese Theorie je nach vorfindlicher Gesellschaft sehr verschieden aussehen müßte. Zu der Frage, ob für den Übergang zur wohlgeordneten Gesellschaft eine revolutionäre oder eine reformorientierte Strategie am angemessensten ist, nimmt Rawls deswegen bewußt nicht Stellung.

Als *Zwischenergebnis* halte ich fest, daß sich die Herleitung des Unterschiedsprinzips Millers Einwänden gegenüber als gewachsen erwiesen hat. Für Menschen mit vernünftigen Lebensplänen gilt: bei relativ hoher Verfügungsgewalt über die Früchte der gesellschaftlichen Zusammenarbeit ist der Verzicht auf eine bestimmte Menge dieser Güter leichter zu verkraften als bei relativem Mangel an solchen Gütern. Da das Unterschiedsprinzip denen den größtmöglichen Vorteil einräumt, die den größten Mangel an diesen Gütern haben, führt es unter allen Alternativen – anders als Miller meint – zur größtmöglichen Stabilität.

Ein weiteres Argument ist von vielen Kritikern der Rawlsschen Theorie gegen das Unterschiedsprinzip eingewandt worden. Die Parteien im Urzustand haben unter dem Schleier des Nichtwissens zu entscheiden, welche Grundsätze ihre Interessen am wirkungsvollsten zur Geltung bringen. Daß sie sich für das Unterschiedsprinzip entscheiden – so lautet das Argument –, ist nur dann einleuchtend, wenn vorausgesetzt wird, daß sie das Risiko

---

260 Vgl. dazu auch Reiman, Justice and Modern Moral Philosophy 269, der diese Lösung für im Urzustand, wie Rawls ihn beschreibt, akzeptabel hält.

scheuen. Würden sie das Risiko nicht scheuen, so würden sie einen Grundsatz wählen, der ihnen nach der Lüftung des Schleiers des Nichtwissens zwar im schlechtesten Fall große Nachteile bringen, im besten Fall aber zu großem Reichtum verhelfen würde. „Beherztere, aggressivere, optimistischere Menschen ... – so Benjamin Barber – „dürften ihre Interessen energischer und weniger vorsichtig verfolgen wollen. Auch wären sie, wenn sie es täten, deshalb nicht weniger rational, setzt man voraus, sie hätten die implizierten Risiken erwogen und akzeptiert."[261] Den Präferenzen der wildesten Spieler – so betont auch Schaefer – muß der gleiche Anspruch auf Rationalität zugebilligt werden wie den Maßstäben der Menschen mit der konservativsten Entscheidungsstrategie.[262] Für Jeffrey Reiman steht und fällt Rawls' Theorie an dieser Frage. Wenn Rawls – so Reiman – nicht zeigen kann, warum die Haltung des Spielers durch die Bedingungen des Urzustands ausgeschlossen werden muß, ist die Maximin-Strategie unterminiert.[263]

Rawls hat die Vermutung, das Unterschiedsprinzip beruhe auf einer willkürlichen Aversion gegen das Risiko, zurückgewiesen.[264] Die Ausgangsfrage beschreibt er so: Im Lichte welches Prinzips können gleiche und freie sittliche Personen[265] in einer demokratischen Gesellschaft damit leben, daß ihre Beziehungen von gesellschaftlichen Zufällen und der „natürlichen Lotterie", also der zufälligen Verteilung der natürlichen Fähigkeiten geprägt sind? Da die Ausgangspositionen auf Zufall beruhen, kann die Antwort – so Rawls – jedenfalls nicht das Verdienstprinzip sein. In Übereinstimmung mit der Voraussetzung der Gleichheit freier sittlicher Personen und der daraus folgenden Idee des Gemeinschaftsgutes muß von einer gleichen Verteilung ausgegangen werden. Dabei sollen ungewöhnli-

---

261 Barber, Die Rechtfertigung, 234.
262 Schaefer, Justice or Tyranny, 34. Ähnlich Brown, Modern Political Philosophy, 61; Kolm, Le Contrat, 369; Ballestrem, Methodologische Probleme, 126. Vgl. dazu auch Hare, Rawls' Theory, 102-107; Martin, Rawls and Rights, 102; Höffe, Kritische Einführung, 27f; Lessnoff, Social Contract, 146f.
263 Reiman, a.a.O. 270.
264 Im folgenden beziehe ich mich auf Rawls, Reply to Alexander and Musgrave, 646-650 sowie Rawls, Some Reasons for the Maximin Criterion, 143-145. Eine detaillierte Darstellung von Rawls' Argumentation bietet Schmidt, Gerechtigkeit, Wohlfahrt und Rationalität, 209-227. Schmidts Kritik, die Parteien im Urzustand könnten unter dem Schleier des Nicht-Wissens nicht beurteilen, welche Gerechtigkeitskonzeption ihnen ein befriedigendes Minimum garantiere (a.a.O. 220), übersieht allerdings, daß nach Rawls *allgemeine* Tatsachen über die Menschen, wie etwa die Theorie marginalen Grenznutzens, im Urzustand sehr wohl bekannt sind.
265 „free and equal moral persons" (Reply to Alexander and Musgrave, 647).

che Talente allerdings nicht vergeudet, sondern zum gegenseitigen Vorteil genutzt werden. Wenn Ungleichheiten nicht größer sind als nötig, um auch den weniger Begünstigten Vorteile zu bringen, wird der Gedanke gleicher demokratischer Freiheiten nicht verletzt. Im Gegenteil: dieser durch die Zufälligkeit der Verteilung gesellschaftlicher und natürlicher Vorteile bedrohte Gedanke wird dadurch gerade geschützt. Rawls erinnert nun daran, daß die Bedingungen im Urzustand keine andere Funktion haben, als diese Überlegungen bildhaft zu veranschaulichen. Deswegen – so der Harvard-Philosoph – bedeutet das konservative Risikoverhalten der Parteien im Urzustand gerade nicht Willkür, sondern eine angemessene Repräsentation der genannten Voraussetzungen.[266] Ein solches Risikoverhalten ist nämlich eine logische Konsequenz demokratischer Gleichheit. Nur bei konservativer Risikostrategie im Urzustand ist gewährleistet, daß Grundsätze gefunden werden, die *allen* Beteiligten die Früchte der gesellschaftlichen Zusammenarbeit zugutekommen lassen.[267] Eine bestimmte, rational einzig mögliche Risikostrategie ist – so füge ich hinzu – ohnehin nicht zu ermitteln. Die Parteien im Urzustand kennen ja aufgrund des Schleiers des Nichtwissens den Grad ihrer Risikobereitschaft nicht. Auch die Berechnung von Wahrscheinlichkeiten über ihre Situation nach der Lüftung des Schleiers ist nicht möglich[268], denn diese Berechnung müßte die dann bestehende gesellschaftliche Situation miteinbeziehen. Diese Situation ist den Parteien im Urzustand aber nicht bekannt.

Es zeichnet sich also ab: Da Risikoabschätzungen im Urzustand nicht möglich sind, kann keine bestimmte Risikostrategie für sich in Anspruch nehmen, allein rational zu sein. Rawls hat überzeugend aufgewiesen, warum die konservative Risikostrategie der Parteien im Urzustand eine notwendige Konsequenz der Sicht des Menschen als freies und gleiches Wesen ist. Die These, daß im Urzustand das Unterschiedsprinzip dem

---

266 Es handelt sich also bei der Risiko-Aversion der Parteien im Urzustand nicht – wie Reuter meint – um eine empirische Annahme über den Menschen (Reuter, Gerechtigkeit, 182).
267 Schmidts Auffassung, mit dem Rawlsschen Argument ließen sich ebensogut eine risikoscheue und risikoneutrale Auffassung begründen (Schmidt, a.a.O. 229), muß also zurückgewiesen werden. Die nun in den Grundzügen vorgetragene Argumentation ist für Rawls das Zentrum seiner Antwort auf die Kritiker. Zusätzlich vorgetragene Argumente wie der Meßvorteil gegenüber dem Durchschnittsnutzenprinzip, die leichtere Verständlichkeit sowie das größere Vertrauen, die Grundsätze nach der Lüftung des Schleiers des Nichtwissens auch einhalten zu können, haben eher Hilfsfunktion (so Rawls explizit in: Some Reasons for the Maximin Criterion, 144).
268 Gegen Kolm, Le Contrat, 371.

utilitaristischen Durchschnittsprinzip vorgezogen würde, hat sich also erhärtet.[269]

Stimmen aus den Ländern der südlichen Hemisphäre haben einen *dritten* Einwand gegen das Unterschiedsprinzip vorgebracht, auf den ich noch eingehen möchte. Dieser Einwand setzt sich kritisch mit den Ungleichheiten auseinander, die das Unterschiedsprinzip erlaubt. So vertritt Odera Oruka von der Universität von Nairobi die These, die egalitäre Auffassung sehe Gleichheit als Ziel an sich und schließe deswegen die Möglichkeit aus, daß der Zuwachs für andere (damit sind offensichtlich die Armen gemeint) die Möglichkeit großer Ungleichheiten rechtfertige. Die egalitäre Auffassung strebe dagegen in jeder Gesellschaft danach, soziale und wirtschaftliche Ungleichheiten als Übel an sich auszurotten.[270] Oruka nennt ein Beispiel für die großen Ungleichheiten, die Rawls erlauben würde: Stellen wir uns eine Gesellschaft vor, in der eine kleine reiche Minderheit einer großen Mehrheit gegenübersteht, die zwar oberhalb der untersten Armutsgrenze, aber noch immer in relativer Armut lebt. In dieser Gesellschaft wird ein Mittel erfunden, das nicht nur das Leben um das Dreifache verlängert, sondern auch lebenslange Immunität gegenüber Krankheiten ermöglicht. Dieses Mittel ist so teuer, daß nur die Allerreichsten es aus ihren Ersparnissen bezahlen können. Der Rest der Gesellschaft kann zwar nicht dieses Mittel bezahlen, kann aber auf eine vernünftige Gesundheitsversorgung zurückgreifen. Diese Situation – so meint Oruka – verletzt nicht die Forderungen der Gerechtigkeit, wie Rawls sie beschreibt, da für alle bestimmte Mindestbedingungen der Gleichheit gegeben sind. Außerdem könnte die Lebensverlängerung der kleinen Minderheit

---

[269] Rex Martins Versuch, eine Alternativbegründung für das Unterschiedsprinzip zu entwickeln (Martin, Rawls and Rights, 87-106) führt in nichts über Rawls hinaus, sondern fällt hinter ihn zurück. Martin nimmt das Pareto-Effizienzprinzip zum Ausgangspunkt und kombiniert es mit dem egalitären Gemeinschaftsgutsgedanken. Effizienzzuwächse – so Martin – müssen also auf alle verteilt werden. Martin bleibt eine Antwort auf die Frage schuldig, was passiert, wenn kein Zuwachs zu verteilen ist. Von der Denkfigur des Urzustands her muß in diesem Falle das minimale Einkommen maximiert werden, auch wenn das Einbußen für das Maximum bedeutet. Jeffrey Reimans Begründung für das Unterschiedsprinzip geht zwar nicht entscheidend über Rawls hinaus, vermag aber doch, die Rawlssche Argumentation, besonders im Hinblick auf die Risikofrage, zu stärken. Da alle Formen der Unterjochung – so der Kern von Reimans Argument – mit dem Gedanken der Gerechtigkeit unvereinbar sind, muß die Risikostrategie der Spielernatur durch die Bedingungen im Urzustand ausgeschlossen werden. Die Parteien würden sich also für eine konservative Risikostrategie entscheiden und das Unterschiedsprinzip wählen (Reiman, a.a.O. 290-297).
[270] Oruka, Rawls' Ideological Affinity, 80.

als ein Beitrag zur Maximierung der langfristigen Erwartungen der weniger Bevorteilten verteidigt werden. Auch entsprechende Besteuerung der Reichen ist nach Orukas Auffassung im Sinne der Rawlsschen Theorie nicht legitim, weil ja die Mindestbedingungen der Gleichheit erfüllt sind.[271]

Die Auffassung Orukas, daß die geschilderte gesellschaftliche Situation die Grundsätze der Gerechtigkeit als Fairneß erfülle, läßt sich auf dem Hintergrund einer genaueren Betrachtung des Unterschiedsprinzips nicht halten. Diese Auffassung beruht nämlich auf dem Mißverständnis, das Unterschiedsprinzip verlange die Sicherung eines bestimmten Existenzminimums (wie hoch es auch immer angesetzt werden mag) und gebe alle darüber hinausgehenden Ungleichheiten frei. In Wirklichkeit ist das Unterschiedsprinzip genau die *Alternative* zu einem solchen „eingeschränkten Utilitarismus". Es beruht ja auf der sogenannten „Maximin-Regel" und sieht deswegen vor, daß die Vorteile der am wenigsten Begünstigten *maximiert*, also nicht auf ein bestimmtes erträgliches Minimum beschränkt werden. Deswegen muß nach dem Unterschiedsprinzip die reiche Gruppe in der von Oruka geschilderten Gesellschaft so stark besteuert werden, daß die Situation der in relativer Armut lebenden Menschen so weit wie möglich verbessert wird. Nach dem Unterschiedsprinzip hat die Maximierung von deren Vorteilen Vorrang gegenüber dem Wunsch einiger weniger, sich in Richtung Unsterblichkeit zu bewegen. Wenn die Reichen behaupten, aus ihrer Lebensverlängerung erwachse langfristig auch den Armen ein Vorteil, so geht diese Behauptung nur dann über das Propagandistische hinaus, wenn sie dafür gute Gründe geltend machen können. In dem vorliegenden Falle gibt es kaum Anzeichen für die Haltbarkeit einer solchen Behauptung.

Oruka sieht richtig, daß das Unterschiedsprinzip der strikt egalitären Auffassung als Ziel in sich entgegensteht. Rawls kann gleichwohl gute Gründe für dieses Prinzip geltend machen. Für die am wenigsten Begünstigten wäre es nämlich unvernünftig und gegen ihr eigenes Interesse, wenn sie auf Vorteile verzichten würden, nur weil andere noch größere Vorteile haben. Negativ gesagt: Sie würden nicht Nachteile in Kauf nehmen, nur damit andere noch größere Nachteile haben. Im übrigen spricht viel für die Annahme, daß in einer Gesellschaft, in der die Rawlsschen Grundsätze eine immer größere Geltung erlangen, die gesell-

---

271 A.a.O. 81f. Aus einer ganz ähnlichen kritischen Perspektive macht der indische Philosoph Rao einen Alternativvorschlag zu den Rawlsschen Grundsätzen: als Grundsatz formuliert er „Gleiche Grundgüter für alle", ergänzt durch die Formel „Jedem nach seinen Bedürfnissen". Rao räumt allerdings ein, daß der Tenor dieses Grundsatzes sich mit den Rawlsschen Prinzipien überschneidet (Rao, Three Lectures, 42f).

schaftlichen Unterschiede nicht größer werden, sondern abnehmen. Rechenschaftspflichtig ist in einer solchen Gesellschaft nämlich nicht der Ausgleich von Unterschieden, sondern vielmehr deren Beibehaltung oder gar Verstärkung. Auch wenn Rawls sich also mit guten Gründen gegen die strikte Egalität entscheidet, so trägt die Gerechtigkeit als Fairneß der egalitären Intention zweifellos Rechnung.[272]

Bevor ich das Ergebnis meiner Untersuchungen zum Unterschiedsprinzip zusammenfasse, will ich noch auf seine politische Umsetzung eingehen. Von verschiedenen Autoren ist auf die Schwierigkeit der Anwendung des Unterschiedsprinzips hingewiesen worden.[273] Seine Umsetzung ist in hohem Maße kontextabhängig. Einige Gesichtspunkte sind aber in jedem Falle zu beachten. Das Unterschiedsprinzip – darauf hat Rawls wiederholt hingewiesen[274] – bezieht sich nur auf die öffentlichen Prinzipien und politischen Rahmenbedingungen, die die sozialen und wirtschaftlichen Ungleichheiten in einer Gesellschaft regulieren. Es hat die Funktion, das System von Ansprüchen und Verdienststandards, das diese Gesellschaft kennzeichnet, so in sich auszubalancieren, daß es dem Maßstab der Gerechtigkeit weitmöglichst entspricht. So bezieht sich das Unterschiedsprinzip z.B. auf die Einkommens- und Vermögenssteuer und auf die Wirtschafts- und Finanzpolitik. Es bezieht sich auf die öffentlich bekannten Rechtsvorschriften und nicht auf bestimmte einzelne Transaktionen. Nicht für die Entscheidungen von einzelnen oder Verbänden gilt es, sondern für den institutionellen Rahmen, in dem diese Entscheidungen gefällt werden. Es gibt also auch keine willkürlichen staatlichen Eingriffe in Besitzansprüche einzelner, sondern alle Ansprüche werden von vornherein im Rahmen der öffentlich anerkannten Grundsätze erworben. Staatliche Umverteilungsmaßnahmen sind voraussehbar und deswegen im Vorfeld bei den jeweiligen Entscheidungen zu berücksichtigen. Beim Unterschiedsprinzip handelt es sich also weniger um ein Prinzip, an dem jede einzelne Maßnahme geprüft wird, sondern eher um eine politische

---

272 Orukas Argument gegen das Unterschiedsprinzip, daß auch der Kolonialismus oder die Apartheid mit der Begründung gerechtfertigt worden sei, daß die Lage der Armen dadurch verbessert werde (Oruka, a.a.O. 83f.), geht so offensichtlich an der Rawlsschen Theorie vorbei, daß ich mich nicht näher damit auseinandersetzen brauche. Ich verweise nur darauf, daß das Unterschiedsprinzip an den Grundsatz der fairen Chancengleichheit gekoppelt ist und der Grundsatz der gleichen politischen Freiheiten dem Unterschiedsprinzip lexikalisch vorgeordnet ist. Kolonialismus und Apartheid sind deswegen als politische Alternativen von vornherein ausgeschlossen.
273 So u.a. Schaar, Equality of Opportunity and the Just Society, 175f.
274 Im folgenden beziehe ich mich auf: Rawls, Die Idee des politischen Liberalismus, 71-75.

Richtungsangabe, die den politischen Rahmen für die Einzelmaßnahmen schafft. Ohne das Ideal einer wohlgeordneten Gesellschaft, in der das Unterschiedsprinzip gilt, gibt es keine vernünftige Basis für die kontinuierliche Anpassung des gesellschaftlichen Prozesses an den Maßstab der Gerechtigkeit.

Die Besteuerung – um ein Beispiel zu nennen – darf nur so hoch sein, daß die wirtschaftliche Leistung nicht so weit absackt, daß den am wenigsten Begünstigten dadurch Nachteile entstehen oder die für die nächste Generation notwendigen Zukunftsinvestitionen unmöglich werden.[275] Wann dieser Punkt erreicht wird, muß im demokratischen Diskurs ermittelt werden. Die Tatsache, daß die Wirkung höherer Besteuerung auf die wirtschaftliche Gesamtleistung von interessierter Seite fast immer als Argument *gegen* eine solche Besteuerung benutzt wird, ist jedenfalls kein Grund gegen die entsprechende Abwägung, sondern lediglich Anlaß für die kritische Rückfrage.

Ich halte als Ergebnis meiner Untersuchung der Diskussion um das Unterschiedsprinzip *fest*: Auch dieser Teil der Theorie der Gerechtigkeit als Fairneß hat sich auf dem Hintergrund der Rawlsschen Voraussetzungen als einleuchtend erwiesen. Die vorausgesetzte Sicht des Menschen als freies und gleiches Wesen impliziert die Idee des Gemeinschaftsgutes: die auf der Basis des Zufalls verteilten natürlichen und gesellschaftlichen Gaben werden nicht egoistisch vereinnahmt, sondern kommen allen zugute. Damit diese Voraussetzung Eingang findet in die Gedankenfigur des Urzustandes, ist es sinnvoll, den Parteien unter dem Schleier des Nichtwissens eine konservative Risikostrategie zu bescheinigen. Millers Einwand gegen das für das Unterschiedsprinzip angeführte Stabilitätsargument hat sich als nicht haltbar erwiesen: Ein nach der Lüftung des Schleiers des Nichtwissens offenbar werdender Verzicht auf mögliche zusätzliche Güter ist für die Reichen in jedem Falle leichter zu verkraften als für die ohnehin am wenigsten Bevorzugten – sofern den Reichen nicht eine subjektive Bedürfnislage analog zu Drogensüchtigen unterstellt wird. Rawls geht also mit Recht davon aus, daß eine vom Unterschiedsprinzip geprägte Gesellschaft das höchstmögliche Maß an Stabilität garantiert. Der strikt egalitäre Einwand schließlich war zurückzuweisen, zum einen weil die am wenigstens Begünstigten nicht auf Vorteile verzichten würden, nur weil andere dadurch noch größere Vorteile haben würden, und zum anderen,

---

275 Siehe Rawls, Eine Theorie der Gerechtigkeit, 320. Vgl. auch Gagern, Das Sparprinzip. Politisch-ökonomische Betrachtungen zur Rawlsschen Gerechtigkeitstheorie, 273.

weil einer Gesellschaft, auf die das Unterschiedsprinzip angewandt wird, ohnehin eine Tendenz zur Gleichheit innewohnt.

Das Verhältnis zwischen dem ersten und dem zweiten Gerechtigkeitsgrundsatz steht zur Debatte, wenn ich mich im folgenden der Frage nach dem Vorrang der Freiheit zuwende.

4.5. Der Vorrang der Freiheit

Eines der besonderen Charakteristika der Theorie der Gerechtigkeit als Fairneß ist die lexikalische Vorordnung des Grundsatzes der gleichen Freiheiten vor den zweiten Grundsatz, in dessen Zentrum das Unterschiedsprinzip steht. Verletzungen der gleichen Freiheiten können also nicht durch größere wirtschaftliche Vorteile gerechtfertigt oder ausgeglichen werden. Dieser Vorrang der Freiheit ist keineswegs nur auf Zustimmung gestoßen.[276] Zwei Haupteinwände werden vorgebracht. *Erstens* wird die herausgehobene Bedeutung der Freiheit gegenüber den anderen Gütern in Zweifel gezogen. *Zweitens* wird nach dem Wert der gleichen Freiheiten angesichts der erlaubten wirtschaftlichen Unterschiede gefragt.

Ich will mich zunächst dem *ersten Haupteinwand* zuwenden. Rex Martin bezweifelt, daß Rawls in seinem Buch irgendein tragfähiges Argument für den Vorrang der Freiheit vorgelegt habe. Die Behauptung, daß sich der zusätzliche Wert der Freiheit ab einem bestimmten Punkt weniger schnell verringere als der Wert materieller Güter – so Martin – läßt sich jedenfalls nicht verifizieren – im Gegenteil: wenn wir von den faktischen Bedürfnissen der Menschen ausgehen, legt sich eher der umgekehrte Schluß nahe.[277] Nowell-Smith weist darauf hin, daß die Parteien im Urzustand ebenso gut ihre wirtschaftlichen Interessen unter einen besonderen Schutz stellen könnten wie ihre Freiheiten.[278] Scanlon vermißt eine theoretische Rechenschaft über die von Rawls vorgenommene Unterscheidung zwischen den Grundfreiheiten und anderen Gütern.[279] David

---

276 Zur Kritik am Vorrang der Freiheit vgl. u.a. Engin-Deniz, Vergleich des Utilitarismus mit der Gerechtigkeitstheorie von John Rawls, 131-140.
277 Martin, Rawls and Rights, 108.
278 Nowell-Smith, Eine Theorie der Gerechtigkeit, 91.
279 Scanlon, Rawls' Theory of Justice, 181. Vgl dazu auch Galston, Justice and the Human Good, 114: „This argument transforms freedom from a primary good into an end in itself, indeed the highest end, constituting a restriction on the pursuit of all others and restrictable only through its own internal demands. Rawls never adequately defends this claim, and it probably cannot be defended."

Lewis Schaefer sieht allein in der Tatsache überhaupt, daß Rawls der Freiheit Priorität einräumt, eine Verletzung des Vorrangs des Rechten vor dem Guten, weil nun ein bestimmtes Gut eine Sonderstellung einnehme.[280] Auch Herbert Hart äußert Zweifel: Warum – so fragt er – sollten die Menschen nicht für eine begrenzte Zeit auf ihre Freiheiten verzichten können und sie zu gegebener Zeit wiederherstellen?[281] Hart meint, den Grund für die Argumentationsschwäche, die er bei Rawls sieht, gefunden zu haben: „Meiner Meinung nach findet der offenkundig dogmatische Einschlag in Rawls' Argumentation zugunsten der Priorität von Freiheit darin seine Erklärung, daß sich dahinter ein latentes eigenes Ideal verbirgt ..., auf das er sich stillschweigend bezieht ... Es handelt sich um das Ideal eines sozial eingestellten Bürgers, der politische Aktivität und Dienst am Nächsten zu den höchsten Gütern des Lebens rechnet, und dem die Vorstellung unerträglich ist, die Gelegenheit zu derartigen Aktivitäten könnte gegen rein materielle Werte oder Befriedigungen eingetauscht werden."[282]

Ist dieses persönliche Ideal des Harvard-Professors Rawls der eigentliche Grund für sein Beharren auf dem Vorrang der Freiheit? Oder lassen sich gute Gründe nennen, die dieses Element der Rawlsschen Theorie allgemein einsichtig machen können? In den Tanner Lectures hat Rawls näher begründet, warum die Sicherung der Grundfreiheiten so wichtig ist. Die Parteien im Urzustand – so seine Argumentation anhand des Beispiels der Gewissensfreiheit – wissen, daß sie sich nach der Lüftung des Schleiers des Nichtwissens möglicherweise als Mitglieder einer Gruppe entpuppen, die einer Minderheitenreligion angehören. Wenn sie dennoch ein Verbot solcher Minderheitenreligionen vorsehen würden, weil sie darauf vertrauen, zur Mehrheitsreligion zu gehören, würden sie sich also als extrem risikofreudige Glücksspieler betätigen – eine Voraussetzung, die, wie wir gesehen haben, mit der Rawlsschen Beschreibung des Urzustandes unvereinbar ist. Würden die Parteien sich solchermaßen als Glücksspieler betätigen, dann würden sie zudem feste religiöse, philosophische oder sittliche Überzeugungen gar nicht ernstnehmen, ja sie würden damit ihre Unkenntnis über den existentiellen Charakter solcher Überzeugungen an den Tag legen. Da die Parteien aber – wie wir gesehen haben – genügend Wissen zur Verfügung haben, um über solche Sachverhalte informiert zu sein, würden sie eine konservative Risikostrategie wählen und damit sicherstellen, daß ihre existentiellen Überzeugungen auch nach der Lüf-

---

280 Schaefer, Justice or Tyranny, 33.
281 Hart, Freiheit, 159.
282 A.a.O. 161.

tung des Schleiers geschützt sind. Der Schutz dieser Überzeugungen ist deswegen auch nicht verhandelbar. Damit ist klar, – so Rawls – warum den Grundfreiheiten Priorität zukommt.[283]

Zwei wichtige *Zusatzargumente* will ich nennen, die Rawls für diese Behauptung anführt: *zum einen* das Stabilitätsargument. Eine Gesellschaft, in der die Grundfreiheiten ohne Einschränkung gesichert sind, ist ohne Zweifel stabiler als eine Gesellschaft, in der bestimmte Gruppen aufgrund ihrer festesten Überzeugungen in die Illegalität gehen müßten und so einen permanenten Unruheherd darstellen würden.[284]

Zum anderen betont Rawls die fundamentale Bedeutung der Selbstachtung. Selbstachtung – so sein Argument – hat seine Wurzel in unserem Selbstbewußtsein als voll mitwirkende Glieder der Gesellschaft, die die Fähigkeit haben, eine lohnende Konzeption des Guten ein ganzes Leben lang zu verfolgen. Ohne Selbstachtung haben keine Handlungen wirklich Wert für uns, und wenn irgendetwas einen Wert für uns hat, fehlt uns der Wille, uns tatkräftig dafür einzusetzen. Selbstachtung ist also von zentraler Bedeutung für alles, was wir tun. Deswegen haben die Merkmale der Grundstruktur einer Gesellschaft, die die Selbstachtung stützen und fördern, eine ebenso herausragende Bedeutung. Hier kommt nun der Vorrang der Freiheit ins Spiel. Indem die Bürgerinnen und Bürger einer wohlgeordneten Gesellschaft die Grundfreiheiten öffentlich bekräftigen, drücken sie ihre gegenseitige Achtung als vernünftige und vertrauenswürdige Personen füreinander aus und erkennen den Wert, den alle ihrer jeweiligen Lebensart zubilligen, gegenseitig an. Deswegen erfüllen die Grundfreiheiten wirksamer als alle anderen Alternativen die Anforderungen für die allgemeine Förderung der Selbstachtung.[285]

Es hat sich gezeigt, – so *halte ich fest* – daß Rawls gute Gründe für die vorrangige Bedeutung der Grundfreiheiten vorbringen kann. Die jeweiligen persönlichen Überzeugungen und Lebensentwürfe, die sie schützen, sind von so existentieller Bedeutung für die Menschen, daß ihr Schutz Vorrang vor allen anderen Aspekten haben muß.

Mit Recht hat Rawls diese Aussage allerdings – wie wir gesehen haben – in einer Hinsicht eingeschränkt: wenn die materiellen Lebensbedingungen in einer Gesellschaft so schlecht sind, daß die Grundfreiheiten gar nicht ausgeübt werden können, dann kann der Vorrang der Freiheit so lange außer Kraft gesetzt werden, bis dieser Zustand beseitigt ist. Herbert Hart hat die Verschwommenheit dieses Kriteriums beklagt. Gilt es – so

---
283 . Rawls, Die Idee des politischen Liberalismus, 181-183.
284   Vgl. dazu a.a.O. 188f.
285   A.a.O. 190f.

fragt er – auch in einer reichen Gesellschaft, in der es große soziale Gegensätze gibt?[286] Barber meint, je nachdem, wo die Schwelle angesetzt werde, könnte sogar Marx mit einem solchen Standpunkt zufrieden sein.[287]

In der Tat äußert sich Rawls eher allgemein zu dieser Frage: Die Befriedigung der Freiheitsinteressen könnte „bestimmte gesellschaftliche Verhältnisse und ein bestimmtes Niveau der Bedürfnisbefriedigung und materiellen Sicherung" nötig machen, um derentwillen die Grundfreiheiten manchmal eingeschränkt werden können.[288] Ohne Zweifel fallen die Entwicklungsländer, in denen noch nicht einmal die materiellen Grundbedürfnisse erfüllt sind, unter die so formulierte Einschränkung. Wenn Oruka Rawls mit dem Argument kritisiert, für die Mehrheit in der unterentwickelten Welt habe die Verbesserung der wirtschaftlichen und sozialen Bedingungen Priorität gegenüber den Freiheitsrechten[289], dann übersieht diese Kritik offensichtlich die Rawlssche Einschränkung des Vorrangs der Freiheit. Insofern besteht an diesem Punkte mehr Einigkeit mit Rawls, als Oruka meint.[290] Daß die Schwelle für den Vorrang der Freiheit nicht beliebig hoch angesetzt werden kann, macht Rawls deutlich, wenn er in den Tanner Lectures ausdrücklich annimmt, daß jedenfalls in den USA die Bedingungen für diesen Vorrang gegeben sind.[291]

Die Frage, unter welchen wirtschaftlichen Bedingungen der Vorrang der Freiheit eigentlich wirksam sein kann, führt auf ein damit eng verbundenes Problem, das im Zentrum des *zweiten Haupteinwandes* gegen den Vorrang der Freiheit steht: das Problem des fairen Werts der Freiheit.

Dieser Einwand geht von der Erfahrung aus, daß in modernen demokratischen Gesellschaften die faktische Möglichkeit zum Gebrauch der

---

286 Hart, Freiheit, 157, Anm.13. Eine ähnliche Unklarheit bemängelt Kolm, Le Contrat, 380: „... il nous est dit que l'on peut complètement abandonner ces principes, dans les ‚situations non idéales' – mais quand n'est-on pas dans ce cas?"

287 Barber, Die Rechtfertigung, 237 Anm.8.

288 Rawls, Eine Theorie der Gerechtigkeit, 589.

289 Oruka, Rawls' Ideological Affinity, 86f.

290 Dies gilt sicher nicht für Orukas Alternativvorschlag, der den zweiten Grundsatz der Theorie der Gerechtigkeit als Fairneß zum ersten macht, ihn aber auch noch insoweit verändert, als er den Grundsatz der fairen Chancengleichheit nur für die gelten läßt, deren ethische Neigungen die Förderung des Unterschiedsprinzips gewährleisten (a.a.O. 87). Ganz bewußt bindet Rawls nämlich den Grundsatz der fairen Chancengleichheit *nicht* an eine bestimmte Gesinnung.

291 „Ich nehme an, daß es für unsere Zwecke hinreichend offenkundig ist, daß in unserem Land heute einigermaßen günstige Bedingungen bestehen, so daß für uns der Vorrang der Grundfreiheiten gilt" (Rawls, Die Idee des politischen Liberalismus, 167).

politischen Freiheiten nicht von wirtschaftlichen Faktoren zu trennen ist.²⁹² Norman Daniels hat deswegen die These aufgestellt, daß zwischen dem Rawlsschen Grundsatz der gleichen Freiheiten und dem Unterschiedsprinzip ein Widerspruch besteht.²⁹³ Der Grundsatz der gleichen Freiheiten, dem Rawls höchste Priorität einräumt, kann – so Daniels – nur dann verwirklicht werden, wenn auch der gleiche *Wert* der Freiheiten gesichert ist. Ob die Menschen von ihren Freiheiten Gebrauch machen können, hängt aber maßgeblich von ihren wirtschaftlichen Möglichkeiten ab. Dadurch, daß nach dem Unterschiedsprinzip erhebliche Ungleichheiten in den wirtschaftlichen Möglichkeiten erlaubt sind, gerät also auch der Grundsatz der gleichen Freiheiten in Gefahr. Daniels kommt deswegen zu dem Ergebnis, daß die eigentlich egalitäre Spitze der Rawlsschen Theorie nicht im Unterschiedsprinzip liegt, sondern im Grundsatz der gleichen Freiheiten: „Was ich gezeigt habe, ist, daß es der erste Grundsatz ist und nicht der zweite, der den egalitären Stempel trägt.".²⁹⁴ Daniels bestreitet also, daß der Grundsatz der gleichen Freiheiten verwirklicht werden kann, ohne signifikante Einkommensunterschiede auszuschalten.²⁹⁵

Schon in *Eine Theorie der Gerechtigkeit* hat Rawls durchaus die Notwendigkeit gesehen, zwischen den Freiheiten selbst und ihrem Wert zu unterscheiden. Der Harvard-Philosoph räumt ein, daß der Wert der Freiheit nicht für jedermann der gleiche ist, da manche Menschen mehr Macht und Reichtum haben und daher auch mehr Möglichkeiten, ihre Ziele zu erreichen. „Doch ein geringerer Wert der Freiheit" – so fährt Rawls dann fort – „findet einen Ausgleich, denn die weniger begünstigten Mitglieder der Gesellschaft könnten ja ihre Ziele noch weniger erreichen, wenn nicht die dem Unterschiedsprinzip genügenden Ungleichheiten bestünden."²⁹⁶

---

292 Die Belege für diese Behauptung liegen auf der Hand: So sind in den USA Präsidentschaftskandidaten, die nicht beträchtliche Finanzmittel aufbringen können, in der Regel von vornherein zur Erfolglosigkeit verurteilt oder haben zumindest deutliche Nachteile gegenüber wirtschaftlich potenten Mitbewerbern. Ungleiche Voraussetzungen bestehen auch im Hinblick auf die Spenden: *viele* Kleinstspenden können durch *eine* Großspende an die Gegenseite aufgewogen werden.
293 Daniels, Equal Liberty and Unequal Worth of Liberty.
294 „What I have shown is that it is the First Principle, rather than the Second, which carries the egalitarian punch" (a.a.O. 280).
295 A.a.O. 281. Vgl. dazu auch Baynes, The Normative Grounds of Social Criticism, 159-161.
296 Rawls, Eine Theorie der Gerechtigkeit, 233. In den Tanner Lectures hat Rawls diese These wiederholt (Rawls, Die Idee des politischen Liberalismus, 198). Vgl. dazu auch Bowie, Equal Basic Liberty for all, 114.

M.E. ist das ein Irrtum. Der Grund für diesen Irrtum liegt darin, daß Rawls einen entscheidenden Unterschied zwischen der Maximierung materiellen Reichtums und politischer Macht übersieht. Wenn durch größere materielle Ungleichheiten der materielle Wohlstand der am schlechtesten Gestellten steigt, sind diese Ungleichheiten – wie Rawls mit Recht feststellt – in deren Interesse, denn sie haben in jedem Falle mehr als vorher. Anders verhält es sich bei der Verteilung politischer Macht. Der „Gesamtkuchen" politischer Macht ist nicht wie der wirtschaftliche Gesamtkuchen durch größere Effektivität gemäß dem Prinzip der Pareto-Optimalität vergrößerbar, sondern eine feste Größe, die unterschiedlich verteilt werden kann. Die größeren Anteile der einen vermindern deswegen automatisch die Anteile der anderen. Wenn die wirtschaftliche Potenz Einfluß auf die Ausübung der Freiheitsrechte hat, setzen die durch das Unterschiedsprinzip möglichen materiellen Ungleichheiten deswegen tatsächlich den Grundsatz der gleichen Freiheiten außer Kraft.[297] Dieser Sachverhalt sei durch ein Beispiel veranschaulicht: Nehmen wir an, daß der Bauunternehmer Roland E. aufgrund besonders starken beruflichen Engagements sein monatliches Einkommen um 1000 DM erhöhen kann. Nehmen wir weiter an, daß er auch seiner Sekretärin Carmen S. eine Gehaltsaufbesserung von 100 DM monatlich geben kann. Dem Unterschiedsprinzip wird dadurch Genüge getan, denn auch die weniger begünstigte Sekretärin Carmen S. hat durch die neue Situation Vorteile.[298] Der Grundsatz der gleichen politischen Freiheiten aber bleibt auf der Strecke. In der Stadt ist nämlich gerade der Oberbürgermeister-Wahlkampf in vollem Gange. Während Carmen S. mit *einer* Zeitungsanzeige im Wert von 100 DM für die von ihr bevorzugte Kandidatin werben kann, hat ihr Chef Roland E. die Möglichkeit, *zehn* solche Zeitungsanzeigen zugunsten des Gegenkandidaten zu veröffentlichen. Die Freiheit der Meinungsäußerung gilt zwar für beide in gleicher Weise, der *Wert* dieser Freiheit ist für Roland E. aber weitaus größer als für seine Sekretärin. Rawls' These, daß das Unterschiedsprinzip die Möglichkeiten der weniger Begünstigten auch dann maximiert, wenn es um den Gebrauch der Freiheiten geht, hat sich also als falsch erwiesen. Auch der Verweis auf Rawls' Einschränkung der Vorrangregel auf Gesellschaften, deren wirtschaftlicher und sozialer Entwicklungsstand die Ausübung der gleichen Freiheiten ermöglicht, kann das Problem nicht lösen. Wie unser Beispiel gezeigt hat, entsteht die

---

297 Ähnlich Kley, Vertragstheorien, 443-451.
298 Ich stelle um der Vereinfachung willen die Frage zurück, ob Roland E. auch bei geringeren Einkommensmaximierungsaussichten das gleiche Engagement gezeigt hätte, das Carmen S. die Gehaltsaufbesserung brachte.

C. Schlüsselprobleme eines Gerechtigkeitsverständnisses

Konkurrenz zwischen Unterschiedsprinzip und Freiheitsgrundsatz auch in solchen Gesellschaften.

Rawls hat im zweiten Teil seines Buches, in dem er sich mit den Institutionen beschäftigt, die für die Wirksamkeit der beiden Gerechtigkeitsgrundsätze zu sorgen haben, Überlegungen zur Sicherung des fairen Werts der Freiheiten angestellt, die dem Problem viel eher gerecht werden als sein Verweis auf die Rolle des Unterschiedsprinzips. Die Freiheiten, die die Teilhabe am gesellschaftlichen Leben sichern sollen, – so sein Gedanke – verlieren viel an Wert, wenn diejenigen, die über größere private Mittel verfügen, damit den Verlauf der öffentlichen Diskussion zu ihrem Vorteil lenken können. Es muß also für einen Ausgleich gesorgt werden, um den fairen Wert der gleichen politischen Freiheiten für alle zu bewahren. Beispielsweise muß man in einer Gesellschaft mit Privateigentum an den Produktionsmitteln für eine breite Streuung des Eigentums sorgen, und es müssen regelmäßig öffentliche Mittel zur Förderung der freien öffentlichen Diskussion bereitgestellt werden. Ferner – so Rawls weiter – müssen die politischen Parteien von privaten wirtschaftlichen Interessen unabhängig gemacht werden, indem ihre Tätigkeit im Rahmen der Verfassung aus Steuermitteln finanziert wird.[299]

Wie sehr sich Rawls des Problems bewußt ist, wird deutlich, wenn er die mangelnde Sicherung des fairen Werts der Freiheit geschichtlich als Hauptfehler der konstitutionellen Regierungsform sieht: „Die nötigen Ausgleichsmaßnahmen wurden nicht ergriffen, ja anscheinend nie ernstlich erwogen. Die Gesetze duldeten im allgemeinen Ungleichheiten der Vermögensverteilung, die weit über das hinausgingen, was mit der politischen Gleichheit verträglich ist."[300]

In den Tanner Lectures räumt der Harvard-Philosoph ein, daß wir nicht sicher sein können, daß die durch das Unterschiedsprinzip zugelassenen materiellen Unterschiede klein genug sind, den fairen Wert der Freiheiten zu sichern. Er erwägt deshalb drei Alternativen zur Lösung des Problems. Die *erste* Alternative, die strikte Gleichverteilung aller Güter, ist abzulehnen, weil sie die Organisations- und Effizienzvorteile des Unterschiedsprinzips ausschließt. Die *zweite* Alternative, allen Bürgerinnen und Bürgern eine bestimmte Mindestmenge an Grundgütern zuzusichern, bringt gegenüber dem Unterschiedsprinzip keine Vorteile. Die *dritte* Alternative schließlich, die alle Gruppen bei der Verfolgung ihrer jeweiligen Interessen

---

299 Rawls, Eine Theorie der Gerechtigkeit, 256. Ähnlich in *Die Idee des politischen Liberalismus*, 196-203, wo Rawls seine Ausführungen ausdrücklich auch als Antwort auf die Daniels-These versteht (Anm.32).
300 Rawls, Eine Theorie der Gerechtigkeit, 256.

materiell unterstützt (Beispiel: Subventionierung von Wallfahrten), führt zu solchen Interessenkämpfen, daß sie die gesellschaftliche Stabilität zu sehr in Frage stellt, um annehmbar zu sein.[301] All diese Alternativen sind also nicht gangbar. Die einzige Möglichkeit, die für Rawls bleibt, ist die Verwirklichung der beiden Gerechtigkeitsgrundsätze mit der Maßgabe, den fairen Wert der Freiheiten zu sichern.[302]

Rawls betont in seinem Buch, daß all dies Fragen der politischen Soziologie sind und deswegen nicht zu der ihn beschäftigenden idealen Theorie, sondern zur Theorie ihrer Verwirklichung gehören.[303] Diese Auffassung ist m.E. nicht haltbar. Die Sicherung des fairen Werts der Freiheit – darin hat Daniels recht – berührt die Grundsätze selbst.[304] Die Parteien im Urzustand müssen die Grundsätze ja so wählen, daß sie nach der Lüftung des Schleiers des Nichtwissens auch Gebrauch davon machen können. Daß mit den Grundfreiheiten auch ihr fairer Wert gewährleistet ist, muß also schon in die Grundsätze eingehen. M.E. muß der zweite Grundsatz deshalb um einen Zusatz erweitert werden, der sicherstellt, daß das Unterschiedsprinzip die Wirksamkeit des ersten Grundsatzes nicht sabotiert. Der zweite Gerechtigkeitsgrundsatz muß dann so lauten: „Soziale und wirtschaftliche Ungleichheiten müssen folgendermaßen beschaffen sein: a) sie müssen unter der Einschränkung des gerechten Spargrundsatzes den am wenigsten Begünstigten den größtmöglichen Vorteil bringen b) sie müssen sich so im Rahmen halten, daß der faire Wert der Freiheiten gesichert bleibt und c) sie müssen mit Ämtern und Positionen verbunden sein, die allen gemäß fairer Chancengleichheit offenstehen."

Der Nachteil dieser Formulierung ist die Tatsache, daß das Kriterium der Sicherung des fairen Werts der Freiheiten so allgemein gehalten ist, daß es auf Interpretation angewiesen bleibt. Der Grund, aus dem diese Formulierung dennoch unverzichtbar ist, liegt darin, daß nur so der von Rawls mit guten Gründen und starken Formulierungen vertretene Vorrang der gleichen Freiheiten wirklich gesichert werden kann. Der Rawlsschen Intention widerspricht diese Erweiterung jedenfalls nicht. Im Gegenteil: nur so kommt diese Intention wirklich zur Geltung.[305]

---

301 Rawls, Die Idee des politischen Liberalismus, 201f.
302 A.a.O. 203.
303 Rawls, Eine Theorie der Gerechtigkeit, 257. Vgl. dazu auch Gagern, Das Sparprinzip, 260f, der angesichts von Rawls' Bemühen um die Sicherung des fairen Werts der Freiheit „jede Kritik, die sich gegen die Rangfolge der beiden Prinzipien richtet, etwas pedantisch" findet.
304 Zu diesem Ergebnis kommt auch Kley, Vertragstheorien, 450f.
305 Daß Rawls' Überlegungen zum fairen Wert der Freiheit nicht nur ausbau*bedürf-*

Ich halte als Ertrag meiner Untersuchungen zum Vorrang der Freiheit *fest*: Im Lichte der Voraussetzungen, die sich in der Gedankenfigur des Urzustandes ausdrücken, haben sich die Argumente für den Vorrang der Freiheit als überzeugend erwiesen. Da die Parteien unter dem Schleier des Nichtwissens ihre tiefsten Überzeugungen nicht kennen, müssen sie durch die Vorrangregel sicherstellen, daß diese Überzeugungen nach der Lüftung des Schleiers in jedem Falle geschützt bleiben. Die Begrenzung des Guten durch das Rechte wird dadurch nicht verletzt, sondern gerade sichergestellt: nicht eine bestimmte umfassende Konzeption des Guten wird staatlich vorgeschrieben, sondern alle Bürgerinnen und Bürger haben die Freiheit, ihre jeweiligen Konzeptionen des Guten zu verfolgen. Damit diese Vereinbarung nicht formal bleibt, muß auch der faire Wert der Freiheiten gesichert werden. Da die Parteien im Urzustand wissen, daß nur mit der Sicherung des fairen Werts der Freiheiten der erste Gerechtigkeitsgrundsatz geschützt werden kann, sehen sie darin nicht – wie Rawls meint – lediglich eine Frage der Anwendung. Vielmehr modifizieren sie den zweiten Gerechtigkeitsgrundsatz so, daß die materiellen Unterschiede, die das Unterschiedsprinzip zuläßt, mit dem fairen Wert der Freiheit vereinbar bleiben.

Bevor ich meine Untersuchungen zur Diskussion um die Theorie der Gerechtigkeit auswerte, will ich im folgenden noch auf die Frage nach ihrem Sinn für den politischen Diskurs in nicht-idealen demokratischen Gesellschaften eingehen.

4.6. Die Grundsätze der Gerechtigkeit – Ideal ohne Konsequenzen?

Auf dem Hintergrund der Marxschen Kritik am utopischen Sozialismus muß ein Einwand gegen die Rawlssche Theorie diskutiert werden, der den Sinn dieser Theorie grundsätzlich in Frage stellt. Rawls – so der Einwand – entwirft das Bild einer idealen wohlgeordneten Gesellschaft, gibt aber nicht Rechenschaft darüber ab, wie der Übergang von bestimmten historischen Verhältnissen zu dieser wohlgeordneten Gesellschaft aussehen kann. Im Lichte Marxscher Gedanken ist eine solche Sicht Ausdruck reinen

---

tig, sondern auch ausbau*fähig* sind, hat auch Kenneth Baynes eingeräumt: „... I concede that many of my objections would lose their force if these aspects of Rawls' theory were emphasized. But they do not receive systematic consideration by Rawls, as is suggested by the fact that many of his critics do not even note these features" (Baynes, a.a.O. 163).

Idealismus'. Sie vertraut ausschließlich auf den Gerechtigkeitssinn des Individuums, sie ignoriert den dominanten Einfluß materieller und vor allem klassengebundener Interessen. Aus marxistischer Perspektive würde jeder Versuch der Umsetzung von Gerechtigkeitsprinzipien an der klassengebundenen Motivationsstruktur der betreffenden Gesellschaft zwangsläufig scheitern. „Marx' beißende Kritik der utopischen Sozialisten, die auf die motivierende Kraft moralischer Ideale vertrauen, trifft" – so Allen Buchanan – „mit unverminderter Kraft auf Rawls zu".[306]

M.E. zeigt eine genaue Analyse der Rawlsschen Intentionen, daß die Idealismus-Kritik seine Theorie nicht wirklich treffen kann. Diese Kritik träfe nur dann zu, wenn Rawls die Dringlichkeit der tatsächlich vorhandenen Probleme verschleiern würde. Das Gegenteil ist der Fall. „Offenbar sind" – so Rawls – „die Probleme der Theorie der unvollständigen Konformität (d.h. die Probleme in nicht-idealen Gesellschaften, H.B.-S.) die dringlichen. Ihnen stehen wir im täglichen Leben gegenüber. Wenn ich mit der idealen Theorie anfange, so deshalb, weil sie nach meiner Auffassung die einzige Grundlage für eine systematische Behandlung dieser dringenderen Probleme abgibt".[307] Rawls' Theorie ist also nicht als ein Entwurf politischer Soziologie zu verstehen, sondern vielmehr als Grundlage bzw. Maßstab eines solchen Entwurfes: „Wir wollen ideale Verhältnisse beschreiben, die einen Beurteilungsmaßstab für wirkliche abgeben und Kriterien für die Berechtigung von Abweichungen vom Ideal festlegen".[308]

Diese Klarstellungen machen deutlich, daß es Rawls nicht – wie von den Interpreten der Marxschen Theorie unterstellt – darum geht, dem naiven Traum einer idealen Gesellschaft zu huldigen, sondern Rechenschaft abzulegen über die ethischen Grundlagen und Ziele, die das praktisch-politische Handeln in tatsächlichen Gesellschaften leiten. Der marxistische Vorwurf der faktischen Verschleierung der gesellschaftlichen Verhältnisse durch moralische Theorien wird da gegenstandslos, wo solche Theorien nicht zur bloßen Legitimation bestehender Verhältnisse dienen, sondern ihnen gegenüber zum kritischen Potential werden. Auch wer die motivierende Kraft moralischer Ideale eher pessimistisch einschätzt, tut gut daran, Theorien wie die Rawlssche nicht ad acta zu legen. Gerade wenn die Inhaber der gesellschaftlichen Machtpositionen ein Interesse an der moralischen Legitimation ihrer Positionen haben, ist der

---

306 „Marx's scathing criticism of utopian socialists, who rely on the motivating power of moral ideals, applies with undiminished force to Rawls" (Buchanan, Marx and Justice, 148).
307 Rawls, Eine Theorie der Gerechtigkeit, 25.
308 A.a.O. 257.

Entzug der Legitimation angesichts von ungerechten Machtverhältnissen, wie ihn die Theorie der Gerechtigkeit als Fairneß impliziert, von umso größerer Bedeutung.

Durch Rawls' deutliche Abgrenzung seiner Ausführungen zu den Entwürfen politischer Soziologie wird zudem deutlich, daß eine mögliche Theorie des Übergangs zur wohlgeordneten Gesellschaft sich keineswegs in moralischen Appellen zu erschöpfen braucht, sondern durchaus den Einsatz von Macht, z.B. durch Gebrauch des gewerkschaftlichen Streikrechts, vorsehen kann, um den vom Unterschiedsprinzip geforderten Strukturen näherzukommen. Wenn eine ungerechte Grundstruktur von den Herrschenden hartnäckig verteidigt wird, kann eine solche Theorie des Übergangs zu Rawls' wohlgeordneter Gesellschaft durchaus auch den Einsatz revolutionärer Gewalt erfordern. Solche Überlegungen sind gleichwohl in hohem Maße von dem Kontext der betreffenden Gesellschaft abhängig. Rawls tut deswegen gut daran, die Basis dieser Überlegungen zunächst unabhängig von den kontextuellen Momenten zu behandeln. Seine Theorie der wohlgeordneten Gesellschaft trägt dem Rechnung.

Die Frage nach den Konsequenzen der Rawlsschen Theorie für konkrete gesellschaftliche Verhältnisse ist wiederholt im Hinblick auf das Wirtschaftssystem gestellt worden. Francis Schüssler Fiorenza hat darauf hingewiesen, daß eine konsequente Anwendung des Unterschiedsprinzips eine Revision der klassischen liberalen Auffassungen von Gesellschaft erfordert.[309] Zu der Frage, welche Wirtschaftsform in der Zielperspektive der Rawlsschen Theorie liegen könnte, werden allerdings ganz unterschiedliche Auffassungen vetreten: Oruka sieht darin eine „liberal-kapitalistische Konzeption" und „subtile Verteidigung des Wohlfahrtskapitalismus".[310] Auch Rao spricht von einer „schlüssigen Legitimation der liberal-kapitalistischen Demokratie", die eine Antwort auf die Frage gebe, wie den „NATO-Gesellschaften" ihr häßliches Gesicht genommen werden könne.[311] Hans-Richard Reuter sieht als politische Verkörperung der Theorie der Gerechtigkeit als Fairneß „eine konstitutionelle Demokratie mit sozial temperierter Marktwirtschaft".[312] Schaefer meint, die Theorie sei mit dem Marxismus ebenso vereinbar wie mit der liberalen Demokratie.[313] Meyer spricht vom „reformistischen Geist" des Unter-

---

309 Schüssler Fiorenza, Politische Theologie und Liberale Gerechtigkeitskonzeptionen, 112.
310 Oruka, Rawls' Ideological Affinity, 77.
311 Rao, Three Lectures, 28.
312 Reuter, Gerechtigkeit, 179.
313 Schaefer, Justice or Tyranny, 47f.

schiedsprinzips.[314] Peffer verteidigt die Rawlssche Theorie aus marxistischer Sicht und meint, daß sie in ihrem egalitären Kern unter Berücksichtigung eines Minimums marxistischer empirischer Annahmen die grundlegenden normativ-politischen Ziele des Marxismus rechtfertigt.[315] Van Parijs schließlich bescheinigt Rawls, in bestimmter Hinsicht egalitärer als Marx zu sein.[316]

Die Pluralität der Vermutungen über die Wirtschaftsordnung, die in der Ziellinie der Rawlsschen Theorie liegt, hat ihren Grund darin, daß sich der Harvard-Philosoph bewußt nicht auf ein bestimmtes System festlegt. Ob ein sozialistisches oder ein privatwirtschaftliches System gerechter ist, – so seine Auffassung – hängt vom jeweiligen Kontext ab. „Diese Fragen" – so stellt er fest – „gehören nicht zur Gerechtigkeitstheorie."[317]

Aus solchen Aussagen die These abzuleiten, die Rawlssche Theorie sei letztlich irrelevant für Fragen der Wirtschaftsordnung, wäre allerdings ein klares Mißverständnis. Die Grundsätze der Gerechtigkeit geben nämlich in jedem Fall die Richtung an, in die die institutionellen Rahmenbedingungen eines bestimmten Systems weiterentwickelt werden müssen. Sie bilden eine Art „archimedischen Punkt zur Beurteilung eines Gesellschaftssystems".[318] Die Vorgabe, daß die Aussichten der am wenigsten Bevorzugten Vorrang haben müssen vor der Effizienz der Wirtschaft als ganzer, und die Zusicherung der gleichen Freiheiten für alle sind klare Maßstäbe, an denen sich wirtschaftspolitische Maßnahmen ausrichten müssen, die das Ziel der sozialen Gerechtigkeit für sich in Anspruch nehmen wollen. Bei konsequenter Anwendung des Unterschiedsprinzips in einer Gesellschaft – so kann mit guten Gründen behauptet werden – ist eine umfassende Veränderung ihrer institutionellen Strukturen zu erwarten.[319]

---

314 Meyer, Rawls, 39.
315 Peffer, Marxism, Morality, and Social Justice, 364f. Zu einer ausführlichen Begründung dieser These und der Widerlegung möglicher marxistischer Einwände vgl. a.a.O 361-415.
316 Van Parijs, La double originalité, 31.
317 Rawls, a.a.O. 307. Vgl. 314, wo Rawls einige Grundzüge eines freiheitlichen sozialistischen Systems beschreibt, das den beiden Gerechtigkeitsgrundsätzen entsprechen würde. Die Beschreibung zeigt, daß Reuters Vermutung nicht zutrifft, daß nach Rawls' Theorie sich ein reines Marktsystem gegenüber einem System mit moderierter Wirtschaftsplanung immer als das gerechtere ausweisen würde (Reuter, Gerechtigkeit, 180).
318 Rawls, a.a.O. 294.
319 Auch Kritiker der Rawlsschen Theorie bestätigen diese Vermutung. „Such a principle" – so etwa Stanley Hauerwas über das Unterschiedsprinzip – obviously has

Ich halte also fest: Die Tatsache, daß Rawls von der idealen Theorie ausgeht, offenbart nicht eine Mißachtung der Gerechtigkeitsfragen in konkreten sozialen Verhältnissen, sondern sie bedeutet den Versuch, Beurteilungsmaßstäbe für solche Situationen zu entwickeln, die Grundlage für die richtigen Handlungsoptionen sein können. Die ordnungspolitischen Konsequenzen sind abhängig von der jeweiligen Situation. Grundsätzlich schließt die Rawlssche Theorie weder ein sozialistisches noch ein privatwirtschaftliches System aus. In jedem Falle geben die beiden Gerechtigkeitsgrundsätze aber eine *klare Richtung* für die Weiterentwicklung des jeweiligen Systems an.[320]

Nachdem ich nun die wichtigsten Themen behandelt habe, die in der Diskussion um John Rawls' Gerechtigkeitstheorie eine Rolle spielen, will ich meine Untersuchungen abschließend auswerten. Zunächst will ich dabei auf dem Hintergrund meiner Schlußfolgerungen zu den behandelten Einzelthemen auf die Argumente eingehen, die Robert Nozick gegen die Theorie der Gerechtigkeit als Fairneß vorgebracht hat und die wir noch nicht diskutiert haben. Daran anschließend will ich schließlich zu einem Gesamturteil über die philosophische Stimmigkeit und den Stellenwert der Grundvoraussetzungen der Rawlsschen Theorie kommen.

5. Gerechtigkeit als Fairneß – die philosophische Tragfähigkeit von John Rawls' Gerechtigkeitstheorie

5.1. Nozicks Einwände gegen Rawls – Versuch einer Antwort

Nozicks *erster Einwand* richtete sich auf die Rawlssche Fassung des Urzustands, der er Voraussetzungen bescheinigt, die den Bessergestellten nicht annehmbare Opfer abverlangen. Wir haben gesehen, daß Rawls die Voraussetzungen im Urzustand so schwach wie möglich hält. Der Schleier des Nichtwissens schließt egoistische oder hedonistische Konzepte aus, weil er die Fähigkeit voraussetzt, die eigenen Ziele der Gerechtigkeit als Fairneß anzupassen. Es handelt sich dabei nicht, wie Nozick meint, um

---

the potential to require extensive institutional restructuring of any social orders" (Hauerwas, After Christendom?, 47). Die Aussagen Rawls' zu bestimmten Politikfeldern analysiert Glassman, Democracy and Equality, 43-65.

320 Zu der Umsetzung der Rawlsschen Gerechtigkeitstheorie in wirtschaftspolitische Zusammenhänge vgl. u.a. von Loesch, Gerechtigkeitstheorie und Struktur der Wirtschaft, und Ribhegge, Zur Relevanz der Rawlsschen Gerechtigkeitstheorie für die Wirtschaftspolitik, bei dem auch zahlreiche weitere Titel zu finden sind.

eine unzulässige und willkürliche Setzung, sondern um eine *Minimalvoraussetzung jeder Ethik*. Sie impliziert nicht Altruismus im Sinne der Selbstaufopferung, sondern besagt lediglich, daß jedes Glied einer Gesellschaft jedem anderen Glied dieser Gesellschaft das gleiche Recht zubilligt wie sich selbst. Wir haben gesehen, daß die konservative Risikostrategie im Urzustand eine notwendige Konsequenz dieser Voraussetzung ist: nur so ist gewährleistet, daß wirklich *die Interessen aller* in die Überlegungen einfließen. Daß Menschen die so beschriebene Minimalvoraussetzung immer wieder verletzen, mindert ihre Berechtigung in keiner Weise. Im Gegenteil: sie zeigt die Notwendigkeit, diesen kritischen Maßstab kontinuierlich in Erinnerung zu rufen.

Auch Nozicks *zweiter Einwand*, die durch den Schleier des Nichtwissens bedingte Trennung von Produktion und Verteilung schließe historische Prinzipien von vornherein aus, kann die Rawlssche Argumentation nicht wirklich aus den Angeln heben. Nozick *sieht zwar richtig*, daß die Idee des Gemeinschaftsgutes, die sich im Schleier des Nichtwissens ausdrückt, die *direkte Kontinuität* von Produktion und Verteilung unterbricht. Von einer Trennung kann aber keine Rede sein. Das Verhältnis von Produktion und Verteilung wird nämlich lediglich an die Regeln gebunden, die der zweite Gerechtigkeitsgrundsatz beschreibt. Nozick *übersieht, daß jede Gerechtigkeitstheorie auf solche Regeln angewiesen ist*. Er selbst entwickelt seine Regeln vom Lockeschen Aneignungsgrundsatz her. Wie wenig eindeutig gerade dieser Ansatzpunkt ist, zeigt die Tatsache, daß etwa eine Verknüpfung der Marxschen Lehre von der ursprünglichen Akkumulation[321] mit Nozicks Kriterien zu einem Ergebnis führen würde, das der Intention seiner Theorie diametral entgegenstünde. Nach dem Nozickschen Berichtigungsgrundsatz müßte dann nämlich eine grundsätzliche Veränderung der Besitzverhältnisse vorgenommen werden.[322] Die faktischen Konsequenzen der Nozickschen Theorie – diese Mutmaßung darf gewagt werden – kämen auf dem Hintergrund der Marxschen Annahmen den Konsequenzen des Unterschiedsprinzip sehr nahe. Da nach Nozicks Theorie die jetzige Besitzstruktur dahingehend überprüft werden müßte, ob sie aufgrund seiner Gerechtigkeitsgrundsätze zustandegekommen ist, stellt uns diese Theorie bei ihrer Anwendung vor unlösbare Meßprobleme, die die ganze Theorie unanwendbar machen.

---

321 Siehe Marx, Das Kapital I, Kap.24, 741-791.
322 Besonders deutlich ist diese Konsequenz im Hinblick auf die gewaltsame Plünderung des lateinamerikanischen Kontinents durch die europäischen Eroberer, deren zentrale Bedeutung für die Entwicklung der europäischen Wirtschaft auf der Hand liegt.

C. Schlüsselprobleme eines Gerechtigkeitsverständnisses

In jedem Falle besteht die Differenz zwischen Rawls und Nozick nicht in der Frage, *ob* die Verteilung an die Produktion gebunden ist, sondern *wie* die Verteilung an die Produktion gebunden ist. Nozick bindet die Verteilung an die Beachtung der Freiwilligkeitsregel im Produktionsprozeß und beim Transfer von bestimmten Gütern. Bei Rawls erwachsen die Ansprüche aus dem Produktionsprozeß in den vom Grundsatz der fairen Chancengleichheit und vom Unterschiedsprinzip zugelassenen Grenzen.[323] Nozicks Mannabeispiel verschleiert diesen Sachverhalt. Würde Rawls seinen zweiten Gerechtigkeitsgrundsatz wirklich direkt von der biblischen Mannageschichte ableiten, müßte er – wie ja auch von manchen Kritikern gefordert – für eine strikte Gleichverteilung eintreten. Wir haben gesehen, daß Rawls sich mit guten Gründen gegen eine solche strikt egalitäre Konzeption entschieden hat. Seiner Theorie ist allerdings insofern eine gewisse Affinität zur biblischen Mannageschichte zu bescheinigen, als Rawls die Verteilung nicht wie Nozick ausschließlich vom Individuum und seiner jeweiligen Leistung her denkt, sondern durch die beschriebenen Voraussetzungen und seine „Idee des Gemeinschaftsguts" der Sozialität der Individuen ihren angemessenen Stellenwert einräumt.

Der Stellenwert von Individuum und Gemeinschaft spielt auch bei Nozicks *drittem Einwand* eine Rolle, der die Bedeutung der mikroökonomischen Beispiele für das Überlegungsgleichgewicht anmahnt. Daß ausschließlich mikroökonomische Beispiele – wie das Beckenbauer-Beispiel – zur Verdeutlichung von Gerechtigkeitsüberlegungen gewählt werden, ist nämlich nur dann nicht überraschend, wenn der Ausgangspunkt dieser Überlegungen ein Ideal des Individuums ist, das möglichst wenig von sozialen Zusammenhängen beeinflußt wird. Solche mikroökonomischen Beispiele sind dagegen nur bedingt aussagekräftig, wenn der soziale Bezug der einzelnen und die damit verbundenen institutionellen Bedingungen des Zusammenlebens in einer Gesellschaft mitbedacht werden.[324] Wir haben gesehen, daß Rawls den Stellenwert institutioneller Vorgaben erkennt und deswegen seine Überlegungen zur Gerechtigkeit in erster Linie auf die *Grundstruktur der Gesellschaft* bezieht. Je mehr die Grundstruktur der Gesellschaft von fairen Prinzipien geprägt ist, desto größer ist

---

[323] Ähnlich Kukathas/Pettit, Rawls, 84-88. Die beiden australischen Politologen bezeichnen Rawls' Konzeption als „structural-cum-historical" (83). Pogge weist mit Recht darauf hin, daß auch die Nozickschen Regeln ein bestimmtes Muster der Verteilung implizieren (Pogge, Realizing Rawls, 29).

[324] Die Auswahl der Beispiele bei Nozick kritisiert auch Kley, weil sie „die Menschen als völlig vereinzelt und von einem weiteren gesellschaftlichen Umfeld isoliert lebend darstellen" (Kley, Vertragstheorien, 250).

auch die Wahrscheinlichkeit, daß die Menschen einen Gerechtigkeitssinn entwickeln, durch den diese Prinzipien auch in Beziehungen Eingang finden, die nicht durch das Recht geregelt sind. Der Gefahr, den einzelnen Gliedern der Gesellschaft eine Ideologie der Gemeinschaft aufzuoktroieren – das hat sich in Abgrenzung zur kommunitären Ethik gezeigt – entgeht Rawls dadurch, daß er seine Prinzipien so wählt, daß Bürgerinnen und Bürger, die sich als freie und gleiche Vernunftwesen verstehen, diesen Prinzipien aus freiem Entschluß zustimmen können.

Wenn Nozick richtig feststellt, daß zahlreiche Alltagsurteile in demokratischen Gesellschaften den Rawlsschen Gerechtigkeitsgrundsätzen widersprechen, dann sind die Grundsätze damit noch keineswegs widerlegt. Das Überlegungsgleichgewicht ist ein offener Prozeß, der in zwei Schritten intuitive Spontanurteile kritisch hinterfragt: Die eigenen Gerechtigkeitsurteile, von denen er ausgeht, sind *wohlüberlegte* Gerechtigkeitsurteile, sie sind also schon Ergebnis vernünftiger Reflexion. Diese Urteile werden dann noch einmal den *Gerechtigkeitsgrundsätzen* kritisch gegenübergestellt, die aus bestimmten Voraussetzungen *rational konstruiert* werden. Rawls' Hoffnung ist, daß der Prozeß des Überlegungsgleichgewichts dazu führt, daß sich auch zunächst differierende intuitive Spontanurteile einander annähern. Um seinem Einwand Substanz zu geben, müßte Nozick zeigen, warum bestimmte Urteile dieser Art, die den Rawlsschen Gerechtigkeitsgrundsätzen widersprechen, sich auch im Prozeß des Überlegungsgleichgewichts nicht verändern.

Nozicks *vierter Einwand*, Rawls Theorie gerate in Konflikt mit der Sicht des Menschen als autonomes und verantwortliches Wesen, weil sie den Mißbrauch des Menschen als Mittel zu Zwecken der Gemeinschaft ermögliche, berührt die Grundvoraussetzungen der Theorien Rawls' und Nozicks. Das gleiche gilt für seinen *fünften Einwand*, daß Rawls' Ablehnung des Systems der natürlichen Freiheiten willkürlich sei. Nozick sieht die natürlichen und gesellschaftlichen Fähigkeiten als persönliche Errungenschaft und deswegen als *persönlichen Besitz* eines jeden Menschen an, der *gegenüber der Gemeinschaft zu verteidigen* ist. Jegliche Verpflichtung anderen gegenüber aufgrund des gemeinsamen Menschseins lehnt Nozick von vornherein ab. Eine Begründung für diese Annahme gibt er nicht.[325]

---

325 Kley stellt mit Recht fest, daß die Rechtfertigung des Minimalstaats völlig von Nozicks individualistischer Naturrechtstheorie abhängt (Kley, a.a.O. 235). Dieses Naturrecht wird aber nirgendwo wirklich begründet (Eine Auswahl von Kommentatoren, die diese Kritik vorgebracht haben, bei Kley, a.a.O. 236 Anm.1). Böhr kommt in seiner Untersuchung der Nozickschen Minimalstaatskonzeption zu einem ähnlichen Ergebnis: „Festzuhalten bleibt, daß Nozick trotz weitgehender Problematisierung der eigenen Theorie an einer Dogmatisierung seiner letzten Ableitungsbasis nicht vorbei

Aus dieser Sicht muß Nozick nicht nur ablehnen, daß Franz Beckenbauer mit seinen finanziell starken Schultern einen relativ größeren Anteil an einem gerade vom Parlament verabschiedeten Wiedereingliederungsprogramm für Langzeitarbeitslose zu tragen hat, sondern er muß sogar bezweifeln, daß Beckenbauer auch nur das Geringste mit irgendwelchen Langzeitarbeitslosen zu tun hat. Wenn ihm sein Beitrag dennoch abverlangt wird, so wird er, von Nozicks Denkvoraussetzungen durchaus einleuchtend, als Mittel zum Zweck mißbraucht.

Ganz anders ist die Lage, wenn wir von Rawls' Grundannahmen her argumentieren. Rawls geht völlig zu Recht davon aus, daß die Verteilung der natürlichen und gesellschaftlichen Talente gerade *nicht auf moralischem Verdienst beruht*. Ob wir die Zuteilung solcher Talente bei der Geburt nun als Zufall sehen oder etwa als göttliche Gnade, spielt dabei keine Rolle. Entscheidend ist die Tatsache, daß daraus jedenfalls *keine persönlichen Besitzansprüche* abgeleitet werden können. Daß die natürlichen und gesellschaftlichen Begabungen zunächst als Gemeinschaftsgut angesehen werden können, ist deswegen durchaus plausibel. Da das gesellschaftliche Umfeld, in das wir hereingeboren werden, ebenso wenig auf unserem persönlichen Verdienst beruht wie die jeweiligen Begabungen, muß auch die *Entwicklung* der Talente so von der Gemeinschaft begleitet werden, daß die faire Chancengleichheit für alle gesichert wird.

All diese Gesichtspunkte setzen keinesfalls irgendwelche altruistischen Beweggründe voraus, sondern lediglich die hinreichend schwache Annahme, daß der Mensch als freies, gleiches, kooperationsfähiges und vernunftbegabtes Wesen zu sehen ist. Wenn Franz Beckenbauer in eine wohlgeordnete Gesellschaft hineingewachsen ist, in der diese Sicht des Menschen allgemein geteilt wird und deren Grundstruktur die daraus folgenden Gerechtigkeitsprinzipien manifestiert, dann wird er sich ganz selbstverständlich mit einem entsprechenden Anteil an den Kosten des Programmes für Langzeitarbeitslose beteiligen. Er weiß nämlich, daß er selbst genauso das Recht auf Solidarität der Gemeinschaft in Anspruch nehmen wollte, sollte er – so unwahrscheinlich das auch sein mag – sozial absteigen und dann zu den weniger Bevorzugten gehören. Beckenbauer wird sich also *nicht*, wie Nozick unterstellt, als Mittel zum Zweck mißbraucht fühlen. Im übrigen kennt er die Regeln der gesellschaftlichen Zusammenarbeit und kennt deswegen auch genau den Anteil der zu erwartenden Einkünfte aus seinen Fußballspielen, der ihm zusteht. Daß

---

kommt. Er kaschiert diese Dogmatisierung allenfalls dadurch, daß er axiomatische Annahmen als Tatsachenbehauptung formuliert" (Böhr, Liberalismus und Minimalismus, 74).

auch der Staat einen Anteil an seinen Fußballeinnahmen erhält, sieht Beckenbauer keinesfalls als Willkür an. Er weiß nämlich, daß dieser Anteil dem Staat nach den gesellschaftlich vereinbarten Regeln für die Aufgaben der Gemeinschaft *zusteht*.[326] Die Anwendung des Beckenbauer-Beispiels auf eine Gesellschaft, in der die Grundsätze der Gerechtigkeit als Fairneß gelten, zeigt: Rawls' Ablehnung des Systems der natürlichen Freiheiten beruht keineswegs auf Willkür, sondern erweist sich als ausgesprochen plausibel, wenn die wohl kaum einleuchtende Annahme, die Verteilung der natürlichen Talente beruhe auf moralischem Verdienst, einmal aus dem Weg geräumt ist. Da die am meisten Bevorteilten in einer wohlgeordneten Gesellschaft wissen, daß auch sie auf die Solidarität der Gemeinschaft angewiesen sein könnten, bejahen sie die Beiträge an die Gemeinschaft, die die Gerechtigkeitsprinzipien von ihnen verlangen.

Nachdem ich die Einwände, die Robert Nozick gegen die Rawlssche Gerechtigkeitstheorie vorgebracht hat, nun kritisch geprüft habe, kann ich ein *Gesamtergebnis* meiner Untersuchungen zur philosophischen Gerechtigkeitsdiskussion formulieren.

5.2. Rawls' Theorie als Eckstein eines philosophisch-ethischen Gerechtigkeitsverständnisses

Die Theorie der Gerechtigkeit als Fairneß hat sich gegenüber der vielfältigen Kritik ganz unterschiedlicher Provenienz als ausgesprochen tragfähig erwiesen. Lediglich an *zwei Punkten* hat sich die Notwendigkeit von *Modifikationen* gezeigt. Die *erste Modifikation* betrifft lediglich eine zentrale Formulierung, die Rawls immer wieder gebraucht. Anstatt vom „Vorrang des Rechten vor dem Guten" zu sprechen, – so habe ich vorgeschlagen – sollte besser die Formulierung „*Begrenzung des Guten durch das Rechte*" gewählt werden. Nur so kann das teleologische Element in der Rawlsschen Theorie festgehalten werden, ohne das zentrale Anliegen dieser Theorie aufzugeben, nämlich Regeln für die Grundstruktur der Gesellschaft zu finden, die für möglichst viele Konzeptionen des Guten annehmbar sind.

Die *zweite Modifikation* berührt die inhaltliche Ebene. Diese Modifikation – so habe ich betont – widerspricht allerdings nicht der Rawlsschen Intention, sondern bringt sie erst wirklich zur Geltung. Rawls übersieht eine wichtige Konkurrenz zwischen den Ungleichheiten, die das Unter-

---

326 Auf die Unhaltbarkeit des Nozickschen Willkürarguments weisen auch Kukathas/Pettit, Rawls, 85f, hin. Ähnlich Pogge, Realizing Rawls, 17.

schiedsprinzip zuläßt, und dem System der gleichen Freiheiten, das der lexikalisch vorgeordnete erste Grundsatz verlangt. Der Umfang, in dem die Bürgerinnen und Bürger von bestimmten zentralen Freiheiten wie z.B. der Meinungsfreiheit Gebrauch machen können, hängt nämlich *nicht von der absoluten, sondern von der relativen Menge an verfügbaren Gütern* ab. In seinen Ausführungen zum fairen Wert der Freiheiten hat Rawls dieses Problem zwar anerkannt, aber lediglich dem Bereich der *Anwendung* seiner Theorie zugeordnet. Da mit dem fairen Wert der Freiheit aber der zentrale Sinn des ersten Gerechtigkeitsgrundsatzes steht und fällt, muß – so habe ich vorgeschlagen – der zweite Gerechtigkeitsgrundsatz so modifiziert werden, daß die *Ungleichheiten, die das Unterschiedsprinzip zuläßt, mit dem fairen Wert der Freiheit vereinbar* bleiben. Auf diese Weise wird der Grundsatz der gleichen Freiheiten, dem Rawls mit Recht Priorität einräumt, vor seiner möglichen Aushöhlung gesichert.

Von den genannten Modifikationen unbenommen bleibt die Tatsache, daß John Rawls mit seiner Theorie in hohem Maße seinem Ziel gerecht zu werden vermag, aus möglichst schwachen Voraussetzungen substantielle Gerechtigkeitsprinzipien zu entwickeln, die für alle annehmbar sind. Aus der Voraussetzung der Sicht des Menschen als freies, gleiches, kooperationsfähiges und vernunftbegabtes Wesen entwickelt er mit philosophisch tragfähigen Argumenten Grundsätze, die die *politischen* Grundstrukturen so regeln, daß allen Gliedern der Gesellschaft ein Höchstmaß an Freiheit zugebilligt wird, und die die *wirtschaftlichen* Grundstrukturen so regeln, daß die am wenigsten Bevorzugten die größtmöglichen Vorteile haben.

Es hat sich gezeigt, daß sich zahlreiche Einwände gegen die Rawlssche Theorie mit philosophischen Argumenten ausräumen lassen. Es hat sich, v.a. bei der Beschäftigung mit Nozick, aber auch gezeigt, daß sich manche Differenzen auf bestimmte Grundannahmen zurückverfolgen lassen, die dem prärationalen Bereich zuzuordnen sind und sich weiterer philosophischer Diskussion entziehen. Die Möglichkeit solcher unauflöslicher Differenzen hat Rawls in dem 1989 erstmals veröffentlichten Aufsatz „The Domain of the Political and Overlapping Consensus" im übrigen ausdrücklich eingeräumt.[327] Wir haben in Robert Nozicks Befürwortung des Systems der natürlichen Freiheiten und einem damit verbundenen Freiheitsverständnis, das jede Form von Verpflichtung gegenüber der Gemeinschaft ablehnt, ein deutliches Beispiel für eine Kritik an Rawls' Theorie

---

327 In deutscher Übersetzung: „Es ist unvernünftig, die Wahrscheinlichkeit, ja die praktische Gewißheit unauflöslicher vernünftiger Meinungsverschiedenheiten in Angelegenheiten allererstens Ranges zu leugnen (Rawls, Die Idee des politischen Liberalismus, 340).

gefunden, die letztlich auf abweichenden Grundannahmen beruht.[328] Mit einer Sicht des Menschen als freies und gleiches Wesen lassen sich Nozicks Überlegungen jedenfalls nicht vereinbaren. Wir stoßen hier offenbar an eine Grenze rationaler Argumentation.

Nozicks Kritik an Rawls beruht auf einem Verständnis von Freiheit und Gleichheit als *Konkurrenzverhältnis, in dem die Freiheit an die Stelle der Gleichheit tritt*. Ganz anders bei Rawls: In der Theorie der Gerechtigkeit als Fairneß *widersprechen sich Freiheit und Gleichheit nicht, sondern sie ergänzen sich*. Diese Voraussetzung, die Grundlage der politischen Kultur in einer demokratischen Gesellschaft ist, ist der Ausgangspunkt, von dem her Rawls seine beiden Gerechtigkeitsgrundsätze entwirft. Freiheit beinhaltet in dieser Perspektive nicht nur Schutzrechte des Individuums *vor Eingriffen der Gemeinschaft*, sondern ebenso Rechte des Individuums auf *Solidarität der Gemeinschaft*. Freiheit ist also nicht nur in *Abgrenzung* von der Gemeinschaft, sondern ebenso in *Bindung* an die Gemeinschaft verstanden.

In dem Versuch, Freiheit und Gleichheit nicht in einem Verhältnis der Konkurrenz, sondern in einem Verhältnis wechselseitiger Bedingung zu verstehen liegt der Kern des Projekts der Theorie der Gerechtigkeit als Fairneß. Mit der Gedankenfigur des Urzustandes versteht es Rawls meisterhaft, dieses Projekt so zu veranschaulichen, daß seine Voraussetzungen und die daraus ableitbaren Prinzipien allgemein einsichtig werden. Insofern kann Rawls' Theorie mit guten Gründen als Eckstein eines tragfähigen philosophisch-ethischen Gerechtigkeitsverständnisses bezeichnet werden.

Die Vermutung, in der Theorie der Gerechtigkeit von John Rawls eine Gerechtigkeitsvorstellung vor Augen geführt zu bekommen, die sich als philosophisch tragfähig erweist, hat sich also bestätigt. Im Schlußkapitel werden nun meine Untersuchungen zur Methodologie der Ethik und zur Option für die Armen als Basis eines theologischen Gerechtigkeitsverständnisses mit meinen Erkenntnissen zur philosophischen Gerechtigkeitsdiskussion zu verknüpfen sein. Auf diese Weise ergeben sich – so hoffe ich – Schritte auf dem Weg zu einer theologischen Gerechtigkeitstheorie.

---

328 Auch Pogge sieht den Kern der Differenzen zwischen Rawls und Nozick letztlich in einem unterschiedlichen Freiheitsverständnis begründet (Pogge, a.a.O. 38). Ähnlich Böhr, a.a.O. 74: „Nozicks Anthropologie ist dadurch gekennzeichnet, daß sie den eindimensionalen Freiheitsbegriff ... als der Natur des Menschen entsprechend einführt ... Selbst eine natürliche Verpflichtung zu Humanität und Mitmenschlichkeit ... heißt für Nozick: einen Menschen als Mittel für die Zwecke anderer zu mißbrauchen."

D. Auf dem Wege zu einer theologischen Theorie der Gerechtigkeit

I. Vorbemerkung

„Was ist eigentlich soziale Gerechtigkeit?" Mit dieser Frage Martin Honeckers habe ich einleitend den Klärungsbedarf angedeutet, dem meine Untersuchung zu begegnen versucht. Läßt sich – so habe ich gefragt – ein Gerechtigkeitsverständnis theologisch und philosophisch begründen und präzisieren, in dessen Zentrum eine vorrangige Option für die Armen steht? Martin Honecker kommt nach einer kurzen Erläuterung des Wirtschaftshirtenbriefs der U.S.-Bischöfe und John Rawls' Gerechtigkeitstheorie zu dem Ergebnis, daß die „Gerechtigkeitstheorien scheitern" und es einen „objektiven oder objektivierbaren Maßstab zur inhaltlichen Auffüllung der Leerformel ‚Gerechtigkeit'" nicht gibt.[1]

Meine Untersuchungen – diese These darf nun gewagt werden – haben ergeben, daß trotz der von Honecker mit Recht gesehenen Schwierigkeiten bei der inhaltlichen Füllung dieses zentralen sozialethischen Begriffs kein Anlaß besteht für eine solch kategorische theologisch-ethische Kapitulationserklärung. Vielmehr haben sich Konturen eines an der Option für die Armen orientierten Gerechtigkeitsverständnisses herausgeschält, das sich sowohl aus der Sicht theologischer Ethik als auch aus der Sicht philosophischer Ethik als tragfähig erweist.

Ich will den Ertrag meiner Untersuchungen auswerten, indem ich diese Konturen abschließend beschreibe. Ich gehe dabei zunächst auf die theologische und die philosophische Begründung eines an der Option für die Armen orientierten Gerechtigkeitsverständnisses ein. In einem nächsten Schritt will ich die gegenseitige Verträglichkeit dieser Begründungen untersuchen, indem ich deren jeweilige anthropologische und erkennt-

---

1 Honecker, Rechtfertigung und Gerechtigkeit, 56f. Vgl. auch a.a.O. 50f. Ähnlich urteilt Rolf Kramer: „Soziale Gerechtigkeit besitzt keinen eigenen Maßstab. Sie ist abhängig von den von außen festgelegten Normen. Insofern bleibt sie immer eine Verhältnisgröße, die durch zeitliche, regionale und wertabhängige Änderungen variierbar ist. Darum scheitern auch alle Versuche, die soziale Gerechtigkeit einzugrenzen oder inhaltlich zu füllen" (Kramer, Soziale Gerechtigkeit – Inhalt und Grenzen, 119). Wie problematisch dieses Urteil ist, zeigt allein schon die Tatsache, daß Kramer es gerade im Hinblick auf Rawls an keiner Stelle begründet. Vielmehr geht der Abschnitt zu Rawls über eine Darstellung seiner Ideen kaum hinaus.

nistheoretische Voraussetzungen miteinander vergleiche und im Lichte meiner grundsätzlichen Überlegungen zur ethischen Methodologie im zweiten Hauptteil die Konsequenzen für das Verhältnis von philosophischer und theologischer Begründung des Gerechtigkeitsbegriffs erläutere. In einem weiteren Schritt will ich anhand von zehn Kernaspekten das nun gewonnene inhaltliche Profil des Gerechtigkeitsbegriffs beschreiben, indem ich meine Untersuchungen zum Hirtenbrief und zur Option für die Armen zum Ergebnis meiner Analyse der Rawlsschen Theorie in Beziehung setze. Einige Überlegungen sind dann abschließend möglichen politischen Konsequenzen eines an der Option für die Armen orientierten Gerechtigkeitsverständnisses gewidmet.

II. Die Grundlagen

1. Theologische Begründung des Gerechtigkeitsbegriffs

1.1. Die Option für die Armen als Kern des Gerechtigkeitsbegriffs

Der Begriff der Option für die Armen ist erst im Hirtenbrief der U.S.-Bischöfe und in den Dokumenten des konziliaren Prozesses der ökumenischen Bewegung explizit mit dem Begriff der Gerechtigkeit verknüpft worden. Soll Gerechtigkeit als kritischer Maßstab der Wirklichkeit verstanden werden, dann gewinnt dieser Begriff tatsächlich durch seine Verknüpfung mit dem Konzept der Option für die Armen in entscheidender Weise an Schärfe.

Der Begriff der sozialen Gerechtigkeit bezieht sich auf die Bedingungen einer modernen Gesellschaft, in der verschiedene gesellschaftliche Gruppen bei der Verteilung der Grundgüter einen möglichst hohen Anteil für sich erstreben. Die Machtmittel der verschiedenen Gruppen sind höchst ungleich verteilt. Eine biblisch inspirierte theologische Ethik findet sich nicht damit ab, daß das Maß gesellschaftlicher Machtmittel über die Verteilung der Ressourcen bestimmt, Gerechtigkeit also lediglich ein Spiegelbild gesellschaftlicher Machtverteilung darstellt. Indem für die theologische Ethik die Option für die Armen den Kern des Gerechtigkeitsbegriffes bildet, nimmt sie Partei für die Gruppen im gesellschaftlichen Verteilungskampf, die den geringsten Anteil an den Früchten der gesellschaftlichen Zusammenarbeit erhalten. Der Begriff der sozialen Gerechtigkeit wird von einer „Leerformel" (Honecker) zum kritischen Maßstab der Wirklichkeit. Ein entscheidender Schritt zur theologisch-ethischen Profilierung dieses Begriffes ist damit getan. Auf dem Hintergrund meiner Untersuchungen zum Hirtenbrief und zum Konzept der Option für die Armen lassen sich *drei theologische Begründungsstränge* für diese inhaltliche Profilierung identifizieren: ein schöpfungstheologischer, ein bundestheologischer und ein kreuzestheologischer.

1.2. Die schöpfungstheologische Begründung

Kern der im Hirtenbrief vertretenen schöpfungstheologischen Begründung eines an der Option für die Armen orientierten Gerechtigkeitsbegriffes ist die *Würde des Menschen.* Der Mensch ist zum Bilde Gottes geschaffen und darf deswegen nie nur Mittel zum Zweck sein, sondern ist immer zugleich Zweck an sich. Die Würde des Menschen liegt nicht in seinem Leistungsvermögen und der Höhe seines Beitrags zur Effizienz einer Wirtschaft begründet, sondern in seinem Charakter als Geschöpf Gottes und, mehr noch, in seiner Gottesebenbildlichkeit. Die durch Gott zugesprochene Würde geht auch in der Entfernung der Menschen von Gott nicht verloren. Dadurch, daß Gott in Christus selbst Mensch geworden ist und den Menschen damit noch in ihrer Abwendung die Treue hält, findet sie ihre endgültige Bestätigung. Das Eintreten für Gerechtigkeit verlangt eine vorrangige Sensibilität für die Schwächeren, weil sie in besonderer Weise in der Gefahr stehen, für die Zwecke der Mächtigen instrumentalisiert und so ihrer Menschenwürde beraubt zu werden.

Die Charakterisierung des Menschen als Geschöpf Gottes bedeutet auch, daß Ausgangsperspektive der Gerechtigkeit die *Gleichheit* ist. Die unterschiedlichen Talente der Menschen und ihre unterschiedliche Leistungsfähigkeit sind Gabe Gottes und begründen deswegen nicht unterschiedliche Ansprüche auf die gesellschaftlichen Güter. Besitzansprüche auf solche Güter sind immer nur relativ, da diese Güter den Menschen von Gott zur Statthalterschaft anvertraut sind. Wo die Rede von der „Schöpfung" ernstgenommen wird, bleibt Eigentum immer an das Gemeinwohl gebunden. Angesichts der Tatsache, daß alles Eigentum letztlich Gabe Gottes ist, kann nicht hingenommen werden, daß ein Teil der Menschen von der Verfügung über dieses Eigentum ausgeschlossen bleibt. In der Perspektive der Gerechtigkeit ist deswegen die Aufrechterhaltung von Eigentumsunterschieden grundsätzlich gegenüber den am meisten Benachteiligten und damit der Gemeinschaft insgesamt rechenschaftspflichtig.

1.3. Die bundestheologische Begründung

Die bundestheologische Begründung eines an der Option für die Armen orientierten Gerechtigkeitsverständnisses nimmt v.a. Impulse aus der lateinamerikanischen Befreiungstheologie auf. Die biblischen Texte, die die Geschichte Gottes mit den Menschen beschreiben, weisen immer wieder auf die *besondere Nähe Gottes zu den Schwachen* hin.

Die Urerfahrung des Volkes Israel, die Herausführung aus der Sklaverei in Ägypten zeigt: die Nähe zu den Armen ist nicht bloßes Herrscherattribut Gottes, mit dem seine Ehre gemehrt werden soll, sondern sie gibt den Impuls für *geschichtliche Befreiungsprozesse.* Jahwe verbindet schon die Offenbarung seines Namens mit der Ankündigung der Befreiung Israels aus der Sklaverei. Weil im Zentrum des Bundes Gottes mit seinem Volk dieses Befreiungsgeschehen steht, sehen auch die Gesetze des Bundes einen besonderen Schutz der Schwachen vor. Die Betonung des Rechts der Witwen und Waisen, der Fremden und der Sklaven wird mit Jahwes Befreiungshandeln an Israel begründet. Die sozialen Schutzvorschriften – etwa im Rahmen des Sabbatgebots – werden *theologisch* begründet und damit untrennbar an den Bund Gottes mit seinem Volk gebunden. Sie haben *Rechtscharakter* und sprengen den Rahmen karitativer Akte. Die Propheten klagen den Bundesbruch des Volkes an. Daß die Kritik sozialer Mißstände dabei eine zentrale Rolle spielt, bestätigt die Bedeutung der Option für die Armen für den Bund Jahwes mit seinem Volk.

Gottes Menschwerdung in Jesus Christus als endgültige Erneuerung des Bundes erneuert auch die besondere Option für die Armen. Die „Antrittspredigt Jesu" und das Magnifikat Marias beschreiben das Kommen Jesu, ganz im Sinne des alttestamentlichen Bundes, als *Zeichen der endgültigen Befreiung der Armen.* Jesu Leben, wie es in den Evangelien beschrieben wird, ist äußerer Ausdruck dieser Befreiung. Blinde sehen, Lahme gehen, Ausgestoßene finden wieder einen Platz in der Gemeinschaft, Gesetzesbrecher erhalten die Chance zum Neuanfang, Hungernde bekommen zu essen.

Der durch Jesu Leben und Auferstehung erneuerte Bund schafft Gemeinschaften der Nachfolge, in denen die Unterschiede zwischen arm und reich eingeebnet und die Güter geteilt werden. Die in Christus gegründete *Bundesgeschichte Gottes mit den Menschen geht damit weiter* und findet heute ihren Ausdruck in einer *Kirche, die sich für das Recht der Schwachen einsetzt* und so mit ihrem Handeln immer neu auf Gottes vorrangige Option für die Armen antwortet.

1.4. Die kreuzestheologische Begründung

Daß Gerechtigkeit sich am Wohl der Schwachen bemißt, muß auch im Lichte einer theologisch-ethischen Deutung des Kreuzestods Christi behauptet werden, ein Aspekt, der in den Dokumenten von Medellin und Puebla sowie in der lateinamerikanischen Befreiungstheologie besonders betont worden ist.

Kern der kreuzestheologischen Begründung eines an der Option für die Armen orientierten Gerechtigkeitsbegriffes ist die theologische Aussage, daß Gott in Christus nicht nur *Mensch* geworden ist, sondern daß Gott, mehr noch, sich in ihm als ein *Armer* zeigt. Daß Gott in Christus zwischen zwei Verbrechern am Kreuz gestorben und damit den Weg des Leidens bis zur äußersten Konsequenz gegangen sei, ist eine der ungeheuerlichsten Behauptungen der Religionsgeschichte. Umso mehr Gewicht hat diese theologische Aussage für das Gottesbild und dessen Implikationen für das menschliche Handeln. Daß Gott mit den Armen arm war und mit den Leidenden gelitten hat, konstituiert eine besondere Nähe Gottes zu den Armen. Nur so kann der ganze Sinn von Jesu Schilderung des Weltgerichts (Mt 25, 31-46) verstanden werden. Was den Geringsten angetan wird, das wird Gott selbst angetan. Die Option für die Armen heißt in ihrer letzten Konsequenz, daß *Gott sich mit den Armen identifiziert* und deswegen die Behandlung der Armen zum Maßstab für das Heil einer Gemeinschaft wird. Ein Gerechtigkeitsverständnis, das sich an der Option für die Armen orientiert, findet von dieser Identifikation Gottes mit den Armen her seine tiefste theologische Begründung.

Anhand der schöpfungs-, bundes- und kreuzestheologischen Begründung zeigt sich: Die Orientierung des Gerechtigkeitsverständnisses an der Option für die Armen kann sich auf gute theologische Gründe berufen. Die drei Begründungsstränge widersprechen sich nicht, sondern sie stärken sich gegenseitig.

1.5. Der eschatologische Horizont[2]

Ich habe darauf hingewiesen, daß sich der Begriff der sozialen Gerechtigkeit auf die Bedingungen moderner Gesellschaften bezieht, die von

---

2 Ich weise darauf hin, daß die folgenden Überlegungen die eschatologische Dimension der Gerechtigkeit nur andeutungsweise behandeln. Eine gründlichere Behandlung dieser Frage muß einer ausgeführten theologischen Theorie der Gerechtigkeit vorbehalten bleiben.

einer Konkurrenz der verschiedenen Gruppen um die gesellschaftlichen Güter gekennzeichnet sind. An der Option für die Armen orientierte Grundsätze der Gerechtigkeit schaffen einen Rahmen für die faire Verteilung dieser Güter. Aus theologischer Sicht stehen solche Grundsätze der Gerechtigkeit in einem *eschatologischen Horizont*. „Wir warten" – so der 2. Petrusbrief – „auf einen neuen Himmel und eine neue Erde nach seiner Verheißung, in denen Gerechtigkeit wohnt" (2. Petr 3,13). Jesu Predigt vom Reich Gottes verheißt eine neue Welt: nicht gesellschaftliche Interessenkämpfe prägen diese Welt, sondern ein Leben aus der Fülle, wie es im Bild vom endzeitlichen Gastmahl (Lk 14, 16-24 vgl. Mt 22, 1-14) zum Ausdruck kommt. Nicht die Sorge um den fairen Anteil an den Gütern charakterisiert die Gemeinschaft des Reiches Gottes, sondern die Liebe, die mehr gibt, als verlangt ist. Die Spannung von Liebe und Gerechtigkeit gehört in der Gemeinschaft des Reiches Gottes der Vergangenheit an.

Eine theologisch-ethische Theorie der Gerechtigkeit weiß um die Differenz zwischen der Gerechtigkeit des Reiches Gottes und den Bemühungen um soziale Gerechtigkeit in der bestehenden Welt. Ebensowenig wie eine *Identifizierung* von Letztem und Vorletztem kann sie aber deren *Trennung* zulassen. Christliche Existenz – so Arthur Rich – *„ist Existenz im Vorletzten, aber so, daß sie sich im Vorletzten vom Anruf des Letzten, des ‚Eschatons', bestimmen und bewegen läßt."*[3] Der eschatologische Horizont eines theologisch-ethischen Gerechtigkeitsverständnisses weist deswegen auf die Bedeutung der Reich-Gottes-Verheißung für die bestehende Welt. Die schöpfungstheologische, bundestheologische und kreuzestheologische Begründung hat gezeigt, daß der Vorrang für die Armen den Kern der Konsequenzen dieser Reich-Gottes-Verheißung für die Frage nach sozialer Gerechtigkeit unter den Bedingungen der heutigen Welt bildet. Der Vorrang für die Armen wird erst überflüssig, wenn der „neue Himmel" und die „neue Erde" sichtbar geworden sind, wenn die Realität einer Welt, in der die Stärkeren sich auf Kosten der Schwächeren durchsetzen, endgültig der Vergangenheit angehört.

Wie sehen nun die Grundlinien der *philosophischen* Begründung eines am Vorrang für die Armen orientierten Gerechtigkeitsverständnisses aus? Auf der Grundlage der Rawlsschen Theorie will ich eine Antwort auf diese Frage zumindest anzudeuten versuchen.

---

3 Rich, Wirtschaftsethik I, 132. Hervorhebung bei Rich.

2. Philosophische Begründung des Gerechtigkeitsbegriffs

Eine Begründung des Gerechtigkeitsbegriffs, die möglichst breites Einverständnis auf der Basis der praktischen Vernunft erzielen will, muß ihre Voraussetzungen so schwach wie möglich halten. Breites Einverständnis kann eine Ausgangsvoraussetzung erwarten, die die ethische Sichtweise von vornherein von allen Formen des Egoismus unterscheidet und damit für Ethik überhaupt konstitutiv ist: Aussagen werden nicht in der Absicht getroffen, ein bestimmtes Partikularinteresse möglichst wirksam zu verfolgen, sondern mit dem Ziel, Regeln für ein möglichst sinnvolles Zusammenleben der Glieder einer Gemeinschaft finden, denen grundsätzlich alle zustimmen können. Der *Horizont jeder Ethik ist also nicht ein Partikularinteresse, sondern das Allgemeininteresse*. Bei Rawls haben wir diese Minimalvoraussetzung jeder Ethik im „Schleier des Nichtwissens" wiedergefunden.

Die von Rawls zugrundegelegte Sicht des Menschen als freies, gleiches, rationales und kooperationsfähiges Wesen ergibt sich aus der gleichen Voraussetzung und kann deswegen ebenfalls auf breites Einverständnis hoffen. Daß die Glieder einer Gemeinschaft nicht als Mittel zum Zweck mißbraucht werden dürfen und deswegen Regeln gefunden werden müssen, denen sie nicht allein aus Zwang unterworfen sind, sondern denen sie sich grundsätzlich *aus freier Zustimmung* unterstellen können, ist ein fundamentales Postulat praktischer Vernunft. Wenn Einigkeit darüber besteht, daß nicht bestimmte Partikularperspektiven die Regeln bestimmen sollen, ist auch die Voraussetzung der *Gleichheit* anerkannt. Alle Glieder der Gemeinschaft haben grundsätzlich das gleiche Recht, ihre Interessen berücksichtigt zu sehen. Auch die Sicht des Menschen als *rationales Wesen* ist eine notwendige Bedingung jeder Ethik. Der Versuch der Begründung sinnvoller Regeln für die Gemeinschaft macht ja nur dann Sinn, wenn grundsätzlich von der Fähigkeit ausgegangen werden kann, diese Begründung nachzuvollziehen und die Befolgung der Regeln damit als sinnvoll einzusehen. Ähnliches gilt für die Annahme der *Kooperationsfähigkeit des Menschen*. Die Entwicklung von Regeln des Zusammenlebens erhält ihren Sinn nur dadurch, daß auch die tatsächliche *Befolgung* dieser Regeln erhofft werden kann. Würde dem Menschen die Kooperationsfähigkeit abgesprochen, wäre jede Ethik von vornherein zum Scheitern verurteilt.

Damit ist deutlich, daß die genannten Voraussetzungen als so schwach angesehen werden können, daß eine Gerechtigkeitsvorstellung, die von diesen Voraussetzungen her überzeugend argumentiert, breite Zustimmung beanspruchen kann. Die Rawlssche Gerechtigkeitstheorie bietet eine solche überzeugende Argumentation. Grundlage ist dabei das methodische Mittel des Urzustands, das die Voraussetzungen repräsentiert: Da die im Urzustand versammelten Menschen weder ihre gesellschaftliche Stellung noch ihren Ort in der Geschichte kennen, einigen sie sich auf Grundsätze, mit denen sie auch dann leben können, wenn sie sich nach der Lüftung des Schleiers des Nichtwissens als Vertreter der am meisten benachteiligten Gruppe erweisen. Durch den Grundsatz gleicher Freiheiten sowie durch das Prinzip der fairen Chancengleichheit sichern sie sich ein höchstmögliches Maß an Teilhabe an den gesellschaftlichen Prozessen. Durch das Unterschiedsprinzip stellen sie sicher, daß sie auch als die gesellschaftlich Schwächsten von der gesellschaftlichen Zusammenarbeit profitieren.

Die Argumentation der Rawlsschen Theorie hat sich der umfangreichen Kritik gegenüber als tragfähig erwiesen. Ein Vergleich der wesentlichen Voraussetzungen dieser Theorie mit den Aussagen theologischer Ethik soll nun zeigen, wie verträglich beide Begründungsansätze sind.

III. Die Verträglichkeit der Begründungen

1. Die anthropologischen Voraussetzungen

Der Sicht des Menschen als freies, gleiches, rationales und kooperationsfähiges Wesen, wie Rawls sie voraussetzt, muß eine deutliche Nähe zu den anthropologischen Aussagen theologischer Ethik bescheinigt werden. Daß der Mensch ein *freies* Wesen ist, das nicht als bloßes Mittel zum Zweck mißbraucht werden darf, ist eine Prämisse der Rawlsschen Theorie, die trotz unterschiedlicher Begründung – so haben wir gesehen – ihre Entsprechung in der theologischen Ethik findet: Im Lichte der dem Menschen in der Schöpfung von Gott verliehenen und in Christus sichtbar gewordenen Gottebenbildlichkeit kommt dem Menschen eine Freiheit zu, die in unveräußerlichen Menschenrechten ihren Niederschlag findet und von jeder staatlichen Ordnung geschützt werden muß. Neuere theologisch-ethische Interpretationen des Freiheitsbegriffes haben mit Nachdruck darauf hingewiesen, daß die innere Freiheit des christlichen Glaubens nicht vom Kampf für die äußere Freiheit getrennt werden kann.[4]

---

4 Vgl. u.a. Tödt, Perspektiven theologischer Ethik, 177-183; Moltmann, Protestan-

D. Theologische Theorie der Gerechtigkeit

Eine entsprechende Nähe zu den Grundannahmen theologischer Anthropologie ist auch bei Rawls' Postulat der *Gleichheit* zu vermerken. Der theologische Grund für diese Gleichheit ist ein zweifacher: Gott hat die Menschen – so der erste Grund – als Gleiche geschaffen. Die Gottebenbildlichkeit zeichnet alle Menschen in gleicher Weise aus. In Christus – so der zweite Grund – hat Gott die in ihren Stärken und Schwächen höchst unterschiedlichen Menschen alle in gleicher Weise in ihrem Sündersein angenommen. Daß der unterschiedlichen Leistungsfähigkeit der Menschen nicht ein unterschiedlicher Wert entspricht, sondern allen Menschen der *gleiche Wert* und damit auch das *gleiche Recht* zugebilligt werden muß, gehört deswegen zu den unaufgebbaren Grundannahmen des christlichen Glaubens.[5]

Kann die Affinität zwischen den Voraussetzungen der Rawlsschen Theorie und den anthropologischen Implikationen des christlichen Glaubens im Blick auf die Freiheit und Gleichheit auch für das Postulat der Rationalität und Kooperationsfähigkeit des Menschen festgestellt werden oder geraten diese Annahmen in unauflöslichen Widerspruch zu der theologischen Rede von der „Sünde"? Immer wieder ist ja in der theologischen Tradition, ausgehend von der augustinischen Erbsündenlehre, die Sündhaftigkeit des Menschen und deren zerstörerische Auswirkungen auf das Erkennen und das Handeln des Menschen als zentrales Charakteristikum seiner Natur gesehen worden. Karl Barth hat demgegenüber in der Kirchlichen Dogmatik[6] gerade die *Kooperationsfähigkeit* des Menschen als Bestimmung seines Wesens gesehen: „... der Mensch ist in seinem Wesen dazu bestimmt, gerne ... mit seinem Mitmenschen zusammen zu sein. Er hat gerade in seiner Natur keine Möglichkeit, keinen Ansatzpunkt zu einer anderen Wahl."[7] Grundlage dieser Aussage ist für Barth die Erkenntnis des Menschen Jesus. An ihm orientieren sich seine Aussagen über die Natur des Menschen. Barth grenzt sich gleichwohl bewußt nicht von philosophischen Konzepten ab, die zum gleichen Ergebnis kommen, sondern plädiert

---

tismus als „Religion der Freiheit"; Huber, Der Protestantismus und die Ambivalenz der Moderne. „Von einer innerlichen Freiheit des Glaubens" – so etwa Huber – „kann überzeugend nur dann geredet werden, wenn diese Rede zugleich zu dem Kampf um die äußerliche Freiheit derer beiträgt, denen es daran fehlt" (a.a.O. 60).

5 Vgl. Tödt, a.a.O. 184-191. Tödt weist in seinem Kapitel zur Gleichheit ausdrücklich auf die Affinität der Rawlsschen Theorie zum theologischen Urteil hin (a.a.O. 190).

6 Vgl. hier v.a. den Abschnitt über die „Grundform der Menschlichkeit" (KD III/2, 264-344).

7 Barth, KD III/2, 328.

dafür, sich „in aller Ruhe (zu) freuen, daß wir uns in der allgemeinen Richtung unserer Nachforschung und Darstellung mit den Weiseren unter den Weisen dieser Welt in einer gewissen Übereinstimmung befinden ..."[8] Barth nennt mit dem Mitmenschlichkeitskriterium eine Grundannahme theologischer Anthropologie, deren Nähe zur Rawlsschen Annahme der Kooperationsfähigkeit des Menschen unverkennbar ist.[9]

Ähnliches gilt für die *Rationalität* des Menschen. Der Natur der dem Menschen von Gott gegebenen Vernunft entspricht es, das Recht des Anderen als ebenso gültig zu erkennen wie das eigene Recht. Der Mensch ist auf diese ihm gegebene Vernunft hin ansprechbar. Die Tatsache, daß das Liebesgebot in der Bergpredigt durch die Goldene Regel ausgelegt wird, ist ein deutlicher Beleg für diese Behauptung. Die Annahme der Rawlsschen Theorie, daß der Mensch ein rationales Wesen ist, also seine Ziele und Interessen den für vernünftig befundenen gerechten Regeln der Gemeinschaft anpassen kann, widerspricht deswegen nicht den Grundannahmen theologischer Ethik, vielmehr drückt sich darin genau die Ansprechbarkeit des Menschen auf die ihm von Gott gegebene Vernunft hin aus.

Die Aussagen Barths, eines gewiß nicht der Anbiederung an Philosophie und Humanwissenschaften verdächtigen Theologen, und meine darauf beruhenden weiteren Überlegungen lassen den Schluß zu: Auch Rawls' Sicht des Menschen als rationales und kooperationsfähiges Wesen steht keineswegs im Gegensatz zur theologischen Anthropologie. Vielmehr entspricht sie der theologischen Sicht des Menschen als zur Mitmenschlichkeit fähigem Wesen, das auf seine von Gott gegebene Vernunft hin ansprechbar ist.

Empirische Sachverhalte, die in Spannung zu dieser Beschreibung stehen, widerlegen weder Rawls noch die theologische Sicht. *Rawls* – so haben wir gesehen – beschäftigt sich aus guten Gründen mit der „wohlgeordneten Gesellschaft". Menschliche Verhaltensweisen wie die Verweigerung der Kooperation oder die Blindheit gegenüber der Vernunft betreffen die Theorie der „unvollständigen Konformität", mit der sich Rawls erst in zweiter Linie beschäftigt. In *theologischer* Sicht drückt sich in solchen Verhaltensweisen nicht die Natur des Menschen aus, sondern gerade eine Abkehr von dieser Natur. Barth hält fest, „daß alle menschliche Verkehrung das rechte Werk Gottes in seiner Natur nicht schlecht zu machen

---

8 A.a.O. 334.
9 Ähnlich auch Werpehowski, Social Justice, v.a. 6-76 und 218-257. Zu Werpehowskis Kritik an Rawls vgl. meine Bemerkungen in der Einleitung (Anm.76).

vermag."[10] Die Tatsache, daß der Mensch sein reales Wesen nicht verwirklicht, läßt dieses reale Wesen also unangetastet.[11]

Es zeichnet sich ab: Die Grundannahmen der Rawlsschen Theorie weisen ein hohes Maß an Kompatibilität mit den anthropologischen Aussagen des christlichen Glaubens auf.[12] Daß dies keineswegs prinzipiell für philosophische Entwürfe gilt, ist an unserer Untersuchung der Theorie Robert Nozicks deutlich geworden. Die Vereinseitigung der individuellen Freiheit, die wir bei Nozick festgestellt haben, steht in klarem Widerspruch zu dem Mitmenschlichkeitskriterium theologischer Anthropologie.

Ich habe mehrfach auf die Unterschiede in der Begründung hingewiesen, die sich beim Vergleich zwischen der Rawlsschen Theorie und den Aussagen theologischer Ethik ergeben. Ich will deswegen im folgenden nach der gegenseitigen Verträglichkeit dieser Begründungen fragen und damit einen weiteren zentralen Aspekt der Frage nach der Bedeutung der Rawlsschen Gerechtigkeitstheorie für die theologische Ethik zu klären versuchen.

2.2. Die erkenntistheoretischen Voraussetzungen

Rawls geht in seiner Theorie von der öffentlichen Kultur moderner demokratischer Gesellschaften aus. Er vermeidet bewußt kontroverse religiöse oder philosophische Aussagen, um seine Argumentation für möglichst viele verschiedene Weltverständnisse nachvollziebar zu machen. Anstatt sich ein universales Wahrheitskriterium zum Maßstab zu setzen, versteht er die Aufgabe seiner Theorie als gesellschaftliche Aufgabe in praktischem Interesse, nämlich in dem Interesse, Grundsätze der Gerechtigkeit zu entwickeln, denen möglichst viele Bürger eines Staates zustimmen können.

Die Aufgabe *theologischer* Ethik muß zunächst anders beschrieben werden. Zwar versucht auch sie, Regeln des Zusammenlebens zu beschreiben, die eine Gesellschaft als „wohlgeordnete Gesellschaft" auszeichnen. Ihr Erkenntnisgrund entzieht sich aber jeder gesellschaftlichen Funktionalisierung. Nicht darum geht es ihr, einen *faktisch vorhandenen* Grundkonsens in bestimmte Regeln umzusetzen, sondern nach den Grun-

---

10   Barth, KD III/2, 330.
11   In den von Dietrich Bonhoeffer zur Beschreibung der Kirche gebrauchten Kategorien (Bonhoeffer, Sanctorum Communio, 89f) hieße das: Der Mensch ist *real* ein freies, gleiches, rationales und kooperationsfähiges Wesen, auch wenn er dieses Wesen nur unvollständig *aktualisiert*.
12   Vgl. in ähnlichem Sinne Beckley, A Christian Affirmation II, 233-239.

dorientierungen und Handlungsrichtlinien zu fragen, die Gottes in Jesus Christus erklärten Willen für die Welt am deutlichsten zum Ausdruck bringen. Während Rawls bewußt von einem faktischen Konsens ausgeht, ohne nach dessen *Wahrheit* zu fragen, prüft die theologische Ethik diesen Konsens zunächst im Hinblick auf seinen *Entsprechungscharakter* zum Handeln Gottes in Jesus Christus. Sie erfüllt also nur insofern eine „gesellschaftliche Aufgabe", als sie in den Strukturen der Gesellschaft nach Gleichnissen dieses Handelns Gottes fragt, die Wirklichkeit der Gesellschaft, anders als Rawls, also an einem menschlicher Verfügung entzogenen Maßstab mißt.

Der Vergleich von Rawls' Begründungsstrategie mit den erkenntnistheoretischen Grundlagen theologischer Ethik zeigt: Beide Ansätze unterscheiden sich deutlich voneinander. Der Hauptunterschied liegt dabei im Wahrheitsanspruch bei den Grundannahmen. Auf dem Hintergrund unserer Überlegungen zur inhaltlichen Affinität beider Ansätze in zentralen anthropologischen Grundannahmen kann nun aber auch als These formuliert werden: *Im Hinblick auf die erkenntnistheoretischen Grundlagen ist das Verhältnis der Rawlsschen Gerechtigkeitstheorie zur theologischen Ethik nicht von Konkurrenz gekennzeichnet, sondern von Verträglichkeit.* Aufgrund seiner Idee des sich überschneidenden Konsenses geht Rawls bewußt von einem faktischen Grundkonsens aus, ohne diesen Konsens weiter zu begründen. Der Grund für diese erkenntistheoretische Selbstbegrenzung ist sein Versuch, den Raum für weitergehende Begründungen offenzuhalten und so die Verlagerung des Disputs über diese Begründungen in seine Theorie zu verhindern. Von ihren theologischen Grundlagen her kann deshalb die theologische Ethik die Rawlssche Argumentation aufnehmen und für sich fruchtbar machen. Diese Anknüpfung ist möglich, weil die Sicht des Menschen als freies, gleiches, rationales und kooperationsfähiges Wesen, die dieser Argumentation zugrundeliegt, der Prüfung am Maßstab theologischer Anthropologie standhält.

Ich will nun die bisher gewonnenen Erkenntnisse zur Verträglichkeit der Begründungen mit meinen Untersuchungen zur ethischen Methodologie im zweiten Hauptteil verknüpfen und sie im Hinblick auf die Frage nach dem Verhältnis von philosophischer und theologischer Begründung des Gerechtigkeitsbegriffs auswerten.

3. Philosophische und theologische Begründung des Gerechtigkeitsbegriffs

Unsere Untersuchung der Kontroverse um Rawls' Theorie und ihre wichtigste Gegenposition hat gezeigt, daß keine generelle Analogie zwischen dem philosophischen und dem theologischen Gerechtigkeitsverständnis behauptet werden kann. Hinter der Theorie Robert Nozicks haben wir Grundannahmen gesehen, die zu dem Mitmenschlichkeitskriterium theologischer Ethik in deutliche Konkurrenz geraten. Die kritische Funktion biblisch begründeter theologischer Ethik – das haben unsere grundsätzlichen Überlegungen im methodologischen Teil ergeben – besteht darin, die unterschiedlichen Grundannahmen in der philosophischen Diskussion zunächst wahrzunehmen und dann die jeweilige Nähe und Distanz zu den eigenen, biblisch verwurzelten Grundannahmen deutlich zu machen. Auf die Gerechtigkeitsdiskussion angewendet, ergibt sich bei der theologisch-ethischen Prüfung der wichtigsten darin vertretenen Positionen eine klare Präferenz für die Theorie der Gerechtigkeit als Fairneß. Sowohl die anthropologischen und erkenntnistheoretischen Voraussetzungen als auch das im Ergebnis vertretene an der Option für die Armen orientierte Gerechtigkeitsverständnis zeigen ein hohes Maß an Verträglichkeit mit den biblisch begründeten Aussagen theologischer Ethik.

Ich habe drei Dimensionen der Vernunft in der Perspektive des christlichen Glaubens beschrieben: *kritische* Vernunft, *kühne* Vernunft und *werbende* Vernunft. Im Sinne dieser Dimensionen bedeutet die Rawlssche Theorie eine wichtige Bereicherung für die theologische Ethik. Die Rawlssche Theorie ist ein Ausdruck *kritischer Vernunft*. Sie stellt ihre Gerechtigkeitskriterien der Wirklichkeit als kritischen Maßstab gegenüber und fordert damit eine Veränderung dieser Wirklichkeit. Sie ist ein Ausdruck *kühner Vernunft*. In vollem Bewußtsein real existierender Ungerechtigkeiten beschreibt sie eine „wohlgeordnete Gesellschaft", in der Grundsätze gelten und befolgt werden, die allen Menschen gleiche Rechte einräumen und damit die Schwachen in besonderer Weise schützen. Indem sie so eine praktikable Alternative zur vorfindlichen Realität entwickelt, bietet Rawls' Theorie eine Zielperspektive für die Verwirklichung von Gerechtigkeit unter den Bedingungen dieser Welt. Diese Theorie ist schließlich ein Ausdruck *werbender Vernunft*. Durch die charakteristische Konstruktion des Urzustandes gibt sie ihren philosophisch-ethischen Grundannahmen eine Gestalt, die zum Mitdenken einlädt und das Nachvollziehen ihrer philosophischen Argumentation erleichtert. Die Option für die Armen wird so mit den Mitteln der praktischen Vernunft allgemein einsehbar gemacht.

Aufgrund der Nähe ihrer Grundannahmen zu theologisch-ethischen Voraussetzungen vermag Rawls' philosophische Theorie einen wichtigen Beitrag bei der Vermittlung zwischen biblischen Maßgaben und heutiger Wirklichkeit zu leisten. Biblische Modelle des Umgangs mit dem Gerechtigkeitsproblem beruhen auf den Erfahrungen in relativ homogenen Gesellschaften, die nicht unmittelbar auf heutige Verhältnisse in modernen pluralistischen Gesellschaften zu übertragen sind. Rawls' Theorie verarbeitet eine Fülle von wirtschafts- und sozialwissenschaftlichem Material, das die Komplexität heutiger Wirklichkeit zu erfassen sucht. Die Aufnahme der dadurch gewonnenen Erkenntnisse ermöglicht es der theologischen Ethik, die biblischen Intentionen in der heutigen Wirklichkeit neu zur Sprache zu bringen.

Was das im einzelnen bedeutet, will ich im folgenden näher ausführen, indem ich meine Untersuchungen zum Hirtenbrief und zur Option für die Armen mit den Ergebnissen meiner Analyse der Rawlsschen Theorie verbinde und *zehn zentrale Dimensionen* der Gerechtigkeit beschreibe.

IV. Zehn Dimensionen der Gerechtigkeit

Die *erste Dimension* bezieht sich auf den *Vorrang für die Armen*. Nicht nur im konziliaren Prozeß der ökumenischen Bewegung, sondern auch in der katholischen Weltkirche – das haben meine Analysen des U.S.-Hirtenbriefs und der Urteilsbildung in Kirche und Theologie Lateinamerikas gezeigt – wird Gerechtigkeit in zunehmendem Maße und mit guten Gründen von der Option für die Armen her verstanden. In John Rawls' Theorie haben wir eine Entsprechung zu einem biblisch begründeten Gerechtigkeitsverständnis im Bereich der Philosophie gefunden, die sich auch gegenüber der innerphilosophischen Kritik als plausibel erwiesen hat. Indem diese Theorie den Vorrang für die Armen auch Menschen, die sich nicht vom christlichen Glauben her verstehen, einsichtig zu machen verspricht, ist sie für die Verdeutlichung theologisch-ethischer Überlegungen unter den Bedingungen einer pluralistischen Gesellschaft von zentraler Bedeutung. Schon der Hirtenbrief der U.S.-Bischöfe sah die Notwendigkeit, seine Überlegungen auch für Nicht-Christen nachvollziehbar zu machen. Wir haben gesehen, daß das im Hirtenbrief nur unzureichend gelungen ist. John Rawls' Theorie – diese These kann nun formuliert werden – bietet die im Hirtenbrief noch vermißte argumentative Basis für eine überzeugende Begründung des an der Option für die Armen orientierten Gerechtigkeitsverständnisses mit den Mitteln praktischer Vernunft.

Die Frage, wie der Vorrang für die Armen zu verstehen ist, bedarf weiterer Klärung. Deshalb muß nun von einer *zweiten Dimension* eines an der Option für die Armen orientierten Gerechtigkeitsverständnisses die Rede sein: seiner *Inklusivität*. Schon bei der Diskussion um den Hirtenbrief war die Frage aufgetaucht, ob der Vorrang der Kirche für die Armen die Reichen ausschließe. Es hat sich bei der genaueren Untersuchung des theologischen Konzepts der Option für die Armen gezeigt, daß die *partielle Solidarität*, die im Vorrang der Armen ihren Ausdruck findet, nur *Mittel zur universellen Solidarität* ist. Die Auswertung der philosophischen Diskussion hat diese Feststellung bestätigt. Indem Rawls' Theorie durch den Schleier des Nichtwissens dazu verhilft, sich in die Lage der am meisten Benachteiligten zu versetzen, ermöglicht sie auch die Einsicht, daß es bei dem Vorrang für die Armen nicht um den Versuch geht, Gerechtigkeit nur für eine bestimmte Gruppe in Geltung zu setzen – ein solcher Versuch stünde in grundsätzlichem Gegensatz zum universalen Charakter der Gerechtigkeit. Vielmehr geht es genau um die *Geltung der Gerechtigkeit für alle*. Wo Vorteile und Nachteile der gesellschaftlichen Zusammenarbeit ungleich verteilt sind, vertritt die Forderung nach Gerechtigkeit die Interessen derer, denen ihr Anteil an den Gütern der Gesellschaft vorenthalten wird. *Der Vorrang für die Armen steht also gerade im Dienst der Forderung nach Gerechtigkeit für alle*. Auf dem Hintergrund unserer Untersuchungen läßt sich deshalb sagen: Sowohl aus theologischer Sicht als auch aus philosophischer Sicht ist wichtiges Kennzeichen eines am Vorrang für die Armen orientierten Gerechtigkeitsverständnisses seine Inklusivität.

Rawls' Theorie – damit komme ich zur *dritten Dimension* – hat eine wichtige *Präzisierung des Verteilungsgrundsatzes* ermöglicht, der sich aus einem solchen Gerechtigkeitsverständnis ergibt. Weder der Hirtenbrief noch Boff/Pixleys Interpretation der Option für die Armen bieten ein Kriterium für das legitime Maß an Ungleichheit in einer Gesellschaft. Rawls hilft hier weiter: Solche Ungleichheiten – so sein Unterschiedsprinzip – sind immer dann und nur dann gerechtfertigt, wenn sie den am meisten Benachteiligten die größtmöglichen Vorteile bringen. Diese Präzisierung ist von entscheidender Bedeutung, weil der egalitäre Impuls der Option für die Armen dadurch eine praktikable und differenzierte Form erhält, anstatt in Gestalt des Postulats strikter Gleichheit als nicht praktikabel zu verpuffen.[13]

---

13 Helmut Kaiser hat festgestellt, daß in der Form des Rawlsschen Unterschiedsprinzips „die bekannte Option für die Armen der Befreiungstheologie zu einer grundsätzlichen Option für die Benachteiligten wird (Kaiser, Von der „Brüderlichkeit" zur

Um einem Mißverständnis des Vorrangs für die Armen als Fürsorge für die Armen zu begegnen, ist eine weitere Präzisierung nötig. Deshalb unterstreicht die *vierte Dimension* eines an der Option für die Armen orientierten Gerechtigkeitsverständnisses die zentrale Bedeutung der *Teilhabe*. Das Element der Teilhabe zog sich nicht nur wie ein roter Faden durch unsere Untersuchung des Hirtenbriefs. Auch bei der Interpretation der Option für die Armen hat die Ermöglichung von Teilhabe eine zentrale Rolle gespielt. Fehlende Teilhabe an den sozialen und wirtschaftlichen Prozessen einer Gesellschaft – so hat sich gezeigt – ist der Kern des Defizits, auf das die Forderung nach Gerechtigkeit reagiert. Materielle Marginalisierung ist nur eine, wenn auch in der Regel die einschneidenste Form fehlender Teilhabe. Beteiligungsgerechtigkeit wendet sich darüber hinaus gegen die Ausgrenzung aus dem Arbeitsprozeß, gegen soziale Diskriminierung aufgrund der Nationalität, der Rasse oder des Geschlechts, aber auch gegen das mangelnde Gewicht bestimmter sozialer Gruppen im politischen Willensbildungsprozeß. Die *Überwindung der Abhängigkeit von materieller und politischer Fürsorge* und die *Möglichkeit zum eigenverantwortlichen Leben* für alle ist deswegen ein *entscheidendes Ziel der Forderung nach Gerechtigkeit*.

Findet auch dieses Kernelement eines theologisch-ethischen Gerechtigkeitsverständnisses seine Bestätigung in der Rawlsschen Theorie? *Explizit* spielt der Begriff der Teilhabe keine tragende Rolle in Rawls' Konzept. Dennoch ergibt eine genauere Analyse, daß das, was dieser Begriff inhaltlich bezeichnet, zum Kern der Theorie der Gerechtigkeit als Fairneß gehört. Ganz bewußt nimmt Rawls das Prinzip der fairen Chancengleichheit in seinen zweiten Gerechtigkeitsgrundsatz auf. Während ein System der natürlichen Aristokratie zwar den Ärmsten helfen will, aber noch immer die Führungspositionen den Bessergestellten vorbehält, will das Prinzip der fairen Chancengleichheit in Verbindung mit dem Unterschiedsprinzip genau die Teilhabe an der gesellschaftlichen Einkommens- und Machtstruktur auch für die am meisten Benachteiligten ermöglichen. Indem dieses Prinzip auch eine bestmögliche Förderung der Fähigkeiten und Talente sozial benachteiligter Gruppen impliziert, intendiert es ein höchstmögliches Maß an Teilhabe dieser Gruppen bei der Verteilung der gesellschaftlichen Machtpositionen. Damit lassen sich drei Aspekte beschreiben, an denen die zentrale Bedeutung der Teilhabe auch

---

Gerechtigkeitstheorie von John Rawls, 259). Wie wir gesehen haben, wird – anders als Kaiser meint – schon in der Befreiungstheologie die Option für die Armen als Option für alle Benachteiligten verstanden. Umso mehr bestätigt Kaisers Bemerkung die Nähe zwischen der Option für die Armen und dem Unterschiedsprinzip.

in der Rawlsschen Theorie deutlich zum Ausdruck kommt: Die Sicherung der Grundfreiheiten im ersten Gerechtigkeitsgrundsatz, verbunden mit der Sicherung des fairen Werts der Freiheit, ermöglicht die Teilhabe an der politischen Willensbildung. Das Prinzip der fairen Chancengleichheit gewährleistet, daß die verschiedenen Positionen in der Gesellschaft nicht nur grundsätzlich auch für sozial Benachteiligte offenstehen, sondern ihre Teilhabe daran durch entsprechende Fördermaßnahmen soweit wie möglich wächst. Das Unterschiedsprinzip schließlich sorgt dafür, daß den am meisten Benachteiligten ein Höchstmaß an materieller Teilhabe zukommt.

Es ergibt sich also, daß Gerechtigkeit nicht nur aus theologisch-ethischer Sicht als *Beteiligungsgerechtigkeit* verstanden werden muß, sondern daß sich dieses Gerechtigkeitsverständnis auch auf gute philosophische Argumente stützen kann.

Die *fünfte Dimension* bezieht sich auf den *Ausgangspunkt des Gerechtigkeitsverständnisses*. Während Nozick als Ausgangspunkt das Individuum wählt, ist für Rawls die primäre Bezugsgröße der Gerechtigkeit die *Gemeinschaft*. Rawls' philosophisches Mittel zur Markierung dieses Ausgangspunktes ist der Schleier des Nichtwissens. Die Nähe zu den Aussagen theologischer Ethik zur Bedeutung der Gemeinschaft, wie wir sie im biblischen Teil des Hirtenbriefs gefunden haben, liegt auf der Hand. Der Schleier des Nichtwissens weist eine deutliche Nähe zur „Goldenen Regel" auf und kann als eine Art philosophische Entsprechung zum Nächstenliebegebot bezeichnet werden, das nach den Worten der Bischöfe die Basis der christlichen Ethik ausmacht. Der Schleier des Nichtwissens, die Goldene Regel und das Nächstenliebegebot versuchen alle auf ihre Art einzuschärfen, daß das Recht des Anderen genausoviel zählt wie das eigene Recht.

Auf dem Hintergrund meiner Überlegungen zum eschatologischen Horizont einer theologischen Theorie der Gerechtigkeit muß freilich auch festgehalten werden, daß eine letzte Spannung zwischen der im Schleier des Nichtwissens zum Ausdruck gebrachten Gegenseitigkeitsregel und dem biblischen Liebesgebot bleibt. Die *Liebe* gibt *mehr, als gefordert ist*, und zeugt so von einer Welt, in der der Kampf um den fairen Anteil an den gesellschaftlichen Gütern überflüssig geworden ist.

Solange der Konflikt um die gesellschaftlichen Güter noch besteht, ist die gerechte Regelung dieses Konfliktes von zentraler Bedeutung. Eine Schlüsselrolle spielt dabei die Frage, wie Freiheit und Gleichheit zueinander ins Verhältnis gesetzt werden. Gerechtigkeit – so läßt sich die *sechste Dimension* beschreiben – impliziert ein *Verhältnis wechselseitiger Bedingtheit von Freiheit und Gleichheit*. Bei unserer Untersuchung des Hirtenbriefs hat sich gezeigt, daß aus theologisch-ethischer Sicht der

Verwirklichung der wirtschaftlichen und sozialen Menschenrechte der gleiche Raum eingeräumt werden muß wie der Verwirklichung der politischen Freiheitsrechte. Die Bischöfe – so haben wir gesehen – rufen deswegen zu einem „neuen amerikanischen Experiment" auf, das die Erfolge bei der Verwirklichung der Freiheitsrechte nun auch im Bereich der sozialen Rechte erzielen soll. Die Rawlssche Gerechtigkeitstheorie – diese These läßt sich nun formulieren – bietet die im Hirtenbrief noch fehlende tragfähige philosophische Begründung für ein solches Projekt. Der Grund für diese These liegt in der Tatsache, daß Rawls seinem Grundsatz der gleichen Freiheiten das Unterschiedsprinzip zur Seite stellt und damit den sozialen Rechten einen ähnlich fundamentalen Rang zuspricht wie den politischen Freiheitsrechten.[14] An einem Punkt mußte Rawls' Theorie allerdings modifiziert werden: Die Sicherung des fairen Werts der Freiheit darf nicht auf der Ebene eines Anwendungsproblems verhandelt werden, sondern muß als zusätzliches Kriterium zur Begrenzung der Ungleichheiten in den zweiten Gerechtigkeitsgrundsatz aufgenommen werden.

Auf dieser Basis läßt sich ein Verhältnis von Freiheit und Gleichheit beschreiben, in dem beide Elemente der Gerechtigkeit aufeinander angewiesen sind: Politische Freiheitsrechte schützen vor staatlicher Willkür und ermöglichen Teilhabe an der politischen Willensbildung. Soziale Rechte gewährleisten, daß alle Bürgerinnen und Bürger von ihren politischen Rechten Gebrauch machen können. Die *Freiheit* schützt also vor staatlicher Willkür im Namen der Gleichheit. Die *Gleichheit* bewahrt die Freiheit davor, zum Machtinstrument der wirtschaftlich Stärkeren zu verkommen.

Wie beim Liebesgebot, so ist freilich auch beim Verhältnis von Freiheit und Gleichheit ein eschatologischer Vorbehalt zu machen: die völlige Harmonie von Freiheit und Gleichheit bleibt einer Welt vorbehalten, die keine Interessenkämpfe mehr kennt. Auch eine Gerechtigkeitskonzeption, die Freiheit und Gleichheit konstruktiv aufeinander bezieht, bleibt einerseits auf die staatliche Korrektur von Ungleichheiten angewiesen, die als Eingriff in die persönliche Freiheit erfahren wird. Andererseits darf sie nicht soweit in diese Freiheiten eingreifen, daß von staatlicher Seite her strikte Gleichheit hergestellt werden kann. Freiheit und Gleichheit finden

---

14 Insofern läßt sich Lloyd Weinrebs These, die Überzeugungskraft der Theorien Rawls' und Nozicks beruhe auf der vereinseitigten Ausarbeitung *eines* der beiden grundlegenden Aspekte der Gerechtigkeit – gemeint sind Freiheit und Gleichheit – jedenfalls im Hinblick auf Rawls nicht halten (Weinreb, Natural Law and Justice, 240).

erst dann zu völliger Harmonie, wenn die freie Entfaltung der Fähigkeiten und Bedürfnisse aller Glieder der Gemeinschaft möglich wird, ohne daß sich die damit verbundenen Lebensmöglichkeiten gegenseitig begrenzen. Das Bild des Paulus von dem einen Leib, in dem „keine Spaltung" ist, sondern in dem „die Glieder in gleicher Weise füreinander sorgen" (1 Kor. 12,25) ist eine Beschreibung der Einheit von Freiheit und Gleichheit, deren Konsequenzen eine ausgeführte theologische Theorie der Gerechtigkeit näher zu bedenken hätte.

Aus dem Verhältnis wechselseitiger Bedingtheit von Freiheit und Gleichheit ergibt sich nun eine *siebte Dimension* der Gerechtigkeit: die *Sozialpflichtigkeit des Eigentums*. Wir haben gesehen, wie umstritten gerade dieser Punkt in der philosophischen Diskussion zwischen Rawls und Nozick ist. Bei Rawls findet die Sozialpflichtigkeit des Eigentums in der „Idee des Gemeinschaftsguts" ihre Verwurzelung, nach der die unterschiedlichen natürlichen Gaben der Menschen aufgrund der Zufälligkeit ihrer Verteilung nicht Besitzansprüche des einzelnen begründen, sondern allen zugutekommen müssen. Auch hier kann die Nähe zu Aussagen theologischer Ethik nicht übersehen werden. Der Hirtenbrief weist auf den Charakter der Schöpfung als Geschenk Gottes hin, auf das niemand letztgültige Ansprüche erheben kann. Anders die Stoßrichtung bei Nozick: In seiner Anspruchstheorie begründet die eigene Leistung genau die letztgültigen Ansprüche, die Rawls im Einklang mit dem Hirtenbrief ausschließt. Nicht zufällig wählt Nozick die biblische Metaphorik des Mannaregens zur Darstellung des von ihm abgelehnten Rawlsschen Konzepts. Natürlich kann die Mannageschichte nicht in biblizistischer Manier wörtlich genommen werden, sie ist aber doch Ausdruck der von Rawls wie vom Hirtenbrief vertretenen Auffassung, daß alle Güter Gaben an die Gemeinschaft sind und deswegen auch allen zugutekommen müssen.

Dieses Ergebnis hat direkte Konsequenzen für die *achte Dimension*, die ich nennen möchte: den *Vorrang des Bedarfs vor der Leistung*. Der Ort, an dem diese Frage in der Diskussion zwischen Rawls und Nozick verhandelt wurde, ist die Auseinandersetzung um historische und ergebnisorientierte Prinzipien. Während Nozick für historische Prinzipien eintritt, die das Zustandekommen einer bestimmten Verteilung – z.B. durch unterschiedliche Leistungen – zum Maßstab für ihre Gerechtigkeit nimmt, wählt Rawls ein Prinzip, das die Gerechtigkeit der Verteilung an ihrem Ergebnis mißt, nämlich an der Frage, ob die am meisten Benachteiligten die größtmöglichen Vorteile davon haben.

Aus der Sicht theologischer Ethik erscheint Nozicks Vorrang der Leistung problematisch. Die Rede von Gottes zuvorkommender Gnade, die allein dem Menschen Heil schafft, ist Ausdruck einer bewußt zurückhaltenden Bewertung menschlicher Leistung. Zum einen drückt sich darin ein Bewußtsein von der Fehlbarkeit des Menschen aus, zum anderen wird damit der schon angesprochenen Überzeugung Rechnung getragen, daß alle Güter des Menschen Gabe Gottes sind. Menschliche Leistung erscheint in dieser Perspektive nicht primär als Zugangsvoraussetzung für verdiente Ansprüche, sondern als Antwort auf die zuvorkommende Gnade Gottes.

Rawls' Vorordnung des Bedarfs durch das Unterschiedsprinzip steht der so beschriebenen theologisch-ethischen Auffassung deutlich näher als Nozicks Verabsolutierung der Leistung. Der Vorrang des Bedarfs – das ist hinzuzufügen – bedeutet indessen keineswegs eine Mißachtung der Leistung. Besondere Leistungen ermöglichen ja auch bei Geltung des Unterschiedsprinzips höhere Anteile an den gesellschaftlichen Gütern. Die Unterschiede bleiben lediglich an die Maßgabe gebunden, daß sie auch den am meisten Benachteiligten Vorteile bringen. Der Vorrang des Bedarfs vor der Leistung – das halte ich fest – gehört zu den zentralen Aspekten eines theologisch-ethischen Gerechtigkeitsverständnisses.

Die beiden letzten Dimensionen, die ich nennen möchte, beziehen sich auf die *Umsetzung* des nun in wesentlichen Elementen skizzierten Gerechtigkeitsverständnisses in praktische politische Zusammenhänge. Die *neunte Dimension* ist der *pragmatisch-reformorientierte Ansatz* bei der politischen Umsetzung. Es hat sich gezeigt, daß der Hirtenbrief aufgrund seines pragmatischen Ansatzes bewußt die Koppelung seiner Gerechtigkeitsgrundsätze an ein bestimmtes Wirtschaftssystem vermeidet und stattdessen für die Fortentwicklung des vorfindlichen Systems im Sinne dieser Grundsätze eintritt. Rawls bindet genau wie die Bischöfe die ordnungspolitischen Maßnahmen zur Verwirklichung der Grundsätze an den jeweiligen politischen, kulturellen und geschichtlichen Kontext eines Landes. Theoretisch lassen sich die Grundsätze sowohl in einem sozialistischen als auch in einem privatwirtschaftlichen System anwenden. Der Hirtenbrief kann als eine praktische Durchführung dieses theoretischen Ansatzes im Kontext der USA angesehen werden.

Die Berücksichtigung der Verschiedenheit der Kontexte bei der politischen Umsetzung gehört zu den zentralen Aspekten eines tragfähigen theologisch-ethischen Gerechtigkeitsverständnisses. Nur so können theologisch-ethische Grundsätze und die Komplexität der Sachprobleme in ein angemessenes Verhältnis gebracht werden. Es besteht Anlaß zu der Vermutung – das sei hinzugefügt –, daß sich bei konsequenter Anwendung der Gerechtigkeitsgrundsätze in verschiedenen Formen der Wirtschaftsverfassung die Unterschiede zwischen diesen Formen in zunehmendem Maße verringern.

Die Frage nach der Anwendung der Gerechtigkeitsgrundsätze führt schließlich auf eine *zehnte* und letzte *Dimension*: das Verständnis von *Gerechtigkeit als kritischem Maßstab*. Die Diskussion um den Hirtenbrief hat gezeigt, daß der Begriff der Gerechtigkeit in besonderer Weise in der Gefahr steht, für die Rechtfertigung des jeweils eigenen politischen Programms instrumentalisiert zu werden. Je diffuser dieser Begriff gebraucht wird, desto größer ist die Gefahr seiner Instrumentalisierung. Je klarer sein Profil herausgearbeitet werden kann, desto mehr ist damit ein kritischer Maßstab gewonnen, dessen Anwendung auf die bestehenden Strukturen zur konstruktiven Veränderung dieser Strukturen führen kann. Mit meinen Überlegungen in dieser Arbeit habe ich versucht, einen Beitrag zu einer solchen inhaltlichen Präzisierung zu leisten. Auf dieser Basis ermöglicht ein Verständnis von Gerechtigkeit als kritischem Maßstab eine angemessene Beteiligung theologischer Ethik an den wirtschaftspolitischen Sachdiskussionen, indem sie die Argumentation mit Sachgesetzlichkeiten kritisch befragt: Bringen bestimmte wirtschaftspolitische Maßnahmen Vorteile oder weitere Nachteile für die benachteiligten Gruppen in der Gesellschaft? Wird die materielle Situation der Armen damit verbessert? Werden die Armen lediglich durch finanzielle Transferzahlungen versorgt und damit von Wohlfahrtszahlungen abhängig gehalten oder führen die entsprechenden politischen Maßnahmen auch über den materiellen Aspekt hinaus zu größerer Teilhabe an den gesellschaftlichen Prozessen wie etwa dem Arbeitsprozeß? Werden die jeweiligen Argumentationen dem Vorrang des Bedarfs vor der Leistung gerecht oder gewinnt die Leistung darin einen Eigenwert, der über ihre instrumentelle Bedeutung bei der Beschaffung der notwendigen Güter hinausgeht? Kommt in diesen Argumentationen ein Freiheitsverständnis zum Ausdruck, das die Freiheit des Individuums gegen die Gleichheit ausspielt und damit verabsolutiert oder tragen sie der wechselseitigen Bedingtheit von Freiheit und Gleichheit Rechnung?

Diese Fragen zeigen: Auf der Basis eines theologisch-ethischen Gerechtigkeitsverständnisses, wie es, zumindest in Umrissen, nun deutlich geworden ist, bleibt der Gerechtigkeitsbegriff nicht, wie von Martin Honecker befürchtet, eine der Beliebigkeit anheimfallende Leerformel, sondern er kann als kritischer Maßstab der Wirklichkeit gegenübergestellt werden und so Impulse zur Veränderung geben.

Eine Erörterung der politischen Umsetzung des nun in seinen wesentlichen Elementen entwickelten Gerechtigkeitsverständnisses im Kontext der Bundesrepublik Deutschland würde den Rahmen dieser Arbeit sprengen. Anhand eines zentralen Punktes soll jedoch abschließend eine Möglichkeit angedeutet werden, konkrete politische Konsequenzen zu ziehen.

V. Konsequenzen für die Politik in der Bundesrepublik Deutschland

„Armut ist ein wachsendes Problem in der Wohlstandsgesellschaft der Bundesrepublik Deutschland." Mit dieser nüchternen Feststellung bezeichnen Petra Buhr, Monika Ludwig und Stephan Leibfried in einem 1990 gemeinsam veröffentlichten Aufsatz[15] einen Sachverhalt, der angesichts der gewohnten wirtschaftlichen Erfolgsmeldungen überrascht und der sich durch die sozialen Entwurzelungsprozesse im Rahmen der Vereinigung der beiden deutschen Staaten inzwischen noch verschärft hat.

Noch in der alten Bundesrepublik stieg die Zahl der Sozialhilfeempfänger allein im Zeitraum 1980 bis 1988 um rund 56% von 2 144 000 auf 3 349 000 an.[16] Für 1989 gibt das Statistische Bundesamt eine Zahl von 3 626 000 an.[17] Von besonderer Dramatik ist dabei der überproportionale Anstieg der Empfänger von laufender Hilfe zum Lebensunterhalt, also derjenigen unter den Sozialhilfeempfängern, die nicht durch Sonderbelastungen, wie z.B. einen Krankenhausaufenthalt, in diese Situation geraten, sondern in ihren normalen Lebensvollzügen von der Sozialhilfe abhängig werden. Die Zahl dieser Menschen stieg in den 80er Jahren um über 76%.[18] Die verdeckte Armut, also die Zahl derjenigen Personen, die Anspruch auf Sozialhilfe haben, ohne ihn auszunutzen, ist dabei noch unberücksichtigt. Neuere sozialwissenschaftliche Untersuchungen ermitteln aber eine Dunkelziffer von bis zu 100%.[19] Demnach wäre das am Sozialhilfeanspruch gemessene Ausmaß von Armut in der Bundesrepublik Deutschland doppelt so hoch als die offiziellen Zahlen besagen.

Die wachsende Gefahr des sozialen Abstiegs für größere Gruppen in der Gesellschaft zeigen die Zahlen zur Arbeitslosenversicherung: Während 1975 noch 65% der registrierten arbeitslosen Personen Arbeitslosengeld erhielten, so waren es 1987 nur noch 38,4%. 22,6% erhielten demgegenüber nur noch die geringer bemessene Arbeitslosenhilfe und fast 30% hatten gar keinen Anspruch mehr auf Lohnersatzleistungen.[20] Arbeitslosigkeit hat also in den 80er Jahren nicht nur immer mehr Menschen

---

15 Buhr/Ludwig/Leibfried, Armutspolitik im Blindflug, 79.
16 Reichtum und Armut in Deutschland, Bericht der Arbeitsgruppe „Armut und Unterversorgung", Frankfurter Rundschau (Dokumentation Nr.120) 25.5.1990.
17 Siehe die Statistik in Publik-Forum Heft 14/1991, 13.
18 Schneider, Armut in der Bundesrepublik Deutschland, 271.
19 Vgl. Semrau, Entwicklung der Einkommensarmut, 116f.
20 Schneider, a.a.O. 272.

getroffen, vielmehr ist auch das Risiko des sozialen Abstiegs für sie damit immer größer geworden. Die wachsende Zahl von Obdachlosen, die nach Einschätzung der Bundesarbeitsgemeinschaft für Nichtseßhaftenhilfe inzwischen die Millionengrenze erreicht hat,[21] zeigt die Dramatik dieses Problems.[22]

Die hier nur ausschnitthaft wiedergegebenen Zahlen zeigen deutlich: Die Situation der am meisten Benachteiligten in der Bundesrepublik Deutschland hat sich im letzten Jahrzehnt im Verhältnis zum Rest der Gesellschaft nicht nur nicht verbessert, sondern sie hat sich sogar noch verschlechtert.[23] Umso weniger ist die Tatsache hinnehmbar, daß dieses Thema kaum öffentliche Aufmerksamkeit findet. „In der breiten öffentlichen Debatte" – so Gerhard Bäcker mit Recht – „bleibt das Thema Armut weitgehend unbeachtet, es wird verdrängt oder verschwiegen und findet allenfalls Beachtung bei den Wohlfahrtsverbänden oder bei den Stadtkämmerern, die an einer Begrenzung der Sozialhilfeaufwendungen interessiert sind."[24] Der deutsche Paritätische Wohlfahrtsverband hat mit eindringlichen Worten öffentliche Aufmerksamkeit für das Problem der Armut gefordert. Sein Vorstand beobachtet einen „verhängnisvollen Kreislauf: Das grundsätzliche Leugnen der Armut macht es scheinbar legitim, gar nicht erst so genau hinzuschauen. Wo Armut grundsätzlich bestritten wird, ist es auch nicht notwendig, sich Wissen anzueignen über konkrete Lebenssituationen von Menschen. Und gerade dieses fehlende Wissen um die alltäglichen Belastungen am Rande unserer Gesellschaft macht es wiederum so leicht, Armut zu leugnen."[25] Um diesem Mißstand abzuhel-

---

21 Frankfurter Rundschau vom 10.12.1990.
22 Die Zunahme der Armut in Deutschland steht im Kontext einer zunehmenden Ungleichverteilung der Früchte der gesellschaftlichen Zuammenarbeit. Während sich die Besitzeinkommen zwischen 1980 und 1988 um 72,7 % erhöhten, stiegen die unselbständigen Erwerbseinkommen nur um 33,4 %. Daß diese Entwicklung durch steuer- und abgabenpolitische Eingriffe noch verstärkt wurde, zeigt die Tatsache, daß die Schere bei den *Nettoeinkommen* mit 86,4 zu 24,1 % noch weiter auseinandergeht. Trotz der für diese Zahlen wesentlich verantwortlichen Explosion der Unternehmensgewinne – das sei angemerkt – blieb die Investitionsentwicklung verhalten. Während die Gewinnquote am Volkseinkommen wuchs, ging die Investitionsquote am Bruttosozialprodukt sogar leicht zurück (Reichtum und Armut in Deutschland, a.a.O).
23 Wie besorgniserregend das Armutsproblem auch europaweit ist, haben Graham Room und Bernd Henningsen gezeigt (Room/Henningsen, Neue Armut in der Europäischen Gemeinschaft, Frankfurt/New York 1990). Zur Armut in der Bundesrepublik vgl. a.a.O. 13-19.
24 Bäcker, Lebenslage und soziale Reformen, 376.
25 „... wessen wir uns schämen müssen in einem reichen Land ...". Stellungnahme des Vorstandes des Paritätischen Wohlfahrtsverbandes – Gesamtverband e.V., 342.

fen, hat der Verband einen *ersten bundesweiten Armutsbericht* vorgelegt, der sich dem Problem in einer Fülle von einzelnen Untersuchungen zu verschiedenen Gruppen von Armen und zur Notwendigkeit der Armutsberichterstattung stellt.[26] Er fordert zugleich die Bundesregierung auf, „für eine nationale Armutsberichterstattung in der Bundesrepublik Sorge zu tragen, die den allgemein diskutierten Standards Rechnung trägt, und sie zur Grundlage einer offensiven und präventiven Armutspolitik zu machen."[27]

Die Forderung nach einem regelmäßigen Armutsbericht der Bundesregierung hat nachdrückliche Unterstützung unter Sozialwissenschaftlern gefunden. In einem jüngst vorgelegten Aufsatzband wird ein neues Konzept zur Armutsberichterstattung vorgelegt, das die sozialwissenschaftliche Basis für einen solchen Armutsbericht liefert. Dieses Konzept basiert auf dem sogenannten „Lebenslageansatz". Anstatt ausschließlich nach den verfügbaren Ressourcen zu fragen, die ein bestimmtes Versorgungsniveau ermöglichen („ressourcentheoretischer Ansatz"), steht hier die tatsächliche Versorgungslage von Personen, Haushalten oder sozialen Gruppen in zentralen Lebensbereichen im Zentrum. Solche Lebensbereiche bilden etwa die Felder Arbeit, Bildung, Wohnen, Gesundheit und die Teilhabe am gesellschaftlichen, kulturellen und politischen Leben.[28] Methodisch geht dieses Konzept über die bisher übliche Sammlung von Querschnittsdaten in der Sozialhilfestatistik hinaus, die ein *statisches* Bild der Armen zu einem bestimmten Zeitpunkt zeichnen. Durch Längsschnittstudien, etwa anhand einer an Verlaufstypen orientierten Auswertung der Sozialhilfeakten, soll auch die *Veränderung* der wirtschaftlichen und sozialen Situation der von Armut Betroffenen beschrieben werden, um auf dieser Basis die Ursachen der Armut wirksamer bekämpfen zu können.[29]

Die Bedeutung des hier nur umrißhaft beschriebenen Versuchs einer Antwort auf das Problem der Armut in der Bundesrepublik Deutschland für die zentrale These dieser Arbeit liegt auf der Hand. Die Forderung nach einem regelmäßigen Armutsbericht ist eine klare praktische Konsequenz eines an der Option für die Armen orientierten Gerechtigkeitsverständnisses,

---

26 Der Armutsbericht des Verbandes – das sei hinzugefügt – ist wegen seines problemgruppenorientierten Vorgehens auch in der sozialwissenschaftlichen Fachdiskussion auf positive Resonanz gestoßen (so Döring/Hanesch/Huster, Armut als Lebenslage, 14).
27 A.a.O. 343.
28 Döring/Hanesch/Huster, Armut als Lebenslage, 11.
29 Vgl. dazu v.a. Buhr/Ludwig/Leibfried, Armutspolitik im Blindflug. Siehe aber auch Glatzer/Hübinger, Lebenslagen und Armut sowie Schott-Winterer, Wohlfahrtsdefizite und Unterversorgung.

D. Theologische Theorie der Gerechtigkeit

das sich in dieser Arbeit aus der Sicht theologischer Ethik als wohlbegründet erwiesen hat. Ein solcher regelmäßiger Armutsbericht wäre der erste Schritt zu einer grundlegenden Veränderung der politischen Prioritäten in unserem Land. Nur wenn die Situation der am meisten benachteiligten Glieder der bundesrepublikanischen Gesellschaft angemessen beschrieben ist, können die politischen Maßnahmen so gewählt werden, daß sich diese Situation verbessert. Soll die Berufung auf die Gerechtigkeit als Maßstab für das staatliche Handeln mehr als nur eine Floskel sein, so darf nicht länger die jährliche Statistik über das Wachstum des Bruttosozialprodukts der allgemein akzeptierte Indikator für den Wohlstand in unserer Gesellschaft sein, sondern die Ergebnisse des jährlich von der Bundesregierung vorzulegenden Armutsberichts. Angesichts der Tatsache, daß die politischen Entscheidungen in ganz verschiedenen Feldern der Politik Auswirkungen auf die Armen haben,[30] müssen die Entscheidungen in allen Ministerien anhand der Ergebnisse des Armutsberichts auf ihre Konsequenzen für die am meisten benachteiligten Glieder der Gesellschaft hin geprüft werden.

Die Kirchen in der Bundesrepublik haben sich wiederholt öffentlich im Grundsatz für die Anliegen des konziliaren Prozesses für Gerechtigkeit, Frieden und die Bewahrung der Schöpfung ausgesprochen. Ihre nachdrückliche Unterstützung der Forderung nach einem jährlichen Armutsbericht der Bundesregierung könnte eine Möglichkeit sein, einem dieser Anliegen eine konkrete Richtung zu geben. Die Forderung nach Gerechtigkeit verlangt auch von den Kirchen in der Bundesrepublik Deutschland eine vorrangige Option für die Armen.

---

30 Vgl. dazu Bäcker, Lebenslage und soziale Reformen, 377-381, der diesen Sachverhalt an verschiedenen Reformen der letzten Jahre zeigt.

Literaturverzeichnis

Ackerman, Bruce A.: Social Justice in the Liberal State, New Haven/London 1980
Adriance, Madeleine: Whence the Option for the Poor, in: Cross Currents 34 (1984/85), 500-507
Albertz, Rainer: Die Antrittspredigt Jesu im Lukasevangelium auf ihrem alttestamentlichen Hintergrund, Zeitschrift für Neutestamentliche Wissenschaft 74 (1983), 182-206
Althausen, Johannes: ‚Theologie der Befreiung' – eine Zwischenbilanz, in: Theologische Literaturzeitung 113 (1988), 643-660
Amstutz, Mark R.: The Bishops and Third World Poverty, in: Strain, Prophetic Visions, 61-74
Apel, Karl-Otto: Diskurs und Verantwortung, Frankfurt 1988
Die Armen müssen Maßstab sein (Publik-Forum Dokumentation), 2. verb. Auflage, Frankfurt 1985
Armutsbericht des Paritätischen Wohlfahrtsverbandes für die Bundesrepublik Deutschland: „...wessen wir uns schämen müssen in einem reichen Land...", in: Blätter der Wohlfahrtspflege 136 (1989), 269-348
Arneson, Richard: Introduction, in: Ethics 99 (1989), 695-710
Arnold, Markus: Kontext und Moral. Zur Korrelation von Weltethik und Heilsethos, Bern/Frankfurt/New York/Paris 1988
Arrow, Kenneth: Einige ordinal-utilitaristische Bemerkungen über Rawls' Theorie der Gerechtigkeit, in: Höffe, Über John Rawls' Theorie der Gerechtigkeit, 199-223
Auer, Alfons: Autonome Moral und christlicher Glaube, Düsseldorf 1971
ders.: Hat die autonome Moral eine Chance in der Kirche?, in: Virt, Moral begründen, Moral verkünden, 9-30
ders. und Hans Rotter im Gespräch, in: Virt, Moral begründen, Moral verkünden, 46-62
Avineri, Shlomo/de-Shali, Avner (eds.): Communitarianism and Individualism, New York 1992
dies.: Introduction, in: dies., Communitarianism and Individualism, 1-11

Bäcker, Gerhard: Lebenslage und soziale Reformen. Probleme und Anforderungen einer solidarischen Sozialpolitik gegen Ausgrenzung und Verarmung, in: Döring/Hanesch/Huster, Armut im Wohlstand, 375-398
Ballestrem, Karl: Methodologische Probleme in Rawls' Theorie der Gerechtigkeit, in: Höffe, Über John Rawls' Theorie der Gerechtigkeit, 108-127
Barber, Benjamin: Die Rechtfertigung der Gerechtigkeit: Probleme der Psychologie, der Politik und der Messung bei Rawls, in: Höffe, Über John Rawls' Theorie der Gerechtigkeit, 224-258
Barr, James: The Scope and Authority of the Bible, London 1980
Barry, Brian: The Liberal Theory of Justice. A Critical Examination of the Principal Doctrines of Justice by John Rawls, Cambridge 1973
ders.: Das Wesen der Herleitung. Eine Kritik, in: Höffe, Über John Rawls' Theorie der Gerechtigkeit, 43-56

ders.: Theories of Justice, London/Sydney/Tokyo 1989
Barth, Hans Martin, Art. Gerechtigkeit, in: TRT 2, 163-166
Barth, Karl: Kirchliche Dogmatik III: Die Lehre von der Schöpfung, Bd.2, Zürich 1948
ders.: Kirchliche Dogmatik IV: Die Lehre von der Versöhnung, Bd.3,1, Zürich 1959
Baum, Gregory: The Catholic Church's Contradictory Stances, in: Tabb, Churches in Struggle, 123-137
ders.: The Theology of the American Pastoral, in: the ecumenist 24 (1986), 17-22
ders.: A Canadian perspective on the U.S. pastoral, in: Christianity and Crisis, January 21, 1985, 516-519
ders.: Cameron, Duncan: Ethics and Economics. Canada's Catholic bishops on the economic crisis, Toronto 1984
Baumann: „Gottes Gerechtigkeit" – Verheißung und Herausforderung für diese Welt, Freiburg 1989
Bayer, Oswald et al.: Zwei Kirchen – eine Moral?, Regensburg 1986
Baynes, Kenneth: The Normative Grounds of Social Criticism. Kant, Rawls, and Habermas, Albany 1992
Beckley, Harlan R.: A Christian Affirmation of Rawls' Idea of Justice as Fairness, Teil I, in: Journal of Religious Ethics 13 (1985), 210-242; Teil II, in: Journal of Religious Ethics 14 (1986), 229-246
Bedford-Strohm, Heinrich: Eine Parteinahme für die Armen. Der Wirtschaftshirtenbrief der US-Bischöfe, in: Junge Kirche 47 (1986), 599-604
Bellah, Robert et al.: Habits of the Heart. Individualism and Commitment in American Life, Berkeley/Los Angeles/London 1985
ders. et al.: Varieties of Civil Religion, New York 1980
Benhabib, Sheyla: Autonomy, Modernity, and Community. Communitarianism and Critical Social Theory in Dialogue, in: A. Honneth u.a. (Hgg.), Zwischenbetrachtungen. Im Prozeß der Aufklärung. Jürgen Habermas zum 60. Geburtstag, Frankfurt 1989, 373-394
Benne, Robert: The Bishops' Letter – A Protestant Reading, in: Gannon, The Catholic Challenge, 76-85
ders.: The Preferential Option for the Poor and American Public Policy, in: Neuhaus, The Preferential Option for the Poor, 53-71
Berger, Peter: Can the Bishops help the Poor?, in: Royal, 54-64
Bernadin, Joseph: The Impact of Vatican II: Church in the Modern World, in: Origins 15 (1985), 306-308
Berryman, Phillip: Our Unfinished Business. The U.S. Catholic Bishops' Letters on Peace and the Economy, New York 1989
Berten, André: John Rawls, Jürgen Habermas et la Rationalité des Normes, in: Ladrière/Van Parijs, 183-194
Biedenkopf, Kurt: A European Point of View, in: Gannon, The Catholic Challenge, 207-217
Bielefeldt, Heiner: Neuzeitliches Freiheitsrecht und politische Gerechtigkeit. Perspektiven der Gesellschaftsvertragstheorien, Würzburg 1990
Birch, Bruce/Rasmussen, Lawrence: Bible and Ethics in the Christian Life, Philadelphia 1989

Birnbaum, Norman: The Bishops in the Iron Cage: The Dilemmas of Advanced Industrial Society, in: Gannon, The Catholic Challenge, 153-178

Blank, Rebecca M.: Poverty and Policy: The Many Faces of the Poor, in: Strain, Prophetic Visions, 156-168

Blaser, Klauspeter: Volksideologie und Volkstheologie. Ökumenische Entwicklungen im Lichte der Barmer Theologischen Erklärung (ÖEh 7), München 1991

Bloch, Ernst: Naturrecht und menschliche Würde (Gesamtausgabe Bd.6), Frankfurt 1961

Block, Walter: The U.S. Bishops and Their Critics. An Economic and Ethical Perspective, Vancouver 1986

Blocker, H.Gene/Smith, Elisabeth H. (eds.): John Rawls' Theory of Social Justice. An Introduction, Athens 1980

Blum, Roland Paul: L' éthique kantienne de John Rawls, in: Christoff/Sauer, 9-32

Böckle, Franz: Gerechtigkeit in katholisch-theologischer Sicht, in: K. Homann (Hg.), Aktuelle Probleme der Wirtschaftsethik, Berlin 1992, 13-27

Böhr, Christoph: Liberalismus und Minimalismus. Kritische Anmerkungen zur philosophischen und politischen Entfaltung einer zeitgenössischen Minimalstaatskonzeption, Heidelberg 1985

Boff, Clodovis: Theologie und Praxis. Die erkenntnistheoretischen Grundlagen der Theologie der Befreiung, München/Mainz 1983

Boff, Clodovis und Leonardo: Good news of bishops' economics pastoral, and bad news unmentioned, in: National Catholic Reporter, August 28, 1987, 14-17

Boff, Clodovis/Pixley, Jorge: Die Option für die Armen, Düsseldorf 1987

Boff, Leonardo: Aus dem Land der Tränen ins Gelobte Land. Der Weg der Kirche mit den Unterdrückten, Düsseldorf 1982

ders.: Für die Armen – gegen die Armut, in: W. Ludin (Hg.), Am Horizont die neue Erde, Freiburg 1989, 139-140

Bonhoeffer, Dietrich: Sanctorum Communio. Eine dogmatische Untersuchung zur Soziologie der Kirche (DBW 1, hg. von J. v. Soosten), München 1986

ders.: Die Kirche vor der Judenfrage, in: W. Huber/I. Tödt (Hgg.), Ethik im Ernstfall. Dietrich Bonhoeffers Stellung zu den Juden und ihre Aktualität (IBF 4), München 1982, 245-250

Boss, Gilbert: La Mort du Leviathan. Hobbes, Rawls et notre situation politique, Zürich 1984

Bovon, Francois: Das Evangelium nach Lukas (EKK III/1), Zürich 1989

Bowie, Norman: Equal Basic Liberty for All, in: Blocker/Smith, 110-131

Brehmer, Karl: Rawls' „Original Position" oder Kants „Ursprünglicher Kontrakt", Königstein 1980

Briefs, Henry W: Theologische Konzeptionen und ökonomische Rationalität. Neuere Überlegungen zur katholischen Soziallehre, Stuttgart/Jena/New York 1992

Brown, Alan: Modern Political Philosophy. Theories of the Just Society, London et al. 1986

Brown, Robert McAfee: Theology in a New Key. Responding to Liberation Themes, Philadelphia 1978

ders.: The „Preferential Option for the Poor" and the Renewal of Faith, in: Tabb, Churches in Struggle, 7-17

ders./Brown, Sydney Thomson (eds.): A Cry for Justice. The Churches and Synagogues Speak, New York/Mahwah 1989
Buchanan, Allen E.: Marx and Justice. The Radical Critique of Liberalism, London 1982
ders.: A Critical Introduction to Rawls' Theory of Justice, in: Blocker/Smith, 5-41
ders.: Assessing the Communitarian Critique of Liberalism, in: Ethics 99 (1989), 852-882
Buchanan, James M.: Die Grenzen der Freiheit. Zwischen Anarchie und Leviathan, Tübingen 1984
Budde, Heiner: Die wirtschaftsethischen Grundpositionen des Hirtenbriefs der amerikanischen Bischöfe als Beitrag zur Standortbestimmung und Aktualisierung katholischer Soziallehre, in: Dingwerth/Öhlschläger/Schmid, 77-89
Büchele, Herwig: Option für die Armen – eine vorrangige Orientierung der katholischen Soziallehre, in: G. Baadte/A. Rauscher (Hgg.), Christliche Gesellschaftslehre. Eine Ortsbestimmung, Graz/Wien/Köln 1989, 107-129
ders.: Christlicher Glaube und politische Vernunft. Für eine Neukonzeption der katholischen Soziallehre, Wien/Zürich/Düsseldorf 1987
Buhr, Petra/Ludwig, Monika/Leibfried, Stefan: Armutspolitik im Blindflug. Zur Notwendigkeit einer Erweiterung der Armutsberichterstattung, in: Döring/Hanesch/Huster, Armut im Wohlstand, 79-107
Burgsmüller, Alfred/Weth, Rudolf: Die Barmer Theologische Erklärung. Einführung und Dokumentation, Neukirchen-Vluyn 1983
Burke, James E.: Reactions from Management: Manufacturing, in: Gannon, The Catholic Challenge, 218-227
Bydlinski, Franz: Fundamentale Rechtsgrundsätze, Wien/New York 1988
Byron, William: Pittsburgh and the Pastoral: Conscience, Creativity and Competence, in: Origins 16 (1987), 829-832

Calvez, Jean-Yves: Economic Policy in Roman Catholic Teaching: An International Perspective, in: Gannon, The Catholic Challenge, 15-26
Camenisch, Paul F.: The Churches and the Corporations, in: Strain, Prophetic Visions, 169-182
Campiche, Roland: La Justice Economique Pour Tous, in: Zur Sozialethischen Verpflichtung der Kirche. Festschrift für Felix Tschudi, Bern/Lausanne 1987, 33-37
Cathrein, Viktor: Die Katholische Moral, Freiburg 1907
ders.: Moralphilosophie Bd.1, Freiburg 1911
Chenu, Marie-Dominique: Kirchliche Soziallehre im Wandel. Das Ringen der Kirche um das Verständnis der gesellschaftlichen Wirklichkeit, Fribourg/Luzern 1991
Christiansen, Drew: Capitalist Ideology and the Need for Vision, in: Ethics and Policy, Tenth Anniversary Edition, 10-11
Christlicher Glaube: Wirtschaftsleben und Gerechtigkeit. Eine Erklärung der Vereinigten Kirche Jesu Christi (UCC) in den USA (hg. von der Evangelischen Akademie Iserlohn), Iserlohn 1989
Christoff, Daniel/Sauer, Hans (Red.): Gerechtigkeit in der komplexen Gesellschaft, Basel/Stuttgart 1979
Cohen, Joshua: Democratic Equality, in: Ethics 99 (1989), 727-751

Coleman, John (ed.): One Hundred Years of Catholic Social Thought. Celebration and Challenge, New York 1991

Collet, Giancarlo/Rechsteiner, Justin (Hgg.): Vergessen heißt Verraten. Erinnerungen an Oskar A. Romero zum 10. Todestag, Wuppertal 1990

ders.: „Den Bedürftigen solidarisch verpflichtet". Implikationen einer authentischen Rede von der Option für die Armen, in: F. Furger (Hg.), Jahrbuch für Christliche Sozialwissenschaften 33 (1992), Münster 1992, 67-84

Comblin, José: Kurze Geschichte der Theologie der Befreiung, in: Prien, Lateinamerika Bd.2, 13-38

ders.: Das Bild vom Menschen, Düsseldorf 1987

Cox, Harvey: Imagining an economy based on shalom, in: Christianity and Crisis, January 21, 1985, 509-512

Croatto, J. Severino: Die Bibel gehört den Armen. Perspektiven einer befreiungstheologischen Hermeneutik (ÖEh 5), München 1989

Crüsemann, Frank: Der Widerstand gegen das Königtum. Die antiköniglichen Texte des Alten Testaments und der Kampf um den frühen israelitischen Staat, Neukirchen-Vluyn 1978

Curran, Charles E.: Relating Religious-Ethical Inquiry to Economic Policy, in: Gannon, The Catholic Challenge, 42-54

ders.: Toward an American Catholic Moral Theology, Notre Dame 1987

Curran, Charles E./McCormick, Richard A. (eds.): The Use of Scripture in Moral Theology (Readings in Moral Theology 4), New York/Ramsey 1984

Daniels, Norman (ed.): Reading Rawls. Critical Studies of A Theory of Justice, Oxford 1975

ders.: Equal Liberty and Unequal Worth of Liberty, in: ders., Reading Rawls, 253-281

Darwall, Steven L.: Is There a Kantian Foundation for Rawlsian Justice?, in: Blocker/Smith, 311-345

De Clercq, B.J.: Die kirchliche Soziallehre im Licht der Befreiungstheologie, in: Theologie der Gegenwart 29 (1986), 73-82

De Marco, Joseph P.: Rawls and Marx, in: Blocker/Smith, 395-430

Demmer, Klaus: Hermeneutische Probleme der Fundamentalmoral, in: Mieth/Compagnoni, Ethik im Kontext des Glaubens, 101-119

ders.: Sittlicher Anspruch und Geschichtlichkeit des Verstehens, in: H. Rotter (Hg.), Heilsgeschichte und ethische Normen, Freiburg et al. 1984, 64-98

ders.: Deuten und Handeln. Grundlagen und Grundfragen der Fundamentalmoral, Freiburg et al. 1985

ders.: Moraltheologische Methodenlehre, Freiburg et al. 1989

ders.: Das Selbstverständnis der Moraltheologie, in: Ernst, 9-25

Des Jardins, Joseph: Liberalism and Catholic Social Teaching, in: The New Scholasticism 61 (1987), 345-366

Dihle, Albrecht: Art. Gerechtigkeit, RAC 10, 233-360

Dietrich, Walter/Luz, Ulrich/Strohm, Theodor: Art. Gerechtigkeit, EKL 2, 3.Auflage, 87-101

Dingwerth, Paul/Öhlschläger, Rainer/Schmid, Bruno (Hgg.): Wirtschaftliche Gerechtigkeit aus der Sicht des Glaubens. Die deutsche Diskussion über ein amerikanisches Hirtenwort, Stuttgart 1988

Diversy, Lothar (Hg.): Christentum und Politik. Stand und Entwicklung der christlichen Soziallehren. Wegweiser ins dritte Jahrtausend, Saarbrücken-Scheidt 1990

Döring, Diether/Hanesch, Walter/Huster, Ernst-Ulrich (Hgg.): Armut im Wohlstand, Frankfurt 1990

dieselben: Armut als Lebenslage. Ein Konzept für Armutsberichterstattung und Armutspolitik, in: Döring/Hanesch/Huster, Armut im Wohlstand, 7-27

Donahue, John: Biblical Perspectives on Justice, in: Haughey, 68-112

Dorr, Donald: Option for the Poor. A Hundred Years of Vatican Social Teaching, New York 1983

Douglass, Bruce/Gould Jr., William J.: After the pastoral, in: Commonweal (1986), 651-654

Duchrow, Ulrich: Weltwirtschaft heute. Ein Feld für Bekennende Kirche?, München 1986

Dussel, Enrique D.: Die lateinamerikanische Kirche von Medellin bis Puebla (1968-1979), in: Prien, Lateinamerika Bd.1, 71-113

Dulles, Avery: The Gospel, The Church and Politics, in: Origins 16 (1987), 637-646

Dworkin, Ronald: Taking Rights Seriously, Cambridge 1977

Dykema, Eugene R.: Wealth and Well-Being: The Bishops and Their Critics, in: Strain, Prophetic Visions, 48-60

Eicher, Peter: Die Anerkennung der Anderen und die Option für die Armen, in: Eicher/Mette, 10-53

ders./Mette Norbert (Hgg.): Auf der Seite der Unterdrückten? Theologie der Befreiung im Kontext Europas, Düsseldorf 1989

Engon-Deniz, Egon: Vergleich des Utilitarismus mit der Theorie der Gerechtigkeit von John Rawls, Innsbruck/Wien 1991

Ernst, Wilhelm (Hg.): Grundlagen und Probleme der heutigen Moraltheologie, Würzburg 1989

Fein, Leonard: Bishops, Rabbis, and Prophets, in: Strain, Prophetic Visions, 115-126

Felder, Cain H.: Toward a New Testament Hermeneutic for Justice, in: Journal for Religious Thought 45 (1988), 10-28

Flanigan, Peter: The Pastoral and the Letter, in: America, January 12, 1985, 12-14

Forestell, Jim T.: The Preferential Option for the Poor, in: Canadian Catholic Review 4 (1986), 6-12

Francis, Leslie Pickering: Responses to Rawls from the Left, in: Blocker/Smith, 463-493

Franklin, Robert Michael: In Pursuit of a Just Society: Martin Luther King, Jr., and John Rawls, in: The Journal of Religious Ethics 18 (1990), 57-77

Frey, Christofer: Gerechtigkeit. Theologisch-ethische Überlegungen zu einer fundamentalen Norm, in: Wissenschaft und Praxis in Kirche und Gesellschaft 66 (1977), 458-475

ders.: Theologische Kriterien für die Gestaltung und Entwicklung der Wirtschaft, in: Zwischen Wachstum und Lebensqualität (hg. vom Sozialwissenschaftlichen Institut der EKD), München 1980, 116-155

ders.: Theologische Ethik, Neukirchen-Vluyn 1990

Friedman, Milton: Good Ends, Bad Means, in: Gannon, The Catholic Challenge, 99-106

Frisch, Heinz: Vollbeschäftigung allein durch Wachstum?, in: Hengsbach/Ludwig, 89-98

Fuchs, Josef: Lex Naturae. Zur Theologie des Naturrechts, Düsseldorf 1955

ders.: Autonome Moral und Glaubensethik, in: Mieth/Compagnoni, 46-100

ders.: Für eine menschliche Moral. Grundfragen der theologischen Ethik Bd.I: Normative Grundlegung, Freiburg et al. 1988

Furger, Franz: Kontinuität mit verlagerten Schwerpunkten. Entwicklungen in der katholischen Soziallehre und ihrer Wirtschaftsethik im Spiegel der päpstlichen Sozialenzykliken, in: Th. Strohm (Hg.), Christliche Wirtschaftsethik vor neuen Aufgaben. Festgabe für Arthur Rich, Zürich 1980, 75-95

ders.: Ethische Argumentation und neutestamentliche Aussagen, in: Kertelge, 13-31

ders.: Sozialethik in heilsgeschichtlicher Dynamik, in: Rotter, Heilsgeschichte und ethische Normen, 128-159

ders. (Hg.): Ethische Theorie praktisch. Der fundamental-moraltheologische Ansatz in sozialethischer Entfaltung, Münster 1991

Furman, Frida Kerner: The Prophetic Tradition and Social Transformation, in: Strain, Prophetic Visions, 103-114

Gaffney, James: Our Bishops and our Economy, in: America, Jan 24, 1987, 44-49

Gagern, Michael: Das Sparprinzip. Politisch-ökonomische Betrachtungen zur Rawlsschen Gerechtigkeitstheorie, in: Höffe, Über John Rawls' Theorie der Gerechtigkeit, 259-282

Gaillot, Jacques: Die Option für die Armen, in: Concilium 22 (1986), 491-494

Galston, William: Justice and the Human Good, Chicago/London 1980

ders.: Pluralism and Social Unity, in: Ethics 99 (1989), 711-726

Gannon, Thomas M.(ed.): The Catholic Challenge to the American Economy. Reflections on the U.S. Bishops' Pastoral Letter on Catholic Social Teaching and the U.S. Economy, New York 1987

ders.: Introduction, in: Gannon, The Catholic Challenge, 1-7

ders.: Die katholischen Bischöfe in der amerikanischen Politik der 80er Jahre, in: K.-M. Kodalle (Hg.), Gott und Politik in USA. Über den Einfluß des Religiösen. Eine Bestandsaufnahme, Frankfurt 1988, 167-185

ders.: Eine katholische Herausforderung an die amerikanische Wirtschaft, in: Theologie der Gegenwart 30 (1987), 124-133

Garcia, Ismael: Justice in Latin American Theology of Liberation, Atlanta 1987

Garhofer, Emilie/Schmid, Bruno: Kommentierte Literaturübersicht zur deutschsprachigen Rezeption des Hirtenbriefs, in: Dingwerth/Öhlschläger/Schmid, 7-31

Giers, Joachim: Die „Krise" der sozialen Gerechtigkeit, in: Jahrbuch für Christliche Sozialwissenschaften 17 (1976), 91-111

ders.: Gesellschaft und Gerechtigkeit. Neue Ansätze zum Verständnis der sozialen Gerechtigkeit, in: Jahrbuch für Christliche Sozialwissenschaften 22 (1981), 47-63

ders.: „Partizipation" und „Solidarität" als Strukturen der sozialen Gerechtigkeit, in: G. Mertens/W. Kluxen/P. Mikat (Hgg.): Markierungen der Humanität. Sozialethische Herausforderungen auf dem Weg in ein neues Jahrtausend, Paderborn/München/Wien/Zürich 1992, 371-384

Gillen, Erny: Wie Christen ethisch handeln und denken. Zur Debatte um die Autonomie der Sittlichkeit im Kontext katholischer Theologie, Würzburg 1989

Glahn, Michael von: Kritik des Gerechtigkeitsprinzips in der marxistisch-sozialistischen Staats- und Rechtstheorie, Frankfurt/Bern/New York 1987

Glassman: Ronald M.: Democracy and Equality. Theories and Programs for the Modern World, New York/Westport/London 1989

Glatzer, Wolfgang/Hübinger, Werner: Lebenslagen und Armut, in: Döring/Hanesch/Huster, Armut im Wohlstand, 31-55

Goldstein, Horst: Kleines Lexikon zur Theologie der Befreiung, Düsseldorf 1991

Goodman, C.E.: On Justice. An Essay in Jewish Philosophy, New Haven/London 1991

Gottwald, Norman K.: The Tribes of Yahweh: A Sociology of the Religion of Liberated Israel 1250-1050, New York 1979

ders.: From Biblical Economies to Modern Economies: A Bridge over Troubled Waters, in: Tabb, Churches in Struggle, 138-148

Graff, Ann O'Hara: Women and Dignity: Vision and Practice, in: Strain, Prophetic Visions, 216-228

Grant, George Parkin: English Speaking Justice, Notre Dame 1985

Greeley, Andrew: „Radikale" Abweichung, in: Im Gespräch, 28-42

Green, Ronald: The Bishops' Letter – A Jewish Reading, in: Gannon, The Catholic Challenge, 86-96

Greinacher, Norbert: Die Kirche der Armen. Zur Theologie der Befreiung, 2.Auflage, München 1980

Gross, Bertram: Friendly Faschism. The New Face of Power in America, Boston 1982

Gründel, Johannes: Zwei Kirchen – eine Moral? Akzentsetzungen katholischer Moral und ihre Auswirkung auf das sittliche Verhalten, in: Bayer et al., 77-103

Gustafson, James: The Place of Scripture in Christian Ethics. A Methodological Study, in: Curran/McCormick, 151-177. Deutsche Übersetzung: Der Ort der Schrift in der christlichen Ethik. Eine methodologische Studie, in: Ulrich, 246-279

ders.: Protestant and Roman Catholic Ethics, Chicago/London 1978

Gutierrez, Gustavo: Theologie der Befreiung, München/Mainz 1973

ders.: Die historische Macht der Armen, München/Mainz 1984

ders.: Theologie der Befreiung, in: Stimmen der Zeit 204 (1986), 829-833

ders.: The Church of the Poor, in: The Month, July 1989, 263-267

Gutman, Amy: Communitarian Critics of Liberalism, in: Avineri/de-Shalit, Communitarianism and Individualism, 120-136.

Habermas, Jürgen: Moralbewußtsein und kommunikatives Handeln, Frankfurt 1983

ders.: Erläuterungen zur Diskursethik, Frankfurt 1991

Hamm, Dennis: Economic Policy and the Use of Scripture, in: America (1985), 368-371

Handbuch der christlichen Ethik I (hg. von A. Hertz et al.), Freiburg 1978

Hare, R.M.: Rawls' Theory of Justice, in: Daniels, Reading Rawls, 81-107

ders.: Ethical Theory, Oxford 1989

ders.: Essays on Political Morality, Oxford 1989

Harrison, Beverly W.: Social justice and economic orthodoxy, in: Christianity and Crisis, January 21, 1985, 513-515

Hart, Herbert: Freiheit und ihre Priorität bei Rawls, in: Höffe, Über John Rawls' Theorie der Gerechtigkeit, 131-161
Hauerwas, Stanley: A Community of Character. Toward a Constructive Christian Social Ethic, Notre Dame 1981
ders.: The Moral Authority of Scripture. The Politics and Ethics of Remembering, in: Curran/McCormick, 242-275
ders.: Die Kirche in einer zerrissenen Welt und die Deutungskraft der christlichen „Story", in: Ulrich, 338-381
ders.: After Christendom? How the Church Is to Behave If Freedom, Justice, and a Christian Nation Are Bad Ideas, Nashville 1991
Haughey, John C. (ed.): The Faith that does Justice. Examining the Christian Sources for Social Change, New York 1977
Hayek, Friedrich August von: Demokratie, Gerechtigkeit und Sozialismus, Tübingen 1977
Hebblethwaite, Peter: Liberation Theology: The Option for the Poor, in: W.J. Sheils/ D. Wood (eds.), The Church and Wealth, London 1987, 407-421
Heimbach-Steins, Marianne (Hg.): Naturrecht im ethischen Diskurs, Münster 1990
Heller, Agnes: Beyond Justice, Oxford/New York 1987
Hengsbach, Friedhelm: Gegen Unmenschlichkeit in der Wirtschaft. Der Hirtenbrief der katholischen Bischöfe der USA „Wirtschaftliche Gerechtigkeit für alle". Aus deutscher Sicht kommentiert von Friedhelm Hengsbach, Freiburg/Basel/Wien 1987
ders.: Die Anerkennung wirtschaftlicher Beteiligungsrechte – ein notwendiger Impuls für die soziale Marktwirtschaft, in: Dingwerth/Öhlschläger/Schmid, 111-135
ders.: Sozialethische Impulse aus der katholischen Kirche, in: Die Mitbestimmung 32 (1986), Sonderheft, 29-33
ders.: Der Wirtschaftshirtenbrief der Bischöfe der USA, in: Stimmen der Zeit 112 (1987), 291-300
ders.: Wirtschaftsethik. Aufbruch – Konflikte – Perspektiven, Freiburg 1991
ders./Ludwig, Heiner (Hgg.): Wirtschaft für wen?, Frankfurt 1985.
Henriot, Peter J.: The Challenge of Global Prosperity: Social Justice and Solidarity, in: Journal of Ecumenical Studies 24 (1987), 382-393
Hezser, Catherine: Lohnmetaphorik und Arbeitswelt in Mt 20, 1-16. Das Gleichnis von den Arbeitern im Weinberg im Rahmen rabbinischer Lohngleichnisse, Freiburg (Schweiz)/Göttingen 1990.
Hill, Thomas E.: Kantian Constructivism in Ethics, in: Ethics 99 (1989), 752-770
Hilpert, Konrad: Ethik und Rationalität. Untersuchungen zum Autonomieproblem und zu seiner Bedeutung für die theologische Ethik, Düsseldorf 1980
ders.: Die Menschenrechte. Geschichte, Theologie, Aktualität, Düsseldorf 1991
Himes, Michael J. & Kenneth R.: Rights, economics, & the Trinity, in: Commonweal, March 14, 1986, 137-141
Höffe, Otfried (Hg.): Über John Rawls' Theorie der Gerechtigkeit, Frankfurt 1977
ders.: Kritische Einführung in Rawls' Theorie der Gerechtigkeit, in: Höffe, Über John Rawls' Theorie der Gerechtigkeit, 11-40
ders.: Ethik und Politik. Grundmodelle und -probleme der praktischen Philosophie, Frankfurt 1979
ders.: Sittlich-politische Diskurse. Philosophische Grundlagen. Politische Ethik. Biomedizinische Ethik, Frankfurt 1981

ders.: Politische Gerechtigkeit. Grundlegung einer kritischen Philosophie von Recht und Staat, Frankfurt 1987

ders.: Kategorische Rechtsprinzipien. Ein Kontrapunkt der Moderne, Frankfurt 1990

ders.: Den Staat braucht selbst ein Volk von Teufeln. Philosophische Versuche zur Rechts- und Staatsethik, Stuttgart 1988

Höffner, Joseph: Soziale Gerechtigkeit und soziale Liebe. Versuch einer Bestimmung ihres Wesens, Saarbrücken 1935

ders.: Die soziale Gerechtigkeit und die überlieferte abendländische Gerechtigkeitslehre, in: Arbeitsgemeinschaft für Forschung des Landes Nordrhein-Westfalen: Festschrift für Karl Arnold, Köln/Opladen 1955, 35-48

Höhn, Hans-Joachim: Vernunft – Glaube – Politik. Reflexionsstufen einer christlichen Sozialethik, Paderborn/München/Wien/Zürich 1990

Hoerster, Norbert: John Rawls' Kohärenztheorie der Normenbegründung, in: Höffe, Über John Rawls' Theorie der Gerechtigkeit, 57-76

Hoff, Marie D.: Response to the Catholic Bishops' Letter on the U.S. Economy, in: social thought 15 (1989), 41-52

Hollenbach, David: Modern Catholic Teachings Concerning Justice, in: Haughey, 207-231

ders.: Claims in Conflict: Retrieving and Renewing the Catholic Human Rights Tradition, New York 1979

ders.: Justice, Peace, and Human Rights. American Catholic Ethics in a Pluralistic Context, New York 1988

Homann, Karl: Rationalität und Demokratie, Tübingen 1988

ders.: Demokratie und Entwicklung. Philosophisch-ökonomische Überlegungen zum Thema „Katholische Soziallehre und Lateinamerika" in: P. Hünermann/M. Eckholt, Katholische Soziallehre – Wirtschaft – Demokratie. Ein lateinamerikanisches Dialogprogramm I, Mainz/München 1989, 93-149

Honecker, Martin: Rechtfertigung und Gerechtigkeit in der Perspektive Evangelischer Theologie, in: Rechtfertigung und Gerechtigkeit (Jahrbuch des Evangelischen Bundes 23), Göttingen 1990, 41-66

ders.: Stand und Aufgaben evangelischer Sozial- und Wirtschaftsethik, in: Diversy, 59-86.

ders.: Zur ethischen Diskussion der 80er Jahre, in: Theologische Rundschau 56 (1991), 54-97

Houck, John/Williams, Oliver (eds.): Catholic Social Teaching and the United States Economy. Working Papers for a Bishops' Pastoral, Washington 1984

Huber, Wolfgang: Kirche und Öffentlichkeit, Stuttgart 1973

ders./Tödt, Heinz Eduard: Menschenrechte. Perspektiven einer menschlichen Welt, Stuttgart/Berlin 1977

ders.: Ethik als Integrationswissenschaft, in: Handbuch der christlichen Ethik I, 391-406

ders.: Brüderlichkeit als Anspruch auf eine humane Gesellschaft, in: Die Mitbestimmung 32, Sonderheft, 19-23

ders.: Wirtschaftliche Gerechtigkeit für alle. Zum Wirtschafts-Hirtenbrief der katholischen Bischöfe in den USA, in: Zeitschrift für Evangelische Ethik 31 (1987), 365-371

ders.: Die Menschenrechte und das Grundgesetz. Theologische Überlegungen, in: M.

Pfeiffer (Hg.), Auftrag Grundgesetz. Wirklichkeit und Perspektiven, Stuttgart 1989, 190-213
ders./Reuter, Hans-Richard: Friedensethik, Stuttgart/Berlin/Köln 1990
ders./Petzold, Ernst/Sundermeier, Theo (Hgg.): Implizite Axiome. Tiefenstrukturen des Denkens und Handelns, München 1990
ders.: Konflikt und Konsens. Studien zur Ethik der Verantwortung, München 1990
ders.: Der Protestantismus und die Ambivalenz der Moderne, in: Moltmann, Religion der Freiheit, 29-65
Hug, James: Avant la lettre pastorale des évèques américains sur l'économie, in: Etudes, Novembre 1984, 547-550

Iben, Gerd: Zur Definition von Armut. Bestimmungsgrößen von Armut – „Kultur der Armut", in: Armutsbericht, 276-279
Im Gespräch: der amerikanische Wirtschaftshirtenbrief, (hg. vom Institut für Gesellschaftswissenschaften Walberberg), Die Neue Ordnung, Sonderheft Dezember 1985
Instruktion der Kongregation für die Glaubenslehre über die christliche Freiheit und die Befreiung, Verlautbarungen des Apostolischen Stuhls 70 (hg. v. Sekretariat der Deutschen Bischofskonferenz), Bonn 1986

Jennings, Theodore W. Jr.: Good News to the Poor. John Wesley's Evangelical Economics, Nashville 1990
Johnston, Robert K.: A Lesson in Constructive Theology, in: Strain, Prophetic Visions, 35-47
Jones, L. Gregory: Should Christians Affirm Rawls' Justice as Fairness? A Response to Professor Beckley, in: Journal of Religious Ethics 15 (1987), 251-271
Jones, Richard: Groundwork of Christian Ethics, London 1984
Jüngling, Winfried: „Zerdrücke den Armen nicht im Tor" (Spr 22,22), in: Hengsbach/ Ludwig, 67-88

Kaiser, Helmut: Von der „Brüderlichkeit" zur Gerechtigkeitstheorie von John Rawls: Eine Vermittlung von Ethik und Wirtschaft, in: Zeitschrift für Evangelische Ethik 35 (1991), 248-267
Kant, Immanuel: Grundlegung zur Metaphysik der Sitten, in: ders., Schriften zur Ethik und Religionsphilosophie, Werke in sechs Bänden (hg. von W. Weischedel) Bd. IV, Darmstadt 1975, 11-102
Kant, Immanuel: Kritik der praktischen Vernunft, in: ders., Schriften zur Ethik und Religionsphilosophie, Werke in sechs Bänden (hg. von W. Weischedel) Bd. IV, Darmstadt 1975, 107-302
Kaufmann, Arthur/Hassemer, Winfried (Hgg.): Einführung in Rechtsphilosophie und Rechtstheorie der Gegenwart, 4. neub. und erw. Auflage, Heidelberg 1985
Kehl, Medard: Option für die Armen, marxistische Gesellschaftsanalyse und katholische Dogmatik. Zur Dogmeninterpretation innerhalb der Theologie der Befreiung, in: W. Löser/K. Lehmann/ M. Lutz-Bachmann (Hgg.), Dogmengeschichte und katholische Theologie, Würzburg 1985, 479-512
Kennedy, Eugene: Re-Imagining American Catholicism. The American Bishops and Their Pastoral Letters, New York 1985

Kerber, Walter: Die Soziale Gerechtigkeit als Grundbegriff der katholischen Soziallehre, in: Civitas. Jahrbuch für Sozialwissenschaften 16 (1979), 80-92
ders./Ertl, Heimo/Hainz, Michael (Hgg.): Katholische Gesellschaftslehre im Überblick. 100 Jahre Sozialverkündigung der Kirche, Frankfurt 1991
ders./Westermann, Klaus/Spörlein, Bernhard: Gerechtigkeit, in: Christlicher Glaube in moderner Gesellschaft 17, Freiburg/Basel/Wien 1981, 8-75
Kern, Lucian/Hans-Peter Müller (Hgg.): Gerechtigkeit, Diskurs oder Markt? Die neuen Ansätze in der Vertragstheorie, Opladen 1986
Kern, Lucian: Von Habermas zu Rawls. Praktischer Diskurs und Vertragsmodell im entscheidungslogischen Vergleich, in: Kern/Müller, Gerechtigkeit, 83-95
Kertelge, Karl (Hg.): Ethik im Neuen Testament, Freiburg et al. 1984
Kessler, Wolfgang: Reaktionen und Erwartungen im Vorfeld der Veröffentlichung der ersten Fassung des Hirtenbriefes, in: Die Armen müssen Maßstab sein, 11-16
ders.: Die Vorschläge der amerikanischen Bischöfe sind auf die bundesdeutsche Diskussion nicht übertragbar, in: Dingwerth/Öhlschläger/Schmid, 205-207
Kipnis, Kenneth/Meyers, Diana T. (eds.): Economic Justice. Private Rights and Public Responsibilities, Totowa 1985
Die Kirche Lateinamerikas. Dokumente der II. und III. Generalversammlung des Lateinamerikanischen Episkopats in Medellin und Puebla, (Stimmen der Weltkirche 8, hg. v. Sekretariat der Deutschen Bischofskonferenz), Bonn (ohne Datum)
Kley, Roland: Vertragstheorien der Gerechtigkeit. Eine philosophische Kritik der Theorien von John Rawls, Robert Nozick und James Buchanan, Bern/Stuttgart 1989
Kohl, Helmut: Rede bei der öffentlichen Schlußkundgebung, in: epd-Dokumentation 13/84, 63-76
Koller, Peter: Neue Theorien des Sozialkontrakts, Berlin 1987
ders.: Theorien des Sozialkontrakts als Rechtfertigungsmodelle politischer Institutionen, in: Kern/Müller, Gerechtigkeit, 7-33
Kolm, Serge-Christophe: Le Contrat Social Libéral. Philosophie et Pratique du Libéralisme, Paris 1985
Kramer, Rolf: Umgang mit der Armut. Eine sozialethische Analyse, Berlin 1990
ders.: Soziale Gerechtigkeit. Inhalt und Grenzen, Berlin 1992
Krauthammer, Charles: Perils of the Prophet Motive, in Royal, 48-53
Kristöfl, Josef/Riedlsperger, Alois: Soziale Gewissensbildung in einer pluralen Gesellschaft – Zur Methode des österreichischen Sozialhirtenbriefes, in: J. Müller/W. Kerber (Hgg.), Soziales Denken in einer zerrissenen Welt. Anstöße der katholischen Soziallehre, Freiburg/Basel/Wien 1991, 196-203
Kühn, Hans-Jürgen: Soziale Gerechtigkeit als moralphilosophische Forderung. Zur Theorie der Gerechtigkeit von John Rawls, Bonn 1984
Kukathas, Chandran/Pettit, Philip: Rawls. A Theory of Justice and its Critics, Cambridge 1990
Kymlika, Will: Liberal Individualism and Liberal Neutrality, in: Ethics 99 (1989), 883-905

Ladrière, Jean/Van Parijs, Philippe (eds.): Fondements d'une Théorie de la Justice. Essais critiques sur la philosophie politique de John Rawls, Louvain-La-Neuve 1984

Langan, John: Rawls, Nozick and the Search for Justice, in: Theological Studies 38 (1977), 346-358
ders.: Sollen die Bischöfe sich einmischen?, in: Hengsbach/Ludwig, 15-36
ders.: Afterword: A Direction for the Future, in: Gannon, The Catholic Challenge, 256-267
Lange, Dietz: Ethik in evangelischer Perspektive. Grundfragen christlicher Lebenspraxis, Göttingen 1992
Lappé, Frances Moore: Reflections on the Draft of the Bishops' Pastoral Letter on Catholic Social Teaching and the American Economy (hg. v. Institute for Food and Development Policy), San Francisco 1985
Lebacqz, Karen: Six Theories of Justice, Minneapolis 1986
dies.: Justice in an Unjust World, Minneapolis 1987
Leers, Bernhardino/Moser, Antonio: Moraltheologie. Engpässe und Auswege, Düsseldorf 1989
Lekachman, Robert: Personal Perspective: 1, in: Christianity and Crisis, January 21, 1985, 508-509
Lessnoff, Michael: Social Contract, London 1986
Livezey, Lois Gehr: Goods, Rights, and Virtues. Toward an Interpretation of Justice in Process Thought, in: R.D. Hatch/W.R. Copeland (eds.), Issues of Justice. Social Sources and Religious Meanings, Macon (Georgia) 1988, 91-110
Loesch, Achim von: Gerechtigkeitstheorie und Struktur der Wirtschaft. Die soziale Marktwirtschaft auf dem „ethischen Prüfstand", in: Reese-Schäfer/Schuon, 101-114
Lohfink, Norbert: Option for the Poor. The Basic Principle of Liberation Theology in the Light of the Bible, Berkeley 1987
ders.: „Option für die Armen". Das Leitwort der Befreiungstheologie im Lichte der Bibel, in: W. Seibel (Hg.), Daß Gott den Schrei seines Volkes hört. Die Herausforderung der lateinamerikanischen Theologie der Befreiung, Freiburg/Basel/Wien 1987, 43-67
Lohse, Eduard: Theologische Ethik des Neuen Testaments, Stuttgart et al. 1988
Ludwig, Heiner: Eine Soziallehre nur für die USA?, in: Hengsbach/Ludwig, 99-112
Lyons, David: Nature and Soundness of the Contract and Coherence Arguments, in: Daniels, Reading Rawls, 141-167

MacIntyre, Alasdair: Der Verlust der Tugend. Zur moralischen Krise der Gegenwart, Frankfurt 1987
ders.: Whose Justice? Which Rationality?, London 1988
MacNamara, Vincent: The Use of the Bible in Moral Theology in: The Month 1987, 104-107
Magalhaes, Antonio Carlos de Melo: Christologie und Nachfolge. Eine systematisch-ökumenische Untersuchung zur Befreiungschristologie bei Leonardo Boff und Jon Sobrino, Ammersbeck bei Hamburg 1991
Martin, Rex: Rawls and Rights, Lawrence (Kansas) 1985
Marx, Karl: Das Kapital Bd.1, Frankfurt a.M. 1976
McCann, Dennis P.: New Experiment in Democracy. The Challenge for American Catholicism, Kansas City 1987

ders.: Option for the Poor: Rethinking a Catholic Tradition, in: Neuhaus, The Preferential Option for the Poor, 53-71

ders.: New Experiment in Democracy: Blueprint for Political Economy?, in: Strain, Prophetic Visions, 203-215

Mealand, David L.: Poverty and Expectation in the Gospels, London 1980

Meran, Josef: Ist es ökonomisch vernünftig, moralisch richtig zu handeln?, in: Ulrich, Auf der Suche, 53-88

Merrienboer, Edward van: The Poor as a Pastoral Option for Western Europe, in: New Blackfriars 69 (1988), 56-61

Messner, Johannes: Art. „Soziale Gerechtigkeit" in: Staatslexikon Bd.4, 5. Auflage, Freiburg 1931, 1664-1669

Mette, Norbert: Vorrangige Option für die Armen – eine Herausforderung für Christen und Gemeinden in den Wohlstandsgesellschaften, in: Collet/Rechsteiner, 133-156

Meyer, Michel: Rawls, les fondements de la justice distributive et l'égalite, in: Ladrière/Van Parijs, 37-82

Mieth, Dietmar/Compagnoni, Francesco (Hgg.): Ethik im Kontext des Glaubens. Probleme – Grundsätze – Methoden, Freiburg et al. 1978

Miller, Alice: Am Anfang war Erziehung, Frankfurt 1983

dies.: Abbruch der Schweigemauer, Hamburg 1990

Miller, Richard W.: Rawls und der Marxismus, in: Höffe, Über John Rawls' Theorie der Gerechtigkeit, 162-198

Miranda, José: Marx and the Bible, New York 1971

Möller, Carola: Frauenarmut. Ein Strukturprinzip unserer patriarchalisch-kapitalistischen Gesellschaft, in: Vorgänge 73 (1985), 77-83

Moltmann, Jürgen (Hg.): Religion der Freiheit. Protestantismus in der Moderne, München 1990

ders.: Protestantismus als „Religion der Freiheit", in:ders., Religion der Freiheit, 11-28

Mouw, Richard J.: Thinking about the Poor: What Evangelicals Can Learn from the Bishops, in: Strain, Prophetic Visions, 20-34

Murnion, William E.: Early Reactions to Economic Justice For all: Catholic Social Teaching and the U.S. Economy, in: Horizons 15 (1988), 141-153

Nagel, Thomas: Rawls on Justice, in: Daniels, Reading Rawls, 1-16

National Conference of Catholic Bishops: Pastoral Letter on Marxist Communism, in: Origins 10 (1980), 433-445

dies.: Pastoral Letter on Catholic Social Teaching and the U.S. Economy, First Draft, Washington D.C. 1984

dies.: Pastoral Letter on Catholic Social Teaching and the U.S. Economy, Second Draft, Washington D.C. 1985

dies.: Economic Justice for All: Catholic Social Teaching and the U.S. Economy. Third Draft, in: Origins 16 (1986), 33-76

dies.: Economic Justice for all. Pastoral Letter on Catholic Social Teaching and the U.S. Economy, Washington D.C. 1986

Nationale Konferenz der katholischen Bischöfe der Vereinigten Staaten von Amerika: Wirtschaftliche Gerechtigkeit für alle: Die katholische Soziallehre und die amerikanische Wirtschaft, in: Hengsbach, Gegen Unmenschlichkeit, 8-198

dies.:Wirtschaftliche Gerechtigkeit für alle. Die katholische Soziallehre und die amerikanische Wirtschaft. 13.November 1986 (Stimmen der Weltkirche 26, hg. v. Sekretariat der Deutschen Bischofskonferenz), Bonn 1987

Nell-Breuning, Oswald von: Gerechtigkeit und Freiheit. Grundzüge katholischer Soziallehre, Wien/München/Zürich 1980

ders.: Den Kapitalismus umbiegen. Schriften zu Kirche, Wirtschaft und Gesellschaft. Ein Lesebuch (hg. von F. Hengsbach), Düsseldorf 1990

Nethöfel, Wolfgang: Moraltheologie nach dem Konzil. Personen, Programme, Positionen, Göttingen 1987

Neuhaus, Richard John: Economic Justice Requires More than Economic Justice, in: Journal of Ecumenical Studies 24 (1987), 371-381

ders. (ed.): The Preferential Option for the Poor, Grand Rapids 1988

Nida-Rümelin, Julian: Die beiden zentralen Intentionen der Theorie der Gerechtigkeit als Fairneß von John Rawls – eine kritische Rekonstruktion, in: Archiv für Rechts- und Sozialphilosophie 76 (1990), 457-466

Nielsen, Kai: Rawls, Revising Himself: A Political Conception of Justice, in: Archiv für Rechts- und Sozialphilosophie 76 (1990), 439-456

Noggler, Othmar: Das erste Entwicklungsjahrzehnt. Vom II. Vatikanischen Konzil bis Medellin, in: Prien, Lateinamerika Bd.1, 19-70

Norden, Gilbert: Einkommensgerechtigkeit. Was darunter verstanden wird. Eine Erkundungsstudie, Wien/Köln/Graz 1985

Nothelle-Wildfeuer, Ursula: „Duplex ordo cognitionis". Zur systematischen Grundlegung einer katholischen Soziallehre im Anspruch von Philosophie und Theologie, Paderborn/München/Wien/Zürich 1991

Novak, Michael: Auf dem Weg zum Konsens, in: Im Gespräch, 51-80

ders.: The Two Catholic Letters on the U.S. Economy, in: Royal, 30-33

ders.: The Rights and Wrongs of „Economic Rights": A Debate Continued, in: This World, Spring 1987, 43-52

ders.: Political Economy and Christian Conscience, in: Journal of Ecumenical Studies 24 (1987), 394-402

ders.: Where the Second Draft errs, in: America 154 (1986), 23-24

ders.: Will it Liberate? Questions about Liberation Theology, New York/Mahwah 1986

ders./Simon, William E.: Liberty and Justice For All. Report on the final draft (June 1986) of the U.S.Catholic Bishops' Pastoral Letter „Economic Justice for All" by the Lay Commission on Catholic Social Teaching and the U.S. Economy, in: Crisis, December 1986, 4-16

Nowell-Smith, P.H.: Eine Theorie der Gerechtigkeit?, in: Höffe, Über John Rawls' Theorie der Gerechtigkeit, 77-107

Nozick, Robert: Anarchie, Staat, Utopia, München 1976. Englische Originalausgabe: Anarchy, State, and Utopia, New York 1974

O'Brien, David J.: The Economic Thought of the American Hierarchy, in: Gannon, The Catholic Challenge, 27-41

Ockenfels, Wolfgang: Katholische Soziallehre – Stand und Entwicklung, in: Diversy, 35-57

O'Connor, John J.: Catholic Social Teaching and the Limits of Authority, in: Royal, 75-80
Okolo, Chukwudum B.: Theological Foundations of Social Justice, in: The Journal for Religious Thought 45 (1988), 58-65
Oruka, H. Odera: Rawls' Ideological Affinity and Justice as Egalitarian Fairness, in: L.Ericsson/H.Ofstad/G.Pontara (eds.): Justice. Social and Global. Papers presented at the Stockholm International Symposion on Justice Sept. 1978, Stockholm 1981, 77-88

Palaver, Wolfgang (Hg.): Centesimo anno. 100 Jahre Katholische Soziallehre. Bilanz und Ausblick, Thaur 1991
Paulhus, Normand J.: Uses and Misuses of the Term „Social Justice" in the Roman Catholic Tradition, in: The Journal of Religious Ethics 15 (1987), 261-282
Peffer, Rodney G.: Marxism, Morality, and Social Justice, Princeton 1990
Penta, Leo J.: The Economic Pastoral: On Empowerment, in: the ecumenist 25 (1986), 1-5
Perelman, Chaim: Les conceptions concrète et abstraite de la raison et de la justice. A propos de la théorie de la justice de John Rawls, in: Ladrière/Van Parijs, 195-211
Pleister, Wolfgang/Schild, Wolfgang (Hgg.): Recht und Gerechtigkeit im Spiegel der europäischen Kunst, Köln 1988
Pogge, Thomas: Realizing Rawls, Ithaka/London 1989
Prechtl, Peter: Gerechtigkeit und Individualität – gegensätzliche Komponenten einer politischen Ethik? Eine Kritik utilitaristischer Elemente in den Vertragskonzeptionen, in: Reese-Schäfer/Schuon, 171-182
Prien, Hans-Jürgen (Hg.): Lateinamerika. Gesellschaft – Kirche – Theologie, Bd.1: Aufbruch und Auseinandersetzung, Bd.2: Der Streit um die Theologie der Befreiung, Göttingen 1981
ders.: Puebla, in: Prien, Lateinamerika, Bd.2, 61-208
Pruzan, Elliot R.: The Concept of Justice in Marx, New York/Bern/Frankfurt/Paris 1989
Putz, Gertraud: Christentum und Menschenrechte, Innsbruck/Wien 1991

Rao, A.P.: Three Lectures on John Rawls (Indian Philosophical Quarterly Publication 4), Poona 1981
Rasmussen, Douglas/Sterba, James: The Catholic Bishops and the Economy. A Debate, New Brunswick/London 1987
Rasmussen, Lawrence: Economic Policy: Creation, Covenant and Community, in: America (1985), 365-367
ders.: The Morality of Power and the Power of Morality, in: Strain, Prophetic Visions, 134-145
Ratzinger, Joseph: Kirchliches Lehramt – Glaube – Moral, in: ders. (Hg.), Prinzipien christlicher Moral, Einsiedeln 1975, 41-66
Rauscher, Anton: Kirche in der Welt. Beiträge zur christlichen Gesellschaftsverantwortung, Bd.I, Würzburg 1988
ders.: Die katholische Soziallehre in Medellin und Puebla, in: Schöpfer/Stehle, 132-147

ders./Werhahn, Peter H.: Stellungnahme zum dritten Entwurf des amerikanischen Wirtschaftshirtenbriefs, in: Dingwerth/Öhlschläger/Schmid, 39-45
Rawls, John: Eine Theorie der Gerechtigkeit, Frankfurt 1975. Originalfassung: A Theory of Justice, Cambridge 1971
ders.: Reply to Lyons and Teitelman, in: The Journal of Philosophy 69 (1972), 556-557
ders.: Some Reasons for the Maximin Criterion, in: American Economic Review 64 (1974), 141-146
ders.: Reply to Alexander and Musgrave, in: Quarterly Journal of Economics 88 (1974), 633-655
ders.: Fairness to Goodness, in: Philosophical Review 84 (1975), 536-554
ders.: Gerechtigkeit als Fairneß (hg. von O.Höffe), Freiburg/München 1977
ders.: The Basic Structure as Subject, in: A.I. Goldman/J. Kim (eds.), Values and Morals, Dordrecht 1978, 47-71
ders.: Kantian Constructivism in Moral Theory, in: Journal of Philosophy 77 (1980), 515-572
ders.: Social Unity and Primary Goods, in: A. Sen/B. Williams (eds.), Utilitarianism and Beyond, Cambridge 1982, 159-185
ders.: The Basic Liberties and Their Priority, in: S.M. McMurrin (ed.), The Tanner Lectures on Human Values III, Salt Lake City et al. 1982, 3-87
ders.: Justice as Fairness: Political not Metaphysical, in: Philosophy and Public Affairs 14 (1985), 223-251
ders.: The Idea of an Overlapping Consensus, in: Oxford Journal of Legal Studies 7 (1987), 1-25
ders.: The Priority of Right and Ideas of the Good, in: Philosophy and Public Affairs 17 (1988), 251-276
ders.: The Domain of the Political and Overlapping Consensus, in: New York University Law Review 64 (1989), 233-255
ders.: Die Idee des politischen Liberalismus. Aufsätze 1978-1989, Frankfurt 1992
Reese-Schäfer, Walter/Schuon, Karl-Theodor (Hgg.): Ethik und Politik. Diskursethik, Gerechtigkeitstheorie und politische Praxis, Marburg 1991
dies.: Einleitung, in: dies., Ethik und Politik, 7-13
Regan, Richard J.: The Moral Dimensions of Politics, New York/Oxford 1986
Reiman, Jeffrey: The Labor Theory of the Difference Principle, in: Philosophy and Public Affairs 12 (1983), 133-159
ders.: Justice and Modern Moral Philosophy, New Haven/London 1990
Rendtorff, Rolf: Das Alte Testament. Eine Einführung, Neukirchen-Vluyn 1983
Rendtorff, Trutz: Ethik. Grundelemente, Methodologie und Konkretionen einer ethischen Theologie Bd. 1 und 2, 2. überarb. und erw. Auflage, Stuttgart/Berlin/Köln 1990
Reuter, Hans-Richard: Gerechtigkeit. Bemerkungen zur theologischen Dimension eines sozialethischen Grundbegriffs, in: Evangelische Theologie 50 (1990), 172-188
ders.: „Fiat Justitia!" Zum Verständnis der Gerechtigkeitslehre in der Versöhnungsethik Karl Barths, in: Zeitschrift für Dialektische Theologie 7 (1991), 119-143
Ribhegge, Hermann: Zur Relevanz der Rawlsschen Gerechtigkeitstheorie für die Wirtschaftspolitik, in: Zeitschrift für Wirtschaftspolitik 40 (1991), 239-260

Rich, Arthur: Wirtschaftsethik Bd.I: Grundlagen in theologischer Perspektive, Gütersloh 1984
Riedlsperger, Alois: Beteiligung schafft Verbindlichkeit. Zum Modell des österreichischen Sozialhirtenbriefes, in: Palaver, Centesimo anno, 311-329
Ritschl, Dietrich: Zur Logik der Theologie. Kurze Darstellung der Zusammenhänge theologischer Grundgedanken, 2. Auflage, München 1988
ders.: Implizite Axiome. Weitere vorläufige Überlegungen, in: Huber/Petzold/Sundermeier, 338-355
Roos, Lothar: Gerechtigkeit für alle. Zum Wirtschaftshirtenbrief der amerikanischen Bischöfe (Kirche und Gesellschaft 139), Köln 1987
ders.: Gerechtigkeit oder Barmherzigkeit? Theorie der sozialen Gerechtigkeit als Bindeglied zwischen Katholischer Sozialehre und Caritas der Kirche, in: N. Glatzel/H. Pompey (Hgg.), Barmherzigkeit oder Gerechtigkeit? Zum Spannungsfeld von christlicher Sozialarbeit und christlicher Sozialehre, Freiburg 1991, 38-59
Rotter, Hans (Hg.):Heilsgeschichte und ethische Normen, Freiburg et al. 1984
ders.: Genügt ein heilsgeschichtlich-personaler Ansatz zur Lösung ethischer Probleme?, in: Virt, Moral begründen, 31-45
ders.: Zur moraltheologischen Methode, in: Ernst, 26-40
Rottländer, Peter: Option für die Armen. Erneuerung der Weltkirche und Umbruch der Theologie, in: Schillebeeckx, 72-88
ders.: Ökonomische Desillusionierung – Theologische Entschiedenheit. Eine Momentaufnahme zur Lage der „Option für die Armen", in: Collet/Rechsteiner, 117-132
Royal, Robert (ed.): Challenge and Response. Critiques of the Catholic Bishops' Draft Letter on the U.S. Economy (Ethics and Public Policy Essay 57), Washington D.C. 1985

Sandel, Michael: Liberalism and the Limits of Justice, Cambridge et al. 1982
ders. (ed.): Liberalism and its Critics, Oxford 1984
Sauter, Gerhard: Art. Gerechtigkeit, in: Evangelisches Staatslexikon I, 3. Auflage, 1074-1083
Scanlon, T.M.: Rawls' Theory of Justice, in: Daniels, Reading Rawls, 169-205
Scannone, Juan Carlos: Das Theorie-Praxis-Verhältnis in der Theologie der Befreiung, in: Befreiende Theologie (hg. v. K. Rahner et al.), Stuttgart 1977
Schaar, John H.: Equality of Opportunity and the Just Society, in: Blocker/Smith, 162-184
Schaefer, David Lewis: Justice or Tyranny? A Critique of John Rawls's A Theory of Justice, Port Washington/London 1979
Scharbert, Josef/Finkel, Asher/Lührmann, Dieter/Merkel, Helmut/Hödl, Ludwig/Hägglund, Bengt/Taureck, Bernhard: Art. Gerechtigkeit, in: TRE 12, 404-448
Schillebeeckx, Edward (Hg.): Mystik und Politik. Theologie im Ringen um Geschichte und Gesellschaft (FS J.B. Metz), Mainz 1988
Schlegelberger, Bruno/Sayer, Josef/Weber, Karl: Von Medellin nach Puebla. Gespräche mit lateinamerikanischen Theologen, Düsseldorf 1980
Schlußdokument von Basel. Europäische Ökumenische Versammlung „Frieden in Gerechtigkeit", in: epd-Dokumentation 24/89

Schlußdokument von Seoul. Weltversammlung für Gerechtigkeit, Frieden und die Bewahrung der Schöpfung Seoul 1990 (hg. vom JPIC-Büro des ÖRK), Genf 1990

Schmithals, Walter: Das Evangelium nach Lukas (Zürcher Bibelkommentare NT 3.1), Zürich 1980

Schmid, Bruno: „...die tragische Trennung zwischen Glauben und Alltag vermeiden": Der Hirtenbrief als Konkretisierung des Ansatzes der „Autonomen Moral", in: Dingwerth/Öhlschläger/Schmid, 137-159

Schmidt, Johannes: ‚Original Position' und reflektives Gleichgewicht, in: Kern/Müller, 45-64

ders.: Gerechtigkeit, Wohlfahrt und Rationalität. Axiomatische und entscheidungstheoretische Fundierungen von Verteilungsprinzipien, Freiburg/München 1991

Schmitz, Philipp: Befreiung von wirtschaftlichem Sachzwang, in: Hengsbach/Ludwig, 37-50

ders.: „Gerechtigkeit". Moraltheologische Erwägungen zu einem strapazierten Begriff, in: Theologie und Philosophie 62 (1987), 563-579

Schnackenburg, Rudolf: Die sittliche Botschaft des Neuen Testaments, Bd.I: Von Jesus zur Urkirche (HThK Suppl.I), Freiburg 1986; Bd.II: Die urchristlichen Verkündiger (HThK Suppl.II), Freiburg 1988

ders.: Ethische Argumentationsmethoden und neutestamentliche Aussagen, in: Kertelge, 32-49

Schneider, Ulrich: Armut in der Bundesrepublik Deutschland. Vom politischen Umgang mit Armut und der Notwendigkeit einer Armutsberichterstattung, in: Armutsbericht, 271-275

Schöpfer, Hans/Stehle, Emil L. (Hgg.): Kontinent der Hoffnung. Die Evangelisierung Lateinamerikas heute und morgen. Beiträge und Berichte zur 3. Generalversammlung des lateinamerikanischen Episkopats in Puebla 1979, München 1979

Schokkaert, Erik/Capeau, Bart: Interindividual Differences in Opinion about Distributive Justice, in: Kyklos 44 (1991), 325-345

Schott-Winterer, Andrea: Wohlfahrtsdefizite und Unterversorgung, in: Döring/Hanesch/Huster, Armut im Wohlstand, 56-78

Schottroff, Luise: Das Magnificat und die älteste Tradition über Jesus von Nazareth, in: Evangelische Theologie 38 (1978), 298-313

dies./Stegemann, Wolfgang: Jesus von Nazareth – Hoffnung der Armen, 2. Auflage, Stuttgart et al., 1981

Schrage, Wolfgang: Ethik des Neuen Testaments (Grundrisse zum Neuen Testament 4), 5. neub. und erw. Auflage, Göttingen 1989

ders.: Korreferat zu „Ethischer Pluralismus im Neuen Testament", in: Zeitschrift für Evangelische Ethik 35 (1975), 402-407

Schürmann, Heinz: Das Lukasevangelium (HTHK III/1, 3. Auflage, Freiburg/Basel/Wien 1984

Schüssler Fiorenza, Francis: Politische Theologie und liberale Gerechtigkeitskonzeptionen, in: Schillebeeckx, 105-117

Schuon, Karl-Theodor: Von der Diskursethik zur Gerechtigkeitstheorie. Probleme einer philosophischen Grundlegung politischer Theorie, in: Reese-Schäfer/Schuon, 36-61

Schweizer, Eduard: Ethischer Pluralismus im Neuen Testament, in: Zeitschrift für Evangelische Ethik 35 (1975), 397-401

Schütze, Richard: Katholische Soziallehre fortgeschrieben?, in: Im Gespräch, 22-27

Schwan, Alexander: Genügt Gerechtigkeit? Gerechtigkeit und Liebe im Licht der Enzykliken Johannes Pauls II., in: Stimmen der Zeit 200 (1982), 75-88

Sedgwick, Timothy F.: Graceless Poverty and the Poverty of Grace, in: Strain, Prophetic Visions, 146-155

Seibel, Wolfgang (Hg.): Daß Gott den Schrei seines Volkes hört. Die Herausforderung der lateinamerikanischen Befreiungstheologie, Freiburg/Basel/Wien 1987

Sekretariat der Österreichischen Bischofskonferenz: Sozialhirtenbrief der Katholischen Bischöfe Österreichs, Wien 1990

Semrau, Peter: Entwicklung der Einkommensarmut, in: Döring/Hanesch/Huster, Armut im Wohlstand, 111-128

Shapiro, Ian: The Evolution of Rights in Liberal Theory, Cambridge et al. 1986

Sheng, C.-L.: A New Approach to Utilitarianism. A Unified Utilitarian Theory and its Application to Distributive Justice, Dordrecht/Boston/London 1991

Sherwin, Byron L.: The U.S. Catholic Bishops' Pastoral Letter on the Economy and Jewish Tradition, in: Strain, Prophetic Visions, 81-92

Sider, Ronald: Toward a Biblical Perspective on Equality. Steps on the Way Toward Christian Political Engagement, in: Interpretation 43 (1989), 156-169

Simon, William E.: Die Torheit der Bischöfe, in: Im Gespräch, 43-50

Sinnvoll arbeiten. Solidarisch leben. Grundtext zur Diskussion (hg. v. Aktionsteam zur Vorbereitung des Sozialhirtenbriefes der österreichischen Bischöfe), Linz 1988

Sinnvoll arbeiten. Solidarisch leben. Zusammenfassung der Stellungnahmen (hg. v. Aktionsteam zur Vorbereitung des Sozialhirtenbriefes der österreichischen Bischöfe), Linz 1989

Sklar, Holly: Co-missionaries for top-down capitalism, in: Christianity and Crisis, January 21, 1985, 521-523

Soosten, Joachim von: Gerechtigkeit ohne Solidarität? Deontologische Ethik in der Kritik, in: Zeitschrift für Evangelische Ethik 36 (1992), 61-74

Speiser, Stuart: Ethical Economics and the Faith Community. How we can have work and ownership for all, Bloomington 1989

Spohn, William: What are they saying about scripture and ethics?, New York/Ramsey 1984

Stegemann, Wolfgang: Das Evangelium und die Armen. Über den Ursprung der Theologie der Armen im Neuen Testament, München 1981

Steinfels, Peter: Understanding the Reactions of the Economics Pastoral, in: Origins 17 (1987), 63-68

Stoeckle, Bernhard: Grenzen der Autonomen Moral, München 1974

Stowe, Margaret: The Concept of Justice in four Christian feminist ethics: Beverly Wildung Harrison, Margaret Farley, Karen Lebacqz, and Katie G. Cannon, Boston Univ. Diss 1989

Strahm, Rudolf H.: Überentwicklung – Unterentwicklung. Ein Werkbuch mit Schaubildern und Kommentaren über die wirtschaftlichen Mechanismen der Armut, 4. Auflage, Gelnhausen/Berlin/Stein 1980

Strain, Charles (ed.): Prophetic Visions and Economic Realities. Protestants, Jews, and Catholics Confront the Bishops' Letter on the Economy, Grand Rapids 1989

ders.: Beyond Madison and Marx: Civic Virtue, Solidarity, and Justice in American Culture, in: ders., Prophetic Visions, 190-202
Stranzinger, Rudolf: Gerechtigkeit. Eine rationale Analyse, Frankfurt/Bern/New York/ Paris 1988
Streithofen, Heinrich B.: Wirtschafts- und Sittengesetz – ein Gegensatz?, in: Im Gespräch, 20-21
Stuttgarter Erklärung. Forum „Gerechtigkeit, Frieden und Bewahrung der Schöpfung", in: Materialdienst der Oekumenischen Zentrale, IV/1988
Sullivan, William M.: Reconstructing Public Philosophy, Berkeley/Los Angeles/ London 1986
Sutor, Bernhard: Politische Ethik. Gesamtdarstellung auf der Basis der Christlichen Gesellschaftslehre, Paderborn et al. 1991
Symposion on Rawlsian Theory of Justice: Recent Developments, in: Ethics 99 (1989), 695-944

Tabb, William K. (ed.): Churches in Struggle. Liberation Theologies and Social Change in North America, New York 1986
ders.: The Shoulds and the Excluded Whys: The U.S. Catholic Bishops Look at the Economy, in: Tabb, Churches in Struggle, 278-290
Tammelo, Ilmar: Theorie der Gerechtigkeit, Freiburg/München 1977
ders.: Zur Philosophie der Gerechtigkeit, Frankfurt/Bern 1982
Tanner, Klaus: Ethik und Naturrecht – eine Problemanzeige, in: Zeitschrift für Evangelische Ethik 34 (1990), 51-61
Taylor, Charles: Sources of the Self. The Making of Modern Identity, Cambridge 1989
Texte zur katholischen Soziallehre. Die sozialen Rundschreiben der Päpste und andere kirchliche Dokumente, (hg. v. Bundesverband des KAB), Köln 1982
Thönissen, Wolfgang: Das Geschenk der Freiheit. Untersuchungen zum Verhältnis von Dogmatik und Ethik, Mainz 1988
Thomas von Aquin: Summa Theologica Bd.13: Das Gesetz, Heidelberg et al. 1977
ders.: Summa Theologica Bd.14: Der Neue Bund und die Gnade, Heidelberg et al. 1955
Tödt, Heinz Eduard: Versuch zu einer Theorie ethischer Urteilsfindung, in: Zeitschrift für Evangelische Ethik 21 (1977), 81-93
ders.: Perspektiven theologischer Ethik, München 1988
Tugendhat, Ernst: Bemerkungen zu einigen methodischen Aspekten von Rawls' „Eine Theorie der Gerechtigkeit" in:ders., Probleme der Ethik, Stuttgart 1984, 10-32

Ulrich, Peter (Hg.): Auf der Suche nach einer modernen Wirtschaftsethik, Bern/ Stuttgart 1990
ders.: Wirtschaftsethik auf der Suche nach der verlorenen Vernunft, in: ders., Auf der Suche, 179-226
ders.: Transformation der ökonomischen Vernunft. Fortschrittsperspektiven der modernen Industriegesellschaft, 2. durchges. Auflage, Bern/Stuttgart 1987
Ulrich, Hans G. (Hg.): Evangelische Ethik. Diskussionsbeiträge zu ihrer Grundlegung und zu ihren Aufgaben, München 1990

Van Parijs, Philippe: La double originalité de Rawls, in: Ladrière/Van Parijs, 1-34

Velasquez, Manuel G.: Ethics, Religion and the Modern Business Corporation, in: Gannon, The Catholic Challenge, 55-75

Virt, Günter (Hg.): Moral begründen. Moral verkünden, Innsbruck/Wien 1985

Vonlanthen, Albert: Idee und Entwicklung der sozialen Gerechtigkeit. Zu einem bedenklich gewordenen Theologenstreit, Freiburg (Schweiz) 1977

Walzer, Michael: Spheres of Justice. A Defense of Pluralism and Equality, New York 1983; deutsch: Sphären der Gerechtigkeit. Ein Plädoyer für Pluralität und Gleichheit. Aus dem Englischen von Hanne Herkommer, Frankfurt 1992

Watrin, Christian: Eine liberale Interpretation der Idee der sozialen Gerechtigkeit, in: Hamburger Jahrbuch für Wirtschafts- und Gesellschaftspolitik 21 (1976), 45-61

ders.: Wohlfahrtsstaatlicher Interventionismus, in: Im Gespräch, 5-10

ders.: Ordnungspolitik im Fahrwasser utopischer Sozialexperimente?, in: Dingwerth/Öhlschläger/Schmid, 47-55

Weakland, Rembert: The Issues: Between Drafts of the Pastoral, in: Origins 15 (1985), 8-12

ders.: Bishops' Views on the Economics Pastoral, in: Origins 15 (1985), 34-36

ders.: Toward a Second Draft of the Economics Pastoral, in: Origins 15 (1985), 93-95

ders.: Church-Government Relations, in: Origins 16 (1987), 689-692

ders.: Morality and the Economic Life of a Nation, in: Origins 15 (1986), 550-551

Weinreb, Lloyd: Natural Law and Justice, Cambridge/London 1987

Welker, Michael: Gesetz und Geist, in: Jahrbuch für Biblische Theologie 4: „Gesetz" als Thema Biblischer Theologie, Neukirchen-Vluyn 1989, 215-229

ders.: Gottes Geist. Theologie des Heiligen Geistes, Neukirchen-Vluyn 1992

Wellbank, J.H./Snook, Denis/Mason, David T. (eds.): John Rawls and his Critics: An Annotated Bibliography, New York 1982

Wendland, Heinz-Dietrich: Die Briefe an die Korinther (NTD 7), 15. Auflage, Göttingen 1980

Werbick, Jürgen: Die nach Gerechtigkeit hungern und dürsten. Gerechtigkeit als Grundbegriff einer Befreiungstheologie aus der Perspektive der „ersten Welt", in: Eicher/Mette, 54-89

Werhahn, Peter: Unklare Begriffe, in: Im Gespräch, 14-19

Werpehowski, William: Social Justice Selves: John Rawls's „Theory of Justice" and Christian Ethics, Ann Arbour 1981

ders.: Justification and Justice in the Theology of Karl Barth, in: The Thomist 50 (1986), 623-642

„...wessen wir uns schämen müssen in einem reichen Land..." Stellungnahme des Vorstandes des Paritätischen Wohlfahrtsverbandes – Gesamtverband e.V., in: Armutsbericht, 342f

Wettstein, Ronald Harri: Über die Ausbaufähigkeit von John Rawls' Theorie der Gerechtigkeit, Basel 1979

ders.: Ein Erweiterungsvorschlag zu Rawls' Theorieentwurf, in: Christoff/Sauer, 33-47

Wiebering, Joachim: Evangelische Ethik zwischen Tradition und Spontaneität, in: Theologische Literaturzeitung 116 (1991), 161-172

Wilber, Charles: Individualism, Interdependence, and the Common Good: Rappro-

chement between Economic Theory and Catholic Social Thought, in: Strain, Prophetic Visions, 229-241
Wildermuth, Armin/Jäger, Alfred (Hgg.): Gerechtigkeit. Themen der Sozialethik, Tübingen 1981
Williams, Bernard: The Idea of Equality, in: J. Feinberg (ed.), Moral Concepts, New York 1969
Wirtschaftliche Gerechtigkeit für alle. Katholische Soziallehre und die US-Wirtschaft. Hirtenbrief der katholischen Bischofskonferenz der USA (Publik-Forum-Dokumentation), Frankfurt 1987
Wirtschaftliche Gerechtigkeit für alle. Hirtenbrief über die katholische Soziallehre und die amerikanische Wirtschaft (hg. vom Institut für Gesellschaftswissenschaften Walberberg), in: Die Neue Ordnung, Sonderband, Februar 1987
Witschen, Dieter: Gerechtigkeit und teleologische Ethik, Freiburg i.Ue./Freiburg i.Br./Wien 1992
Wogaman, Philip J.: The Great Economic Debate Continues, in: Journal of Ecumenical Studies 24 (1987), 403-423
ders.: Response to the Lay Report on the Bishops' Pastoral, in: Journal of Ecumenical Studies 24 (1987), 523-528
Wolf, Arnold Jacob: The Bishops and the Poor: A Jewish Critique, in: Strain, Prophetic Visions, 93-102
Wolff, Robert Paul: Understanding Rawls. A Reconstruction and Critique of ‚A Theory of Justice', Princeton 1977.
Würthwein, Ernst/Merk, Otto: Verantwortung, Stuttgart et al. 1982

Ziegler, Josef Georg: Die deutschsprachige Moraltheologie vor dem Gesetz der Polarität von Vernunft und Glaube. Eine Übersicht, Teil I in: Studia Moralia 24 (1986), 319-343, und Teil II in: Studia Moralia 25 (1987), 185-210
Zinn, Karl Georg: Gerechtigkeit und Grundfragen der Wirtschaft. Zum Problem der Eigentumsgarantie und des Rechts auf Arbeit, in: Reese-Schäfer/Schuon, 115-127
Der Zukunft entgegen. Katholisch-soziales Denken und die amerikanische Wirtschaft. Ein Laienbrief, in: Die Neue Ordnung, Sonderheft, April 1985, 206-347
Zwiefelhofer, Hans: Die Antwort der lateinamerikanischen Kirche auf die Herausforderungen der Gegenwart, in: Schöpfer/Stehle, 148-163

Register

Personenregister

Adriance, Madeleine 30
Albertz, Rainer 181
Althausen, Johannes 29
Apel, Karl-Otto 239
Arneson, Richard 256, 261
Assmann, Hugo 188
Auer, Alfons 29, 131f.
Avineri, Shlomo 257

Bäcker, Gerhard 315, 317
Ballestrem, Karl 232, 267
Barber, Benjamin 244, 250, 258, 267, 276
Barr, James 28, 144
Barry, Brian 34
Barth, Hans Martin 20
Barth, Karl 38, 301-303
Baum, Gregory 53, 61, 78, 110, 113
Baumann, Rolf 13, 20
Bayer, Oswald 27
Baynes, Kenneth 239, 277, 281
Beckenbauer, Franz 226f., 262, 287, 289, 290
Beckley, Harlan 38, 256, 303
Bedford-Strohm, Heinrich 25
Bellah, Robert 58
Benhabib, Sheila 239
Benne, Robert 23, 45, 79
Bentham, Jeremy 207, 215
Berger, Peter, 78, 104, 201
Bernadin, Joseph 22, 44, 49
Berryman, Phillip 41, 96, 110, 113, 115
Biedenkopf, Kurt 23, 61, 99
Birch, Bruce 28
Birnbaum, Norman 81, 111f.
Blaser, Klauspeter 186
Blocker, H. Gene 34
Böckle, Franz 29
Boff, Clodovis 23, 31, 84, 110f., 113, 120, 150, 165-199, 307

Boff, Leonardo 23, 30, 84, 110f., 113, 120, 158
Böhr, Christoph 229, 288, 292
Bonhoeffer, Dietrich 163, 303
Boss, Gilbert 34
Bovon, Francois 180
Bowie, Norman 277
Brehmer, Karl 219
Briefs, Henry W. 22, 103
Broderick, Francis L. 55
Brown, Alan 233, 236, 244, 252, 267
Brown, Robert McAfee 19, 30, 153, 155f., 163, 183, 190
Brown, Sydney Thomson 19
Buchanan, Allen E. 236, 240, 243f., 253-257, 282
Büchele, Herwig 22, 193
Buhr, Petra 314, 316
Burgsmüller, Alfred 59
Burke, James 108, 110
Byron, William 66, 78

Calvez, Jean-Yves 21, 42, 47, 52
Cameron, Duncan 62
Campiche, Roland 43
Cathrein, Viktor 127f.
Chamberlain, Wilt 226
Chenu, Marie-Dominique 22
Christiansen, Drew 41
Coleman, John 22
Collet, Giancarlo 30f., 156, 198
Comblin, José 30, 157
Cox, Harvey 100
Croatto, Severino 146
Crüsemann, Frank 174
Curran, Charles E. 28, 42, 44, 64, 127

Daniels, Norman 34, 277, 279, 280
Darwall, Steven L. 219
De George, Richard 80

De Marco, Joseph 235, 253
de-Shalit, Avner 257
Demmer, Klaus 29, 134, 137-139, 141
Dietrich, Walter 20
Dihle, Albrecht 20
Dingwerth, Paul 26
Donahue, John 64
Döring, Diether 167, 316
Dorr, Donald 21
Duarte, Luciano 157
Duchrow, Ulrich 25
Dulles, Avery 61
Dussel, Enrique 30, 158
Dworkin, Ronald 233, 250

Eicher, Peter 31, 176, 183
Eid, Volker 29
Engels, Friedrich 240
Engin-Deniz, Egon 273
Ernst, Wilhelm 28
Ertl, Heimo 18, 22

Fein, Leonard 75
Feuerbach, Ludwig 240
Finkel, Asher 20
Fiorenza, Francis Schüssler 39, 283
Flanigan, Peter 109
Forestell, Jim 30
Francis, Leslie Pickering 253
Franklin, Robert Michael 33, 39
Frey, Christofer 29, 36
Friedman, Milton 22f., 99, 117
Frisch, Heinz 107
Fuchs, Josef 124, 128-131, 140
Furger, Franz 21, 47, 51, 134-137, 141
Furman, Frieda Kerner 75

Gaffney, James 83
Gagern, Michael 272, 280
Galbraith, John Kenneth 117
Galston, William 233f., 245f., 249, 273
Gannon, Thomas 22, 43, 60, 66, 111
Garhofer, Emilie 26
Giers, Joachim 102
Gillen, Erny 131
Glassman, Ronald M. 285
Glatzer, Wolfgang 316

Goldstein, Horst 193, 198
Gottwald, Norman 171
Graff, Ann O'Hara 69
Grant, George Parkin 244
Greeley, Andrew 42
Green, Ronald 78, 83
Greinacher, Norbert 30, 151f., 156f., 164
Gross, Bertram 42
Gustafson, James 28, 131
Gutierrez, Gustavo 29f., 153, 158f., 162, 165, 169, 184, 186f., 189, 193
Gutman, Amy 241, 248, 255, 257

Habermas, Jürgen 143, 239
Hägglund, Bengt 20
Haig, Alexander 23
Hainz, Michael 18, 22
Halter, Hans 136
Hanesch, Walter 167, 316
Hare, R.M. 232, 234, 267
Häring, Bernhard 29
Harrison, Beverly 23, 62, 112f.
Hart, Herbert 261, 274, 276
Hauerwas, Stanley 14, 28, 131, 145, 252, 285
Hayek, Friedrich A. von 222
Hebblethwaite, Peter 30, 152
Hegel, Georg Wilhelm Friedrich 240
Hengsbach, Friedhelm 17, 23, 25, 33, 62, 71, 73, 84, 101-103, 115f.
Henningsen, Bernd 315
Hezser, Catherine 15
Hickey, James 121
Hill, Thomas E. 220
Himes, Kenneth & Stephen 100
Hinsch, Wilfried 34
Hödl, Ludwig 20
Höffe, Otfried 34, 220, 234, 251, 267
Höffner, Josef 13, 17, 59
Hollenbach, David 21, 24, 48, 103, 149
Homann, Karl 33, 238, 239
Honecker, Martin 13f., 28, 36, 293, 313
Houck, John 24
Huber, Wolfgang 25, 29, 41, 99, 101, 121, 148, 245, 301
Hübinger, Werner 316
Hug, James 33, 44

Hume, David 207
Hurley, Frank 81
Huster, Ernst-Ulrich 167, 316

Jäger, Alfred 21
Jennings, Theodore 31
Johannes Paul II. 52, 53
Johannes XXIII. 48, 50, 68, 194
Johnson, Thomas S. 22f.
Johnston, Robert 63
Jones, Gregory 233, 250
Jüngling, Winfried 76, 77

Kaiser, Helmut 36, 37, 307
Kant, Immanuel 215–217, 219f., 237
Kennedy, Eugene 21f., 43f., 54f., 62, 81, 84, 98, 117
Kerber, Walter 18, 22
Kern, Lucian 239
Kessler, Wolfgang 57, 60
Kipnis, Kenneth 34
Kley, Roland 34, 229, 278, 280, 287f.
Kohl, Helmut 16
Koller, Peter 33f.
Kolm, Serge 204, 262, 267f., 276
Kramer, Rolf 36f., 293
Krauthammer, Charles 78, 82
Kristöfl, Josef 18
Kühn, Hans-Jürgen 34
Kukathas, Chandran 34, 229, 287, 290
Kymlika, Will 257

Ladrière, Jean 34
Langan, John 39, 45, 78, 83, 99, 205
Lappé, Francis Moore 80, 110
Lebacqz, Karen 21, 23, 33, 37, 39, 50, 67, 82, 175, 190, 251
Leers, Bernhardino 30
Leibfried, Stefan 314, 316
Lekachman, Robert 81
Lenin, Wladimir Iljitsch 240
Leo XIII. 46, 50, 54, 64
Lessnoff, Michael 253, 267
Locke, John 223f., 228, 286
Loesch, Achim von 285
Lohfink, Norbert 172, 174
Lorscheider, Alfoisio 194

Ludwig, Heiner 25, 65, 194
Ludwig, Monika 314, 316
Lührmann, Dieter 20
Luther, Martin 131
Luz, Ulrich 21
Lyons, David 234

MacIntyre, Alasdair 241, 245, 252, 255
Magalhaes, Antonio Carlos de Melo 30f.
Mannheim, Karl 253
Martin, Rex 34, 267, 269, 273
Marx, Karl 253, 258, 276, 284, 286
Mason, David T. 33
McCann, Dennis 24, 165
McCormick, Richard A. 28
Mealand, David L. 179
Merk, Otto 175
Merkel, Helmut 20
Mette, Norbert 188
Meyer, Michel 204, 284
Meyers, Diana T. 34
Mieth, Diethmar 29
Mill, John Stuart 204, 207, 215
Miller, Alice 243
Miller, Richard 236, 263-266, 272
Möller, Carola 168
Moltmann, Jürgen 300
Moser, Antonio 30
Murnion, William E. 21, 62, 86, 96

Nagel, Thomas 244, 251
Nell-Breuning, Oswald von 22
Nethöfel, Wolfgang 29
Nielsen, Kai 256
Noggler, Othmar 30, 152
Norden, Gilbert 13
Novak, Michael 23f., 42, 82, 96-99, 103f.
Nowell-Smith, P.H. 258, 273
Nozick, Robert 35, 37, 204-206, 222-232, 252, 261, 285-292, 303, 305, 310-312

O'Brien, David 21, 22, 54-56
Öhlschläger, Rainer 26
Oruka, H. Odera 34, 269-271, 276, 283

Palaver, Wolfgang 21

Paul VI. 49-53, 62
Peffer, Rodney G. 236, 284
Perelman, Chaim 236
Pettit, Philip 34, 229, 287, 290
Pius XI. 47, 55
Pixley, Jorge 31, 150, 166-199, 307
Pogge, Thomas 33f., 229, 287, 290, 292
Prien, Hans-Jürgen 30
Putz, Gertraud 13

Rad, Gerhard von 64
Rao, A.P. 34, 258f., 270, 283
Rasmussen, Douglas 24
Rasmussen, Lawrence 28, 111
Ratzinger, Joseph 133
Rauscher, Anton 22, 30, 60, 66
Rawls, John 31-40, 102, 203-223, 229-293, 300-313
Reese-Schäfer, Walter 239
Regan, Richard 252
Reiman, Jeffrey 266f., 269
Rendtorff, Rolf 171
Rendtorff, Trutz 27-29
Reuter, Hans-Richard 36, 41, 148, 268, 283
Ribhegge, Hermann 285
Rich, Arthur 36, 204, 213, 298
Riedlsperger, Alois 18
Rifkins, Jeremy 107
Ritschl, Dietrich 146
Room, Graham 315
Roos, Lothar 26
Roosevelt, Franklin D. 55
Rosazza, Peter 41
Rosmini-Serbati, Antonio 13
Rotter, Hans 131
Rottländer, Peter 31, 169, 182, 185, 202
Rousseau, Jean Jaques 217
Royal, Robert 24
Ryan, John 54f.

Sandel, Michael 34f., 205, 241-243, 245, 255f.
Sayer, Josef 30
Scanlon, T.M. 273
Scannone, Juan Carlos 63
Schaar, John 246, 271

Schaefer, David Lewis 34, 204, 234, 244, 246, 258, 262, 267, 274, 283
Schall, James 80
Scharbert, Josef 20
Schlegelberger, Bruno 30
Schmid, Bruno 26, 33, 63, 66
Schmidt, Johannes 238, 267f.
Schmithals, Walter 181
Schmitz, Philipp 13, 32, 65
Schnackenburg, Rudolf 134-137, 141, 182f.
Schneider, Ulrich 314
Schöpfer, Hans 30
Schott-Winterer, Andrea 316
Schottroff, Luise 179, 181
Schrage, Wolfgang 182
Schuon, Karl-Theodor 239
Schürmann, Heinz 180
Schüssler Fiorenza, Francis, siehe Fiorenza
Schütze, Richard 59
Schweizer, Eduard 182
Segundo, Juan Luis 120
Semrau, Peter 314
Shapiro, Ian 232
Sherwin, Byron 75
Sidgwick, Henry 215
Simon, William 23, 59, 82, 96, 99
Sklar, Holly 82
Smith, Adam 207
Smith, Elisabeth H. 34
Snook, Denis 33
Sobrino, Jon 30
Soosten, Joachim von 241
Spohn, William 129
Stegemann, Wolfgang 179, 181
Stehle, Emil L. 30
Steinfels, Peter 96
Sterba, James 24
Stoeckle, Bernhard 132f.
Strahm, Rudolf H. 151
Strain, Charles 24, 115
Streithofen, Heinrich Basilius 25
Strohm, Theodor 20

Tabb, William 43, 110, 113
Taparelli, Luigi 13

Taureck, Bernhard 20
Theissen, Gerd 180
Thomas von Aquin 102, 124-127, 140
Tödt, Heinz Eduard 99-101, 300f.
Trujillo, Lopez 157

Ulrich, Hans G. 28, 29

Van Parijs, Philippe 34, 204, 284
Velasquez, Manuel G. 22f., 108
Vonlanthen, Albert 13, 17

Walzer, Michael 241
Watrin, Christian 25, 32, 78f.
Weakland, Rembert 41-43, 57, 62, 81, 84, 98, 107, 111, 113
Weber, Karl 30
Weber, Max 112
Weinreb, Lloyd 310
Welker, Michael 175

Wellbank, J.H. 33
Wendland, Heinz-Dietrich 177
Werbick, Jürgen 33, 36, 39, 40
Werhahn, Peter 25, 60, 66, 80, 87
Werpehowski, William 38, 302
Weth, Rudolf 59
Wettstein, Ronald Harri 34
Wiebering, Joachim 29
Wilber, Charles 118
Wildermuth, Armin 20
William, Bernard 228
Williams, Oliver 24
Wogaman, Philip 98
Wolf, Jacob Arnold 19
Wolff, Robert Paul 34, 217, 219, 237, 252f., 258
Würthwein, Ernst 175

Ziegler, Josef Georg 28
Zwiefelhofer, Hans 30

Sachregister

Altes Testament 69-76, 87, 120, 126, 138, 144, 163, 170-176, 180f., 200, 296
Anthropologie 138f., 141, 176, 254, 260, 295, 300-305
siehe auch Menschenbild
Arbeit 46, 49f., 52f., 69, 90, 98-100, 108, 113, 119, 190, 196, 224f., 228, 261, 308, 313, 316
Arbeiter 47f., 50, 55f., 84f., 90, 98, 112, 118f., 167, 177, 191, 213, 225, 263
Arbeiterbewegung 46,
Arbeitslosigkeit 56, 106, 116, 118, 166-169, 289, 318
Armut 18, 50, 56, 59, 73, 79, 80-83, 86, 92, 116, 150-203, 211, 269f., 314-317
evangelische Armut 163
geistige Armut 154
materielle Armut 155, 160-170, 176f., 184-186, 189, 200

sozio-kulturelle Armut 167-170, 176, 184, 200
spirituelle Armut 166, 184-186, 188, 189, 200
Armutsberichterstattung 167, 316
Arme 14f., 25, 36, 48, 51f., 70, 73f., 79f., 82-85, 90, 94, 107, 109, 111, 113, 121, 150-203, 227, 269, 271, 296, 297, 317
Epistemologisches Privileg der Armen 188f., 200
Evangelisatorisches Potential der Armen 163-166, 184, 187-189
Option für die Armen 15-19, 27, 29-33, 35, 36, 39f., 48, 65, 66, 73-88, 92, 94f., 103, 105, 109f., 121f., 150-203, 292-308, 317
biblische O.f.d.A. 76, 78, 80, 84, 149, 183, 204

Autonome Moral 28, 124, 131-134, 140f.

Barmherzigkeit 15, 70, 72, 178
Bedarf 15, 225, 311, 312
Befreiung 14, 37, 70, 77, 84-86, 146, 155, 160, 164, 170f., 189, 191, 193, 196, 199, 296
  Theologie der Befreiung 18, 29, 37, 40, 51f., 54, 62f., 65, 74, 85f., 110, 120f., 131, 156, 158, 183f., 186, 193, 196, 296f., 308
Bibel 37, 64, 66-88, 119f., 126, 130-132, 135, 146-149, 170-184, 200, 296, 306, 311
  biblische Begründung der Ethik 19, 27f., 32, 59, 64f., 68, 122-149
  Hebräische Bibel 83
Bund 69-72, 74, 75, 92, 295-298

Charakter 145-147, 149, 170, 247, 256

Diskursethik 143, 239

Egoismus, egoistisch 218, 251, 254, 260, 272, 285, 299
Eigentum 47, 51, 69, 94, 211, 224, 228, 279, 295, 311
  Miteigentum 53, 117f.
  Eigentum an Produktionsmitteln 211, 279
  Privateigentum 46, 48, 98, 111, 261, 279
Einkommen 55, 104, 106, 220, 278
Ekklesiologie 42f., 119, 194f.
Entsprechung 162, 178, 188, 300, 304, 306, 309
Eschatologie 195, 297f., 309f.
Ethik 37, 52, 65, 89, 129, 136-141, 146, 191, 222, 286, 299
  biblische Ethik 64, 78, 145, 294, 305
  christliche Ethik 38, 309
  evangelische Ethik 16f., 23, 26-28, 65, 120, 123, 128, 134
  katholische Ethik 17, 27f., 64, 123-125, 127f., 134f., 137, 141f.
  ökumenische Ethik 26, 120, 123f., 141, 149
  philosophische Ethik 31f., 64, 91, 148, 293
  theologische Ethik 37, 39, 123, 136-138, 141-149, 202f., 228, 263, 293f., 299, 303f., 306, 313
Exodus 77, 87, 170-173, 175
Experiment, neues amerikanisches 62f., 95, 100, 105, 310

Fairneß, fair 80, 89, 104, 217, 229, 243, 245, 247, 287, 298, 309
  faire Chancengleichheit 211-214, 222, 271, 276, 280, 287, 289, 300, 308, 309
Freiheit 15f., 36, 39, 49, 63, 70, 88, 90, 97, 105, 119, 121, 132, 155, 188, 211, 221, 236, 244, 252, 261, 273-281, 291f., 300f., 309-311, 313
  Freiheit des Individuums 35, 79, 122, 252, 303, 311, 313
  Grundfreiheiten 221, 273-276, 276-279f., 309
  Grundsatz der gleichen Freiheiten 206, 211, 215, 222, 231, 261, 271, 273, 277f., 284, 291, 300, 310
  natürliche Freiheiten 212, 231, 288, 290f.
  Vorrang der Freiheit 236, 273-281
  Wert der Freiheit 236, 273, 276-280, 291, 309f.
Fremdlinge 14, 70, 175, 296
Frieden 14, 16, 56, 153, 155, 317

Gebotsethik 162
Gemeinschaft 35, 38, 44, 48f., 52f., 68, 70f., 74, 81, 87-94, 98, 100f., 104, 106, 119, 140, 150, 179, 198, 223, 228, 241f., 248f., 251, 254-257, 260, 287-289, 291, 295-299, 302, 309, 311
Gemeinschaftsgut 262f., 269, 272, 286, 289, 311
Gemeinwohl 51, 81, 94, 102, 190, 295
Gerechtigkeit
  Anspruchstheorie der Gerechtigkeit 223-229
  Beteiligungsgerechtigkeit 48, 103, 308f.
  biblische Gerechtigkeit 71, 89, 101

distributive Gerechtigkeit 67, 90, 101, 104f., 214, 224, 239
Grundgerechtigkeit 91
Grundsätze der Gerechtigkeit 206, 208-285
ergebnisorientierte Grundsätze 225f., 229, 311
historische Grundsätze 229, 286, 311
strukturierte Grundsätze 225f.
gerechter Lohn 46, 98
internationale Gerechtigkeit 52
kommutative Gerechtigkeit 89, 101, 104f.
kontributive Gerechtigkeit 89f.
legale Gerechtigkeit 101
philosophische Theorie 15, 20, 23, 31, 35f., 39f., 71, 101, 105, 203-294, 299-306
soziale Gerechtigkeit 13-19, 27, 31f., 36, 48, 51, 69f., 74, 86, 89f., 101f., 104f., 159, 191, 284, 293f., 297f.
theologische Theorie 16, 20, 29, 35f., 40, 86, 124, 150, 199f., 203f., 292-317
Verfahrensgerechtigkeit 213f., 217, 248
wohlüberlegte Gerechtigkeitsurteile 207f., 232-235, 238, 240, 259, 288
Gesellschaft, wohlgeordnete 210, 241, 249, 255, 260, 266, 272, 277, 281, 283, 290, 302f., 305
Gewerkschaften 46f., 50, 54f., 119, 191, 283
Gewinn 46, 53, 55, 115, 152, 190, 225, 315
Glaubensethik 28, 124, 131-134, 139-141
Gleichberechtigung 128
Gleichheit 15f., 35, 39, 138, 221, 228, 231, 238, 267-269, 273, 279, 287, 292, 295, 299, 301, 307, 309-311, 313
Goldene Regel 36, 301, 309
Gottesebenbildlichkeit 69, 87, 97, 100, 138, 295, 301
Grundbedürfnisse 14, 67, 90, 94, 104, 150, 228
Gute, das 243, 246, 281
Konzeption des Guten 219, 241, 244-248, 257, 265, 275, 281, 290

siehe auch Rechte, das

Hermeneutisches Privileg 86
Hirtenbrief
Friedenshirtenbrief der U.S.-Bischöfe 41
Marxismushirtenbrief der U.S.-Bischöfe 56f.
Sozialhirtenbrief der österreich. Bischöfe 18
Wirtschaftshirtenbrief der kanadischen Bischöfe 61
Wirtschaftshirtenbrief der U.S.-Bischöfe 17-18, 20-26, 32, 41-122, 124, 147, 149, 168, 177, 183, 190, 203, 216, 293f., 306-308, 313

Individualismus, individualistisch 47, 115, 164, 205, 223, 228, 241, 252-255, 257f., 260, 288
siehe auch Menschenbild
Inkarnation 162, 165, 176, 199, 295-297
Intuition, Intuitionismus 207-209, 211, 213, 216f., 232, 234, 239, 250, 288

Judentum 74f., 87, 120

Kapital 46, 53, 55, 87, 193, 227
Kapitalismus 23, 35, 41, 57, 82, 108, 110-118, 150, 169, 201f., 236, 240, 283
Katholische Soziallehre 17, 21f., 26, 41, 46-57, 61f., 64, 66, 82, 93, 103, 122
Gaudium et Spes 49f., 52, 90, 93, 152
Laborem Exercens 52f.
Mater et Magistra 47f., 68, 91
Nordamerikanische Soziallehre 22, 54-57
Octogesimo Adveniens 51f.
Pacem in Terris 93, 98
Populorum Progressio 50f., 53, 94
Quadragesimo Anno 47, 55, 61
Rerum Novarum 22, 46f., 54, 61
Kirche 107, 111, 114, 119-122, 133f., 140, 144, 151, 155-157, 160-167, 180, 183, 187, 192-200, 245, 296, 300, 306, 317

Katholische Kirche 16, 18, 26, 41, 43, 58, 119, 151
Protestantische Kirche 18, 122, 144, 151
Kirchliche Urteilsbildung 18f., 41, 45, 119, 123
Kommunitarismus 35, 241-245, 248, 251-156, 288
Konsens, sich überschneidender 247, 257, 304
Kontext, Kontextualität 15-17, 21, 30, 40f., 43, 51, 54, 61-63, 68, 76, 86, 100, 121, 144, 147, 150, 156, 166, 171, 181, 185, 188, 192, 202, 236, 258f., 271, 283, 312
Konziliarer Prozeß 14-16, 19, 153, 294, 306, 317
Kreuz, Kreuzestheologie 72, 77, 176-178, 180, 186, 188, 200, 295, 297, 299

Laienbrief 23f., 59, 82, 98f.
Lateinamerikanische Kirche 19, 29f.
  Bischofskonferenz von Medellin 29, 51, 151-166, 178, 184, 197, 199, 297
  Bischofskonferenz von Puebla 29, 157-166, 178, 184, 197, 199, 297
Lehramt 130-134, 139-142
Leistung 15, 53, 69, 262, 272, 295, 301, 311-313
Liberalismus 39, 47, 51, 57, 113, 236, 241, 248, 253, 257, 260f., 283
Liebe 14, 15, 36, 39, 51f., 71f., 75, 77, 79, 88, 106, 126, 135f., 155, 163-165, 176, 186, 190, 193, 196, 217, 254, 298
Liebesgebot 38, 88, 135f., 302, 309f.
Lohn 90, 190

Marxismus 35, 41, 47, 56, 117, 122, 161, 164, 191, 235f., 240, 251-253, 258, 263, 281-284
Menschenbild 216, 228, 230, 253, 257
  individualistisches M. 37, 254, 258
  Mensch als freies und gleiches Wesen 38, 235, 238, 240, 246f., 250f., 260, 262f., 267f., 272, 288-292, 299, 303f.
Menschenrechte 48, 66, 92, 100, 105, 118, 203, 300

soziale Menschenrechte 48, 92f., 95-100, 105, 119, 310
Menschwerdung, siehe Inkarnation
Methodologie 62f., 87, 122, 158, 207f., 216, 230f., 236f., 305
  ethische Methodologie 19, 27-29, 60, 67, 123-149, 292, 294, 303
Mitbestimmung 48

Naturrecht 28, 123-131
Naturzustand 223, 228
Neues Testament 71-76, 87, 126, 135, 138, 144, 176-184, 202

Offenbarung 65f., 72, 74, 123f., 126, 128-132, 134, 140f., 170, 296
Ökologie 107, 115f.
Ökumene 16, 41, 104, 140, 146, 149
  ökumenische Bewegung 14, 294, 306
  ökumenische Versammlungen 14

Paulus, Theologie des 77, 87, 176-179, 180, 182, 188, 311
Pareto-Prinzip 212f., 269, 278
Paternalismus 15, 155, 166, 195-200, 212
Philosophie 37, 64, 66, 69, 89, 129f., 234, 238, 244f., 274, 301-303, 306
  philosophische Begründung 40, 59, 64, 67f., 88, 106, 122, 216, 228, 239, 262, 293, 298-300, 303, 310
Pluralismus 43, 56, 123, 145, 243, 249, 255, 306
Produktion 56, 79, 226, 229, 286f.
  Produktionsmittel 118
  Produktivität 109
Propheten 70, 76, 83, 87, 171, 173-176, 296
Rechte 38, 39, 55, 71, 82-84, 88, 90, 96, 97, 104, 154, 161, 164, 174f., 191f., 196, 199, 212, 223, 289, 296
  Freiheitsrechte 35, 92f., 96, 99
  gleiche Rechte 14, 299, 301, 305
  individuelle Rechte 223, 254f.
  soziale Rechte 49, 92
  siehe auch Menschenrechte
Rechte, das 237, 246, 249f.

Vorrang des Rechten vor dem Guten 214-216, 231, 274, 281, 290
Reichtum 56, 70, 73, 79, 91, 154, 164, 177-182, 193, 206, 262-264, 267, 277
Reiche 36, 40, 48, 73, 107, 109, 111, 151, 155, 159, 173, 177f., 185f., 193f., 197, 270, 272, 276, 296, 307
Risiko 219, 221, 268, 272, 274, 286

Schleier des Nichtwissens 219-221, 229, 245, 251, 254f., 257f., 260, 263f., 265-268, 272, 274f., 280, 285, 299f., 307, 309
Schöpfung 69, 72, 74, 76, 87, 132, 295, 297, 298, 311
Bewahrung der Schöpfung 14, 16, 153, 317
Selbstachtung 222, 244, 275
Situationsanalyse 62, 63, 68, 107, 110, 121, 159, 165
Solidarität 14, 35, 51, 66, 70, 88-90, 93, 156, 161-165, 177, 187, 188, 192, 194, 195, 197, 200, 202, 254, 289, 292, 307
Sozialismus, sozialistisch 16, 46f., 52, 128, 202, 222, 225, 240, 281, 284f., 312
Spiritualität 58, 109
Staat 46, 97-99, 101, 105, 205, 223, 227f., 244-246, 290, 300, 303, 310
Stellvertretung 166, 196-198, 200f.
Subsidiaritätsprinzip 111, 119
Sünde 37, 70, 72, 92, 116, 125, 127, 133f., 154, 159f., 176, 301

Teilhabe 36, 49f., 90-93, 96, 98, 101-105, 117, 161, 193, 197f., 201-203, 279, 300, 308-310, 313, 316
fehlende Teilhabe 169, 175, 198, 201, 308
partizipatorisches Vorgehen 17
Teleologie, teleologisch 207, 248-250, 290

Überlegungsgleichgewicht 208, 230-241, 259, 288
Ungerechtigkeit, ungerecht 16, 37, 50f., 72, 85f., 91, 143, 153f., 159, 163, 168f., 173, 187, 196, 202, 209f., 224, 227, 283, 305
Ungleichheit 14f., 36, 50, 104, 107, 153, 190, 211-213, 220f., 231, 268-271, 277-280, 290, 307, 310
Unrecht 18, 75, 173
Unternehmen, Unternehmer 48, 53, 108-110, 119, 213, 253, 315
Unterschiedsprinzip 36, 213f., 221f., 229-231, 261-273, 276-281, 283f., 286, 291, 300, 307-310, 312
Urzustand 206, 208, 211f., 216-222, 229, 231f., 244f., 250, 263-268, 273f., 280f., 285, 292, 300
siehe auch Naturzustand
Utilitarismus 206f., 214, 216, 220, 263, 264, 266, 270

Verantwortung, Verantwortlichkeit 70, 79, 92, 101, 104, 120f., 139, 220, 230, 257, 265
Vernunft, Vernünftigkeit 19f., 32, 36, 40, 64, 66, 95, 105, 123-149, 205, 207, 217, 219f., 233, 239, 247, 251, 256, 258, 299, 301, 305f.
Vernunftbegründung 27, 66, 102, 104, 122-149, 203
siehe auch philosophische Begründung
Verteilung 15, 39, 54f., 102f., 116, 209, 212-214, 218, 220f., 225-227, 229f., 261-262, 268, 278, 286, 289, 290, 294, 298, 307, 309, 311
Vertragstheorie 37, 207, 214

Wirtschaft 15, 23, 25, 47, 49f., 53, 55, 56, 58f., 63, 68f., 71, 80, 86, 109, 113, 115-117, 121, 202, 212, 295
Marktwirtschaft 23, 26, 116f., 283
Weltwirtschaft 50, 116
Wirtschaftspolitik 21, 47, 79, 106f., 110, 118, 120, 150, 271, 284, 313
Wirtschaftssystem 23, 47, 53, 85, 100, 106, 108-118, 160, 165f., 191, 222, 283-285, 312f.
Wirtschaftswissenschaften 20, 22, 61, 115, 212f., 219, 258, 262, 306

Würde 72, 90, 98, 164
  Würde des Menschen 14, 46, 49, 68f., 75, 87-89, 97f., 114, 118, 132, 138, 141, 161, 192, 195, 198, 230, 295

Zweites Vatikanisches Konzil 21f., 42, 49f., 54, 56, 64f., 90, 93, 135, 152, 156, 163

Heinrich Bedford-Strohm | Paul Nolte |
Rüdiger Sachau (Hrsg.)
Kommunikative Freiheit
Interdisziplinäre Diskurse
mit Wolfgang Huber
Öffentliche Theologie (ÖTh) | 29

200 Seiten | Paperback | 15,5 x 23 cm
ISBN 978-3-374-03769-8
EUR 38,00 [D]

»Kommunikative Freiheit« – das ist ein Kernthema im wissenschaftlichen Werk von Wolfgang Huber. Mit ihr wird eine theologisch begründete Verhältnisbestimmung von Individuum und Gesellschaft vorgelegt, die auf die Wechselwirkung von Freiheit und Sozialität zielt. Nicht um eine selbstbezügliche Freiheit geht es Huber, sondern um die Freiheit, sich einzubringen, sich zu engagieren. Diese seit den Achtzigerjahren formulierten Überlegungen waren prägend für theologische und kirchenpolitische Entwicklungen der letzten Jahrzehnte. Sie haben zugleich breitere öffentliche Debatten beeinflusst und strahlen auf andere Wissenschaften aus, denen Hubers Werk umgekehrt wichtige Impulse verdankt.

Im interdisziplinären und ökumenischen Gespräch setzen sich die Beiträge dieses Bandes mit der Kommunikativen Freiheit und ihrer heutigen Bedeutung auseinander. Auf die Beiträge von Volker Gerhardt, Hans Joas, Fred Dallmayr und anderen antwortet Wolfgang Huber; er reflektiert dabei seinen Ansatz im Blick auf aktuelle Entwicklungen.

Florian Höhne
Öffentliche Theologie
Begriffsgeschichte und Grundfragen

Öffentliche Theologie (ÖTh) | 31

140 Seiten | Paperback | 15,5 x 23 cm
ISBN 978-3-374-04062-9
EUR 19,80 [D]

Öffentliche Theologie – was könnte dieses Paradigma in Deutschland bedeuten? Florian Höhne möchte den Lesern »Werkzeuge« an die Hand geben, diese Frage zu beantworten: Für zwei ausgewählte Kontexte – die USA und Deutschland – wird die Entdeckung und Geschichte des Begriffs »Öffentliche Theologie« historisch rekonstruiert und eine systematische Klärung seiner Bedeutung vorgenommen. Dabei ergeben sich drei Grundfragen: die sozialethische Grundfrage nach der öffentlichen Geltung partikularer religiöser Orientierungen, die fundamentaltheologische nach der öffentlichen Kommunizierbarkeit besagter Geltungsansprüche und die ekklesiologische nach der Rolle der Kirche in der Öffentlichkeit christlicher Orientierung. Anhand dieser Fragen entsteht ein Überblick über die Positionen in der öffentlich-theologischen Debatte der vergangenen Jahrzehnte.

EVANGELISCHE VERLAGSANSTALT
Leipzig www.eva-leipzig.de

Tel +49 (0) 341/ 7 11 41 -44   shop@eva-leipzig.de

Andrea Roth
Option Menschlichkeit
Wirtschaftsethische Perspektiven im Kontext Öffentlicher Theologie und religiöser Bildung

Öffentliche Theologie (ÖTh) | 33

404 Seiten | Paperback | 15,5 x 23 cm
ISBN 978-3-374-04824-3
EUR 48,00 [D]

Evangelische Theologie kann Impulse für wirtschaftliches Handeln geben. Andrea Roth zeigt dies eindrucksvoll am Beispiel prekärer Ausbildungsbedingungen in der Hotel- und Gastronomiebranche. Sie entwickelt wirtschaftsethische Handlungsperspektiven, die verdeutlichen: »Menschlichkeit« ist eine Option, die sich gut mit ökonomischer Rationalität vereinbaren lässt. Den Rahmen bildet dabei der Ansatz der »Öffentlichen Theologie«, dessen Anliegen es ist, christliche Perspektiven so in die aktuelle Weltwirklichkeit einzubringen, dass sie zur Förderung des Gemeinwohls beitragen. Am gewählten Beispiel führt dies insbesondere zur Anregung von Bildungsprozessen, die Menschen dazu befähigen, ökonomische Problemstellungen aus theologisch-ethischer Perspektive zu analysieren und zu beurteilen.